Ullstein

ÜBER DAS BUCH:

»In diesem Buch wird der Versuch unternommen, die Geschichte einer der tragischsten Dynastien der europäischen Vergangenheit zu erzählen. Ihre Sünden waren zahlreich und abscheulich, und ihre Fehler grenzten nur allzuoft ans Absurde. Doch werden diese Sünden und Fehler heute fast begierig aufgezeigt und manche davon übertrieben. Ihre Tugenden, die fast völlig vergessen sind, waren nicht so spärlich, wie man glaubt. Im großen und ganzen waren die Romanows, deren Dynastie 1613 mit Michael Romanow beginnt und 1917 mit Nikolaus II. endet, weder völlige Engel noch völlige Teufel. Sie mußten ein ungeheures Land regieren und waren überzeugt, durch ihre Salbung die unumschränkte Herrschaft von Gott selbst verliehen bekommen zu haben.«

E. M. Almedingen

DIE AUTORIN:

Die Schriftstellerin E. M. Almedingen entstammt einer russisch-englischen Aristokratenfamilie. Sie verbrachte ihre Kindheit im St. Petersburg der Vorkriegszeit, erlebte dort die Revolution und die folgenden Jahre. Sie studierte Geschichte, bis sie 1922 nach England fliehen konnte, wo sie seither lebt.

E. M. Almedingen

Die Romanows

Die Geschichte einer Dynastie
Rußland 1613–1917

Ullstein

Geschichte
Ullstein Buch Nr. 34952
im Verlag Ullstein GmbH,
Frankfurt/M – Berlin
Titel der Originalausgabe:
The Romanovs
Aus dem Englischen von
Flora Zandl

Ungekürzte Ausgabe auf der
Grundlage der Neuauflage
Mit 23 Abbildungen

Umschlagentwurf:
Hansbernd Lindemann

Printed in Germany 1993
Druck und Verarbeitung:
Clausen & Bosse, Leck
ISBN 3 548 34952 8

2. Auflage August 1993

Gedruckt auf alterungsbeständigem
Papier mit chlorfrei gebleichtem Zellstoff

Die Deutsche Bibliothek –
CIP-Einheitsaufnahme

Almedingen, Edith M.:
Die Romanows: die Geschichte einer
Dynastie; Rußland 1613–1917/E. M.
Almedingen. [Aus dem Engl. von Flora
Zandl]. – Ungekürzte Ausg. auf der
Grundlage der Neuaufl., 2. Aufl. –
Frankfurt/M; Berlin: Ullstein, 1993
(Ullstein-Buch; Nr. 34952: Geschichte)
Einheitssacht.:
The Romanovs <dt.>
ISBN 3-548-34952-8
NE: GT

Inhalt

Vorwort

Gregorovius, der bedeutende deutsche Historiker, hat einmal gesagt, die Geschichte der westlichen Kirche könne nie und nimmer wahrheitsgetreu geschrieben werden, da weder die katholischen noch die protestantischen Autoren bei der Schilderung der historischen Szene aus ihrer Sicht jemals die nötige Objektivität aufbringen könnten. Diese Behauptung mag etwas oberflächlich scheinen; doch ist es immerhin eine Tatsache, daß sich die Historiker auf allen Gebieten stets mit dem Problem der Objektivität auseinanderzusetzen hatten.

Adam Olearius („Beschreibung der moskowitischen und persischen Reise", 1647) war ganz gewiß nicht einer von den Kirchenschriftstellern; aber in Rußland mußte er dennoch die Erfahrung machen, daß es sich dabei um eine Gegend handelte, in welcher es auch dem bestgeschulten Beobachter nicht immer gelingen konnte, bis zum Kern einer Sache vorzudringen. Die wahre „res Muscovita" durfte nicht einmal dem eigenen Volk „res publica" werden; wie sollte dann erst ein vorübergehend dort zu Besuch weilender Ausländer hoffen dürfen, das Geheimnis Rußlands zu ergründen? Viele Räume des nationalen Hauses waren nicht nur wie hinter einem Vorhang verborgen, sondern regelrecht versperrt und verriegelt gegen die geringste Regung einer von außen kommenden, noch so legitimen Neugierde. Die gigantische Verwüstung, die den Anfängen der Dynastie der Romanows vorausging, wurde nicht nur aus Gründen des Staatshaushaltes beklagt. Jene chaotischen Jahre könnten mit ebenso vielen räuberischen Händen verglichen werden, die einen Schleier nach dem anderen von den behüteten Mysterien des Volkes wegrissen und es so dem verhaßten Ausländer ermöglichten, die Heiligtümer der Nation nach Wunsch und Belieben zu durchwandern. Ihre Wahrheiten hätten jeder ausländischen Einsicht streng verborgen bleiben sollen. Die bloße Gegenwart von Ausländern konnte schon die urzeitliche Reinheit verletzen und das Mysterium entweihen, an das selbst geborene Russen nicht zu rühren wagten. Die Welt, die der erste Romanow als Herrscher betrat, war eine Welt krasser Ernüchterung, verdunkelt durch die Notwendigkeit, uralte Werte in ein neues, ungewohntes Gewand zu kleiden. Es war eine Welt, in der — neben aller Schmach, Zorn und dem Gefühl des Verlorenseins — auch eine ungeheure Herausforderung lag.

Die schriftlichen Quellen, die sich mit jener Zeit befassen, basieren größtenteils auf Ideen, die heute neu gedeutet werden müssen, und dies nicht so sehr wegen ungenauer Darstellung der Tatsachen, sondern wegen ihrer Einseitigkeit und einem gewissen Geschick, einzelne Begebenheiten, die mit der nationalen Ehre nicht ganz in Einklang zu bringen sind, einfach totzuschweigen, sie gleichsam über Bord zu werfen. Es gab viel unverantwortliche Einmischung vom Ausland, doch gab es ebensoviel Verrat von innen her.

Um es gleich vorwegzunehmen: die Geschichtsschreibung durfte vor der Verfassung vom Oktober 1905 oder, ehrlicher gesagt, sogar bis 1917 nie unbehindert arbeiten. Zensoren überwachten eifersüchtig die Darstellung der Angelegenheiten des Herrscherhauses. Bilbassows monumentales Werk über Katharina die Große durfte weder in Rußland veröffentlicht noch in russischen Bibliotheken geführt werden. Schilder wurde gezwungen, das Märchen zu wiederholen, daß Kaiser Paul I. einem Schlaganfall erlegen sei. Nach den russischen Geschichtsquellen des 19. Jahrhunderts hat das langjährige Verhältnis Alexanders II. mit Katharina Dolgorukaja überhaupt nicht bestanden. An einem Tag im Dezember 1916 fand sich in der „Nowoje Wremja“ (Neue Zeit) die einzige zugelassene Erwähnung der Ermordung Rasputins; und zwar hieß es mitten in einem Bericht über eine Sitzung der Duma, daß „die Bombe einer Nachricht die ganze Versammlung wie ein elektrischer Schlag“ getroffen habe. Sonst nichts. Der uralte russische Grundsatz, daß der Zar und alle seine Handlungen als sakrosankt hoch über jeder Kritik stehen mußten, starb tatsächlich erst im März 1917. Auch die sogenannte Pressefreiheit, die in der Verfassung von 1905 gewährt wurde, war nur ein Vogel mit arg gestutzten Flügeln gewesen.

Das alte Rußland aber, wie eng auch mit den Geschicken seiner Dynastie verknüpft, war unendlich mehr als nur das Leben einer Dynastie, und die russischen Geschichtsschreiber der Vergangenheit anerkannten ungehindert das Grundgesetz der Geschichte, wie es bei Cicero definiert wird: „Quis nescit, primam esse historiae legem, nequid falsi dicere audeat? deinde nequid vere non audeat?" Und ebenso bei Plinius dem Jüngeren: „Nam nec historia debet egredi veritatem, et honeste factis veritas sufficit."*

Die kaiserliche Zensur begnügte sich damit, Tatsachen wegzulassen, die die Ehre der Monarchie beeinträchtigen konnten. Viel weiter ging sie nicht. Erwiesene Tatsachen wurden weder absichtlich verdreht, noch wurde dem Leser eine bestimmte Meinung aufgezwungen. Selbst in dynastischen Angelegenheiten ließ sie um einer reinen Chronologie willen gewisse Freiheiten zu. Freilich durfte noch im Jahre 1900 über die Liebesaffären Alexanders II. nicht offen geschrieben werden, und auch über die entschieden anrüchige Herkunft Katharinas I., Peters des Großen zweiter Gattin, die 1727 starb, tappte man völlig im dunkeln. Abseits vom Glanz des Thrones war es aber durchaus möglich, die Geschichte der Männer und Frauen und der Gesellschaft, in der sie lebten, zu erzählen. Und wie schwer auch der Druck der kaiserlichen Zensur auf der Geschichtsschreibung lastete, blieb sie als Wissenschaft dennoch von lebendigem Atem erfüllt, nahm Kontur und Farbe an, denn die Historiker vergaßen nie, daß es das Leben selbst war, das sie als Stoff behandelten. Die Gestalten bei Karamsin bleiben trotz des absurden Gewandes, in das er sie kleidet, Menschen aus Fleisch und Blut, und auf der riesigen soziologischen Landkarte sind kaum farblose, leere Flecken zu finden.

Der verstorbene George Orwell hat sicherlich mit Recht besonders

* Cicero: „Wer wüßte nicht, daß es oberstes Gebot der Geschichtsschreibung ist, keine falsche Aussage zu wagen und also auch stets den Mut zur Wahrheit aufzubringen?" Plinius: „Denn auch die Geschichtsschreibung darf den Weg der Wahrheit nicht verlassen, und ehrenhafte Taten bedürfen nichts als der Wahrheit."

darauf hingewiesen, daß die Geschichtsschreibung in der UdSSR, wenn man sie nach dem Studienmaterial beurteilt, das dem fortgeschrittenen Studenten in Form von Texten und Büchern zur Verfügung steht, auf das Niveau einer Dienstmagd des marxistischen „Diktats" herabgesunken ist. Daß alles, was die verflossene Dynastie betrifft, der strengsten Zensur unterworfen ist, ist nur ein Wesenszug, der — welche Ironie des Schicksals! — die alte Tendenz des Imperiums fortsetzt. Die Zensur von heute gibt sich allerdings nicht mit dem Weglassen von Tatsachen zufrieden — sie müssen geändert werden, manchmal bis zur Unkenntlichkeit, so daß die politische Tendenz von gestern vollkommen unter der Schicht der überbewerteten Tatsachen von heute verschwindet. Diese sind allerdings manchmal zu einfältig, um eine solche Mühe überhaupt zu rechtfertigen. Je zwei von drei „Zaren" des Kremls von heute sind derzeit in Ungnade gefallen, und die Regierungszeiten Stalins und Chruschtschows müssen jetzt von Anfang bis zu Ende umgeschrieben werden. Die Studenten von morgen werden sich zweifellos in einem Dilemma gefangen sehen, aus dem sie nicht leicht herausfinden werden. „Quid est veritas?" fragte Pilatus und erhielt keine Antwort. „Quid est historia apud Russos?" können wir wohl fragen und würden bald zur Antwort bekommen: „Ein Werkzeug in den Händen von Ideologen."

„Die Geschichte Rußlands von den frühesten Zeiten an" — aus der Feder des verstorbenen Professors Pokrowskij — kann dafür als Musterbeispiel gelten. Es ist ein Werk voll immensen und ehrlichen Wissens um die Geschichte, obwohl es gegen Ende durch die Einschaltung nichtssagender Anekdoten aus dem Privatleben der letzten Romanows, die ganz plump den Stempel des Hintertreppenklatsches tragen und sich in einem Werk von unzweifelhafter Gelehrsamkeit höchst unpassend ausnehmen, arge Schönheitsfehler aufweist.

Trotzdem müssen wir fragen: Ist Pokrowskijs Werk, abgesehen von seiner Gelehrsamkeit, wirklich Geschichte? Die Worte Plinius' des Jüngeren stehen auch für heute: „Nam nec historia debet egredi veritatem." Pokrowskijs Buch ist großartig geschrieben, und Stil bedeutet bekanntlich viel in der Geschichtsschreibung. Wir lesen noch immer gerne Macaulay und Froude; ihre Ansichten erregen zwar manchmal ein Lächeln, aber ihr Stil übt noch immer seinen Zauber aus. Sonderbarerweise wird man durch Pokrowskijs untadelige Darstellungskunst nicht so wohltuend entschädigt. Er ist zuerst Marxist, dann erst Historiker, und er versäumt selten eine Gelegenheit, uns an seine Gesinnungstreue zu erinnern. Sein Werk handelt von Massen und nur von Massen. In seiner Gesamtheit beschwört es eine gigantische Landschaft von auf- und absteigenden Linien, eine emsig ausgeführte Zeichnung, deren wahrhaft hervorragende Ausführung kalt wie ein Marmorblock ist. Pokrowskijs Massen sind so dicht geschlossen, daß es schwierig ist, ein Gesicht vom anderen zu unterscheiden. Er gewährt seinen Gestalten keinen Raum für selbständiges Sichbewegen, für individuelle Entwicklung; er gibt ihnen keine Gelegenheit, zu verweilen und sich — neben dem Wissen um ihr unleugbares „soziologisches" Verdienst — auch auf den Wert ihrer rein persönlichen Entfaltung zu besinnen. Die Tönung der Landschaft bewegt sich zwischen Hellgrau und Dunkelgrau, alle ausgesprochenen Farben werden streng gemieden. Eine Gruppe wandert umher, beschließt, sich anzusiedeln, findet Beschäftigung, wählt ihre soziale Form, verharrt darin, revoltiert dagegen und erwählt eine andere, doch ist die Wahl immer Tat der Gemeinschaft, niemals die eines einzelnen. Der Mensch geht völlig auf in der Gruppe, in ihrem Hunger, ihren Bedürfnissen und Bestrebungen. Die Identität des Menschen ist innerhalb der Form, die die Gruppe angenommen hat, begraben, und die Gruppe ist wiederum ein Miniaturmodell des Staates, der eines Tages Wirklichkeit werden soll. Der Staat würde Verrat an sich selbst üben, wenn er die geringste Mühe an einen einzelnen verschwendete und nicht mit der Masse rechnen würde.

Das Bild, das Pokrowskij heraufbeschwört, entbehrt keineswegs einer sonderbar suggestiven Kraft, deren Wurzel zweifellos in der Überlegenheit der blinden Zustimmung über eine sehende kritische Haltung liegt. Zustimmung in einem solchen Maße verbürgt ein gewisses Behagen. Und darüber hinaus: Zustimmung gewährt jene wahrhaft diabolische Freiheit von Verantwortung, die das vorgeformte Herdendasein erfordert; eine Freiheit, die kein Mensch akzeptieren darf, ohne Gefahr zu laufen, Seele und Geist zu verraten.

Pokrowskijs Bild ist nicht statisch. Die Landschaft bewegt sich ständig von einer sozialen Wandlung zur anderen, von einem Imperativ zum anderen. Aber es sind immer die Massen, die — festgefügt — auf kommunale Nöte und kommunale Wünsche reagieren und von einem kommunalen Imperativ regiert werden. Jede Stufe der Entwicklung tritt im grellen Scheinwerferlicht hervor, wie sie war. Weder für Geheimnisse noch für Wunder ist da Raum, und schon gar nicht für die lebenspendende Wärme der Träume. Das geringste Detail einer Entwicklung wird durch den eisernen Zwang einer Soziologie erklärt, die tief und ehrlich den Wohlstand und Fortschritt einer Gruppe darstellt und sich um den Menschen als Einzelwesen keinen Pfifferling schert. — Im großen und ganzen ergibt das Werk durch all den Zwang, den es in sich trägt, ein falsches Bild, das nicht nur mit einer richtig beurteilten Interpretation der Tatsachen, sondern auch mit den Tatsachen selbst sichtlich aus dem Gleichgewicht geraten ist. Um nur ein Beispiel besonders anzuführen: Von Pokrowskijs Standpunkt aus waren der Stenka-Rasin-Aufstand unter der Regierung Alexejs — des zweiten Romanowschen Zaren im 17. Jahrhundert — und die Pugatschow-Meuterei unter Katharina der Großen nicht mehr und nicht weniger als Zwillingsausbrüche des erwachenden Hungers der Massen nach Freiheit und Anerkennung ... Man braucht kein Verteidiger der Causa Romanow zu sein, um als Ursache der beiden Aufstände das genaue Gegenteil zu beweisen. Stenka Rasin und Jemelian Pugatschow waren Abenteurer; keiner von ihnen hatte etwas zu verlieren, beide waren vom Ehrgeiz ihres eigenen persönlichen Aufstiegs besessen, der ihnen im Falle ihres Sieges sicher gewesen wäre. Pugatschow klammerte sich bis zum allerletzten Augenblick vor seiner Gefangennahme an seine pseudokaiserliche Abkunft. Wenn sie den Massen in ihrem Kielwasser Freiheit und Erleichterung ihrer Lasten versprachen, so geschah das aus keinem anderen Grund als aus dem Wunsch, für ihre rein persönliche Angelegenheit mehr und mehr Anhänger zu gewinnen. Die Horden, die Rasin und Pugatschow folgten, waren charakterloser Pöbel, dessen erstes und einziges Ziel Plündern und Morden war; an einen Kampf um bürgerliche Freiheitsrechte dachte von diesen Leuten niemand, auch nicht im entferntesten.

Der Gedanke, daß in gewissen Sternstunden die Triebkräfte der Geschichte eins sind mit großer Dichtung, wäre von Pokrowskij als Ketzerei abgelehnt worden. Der Einfluß eines schöpferischen Gedankens abseits von den Erfordernissen eines soziologischen Bundes erscheint bei Pokrowskij zwangsläufig als nutzloser Wachtraum. Der ethische Wert von Alexander Newskijs Sieg über die Schweden im 13. Jahrhundert, Dimitrij Donskojs Stimmung am Vorabend der Schlacht auf dem Kulikowofeld* im Jahre 1380, eine Stimmung, die von Alexander Block so herrlich wiedergegeben wurde, die Verbundenheit Alexanders I. mit der gesamten Nation im Jahre 1812, all dies und noch viel mehr wird in Pokrowskijs „Geschichte" überhaupt nicht erwähnt.

Die größten Augenblicke im Leben eines Volkes werden aber aus einem Element geboren, das in einem Marxistenevangelium gar nicht zu finden ist: aus dem Element des Geistes.

So kann auch der brillante Stil die großartige Konzeption nicht retten. Alles planlose Streben, alles wilde Hoffen und Wünschen, alle Qualen und Heldentaten werden hier zur leblosen Formel einer nach strengem Muster zugeschnittenen soziologischen Entwicklung. Was kann ein Historiker aus einer Darstellung der Vergangenheit gewinnen, wo das individuelle „esse", das ganz persönliche „sein", in der Masse untergegangen ist? — Und mehr noch. Es genügt niemals, eine Quelle nur zu lesen; man muß in sie hineinhorchen und sie in ihrer eigenen Sprache sich frei mitteilen lassen. Wie trocken diese oft auch sein mag, sie darf einem gesunden Darstellungsdrang nie die Tür verschließen. Die Lebendigkeit der Geschichte hängt nicht von herdenartigen Bewegungen einer Gruppe ab, sondern vom Menschen, von seiner Schmach und seinem Ruhm, seinem Versagen und seinen Heldentaten, und schließlich von seinem oft unberechenbaren Verlangen nach Wahrheiten, die nicht von Soziologen und Statistikern bewiesen, sondern von Dichtern und Musikern geahnt werden. Gewiß, auch die Ideologien sollten in dem großen Gobelin ihren Platz erhalten, da ihre Entwicklung und ihre Dauer ein Teil des Gewebes der Geschichte sind. Aber die Geschichte einem ideologischen Glauben unterzuordnen ist genauso unnatürlich, als wenn einer erwartet, von einem Apfelbaum Nüsse ernten zu können. Dann hört die Geschichte eben auf zu bestehen, und die Ideologie wird zur Zielscheibe des Spottes.

---

* Das „Schnepfenfeld" am Don, daher Dimitrij „Donskoj".

I

Die Welt, die sie betraten

In diesem Buch wird der Versuch unternommen, die Geschichte einer der tragischsten Dynastien der europäischen Vergangenheit zu erzählen. Ihre Sünden waren zahlreich und abscheulich, und ihre Fehler grenzten nur allzuoft ans Absurde. Doch werden diese Sünden und Fehler heute fast begierig aufgezeigt und manche davon übertrieben. Ihre Tugenden, die fast völlig vergessen sind, waren nicht so spärlich, wie man glaubt. Im großen und ganzen waren die Romanows, deren Dynastie 1613 mit Michael Romanow beginnt und 1917 mit Nikolaus II. endet, weder völlige Engel noch völlige Teufel. Sie mußten ein ungeheures Land regieren und waren überzeugt, durch ihre Salbung die unumschränkte Herrschaft von Gott selbst verliehen bekommen zu haben. Die Vorstellung, daß die Krönung den Herrscher für den Thron auch tauglich macht, wird heute in den meisten Ländern der Welt belächelt. In der Vergangenheit hatte sie jedoch in ganz Europa Geltung. Die russische Form dieser Zeremonie bedeutete zuerst und vor allem eine feierliche Schwelle, die — einmal überschritten — den Gesalbten befähigt, sowohl die Ehre als auch die Bürde des hohen Amtes zu tragen. Während der ganzen langen Krönungsfeier standen gleichsam Gott, der Zar und die Nation Schulter an Schulter. Die Macht des Zaren kam von Gott, und diesem allein war der Zar verantwortlich. Millionen Russen, wie gleichgültig ihnen die monarchistische Idee oder die Person des Herrschers im Grunde war, kannten die Bedeutung der Krönung sehr wohl.

Die Romanows waren nicht alle faul, grausam und unmoralisch. Nur wenige von ihnen beschlossen ihr Erdendasein so, daß keine

Spur von irgendwelcher Sorge für die Millionen zu finden gewesen wäre, die ihnen während ihres Herrscherlebens anvertraut waren. Sie trugen durchaus Sorge für sie, und diese Sorge gründete sich auf ihre Achtung vor der Seele des Individuums. Ihr Glaube an Gott verbot ihnen, die individuellen Seelen zu vergessen, und sie vergaßen sie nicht, trotz ihrer häufigen moralischen Fehltritte.

Wie archaisch uns die Ausübung dieses Glaubens auch scheinen mag, ihnen war sie ein Spiegelbild der Wahrheit. Die frühen Zaren fühlten sich fast dauernd im Auftrag der himmlischen Hierarchie stehen, und ihr Dienst als Herrscher war ganz verwoben mit ihrem Dienst für die Kirche. Sie teilten ihr Jahr genau nach den Gedenktagen des Herrn, der Mutter Gottes und der Heiligen ein. Die Arbeit und Unterhaltung der Zaren, ihre Kleidung und ihre Nahrung, sogar ihr Gang und ihr Betragen waren genau nach dem Vorbild dessen ausgerichtet, was sie für Gottes Willen hielten. Ihre Frauen aßen niemals an ihrer Tafel und teilten auch ihr Lager nur in den von der Kirche sanktionierten Nächten. In der Fastenzeit und an allen weniger bedeutsamen Fasttagen war Enthaltsamkeit auferlegt, ebenso auch an allen hohen Feiertagen, deren Ehre durch den Geschlechtsverkehr nicht entweiht werden durfte. Die im 17. Jahrhundert geübte Strenge war selbst im zwanzigsten noch nicht ganz geschwunden. In der Erinnerung der Autorin waren fromme orthodoxe Russen irgendwie unangenehm berührt, wenn jemandes Geburtstag auf den Christtag fiel, denn das ließ die Empfängnis am Tage Mariä Verkündigung vermuten.

Das 18. Jahrhundert brachte viele dieser äußeren Formen zum Verschwinden, eine Entwicklung, die so unvermeidlich war wie der Wandel der Jahreszeiten. Doch alle diese Formen hatten einen tiefen inneren Gehalt, und die Verpflichtung hinter dem komplizierten und oft unverständlichen Ritual war „nicht aus dem Fleische geboren". Die äußere Form wurde aus Brauch und Tradition gebildet, und besonders der Brauch konnte die Form verändern, ihren ursprünglichen Sinn verfälschen, ihre Farbe verwischen und sie schließlich der Interesselosigkeit, dem Zynismus und der totalen Ablehnung preisgeben. Aber die Verpflichtung hinter der äußeren Form behielt ihre Kraft. Sie war ein Lebenshauch und eine Herausforderung, nicht eine Geisteshaltung oder eine mechanische Befolgung des Brauchtums, sondern etwas Lebendiges und eine dauernde Reaktion auf ein Faktum, das vom Verstand niemals begriffen werden kann. Sie bedeutet sicherlich keine Rechtfertigung der vielen Missetaten; sie machte sie nur noch schwerer und lieferte sie nackt einem Urteil aus, das viel strenger ausfiel, als wenn es sich um das Vergehen eines Materialisten gehandelt hätte.

Dies nun ist der Rahmen, innerhalb dessen die Chronik der Dynastie der Romanows dargestellt werden soll. Eine farbenfrohe, überwältigende und oft gewalttätige Geschichte von achtzehn Männern und Frauen, die alle den Herrschertitel trugen, obwohl zwei von ihnen, Iwan VI. und Peter III., nie gekrönt wurden. Die Chronik wird auch die Geschichte einer bemerkenswerten Frau, der Zarentochter Sophia, enthalten, der Tochter des Zaren Alexej, einer Halbschwester Peters des Großen, für den sie während der langen Zeit seiner Minderjährigkeit als Regentin fungierte. Sophias ethisches Format war zwar nicht besonders hoch, doch erwarb sie sich durch ihre Staatskunst große Verdienste um ihr Land. Sehr zu Unrecht wurde sie — in der Geschichte wie in der Legende — durch ihren Bruder in den Schatten gestellt.

Über die Ursprünge der Familie Romanow wird später mehr gesagt werden. Ihre Herrschaft begann, wie gesagt, 1613. Michael bestieg den Thron mit sechzehn, nachdem einige Jahre vor seiner Wahl ein ungeheurer Sturm das Land verwüstet hatte. Dieser Sturm, dessen Ursachen weit komplizierter waren als nur dynastische Wirren, hätte leicht das Antlitz ganz Osteuropas verändern können, wenn er einen anderen Ausgang genommen hätte.

Die Zeit ist als „smutnoje wremja" oder „smuta" bekannt, das heißt „Zeit der Wirren"; doch hat das Wort „smutnoje" noch mehrere andere Bedeutungen. Es ist so etwas wie ein Nebelwort und bedeutet eine nebelverhüllte Landschaft, obwohl auch dieser Vergleich für hier nur teilweise zutrifft. Der milchiggraue Vorhang wird an manchen Stellen dünn, so daß einige Einzelheiten des Chaos mit erschütternder Klarheit hervortreten — blutigrote Schlachtfelder, verwüstete Städte, niedergebrannte Dörfer, ausgeplünderte Herrensitze, fremdländische Horden, die sich immer tiefer in das Herz des Landes hineinfressen. Die Landschaft ist von Tausenden und aber Tausenden von enteigneten und entwurzelten Menschen überflutet, auch von Frauen und Kindern, die des letzten Funkens eines geistigen und physischen Halts beraubt sind. Es gibt nichts, was ihnen Schutz bietet, als dichte Wälder. Kein Feuer brennt im zerbrochenen Herd, kein Dach bietet Schutz gegen Schnee und Regen, in der Scheune ist kein Getreide, und am Tor ist kein Riegel, um den Feind abzuhalten.

Die meisten dieser Wanderer, die von Panik und Hunger hin und her getrieben wurden, hatten keine Ahnung, ob es überhaupt noch einen Zaren in Moskau gab oder nicht. Die Angst vor dem Übernatürlichen, ein durch das Christentum nie ganz ausgerottetes Erbe der heidnischen Vergangenheit, verschlimmerte noch die Qualen des Tages. Die Menschen, die sich keiner Schuld bewußt waren, fürchteten dennoch den Zorn der Götter, und dieses Bewußtsein steigerte das Gefühl des Verlorenseins der verwahrlosten Massen des Volkes, dem Flüsse, Felder und Wälder noch von Göttern und Göttinnen bevölkert waren, von denen manche für freundlich galten, deren Mehrzahl aber dafür bekannt war, daß sie mit Freuden Böses taten. Hinter alldem stand die Angst, daß die Horden nicht bloß eingebrochen waren, um zu plündern und zu zerstören, sondern um sich für dauernd anzusiedeln und dem nationalen Glauben, dem Brauch und dem liebgewordenen Leben ihr verhaßtes Anderssein aufzuzwingen.

Mit einem Wort, „smutnoje wremja“ — in dieser oder irgendeiner anderen Form — fehlt selten in den Aufzeichnungen russischer Geschichte. Noch bedrängender und noch viel heftiger wurde die Gärung in der zweiten Hälfte der Regierungszeit Iwans des Schrecklichen. Die vom Zaren besonders ausgewählte Leibgarde, die berüchtigte „Opritschnina“, „regierte“ in seinem Namen das Land. Alle diese „Opritschniki“ waren Emporkömmlinge ohne eigene Wurzeln, die vor keiner von Iwan befohlenen noch so brutalen Aufgabe zurückschreckten. Von den Mitgliedern des alten Adels fiel einer nach dem anderen dem Scheiterhaufen oder dem Galgen zum Opfer. Nachdem der Zar ihre Hinrichtung befohlen hatte, trug er ihre Namen in ein besonderes „Gedenkbuch“ ein und betete für ihre Seelen. Iwan fürchtete den Verrat mehr, als er seinen Schöpfer fürchtete, und ließ sich überreden, daß ihn einzig und allein die Opritschniki vor einem Dolchstoß oder einem Becher vergifteten Weins bewahren könnten. Echte und erfundene Verschwörungen hingen drohend in der Luft. Iwan hatte allerdings guten Grund, der alten Aristokratie zu mißtrauen. Er hatte kaum eine Vorstellung davon, was die Bildung eines neuen, traditionslosen Adels — der seinen raschen Aufstieg in keiner Weise zu rechtfertigen vermochte — dereinst für das Land bedeuten würde.

Der von Iwan geschaffene Terror tötete viele Menschen; er bewirkte aber auch, daß viele schlummernde Energien erwachten. Fürst Andrej Kurbskij war nur einer von vielen, die unter der Schutzherrschaft eines Feindes Zuflucht suchten. Nach und nach bildeten sich immer mehr Zellen der Unzufriedenheit — die Enteignung und Verfolgung durch die Opritschniki trugen reichlich Früchte. Während der Herrschaft von Iwans Sohn Fjodor, dem letzten Regenten der Dynastie Rurik, wuchsen im Süden und Westen von Moskau solche Zellen beängstigend an. Die Opritschnina war mit dem Tode ihres Gründers verschwunden, aber die Stimmung, die sie geschaffen hatte, verschwand nicht. Unzufriedenheit — und mehr als Unzufriedenheit — brütete über dem Land.

Doch alles war ohne Plan. Selbst beim Tode des Zaren Fjodor im Jahre 1598 gab es keinen organisierten Protest gegen die entsetzlichen Lebensbedingungen weit und breit. Es gab nur Wellen von sporadischer Unzufriedenheit, die gelegentlich hier und dort heftig hervorbrachen, Ausbrüche der Bauern und der ungestümen Kosaken an den Ufern des Don und des Dnjepr und der Flüchtlinge, die das Land vor dem Zorn Iwans des Schrecklichen verlassen hatten.

Die Zustände im Innern Rußlands waren im Westen so gut wie unbekannt, allerdings immer mit Ausnahme von Polen, Rußlands Erbfeind, dem damals mächtigsten slawischen Land. Mit dem Westen durch kulturelle Bande und den gemeinsamen Glauben verbunden, betrachtete Polen Rußland als barbarisches Gebiet. Gegen Ende des 17. Jahrhunderts begannen polnische Staatsmänner den Gedanken einer Vereinigung der Slawen zu hegen — mit Rußland als eingeschüchtertem und stummem Satelliten Polens. Aber die Polen warteten auf einen günstigen Zeitpunkt; ihre Gesandten in den westlichen Staaten beratschlagten, und die in Moskau ansässigen bewahrten über die Sache klugerweise Stillschweigen. Polnisches Geld und polnische Versprechungen eines künftigen Paradieses auf Erden begannen schon entlang der Südwestgrenze des Landes in den Reihen der russischen Unzufriedenen durchzusickern.

Inzwischen war der schreckliche Zar vor den Richterstuhl Gottes gerufen worden, und sein Sohn Fjodor war ihm gefolgt. Die vierzehn Jahre der Regierung Fjodors wären ebenso viele blasse Striche in der Geschichte des Landes gewesen, hätte nicht der engste und vertrauteste Ratgeber und Schwager des Zaren, Boris Godunow, an seiner Statt in Moskau regiert. Boris stellte seine Zeitgenossen vor viele Rätsel, verwirrte sie und erzürnte die Nachwelt. Alles in allem bleibt er durch die Widersprüche in seinem Wesen bis zum heutigen Tage geheimnisvoll.

Boris, der tatarischer Abkunft war, war 1551 geboren. Ein glücklicher Zufall brachte ihn in die Nähe von Iwans Hof. Der Zar erkannte die Fähigkeiten des jungen Mannes, blieb aber zurückhaltend, obwohl Boris bald hoch in seiner Gunst stand. Erst nach Fjodors Thronbesteigung 1584 konnte Boris im Kronrat einen Sitz erwerben. Trotz aller Vorsichtsmaßnahmen des schrecklichen Zaren waren noch immer einige Angehörige des alten Adels in der Duma der Bojaren verblieben, die keinen Günstling Iwans im Kreml geduldet hätten. Trotzdem gelang es Boris, weiter Fuß zu fassen, und er begann seine glänzenden Gaben unter Beweis zu stellen, bis sogar der konservativste der Bojaren zugeben mußte, daß „der tatarische Emporkömmling“ Klugheit und Weitblick in ungewöhnlichem Maß besaß. Boris' Politik gegenüber Schweden und den Tataren der Krim erwies sich durch die Erfolge Rußlands an beiden Fronten als völlig gerechtfertigt. Es war eher die Politik eines Diplomaten als die eines Heerführers. „Wir wünschen Euch nichts Böses“, sagte er zum König von Schweden und zum Khan der Krim, „und wir bedrohen niemanden, doch wenn Ihr *uns* bedroht, kann es sein, daß es für Euch böse ausgeht. Der Frieden ist viel einträglicher als der Krieg — unserer Meinung nach.“ All das wurde im Namen Seiner Majestät des Zaren Fjodor gesagt unter Anführung aller unzähligen kaiserlichen Titel auf jedem Dokument; desselben Zaren Fjodor, dem es ziemlich gleichgültig gewesen wäre, ob ein schwedisches Heer oder eine Horde Tataren vor den Toren Moskaus erschienen wäre, während er fromm der Vesper für das Fest Unserer Lieben Frau von Rjasan folgte. Fjodor konnte nicht regieren. Die Bojaren-Duma, die kirchlichen Würdenträger, das Militär und im Grunde die ganze Bevölkerung von Moskau wußten das. Aber unter Boris' Führung stahl sich ein Schein von Frieden über das erschöpfte Land. Viele Magnaten, die unter Iwan dem Schrecklichen vertrieben worden waren, kehrten in die Hauptstadt zurück und hofften auf eine Chance, ihr zerbrochenes Glück wiederaufzubauen. Zar Fjodor empfing sie zwar freundlich, aber sein Wohlwollen füllte nicht ihre leeren Beutel.

So setzten die aus dem Exil Heimgekehrten ihre Erwartungen auf den Schwager des Zaren, dessen Haltung sie jedoch weder ermutigte noch abschreckte. „Ich folge in allem Seiner Majestät dem Zaren", war seine Antwort. Es war fast unvermeidlich, daß sich in Moskau Parteien zu bilden begannen. Durch die Ungewißheit der Erbfolge spitzte sich die Stimmung des Tages noch zu. Der kränkliche Zar war der letzte lebende Rurikide, und seine Zarin, Boris' Schwester, hatte ihm keinen einzigen Sohn geboren. Es erhoben sich Stimmen, die mahnten, es wäre an der Zeit, daß der Zar seine Gattin Irina in ein Kloster schicken und eine andere Frau heiraten sollte, um Söhne in die Welt zu setzen. Es ist aber zweifelhaft, ob jemals irgendeine dieser Stimmen Zar Fjodors Ohr erreicht hat.

Boris hielt sich von allen Hofintrigen fern. Er besorgte die Geschäfte des Zaren für diesen, doch plagte er ihn nie mit den trivialen Klagen über die Nichtachtung und Beleidigungen, die er, Boris, von seiten des alten Adels einstecken mußte. All das waren in seinen Augen nichtssagende Sticheleien, von denen keine seine Stellung im Kreml beeinträchtigte.

Hochmütig, manchmal verächtlich in seiner Haltung gegenüber den alten Adeligen, deren Ahnenreihen oft über sieben Jahrhunderte zurückreichten, suchte und fand Boris anderswo Unterstützung — beim Militär, den Kaufleuten und der kleinbürgerlichen Stadtbevölkerung. Für sie blieb der Zar durch Brauchtum und Tradition völlig unerreichbar. Aber Boris war kein Zar, war nur der große Ratgeber, der nur eine um so größere Autorität hatte, weil es für ihn keinerlei festgelegte Formen gab. Er konnte es sich leisten, sich frei unter dem Volk umherzubewegen, und tat es auch. Die Bojaren beschuldigten ihn eines teuflischen Stolzes, aber das niedrige Volk sah ihn als „laskowyj", als „liebenswürdigen Mann". In eine auf den Doppelsäulen von Theokratie und Autokratie ruhende Welt brachte Boris Godunow zum erstenmal so etwas wie einen Hauch von Demokratie.

Im Jahre 1597 verschlimmerte sich der Gesundheitszustand Zar Fjodors bedenklich. Intrigen im Hinblick auf die Nachfolge waren an der Tagesordnung. Es gab vier Hauptparteien. Nikita Romanowitsch Jurjew, Iwans des Schrecklichen Schwager und Großvater des ersten Romanow-Zaren, war der Anführer einer Bewegung, die für enge Annäherung an den Westen eintrat, und Nikitas Anhänger spielten mit dem Gedanken, daß ein Romanow Fjodors Nachfolger werden sollte. Aber Nikita Romanowitsch, der zwar durch Heirat mit der alten Dynastie verbunden war, war nicht von rurikidischer Abstammung. Die ersten Anwärter auf die alten Rechte und Ansprüche waren Fürst Iwan Schujskij und Fürst Iwan Miloslawskij, deren Vorfahrenreihe bis ins 9. Jahrhundert zurückreichte. Die beiden Männer hätten miteinander um ein gemeinsames Ziel kämpfen sollen, aber die Eifersucht riß eine tiefe Kluft zwischen ihnen auf. Eine dritte Partei wurde von Fürst Bjelskij, dem letzten Opritschnik, angeführt, einem Geschöpf Iwans des Schrecklichen, dem es gelungen war, das Vertrauen der Staatsbeamten zu gewinnen. Schließlich gab es selbstverständlich die Partei von Boris selbst — die er allerdings nicht persönlich anführte. Es hatte also ganz den Anschein, als ob nach Fjodors Tod ein Krieg um die „Mütze Monomachs"* ausbrechen würde.

Eines Tages im Februar 1598 begannen alle Glocken Moskaus zu läuten, und tiefes Unbehagen fraß sich in das Herz des Volks. Eine Zeitlang schon war Fjodor unfähig zu irgendwelchen Entschlüssen

---

* Die „Mütze Monomachs" war die erste, mit Zobelfell verbrämte Krone der russischen Großfürsten, nach der Legende ein Geschenk von Byzanz an den Kiewer Fürsten Wladimir Monomach. Iwan der Schreckliche wurde mit ihr als erster zum Zaren gekrönt (1547), Peter der Große ersetzte die Mütze durch die Kaiserkrone (1724). Heute befindet sie sich im Moskauer Kreml.

gewesen, nun war er gestorben, ohne seinen Nachfolger bestimmt zu haben. Der Thron war in einem der kritischsten Momente des Jahrhunderts verwaist.

Eine unmittelbar bevorstehende Invasion von Schweden und Polen lag drohend in der Luft. Boris mußte Truppen nach dem Westen schicken, um Smolensk gegen den Angriff der Polen zu befestigen, und nordwärts nach Pskow, wo die schwedische Gefahr nicht mehr unbeachtet bleiben durfte. Das Heer bildete das Herz der Anhängerschaft Boris', der es sich kaum leisten konnte, so viele Regimenter in solcher Entfernung von Moskau zu halten; doch blieb ihm keine andere Wahl.

Das Ende einer Dynastie, die durch 736 Jahre regiert hatte, bedeutete zwangsläufig das Ende einer Epoche. Für die russische Mentalität aber war es vor allem ein Zeichen dafür, daß Gott zürnte. Nicht umsonst, so sagte sich das Volk, hat der Allmächtige dem Zaren männliche Nachkommen versagt. Umherziehende Wahrsager hatten alle Hände voll zu tun und übertünchten den bitteren Anflug von apokalyptischer Stimmung mit verräterischen Prophezeiungen, und die Kirchenfürsten und die Bojaren-Duma begannen, nachdem sie den letzten Zaren der Ruriks mit traditionellem Pomp zu Grabe getragen hatten, ihre Beratungen über seinen Nachfolger.

Sie saßen in einem der großen Säle des Kremls, die Kirchenfürsten in schwarz-weißen Mänteln, mit glitzernden Kreuzen an der Brust und edelsteingeschmückten Bischofsstäben in der linken Hand, der Adel mit hohen Pelzhüten und weiten, bis zum Boden reichenden Samtgewändern. Die Beratungen verliefen ohne Eile, denn jede Hast ist dem russischen Wesen fremd. Doch während die Wochen verstrichen, geriet zwar nicht der Kreml, wohl aber die Stadt Moskau in Aufruhr. Die Kirchenfürsten und die Bojaren vergeudeten ihre Zeit, — denn die kleinen Kaufleute, die Handwerker, die Bevölkerung der Vororte und vor allem das Militär hatten inzwischen bereits ihre Wahl getroffen. Der Name Boris erscholl in ganz Moskau von einem Ende zum andern! Im Kreml wurde er ganz zuletzt gehört, und die Versammlung versuchte, ihn zu überhören. Ein Name nach dem anderen aus den nachweislich alten Geschlechtern wurde von dem greisen Vorsitzenden vorgebracht und von der Versammlung sogleich niedergeschrien. „Ein Dolgorukij als euer Zar?“ „Nein!“ „Ein Golizyn?“ „Nein!“ „Ein Miloslawskij?“ „Nein!“ „Ein Bjelskij?“ Ein ohrenbetäubendes „Nein!“

Zuletzt erzwangen die Anhänger des Boris im Kreml und die riesigen Menschenmassen auf dem Roten Platz die Entscheidung der Wahl: Sie wollten keinen anderen zum Zaren als Boris. Jow, der Metropolit von Moskau, willigte mit voller Überzeugung ein, denn er hoffte auf eine straffe Herrschaft unter Boris, und die Mehrzahl der Bojaren gab hauptsächlich aus Angst vor einem allgemeinen Volksaufstand nach.

Der neugewählte Herrscher jedoch — war in der Burg nicht zu finden. Seine Schwester, die verwitwete Zarin Irina, hatte sich sofort nach dem Tode ihres Gatten in das Nowodjewitschij-Kloster zurückgezogen, und Boris hatte sie dorthin begleitet. Als endlich der Metropolit von Moskau ihn mit einigen Vertretern der Versammlung ausfindig gemacht hatte, lehnte Boris, obwohl er die Krone leidenschaftlich begehrte, so entschieden ab, daß selbst seine vertrautesten Anhänger an dem Ergebnis ihrer Bemühungen verzweifelten. Tagelang wiederholte sich diese großartige und aussichtslose Komödie, bei der die geschickteste Überredungskunst immer wieder auf steinerne Ablehnung stieß. Boris spielte seine Rolle so überzeugend, daß jedermanns Nerven zum Zerreißen gespannt waren. Genau im richtigen Augenblick stimmte er dann endlich zu, Zar zu sein — „in tiefer Demut, mit großem Widerstreben, mit schwerem Herzen“, wie ein zeitgenössischer Verehrer berichtet.

Im Mai 1598 wurde Boris als erster und letzter Zar von niedriger Abkunft gekrönt. Er bestieg den Thron keineswegs als Neuling, er hatte ja die Staatsführung unter Iwan dem Schrecklichen erlernt und während der Herrschaft Fjodors in allem, bis auf den Titel, ausgeübt und keine Zweifel über seine Fähigkeiten zu regieren offengelassen. Er wußte, daß Wohlstand so lange von den Toren seines Landes fernbleiben würde, als die Quellen des Staatsschatzes bis zum äußersten für Kriegserfordernisse ausgeschöpft wurden, und so unterließ er denn auch nichts, um den ausländischen Gesandten, die nach Moskau kamen, seine friedlichen Absichten kundzutun.

Die Wahl hätte Moskau großen Gewinn bringen können. Das war

aber durchaus nicht der Fall. Obwohl er gesalbter Zar war, blieb Boris dennoch ein Fremdling und ein Bürgerlicher. Seine Frömmigkeit stand außer Zweifel, nicht aber seine Herkunft und schon gar nicht seine Absichten. Vom Tage seiner Wahl an verfolgte ihn Unsicherheit, und gerade dieses Gefühl der Unsicherheit erklärt viele der Fehler, die er beging. Boris haßte und fürchtete den alten Adel, aber die Verfolgung der Adeligen schadete ihm selber viel mehr als den Betroffenen: Er verbannte sie an die Südwestgrenzen Rußlands, wo ihr Komplott gegen ihn durch den polnischen und litauischen Adel starke Unterstützung fand. Boris versprach dem Bürgertum Hilfe, vermehrte dabei aber nur dessen Lasten durch Maßnahmen, die den Arbeitsmangel auf dem Lande bekämpften. Er legalisierte die Leibeigenschaft, indem er den Leibeigenen verbot, ihre Herren zu wechseln. Die Kaufleute hatten ihm zum Thron verholfen, und zweifellos förderte Boris den Handel auch. Er lud französische, deutsche und holländische Handelsschiffe ein, das Weiße Meer zu befahren, wo er einen Hafen „zu Ehren des Erzengels Michael", Archangelsk, gründete, aber seine Überhäufung ausländischer Kaufleute mit Privilegien machte ihn bei den heimischen Kaufleuten nicht beliebter. In Nowgorod und Pskow murrte man, daß der Zar die Einfuhrzölle nur herabsetzte, um die indirekte Besteuerung in der Heimat zu erhöhen.

Eifrig darauf bedacht, den Glanz der nationalen Kirche zu mehren, hatte Boris den Metropoliten von Moskau in den Rang eines Patriarchen erhoben, aber die Auszeichnung führte nicht zu der erhofften Begeisterung. Um die Bindungen mit dem Westen zu festigen, verlobte Boris seine einzige Tochter Xenia mit dem Prinzen Johann von Dänemark — zum unverhohlenen Ärger des Volkes, dem schon die bloße Vorstellung der Heirat einer orthodoxen Zarewna (Zarentochter) mit einem Lutheraner nach Pech und Schwefel roch. Der Prinz kam nach Moskau, starb aber knapp vor der Hochzeit an einem Fieber — sehr zur Erleichterung des Volkes, das die Krankheit des jungen Mannes als Schicksalsschlag deutete, den Gott zum Zeichen seiner Mißbilligung über ihn verhängt hatte.

Scharenweise sandte Boris junge Männer ins Ausland, um ihnen die Möglichkeit zu geben, den Handel in Deutschland und den Niederlanden zu studieren, doch kein einziger von ihnen kehrte je nach

Moskau zurück. Sofort wurde behauptet, die jungen Männer seien „an den Teufel übers Meer verkauft“ worden. Als vertrautester Ratgeber des Zaren Fjodor hatte Boris die Liebe und Loyalität vieler Tausende des russischen Volkes besessen — nun, kaum zwei Jahre nach seiner Krönung, konnte er auf keine andere Unterstützung mehr zählen als auf die des Militärs, und in Moskau bildete sich eine Verschwörung nach der anderen.

Die Spur einer solchen Verschwörung führte — zur Familie Romanow. Ihr Anführer Fjodor Nikititsch Romanow, der Sohn des Nikita Romanowitsch, wurde gezwungen, als Mönch unter dem Namen Philaret in einem Kloster zu leben, wo er eigentlich als Gefangener gehalten wurde. Auch seine Frau wurde gezwungen, in ein Kloster einzutreten. Der kleine Sohn der beiden, Michael, wurde nicht für bedeutend genug gehalten, um gleichfalls verfolgt zu werden.

Zu Beginn des Jahres 1600 aber kroch das Gespenst, das bis dahin in Rußland im verborgenen gehaust hatte, ans grelle Tageslicht. Zuerst hätte es noch kein so gefährliches Gespenst sein müssen, denn es begann sein Dasein mit einem Gerücht, und Gerüchte gedeihen nicht, wenn sie dauernd und energisch unterdrückt werden. Aber weder Boris noch die Bojaren-Duma noch auch die Kirchenfürsten konnten dieses besondere Gerücht unterdrücken, das im letzten Grunde auf Tatsachen beruhte, wie phantastisch seine Ausschmückungen auch sein mochten. Beim Tode Iwans des Schrecklichen im Jahre 1584 lebten nämlich zwei seiner Söhne: Fjodor, der sein Nachfolger wurde, und Dimitrij, ein Baby, dessen Mutter Iwans siebente Frau Maria Nagaja war. Nach dem Willen des Vaters erbte Dimitrij gewisse Städte und Herrschaftssitze in einiger Entfernung von Moskau, und Boris überredete Fjodor, den kleinen Prinzen und seine Mutter nach Uglitsch, einer dieser Städte, bringen zu lassen. Dafür gab es sicherlich einen guten Grund: Die Gegenwart der verwitweten Zarin im Kreml war jedem ein Dorn im Auge. Vielleicht liebte Maria Nagaja ihren kleinen Sohn sehr, — doch ihre Eigenliebe war auf jeden Fall ungleich größer. Ausbrüche von Selbstbemitleidung, endlose Streitereien über Belanglosigkeiten mit den anderen Damen des Terem (der Frauengemächer) und eine erwiesene Neigung zur Zwietracht machten ihre Entfernung erwünscht, und niemand in Moskau vermißte sie.

Im Frühling 1591 wurde berichtet, daß Dimitrij „einem Unglück“ zum Opfer gefallen sei, doch die Bevölkerung von Uglitsch behauptete, er sei einfach ermordet worden. Im Einverständnis mit dem Zaren sandte Boris Fürst Wassilij Schujskij als Vorsitzenden einer offiziellen Untersuchungskommission nach Uglitsch. Schujskij berichtete bei seiner Rückkehr, der kleine Prinz, von dem man wußte, daß er an epileptischen Anfällen litt, sei versehentlich auf ein Messer gefallen, — und Moskau dachte über die Angelegenheit nicht weiter nach. Aber Boris' Feinde vergaßen die Behauptung der Bevölkerung von Uglitsch niemals, und die erste mißliebige Maßnahme, die Boris als Zar ergriff, beschwor sofort Dimitrijs Geist herauf. Die Feinde des Zaren — im In- und im Ausland — begannen das Gerücht zu verbreiten, Boris, und kein anderer als er, habe den „Mord“ vom Jahre 1591 angestiftet. Männer obskurer Herkunft, die nie im Leben in Uglitsch gewesen waren, ließen sich nur allzu leicht bestechen und behaupteten dann, Augenzeugen des „schändlichen Verbrechens“ gewesen zu sein. Einige von ihnen gaben an, die von der Menge überwältigten Mörder hätten angeblich sogar selbst bekannt, daß sie von Boris Godunow gedungen worden seien. Man erinnerte sich, daß Fürst Wassilij Schujskij schon immer hoch in Boris' Gunst gestanden war, und hielt nun seinen Bericht über die Ereignisse in Uglitsch für gefälscht. Die verwitwete Zarin Maria Nagaja, jetzt Nonne in einem Moskauer Kloster, verhielt sich abwartend und vermied es schlau, auch nur im geringsten in die Sache verwickelt zu werden.

Nach und nach wurde die erste Variante durch eine andere ersetzt: Boris habe tatsächlich die Absicht gehabt, Dimitrij töten zu lassen, das Kind sei aber gerettet worden und noch am Leben, doch sei seine Identität all die Jahre hindurch geheimgehalten worden. Die Geschichte erregte die Phantasie der Menschen. Wenn Dimitrij wirklich noch am Leben war, dann war er allein und niemand anderer der rechtmäßige Zar und mußte unbedingt zur gegebenen Stunde zu seinem Recht kommen.

Es ist unmöglich, zu schildern, in welcher Verfassung Boris solche Meldungen erreichten. Er hatte ohnehin schon alle Hände voll zu tun, um gegen die Intrigen seiner Feinde anzukämpfen. Er war noch keine drei Jahre auf dem Thron, als das Land durch die ärgste

Hungersnot des Jahrhunderts betroffen wurde. Ihr Wüten, das die Bevölkerung zahlloser Dörfer und mehrerer kleinerer Städte ausrottete, wurde sofort als Strafe Gottes für die Wahl eines unrechtmäßigen Zaren gedeutet. Boris schonte weder seine eigene Person noch scheute er Ausgaben, um die Leiden des Volkes zu mildern. Er bekämpfte Spekulationen mit Korn und anderen Massenartikeln, organisierte in bestimmten Gebieten freie Zuteilungen von Brot, Fisch und Fleisch, doch stellte keine einzige dieser Maßnahmen das Vertrauen des Volkes wieder her. Einzig und allein das Militär blieb loyal, doch konnten nicht alle Regimenter in Moskau gehalten werden. Bis weit hinunter südlich der Hauptstadt gab es Meutereien, im Norden verstärkten sich die Bedrohungen durch Schweden, im Westen die durch Polen und Litauen. Das heimische Räuberunwesen wuchs bedenklich an, Soldaten mußten eingesetzt werden, um ausländische Kaufleute und ihre Waren besonders auf dem Weg von der polnischen Grenze nach Moskau zu schützen.

Indessen saß der gesalbte Bürgerliche im Ratssaal des Kremls und wußte sehr wohl, daß ihm fast jeder der um ihn versammelten Adeligen übel gesinnt war. Er erschien bei allen feierlichen Zeremonien der Kirche und dachte dabei, wie viele unter den Geistlichen wohl die dunklen Verdächtigungen der Bevölkerung teilten. Da tauchte plötzlich ein Kurier auf und wurde in sehr geheimer Audienz empfangen. Er kam von der Westgrenze und berichtete von einem höchst beunruhigenden Gerücht: Ein junger Mann, der unter der Obhut eines litauischen Magnaten lebe, habe erklärt, Dimitrij, der jüngste Sohn Iwans des Schrecklichen, zu sein. Der Kurier fügte hinzu, daß der Anspruch vorderhand von den Polen und Litauern ziemlich skeptisch aufgenommen werde, doch das war nur ein dürftiger Trost für Boris. Bald tauchten mehr Boten und mehr Berichte auf. In seinem Bemühen, Dichtung von Wahrheit zu trennen, begann Boris überall zuzuschlagen, wo in Moskau nur der Anschein einer Verschwörung zu wittern war. Die gängige Strafe der Verbannung wurde durch Richtblock und Galgen ersetzt, und unverhüllter Terror beherrschte die Straßen. Bald verließen Boris' Geheimagenten die Stadt und durchsuchten das Land nach „Beweisen" des Verrates, auf Grund deren sie dann nach eigenem Gutdünken handelten.

Um das Bild der Landschaft noch tiefer zu verdunkeln, hatten die Jahre der Hungersnot ein unglückseliges Erbe hinterlassen: Horden von vertriebenen und verzweifelten Männern und Frauen wanderten umher, plündernd und tötend, wo immer sie hinkamen.

Der endgültige Schlag fiel im Herbst des Jahres 1603, als alle wilden Gerüchte sich bewahrheiteten. Der Thronprätendent erschien im Süden, und Scharen von Kosaken und auch einige Polen unterstützten unverhohlen seinen Anspruch, Iwans Sohn zu sein. Sofort verließen alle verfügbaren Truppen Moskau; aber eine Zeitlang hatte es den Anschein, als ob Boris' Männer gar nichts zu tun fänden. Der Prätendent bewegte sich nach Norden, und jede Stadt auf dem Wege öffnete ihm ihre Tore, und jede Glocke läutete zu Ehren des „Zaren Dimitrij".

Endlich kam es zwischen der Armee Boris' und dem Feind außerhalb von Sewsk zu einem Treffen, bei welchem die Streitkräfte des Prätendenten in die Flucht geschlagen wurden. Die quälende Ungewißheit von achtzehn Monaten schien sich zugunsten des gekrönten Bürgerlichen zu lösen; aber seine Feldherren stritten untereinander weiter und machten so die Früchte des Sieges zunichte. „Zar Dimitrij" hingegen nützte die unvorhergesehene Gelegenheit, seine zerschlagenen Truppen wieder zu sammeln, aufs beste. Als er im Frühling 1605 neuerlich angriff, entschloß sich ein Teil der Truppen des Boris, Dimitrij anzuerkennen, der andere wurde in die Flucht geschlagen. Da Dimitrijs weiterer Vormarsch auf keinerlei Widerstand stieß, rückte der Prätendent immer näher auf Moskau zu. Als die Nachricht im April 1605 den Kreml erreichte, erlag Boris einem plötzlichen Anfall.

Boris hatte seinen einzigen Sohn darauf vorbereitet, seine Nachfolge anzutreten, aber Rußland hatte die Godunows bereits satt. Fürst Wassilij Schujskij wurde mitten auf den Roten Platz gezerrt und gezwungen, seinen Bericht von Uglitsch öffentlich zu widerrufen. „Ja, orthodoxes Volk von Moskau", schrie er der Menge zu, „Boris wollte das Kind umbringen lassen, aber gute christliche Menschen retteten den Prinzen, und der kleine Sohn eines Priesters wurde an seiner Statt getötet." Der Pöbel applaudierte, denn er hörte endlich, was er hören wollte. Die vom Prätendenten vorausgeschickten polnischen Herolde wurden mit großartigen Ehren empfangen, und noch am selben Tag wurden im Auftrag der Bojaren-Duma Witwe, Sohn und Tochter des Boris erdrosselt. Während einer rasch einberufenen Session beschlossen die Bojaren, daß es jedermanns Vorteil wäre, den Prätendenten als rechtmäßigen Herrscher anzuerkennen.

Mehr als drei Jahrhunderte sollten verstreichen, ehe Boris Godunow von Historikern und Schriftstellern unvoreingenommen und fair beurteilt wurde. Seine Zeitgenossen hatten ihn zu einem überheblichen, schlauen und grausamen Verbrecher gestempelt, und dieses Urteil pflanzte sich von Generation zu Generation fort; der Vorfall in Uglitsch war bereits fest mit der Geschichte von Boris verwachsen. Es hieß, die Grausamkeiten Iwans des Schrecklichen seien durch ihn wiederaufgelebt, und selbst sein Ehrgeiz wurde in den unedlen Farben gemalt, die ein gewöhnlicher Abenteurer gewählt hätte. An den von blutbefleckten Trugbildern gequälten Helden Puschkins in der historischen Tragödie „Boris Godunow" (1825) ließ sich viel leichter glauben als an den wirklichen Boris. Der tiefverwurzelte Stolz der Nation mußte seine Befriedigung finden: Ein fremder Emporkömmling, der so unglückselig und verhängnisvoll in der Mariä-Himmelfahrts-Kathedrale zum Zaren gekrönt worden war, mußte ganz einfach verdammenswert sein.

Die Schuld an dem Verbrechen in Uglitsch bleibt durch die einander widersprechenden Berichte bis zum heutigen Tag ein Rätsel. Was aber die über Dimitrijs Kindheit bekannten Tatsachen anlangt, so scheint es erwiesen, daß das Kind kaum dazu angetan war, die Chancen Boris Godunows zu erschüttern. Der von Geburt an epileptische Dimitrij hatte wenig Aussicht, jemals sein zehntes Jahr zu überleben.

Es ist klar, daß Ehrgeiz der Leitstern im Leben Boris Godunows war. Zieht man jedoch aus den sieben Jahren seiner Regierung Schlüsse, kann man diesen Ehrgeiz kaum als einziges Motiv für all sein Tun ansehen. Zuerst und vor allem anderen war Boris Staatsmann und klug genug, um einzusehen, daß die dauernde Isolierung Rußlands der gesunden Entwicklung und dem Gedeihen des Staates abträglich sein mußte. Was ihn letzten Endes zu Fall brachte, war nicht der Mangel an Truppen oder Geld noch auch der Verrat seiner Befehlshaber, sondern Boris wurde durch eines seiner vielen eigenen Selbst überwältigt — nämlich das Selbst eines Feiglings. Er wußte genau, daß ihn das Gerücht allgemein am Tode Dimitrijs für schuldig hielt, und ließ es zu, daß ein Gespenst all die Stärke, den gesunden Menschenverstand und den Mut, die seine anderen Selbst in keinem geringen Maß besaßen, jämmerlich zunichte machte. Allen Überlieferungen zufolge ereignete sich „der tödliche Anfall" unmittelbar nach dem Mittagmahl. Wurde Boris vergiftet? Vergiftete er sich selbst? Wir werden es niemals wissen.

Die „smuta" begann in jenem Frühling des Jahres 1605 furchtbar zu wüten. Durch mehr als sieben Jahre glich Rußland nach dem Tode Boris' einem vom Sturm hin und her geworfenen, völlig zerschlagenen Schiff. Sein Volk war nicht mehr imstande, einen „Fall" vom anderen zu unterscheiden und bemühte sich auch gar nicht mehr darum. Die echte nationale Handschrift war in ganz Rußland ausgelöscht, Schweden, Polen, Litauer, in vorderster Linie die turbulenten Kosaken — sie alle unterstützten die Ansprüche von nicht weniger als vier Anwärtern auf die „Mütze des Monomach". Es gab keine Regierung. Die Mitglieder der Bojaren-Duma saßen zwar noch immer in einem Saal des Kremls, aber sie regierten nicht. Sie ließen sich von einer Strömung in die andere treiben.

Der Ursprung des Prätendenten ist in Dunkel gehüllt. Vermutlich war nicht einmal der ihm von der Nachwelt verliehene Name — Grigorij Otrepjew — sein rechtmäßiger. Er soll der Sohn eines kleinen galizischen Grundbesitzers namens Jurij Otrepjew gewesen sein.

Über „Dimitrijs" erste Lebensjahre oder den Ort seiner Geburt ist nichts bekannt. Seine Knabenjahre verbrachte er im Hause des Nikita Romanowitsch in Moskau. Im Alter von vierzehn Jahren trat der wegen seiner Frömmigkeit bekannte Knabe als Novize in ein Kloster ein. Dann folgt in der Chronik eine Lücke, und plötzlich hören wir, der junge Mann sei in Litauen aufgetaucht und erhebe den Anspruch, Iwans des Schrecklichen Sohn zu sein. Bekanntlich wurde dieser Anspruch zuerst weder von den Polen noch von den Litauern anerkannt. Die in Rußland an ihn glaubten, behaupteten, „Dimitrij" sei aus Sicherheitsgründen nach Litauen geschickt worden, doch erscheint uns das Argument dürftig, wenn wir bedenken, wie tüchtig die Geheimagenten des Boris waren. Wäre nämlich während Fjodors Regierung auch nur das mindeste Gerücht über die angebliche Identität des Knaben bekanntgeworden, so hätte Boris zweifellos sofort unbarmherzige Maßnahmen getroffen, um damit fertig zu werden. Anderseits muß man objektiv zugeben, daß die Familie Romanow ihre guten Gründe gehabt haben mag, einem möglichen Rivalen des Mannes, den sie verabscheute, Asylrecht zu gewähren. Was aber kein Beweis dafür ist, daß „Dimitrij“ Iwans Sohn war.

War er es nun wirklich? Es gibt zumindest ein triftiges Argument gegen diese Annahme, nämlich die Leichtigkeit, mit der der Prätendent zur römisch-katholischen Kirche übertrat, um sich den Weg zu seiner Heirat mit Maryna Mniszek zu ebnen und, was noch weit wichtiger war, um der finanziellen Unterstützung König Sigismunds von Polen sicher zu sein. Ein Sohn Iwans des Schrecklichen, der nach strengsten orthodoxen Prinzipien aufgezogen und dann in der Atmosphäre eines orthodoxen Klosters untergetaucht war, hätte kaum einen solchen Schritt unternommen, ein mittelloser Abenteurer hingegen, woher er auch kommen mochte, hätte viel eher so gehandelt.

Es gibt noch etwas, das gegen den Anspruch des Prätendenten spricht: Die Mitglieder des Hauses Rurik konnten bestialisch grausam, bösartig, unmoralisch und verräterisch sein — aber *eine* schlechte Eigenschaft fehlt in allen Überlieferungen über sie: sie waren nie vulgär. Daß „Dimitrij“ vulgär war, kam selbst denen zum Bewußtsein, die seinen Anspruch, Iwans Sohn zu sein, anerkannten. Er hatte aber zweifellos Charme, dem Maryna Mniszek, die einer der edelsten polnischen Familien entstammte, erlag. Doch Maryna hatte weder Erfahrung noch Verstand genug, um einen Adeligen von einem Emporkömmling unterscheiden zu können.

Der Anspruch des Prätendenten machte es bald offenbar, daß weder Polen noch Litauen es eilig hatten, seinen Fall zu unterstützen. Der König von Polen machte viele Versprechungen, hielt aber keine einzige, ausgenommen daß er eine gewisse Summe Geldes bezahlte. Aber „Dimitrij“ brauchte Männer unter seinem Banner, und damit rückten die Polen nur langsam heraus. Sein zukünftiger Schwiegervater, Mniszek, der Woiwode von Sandomir, stellte ihm zweitausend Mann zur Verfügung, aber selbst der gänzlich unerfahrene „Dimitrij“ mußte einsehen, daß ihm eine Schar von zweitausend Mann Moskau niemals gewinnen würde. Ein Aufschub folgte dem anderen, bis endlich die Geschichte vom „rechtmäßigen Zaren" in den südwestlichen Bereich Rußlands einsickerte. Es waren die Kosaken und die ungeheuren Horden von Unzufriedenen, die in den Süden verbannt worden waren, die ihm schließlich den Weg zur Hauptstadt bahnten. Erst nach seinen ersten Siegen anerkannten auch Polen und Litauen den Prätendenten, aber nun hatte er es nicht mehr nötig, sich auf fremde Söldner zu stützen, da ihm bereits eine Stadt nach der anderen ihre Tore öffnete.

Als er im späten Frühling des Jahres 1605 in Moskau einritt, verließ die verwitwete Zarin Maria ihr Kloster und erklärte öffentlich, in ihm ihren „Sohn" zu erkennen. Die Bojaren-Duma hatte keine andere Wahl, als seinen Anspruch zu legalisieren, und er wurde in der Mariä-Himmelfahrts-Kathedrale zum Zaren Dimitrij gekrönt.

Die Wendung erwies sich für das Land als finanzielle Katastrophe. In etwa einem Jahr hatte „Zar Dimitrij" den durch Generationen erworbenen Reichtum vergeudet. Sein Verhalten dem alten Adel gegenüber hatte etwas von sichtlicher Verachtung an sich, und die Masse der Polen, die ihm nach Moskau gefolgt war, nahm nicht viel Rücksicht auf nationale russische Gefühle. „Dimitrij" sprach viel zuviel über seinen „Vater" und kramte gelegentlich persönliche Erinnerungen aus, wobei er wahre Tiefen der Absurdität auslotete, da sich ja noch jedermann sehr gut daran erinnern konnte, daß Iwans jüngster Sohn zur Zeit, als jener — 1584 — starb, erst einige Monate alt war. Die Ankunft seiner Gattin Maryna Mniszek beschwor dann die Katastrophe herauf. Sie kam von Priestern und Mönchen ihres eigenen Glaubens umgeben, und das Murren des Volkes wurde lauter und lauter: „Man hat uns an die Lateiner verkauft", hieß es ... „Dimitrij" aber verbrachte seine Zeit damit, seiner Frau den Hof zu machen und Pläne für einen Feldzug gegen die Tataren auf der Krim zu schmieden, und dachte nicht im geringsten an seine eigene Sicherheit. Mit Blitzesschnelle hatte sich eine Verschwörung gebildet. Ungefähr zwei Wochen nach Maryna Mniszeks Ankunft bezeugte die verwitwete Zarin Maria unter Tränen, sie habe sich, als sie in „Dimitrij" ihren Sohn erkannte, geirrt, worauf die Verschwörer den

Kreml umzingelten und den Prätendenten töteten. Maryna rettete sich vor einem gleichen Schicksal, indem sie nach Jaroslawl und später weiter südwärts floh, wo sie nach angemessener Zeit einem Sohn das Leben schenkte.

Wieder einmal war Rußland ohne Zaren. Im Juni 1606 wählte die Bojaren-Duma Fürst Wassilij Schujskij. Seine bemerkenswerteste Tat war das demütigende öffentliche Bekenntnis eines Meineides: Zar Iwans Söhnlein sei in Uglitsch tatsächlich ermordet worden! Worauf er die Kirchenfürsten dazu anstiftete, das Kind als Märtyrer heiligzusprechen. Der kleine Leichnam wurde nach Moskau gebracht und in der Mariä-Himmelfahrts-Kathedrale prunkvoll beigesetzt; darauf folgte eine furchtbar feierliche Zeremonie, die den Prätendenten zu ewigen Höllenflammen verdammte.

Wassilij Schujskij erbte eine total leere Staatskasse, eine geteilte Bojaren-Duma und ein von Aufruhr zerrissenes Land. Ein Aufstand nach dem anderen erhob sich entlang den Ufern der Wolga bis nach Astrachan. In Wjatka und Perm gab es häßliche Ausbrüche. Twer weigerte sich, Wassilij als Zaren anzuerkennen, und verlangte tobend die Einberufung der Landesversammlung. Als die Bevölkerung von Pskow erfuhr, daß die Bojaren-Duma Wassilij gewählt hatte, metzelte sie eine große Zahl von Adeligen und reichen Kaufleuten nieder. Im Südwesten versuchten polnische Agenten mit aller Macht den Massen einzureden, „Zar Dimitrij" sei in Wirklichkeit noch am Leben, hielte sich aber versteckt. Aus Moskau entsandte Truppen bekämpften verzweifelt die Bauernaufstände entlang der Westgrenze.

Nun beschloß der Polenkönig einzugreifen, und seine Armee setzte sich gegen die russische Grenze in Bewegung.

Im Herbst 1607 war die alte Hauptstadt bereits umzingelt. Ein zweiter, von Polen und vielen Russen als „Zar Dimitrij" anerkannter Prätendent errichtete sein Zeltlager nicht weit von Moskau, in einem Dorf namens Tuschino. Dieser zweite Prätendent, dessen Ursprung völlig unbekannt ist, ging in die Geschichte als „Tuschinskij wor", als der „Räuber von Tuschino" ein. Während seiner kurzen „Herrschaft" wurde Tuschino eine Hauptstadt im kleinen, mit einem eigenen Hof, einer Regierung und sogar einem Patriarchen, der niemand anderer war als — Philaret (Fjodor Nikititsch Romanow).

Zuletzt wandte sich Wassilij an Schweden um Hilfe. Als König Sigismund von Polen von diesem Schachzug hörte, belagerte er sofort Smolensk. Die schwedischen Söldner erreichten zwar Moskau, aber Wassilij konnte sie nicht bezahlen, so daß sie sich schließlich den feindlichen Heeren anschlossen.

Es war ein Chaos im Chaos. Wassilij war zwar noch immer Zar, aber die letzten Spuren der Herrschaft wurden ihm gleichsam in Fetzen vom Leibe gerissen. Bei einer Sitzung der Bojaren-Duma im Februar 1610 beschloß man, die Zarenkrone Prinz Wladyslaw, dem Sohn König Sigismunds, anzubieten. Am Ende dieses turbulenten Jahres wurde der „Räuber von Tuschino" in einem Scharmützel getötet und Wassilij, die wohl farbloseste Gestalt, die je den russischen Thron innehatte, gezwungen, sich als Mönch in ein Kloster zurückzuziehen. Die in Moskau im Aufstieg befindliche polenfreundliche Partei verfolgte nur ein einziges Ziel: die Vereinigung Rußlands und Polens unter Wladyslaw als Zaren. Diese Union, so argumentierte man, würde die Feindschaft Schwedens sofort lähmen, die Angriffslust der Krimtataren schwächen und dem Westen größere Achtung vor der slawischen Rasse einflößen.

Diese bestechenden Möglichkeiten wurden von Männern ins Treffen geführt, die absolut keine klare Vorstellung davon hatten, wie es um das Herz ihres eigenen Landes beschaffen war, und die glaubten, sie könnten sich über den Charakter des Volkes einfach hinwegsetzen. Der Beschluß, einen Fremdling in den Kreml zu bringen, veranlaßte die Kosaken, Maryna Mniszeks kleinen Sohn zum rechtmäßigen Herrscher auszurufen und ihm den Treueid zu leisten.

Die Bojaren-Duma gab eine zaghafte Anordnung nach der anderen heraus, aber keine wurde befolgt. Rußland hatte keine Regierung. Es gab nur eine Versammlung von zumeist ältlichen, verschreckten Männern, die beisammensaßen und mit Beratungen ohne Ende die Zeit vergeudeten. Sie setzten eine weitschweifige Klausel nach der anderen auf ein Dokument, das alle Einschränkungen enthielt, an die sich Prinz Wladyslaw als Herrscher halten müsse. In der Präambel erklärten sie, dem Prinzen die Krone unter der Bedingung anzubieten, daß er in die griechisch-orthodoxe Kirche eintrete; aber keinem von ihnen fiel ein — beziehungsweise auf —, daß ein Pole als Zar ja doch die Abtretung der Souveränität Rußlands an Rußlands Erzfeind bedeutete.

Während die Duma damit beschäftigt war, Punkt für Punkt dieser Urkunde im Schneckentempo auszuarbeiten, riegelten Kosaken und andere Truppen Moskau vom Süden her ab, so daß die Gefahr einer Hungersnot für die Stadt unmittelbar bevorstand. Die Schweden besetzten Nowgorod und Pskow, und um der Zerrüttung der nationalen Entwicklung die Krone aufzusetzen, drang das Heer Sigismunds in Moskau nicht als Verbündeter, sondern als Sieger ein. Mitglieder der alten Fürstengeschlechter wurden zu Laufburschen und Lakaien gemacht, die jedem Hauptmann und Feldwebel aus Krakau oder Wilna auf den Wink gehorchen mußten. Die polnischen Stadtkommandanten verhängten Ausgehverbot und Kriegsrecht; Plünderung, Brandstiftung und Mord standen für die Moskowiter auf der Tagesordnung.

Schließlich durfte die Duma, deren Autorität vollkommen im Staube lag, eine Gesandtschaft nach Krakau schicken und den König um seine formelle Zustimmung bitten, daß sein Sohn Zar werde. Um die grausame Ironie des Schicksals noch zu vermehren, wurde diese Gesandtschaft — von Philaret Romanow angeführt. Die Bevölkerung Moskaus hielt sich trotz ihrer Eingeschüchtertheit nicht zurück, sondern ließ ihrem Unmut freiesten Lauf. Die Rolle Philarets war in der Tat die eines sonderbaren Drahtziehers vieler, höchst unangenehm verwickelter Drähte. Der erste Prätendent war im Hause von Philarets Vater aufgezogen worden, der „Räuber von Tuschino“ hatte ihn, Philaret, zum Patriarchen an seinem „Hof“ gemacht, und nun wendete Philaret seine ganze Beredsamkeit auf, um die Würdenträger seiner Kirche und der Duma davon zu überzeugen, daß das Heil ihres Landes von dessen Vereinigung mit Polen abhing! Sie müßten doch alle längst erkannt haben, daß der von den Jesuiten so streng erzogene Prinz Wladyslaw niemals seinem Glauben abschwören würde; es war mehr als sonderbar, mit anzusehen, wie ein orthodoxer Metropolit sich auf die Reise machte, um diesen fremden, unbedeutenden Prinzen einzuladen, über ein orthodoxes Reich zu herrschen. All das hatte gar keinen Sinn! Aber Ende des Jahres 1610 wagte keiner der wenigen Männer von Verstand, die noch in Rußland verblieben waren, seiner Meinung Ausdruck zu verleihen.

Die sonderbare Gesandtschaft erreichte Krakau, wurde von Sigismund empfangen und auf dessen Befehl unverzüglich verhaftet. Der König hatte nicht die Absicht, seinem Sohn zu erlauben, eine Krone anzunehmen, die er selbst begehrte. Alle Mitglieder der Gesandtschaft wurden zwar ehrenvoll untergebracht und gut behandelt, aber sie durften weder untereinander noch auch mit ihren Landsleuten in Moskau, wo die Duma noch auf ihre Rückkehr wartete, in Verbindung treten. An ihrer Statt erschienen Boten des polnischen Königs in der russischen Hauptstadt und verlangten, daß Sigismund der Treueid geschworen werde. Auf dem Roten Platz versammelte sich eine Menschenmenge und schrie ein ohrenbetäubendes „Nein!" Die Vororte vereinigten sich zu einem Protest dagegen, daß irgendein Fremder den Thron besteige. Hierauf zündeten die Polen die ärmeren Viertel von Moskau an, und der Aufruhr wurde mit Waffengewalt erstickt. Im Frühling 1611 schmachtete bereits das ganze Land — von den Küsten des Weißen Meeres bis zum Kaspisee — in der doppelten Umklammerung von Rechtlosigkeit und Hunger, so daß der Khan der Krim schon Hoffnung schöpfte, die Tage der Goldenen Horde* könnten wiederkehren ...

Aber nachdem die Polen Moskau erobert hatten, fanden sie sich dort plötzlich in einer Falle. Die Kosaken, die alle Städte an der Wolga geplündert hatten, ritten einfach nordwärts und nahmen die Stadt im Sturm ein, so daß die Polen sich hinter den Mauern des Kremls verschanzen mußten. Leider paßte die Wut der Kosaken recht wenig zu ihrer Rolle als Befreier; sie plünderten und töteten noch ärger als die Polen.

In einer unterirdischen Zelle des Tschudow-Klosters beim Kreml verwahrten die Polen einen ihrer wichtigsten Gefangenen, den Patriarchen Hermogen. Er war so alt und schwach, daß es seine Wärter nicht für notwendig erachteten, ihn besonders zu bewachen. Der Patriarch durfte einen seiner Kapläne und zwei Sekretäre bei sich haben; auch außerhalb schienen ein paar treue Freunde zu ihm zu

---

* Die Goldene Horde hieß das aus dem Westteil der mongolischen Eroberungen gebildete Reich der Nachfolger Dschingis-Khans; es umfaßte ganz Südrußland, zerfiel aber im 15. Jahrhundert in einzelne Khanate.

halten, denn die unterirdische Zelle wurde reichlich mit Schreibmaterial versorgt. Bald verließen in flammenden Worten abgefaßte Aufrufe das Tschudow-Kloster. Sie forderten das russische Volk auf, Mut zu fassen, die Fremden aus dem Land zu jagen, eine Landesversammlung einzuberufen und einen rechtmäßigen Herrscher ihres eigenen Blutes und Glaubens zu wählen. Diese Botschaften wurden nach Norden und Süden, Osten und Westen getragen. Es ist unbekannt, wie viele von ihnen zu Menschen gelangten, die dem Appell des Patriarchen Folge leisten konnten. Der alte Mann wurde schließlich von einem Wächter verraten. Hermogens einzige Antwort auf die gegen ihn erhobene Anklage war, daß er seinen Schöpfer anflehte, Rußland zu erretten. Die Polen ließen ihn hierauf verhungern.

Im Herbst 1611 erreichte einer von Hermogens Aufrufen Nishnij Nowgorod und kam in die Hände eines wohlhabenden Fleischhauers namens Kusma Minin. Dieser berief eine öffentliche Versammlung ein, und die Stadt erhob sich wie ein Mann. Fürst Posharskij wurde zum Kommandanten der Aufständischen gewählt. Die neue Armee bestand aus Adeligen, Geistlichen, Beamten, Kaufleuten und Bauern. Unter den gegebenen Umständen hätte man erwartet, daß das Erreichen der Eintracht und der Prozeß des Zusammenschweißens so verschiedener Menschen langwierig und schwierig wäre. Doch ging alles fast zu schnell für Posharskij und Minin. Das Volk Nishnij Nowgorods und des umliegenden Landes sah nur allzu klar, welche Folgen sein Tun haben würde. Die Menschen waren nicht einmal sicher, ob das übrige Land auf den Aufruf des Patriarchen in gleicher Weise reagieren würde. Aber nichts von alldem beirrte sie. Ein neuer und belebender Gemeinschaftssinn war über Nacht geboren worden, und das edelsteingeschmückte Schwert eines Fürsten hatte dieselbe Bedeutung wie das stumpfe Beil eines Leibeigenen und die paar mühselig gesparten Kupfermünzen, die ein Handwerker opferte, denselben moralischen Wert wie ein Perlen- und Rubinenhalsband, das die Frau eines Adeligen brachte. Die Entstehung von Posharskijs Heer trug den Stempel des Wunderbaren, denn jeder Mann, der ihm angehörte, erwachte zu dem Bewußtsein, daß er größer sein konnte, als er war.

Der Marsch auf Moskau begann im Februar 1612, und im darauffolgenden Herbst gehörte die alte Hauptstadt endlich wieder sich selbst. In knappen zwei Monaten langten Vertreter jeder russischen Stadt in Moskau ein, um den Sobor abzuhalten, die Landesversammlung, deren Hauptaufgabe die Wahl des Herrschers war. Durch den Willen des Volkes fiel die Wahl auf den sechzehnjährigen Knaben Michael, den einzigen Sohn des Philaret Romanow, der damals noch Gefangener in polnischen Händen war. Es ist festzuhalten, daß der Aufenthaltsort des Knaben zur Zeit der Wahl unbekannt war.

In gewissem Sinne war diese Wahl sicherlich etwas sonderbar. Die Romanows konnten nicht ihre Abstammung von den Ruriks bis ins 9. Jahrhundert nachweisen, und sie waren auch keine Großgrundbesitzer. Sie waren zwar mit der alten Dynastie durch Heirat einer ihrer Frauen mit Iwan dem Schrecklichen verbunden, aber diese Verbindung hatte die Familie nicht in schwindelnde Höhen erhoben. Michael, dem die Krone angeboten werden sollte, war der Nation gänzlich fremd. Die wenigen, die mit ihm zusammengetroffen waren, kannten ihn als aufrecht und fromm und von ziemlich zarter Konstitution. Aber — Philaret, der Vater des zukünftigen Zaren, hatte nicht nur dem „Räuber von Tuschino“ gedient, er war auch öffentlich für die Vereinigung mit Polen eingetreten und hatte die unglückselige Gesandtschaft nach Krakau angeführt ...

Hin und wieder stoßen wir auf Andeutungen, daß Michaels Wahl weder spontan noch einmütig erfolgte. Es wurden noch viele andere Namen vorgeschlagen. Einer vagen Geschichte zufolge spielten einige Mitglieder des Sobor mit dem Gedanken, Prinz Philipp von Schweden zu wählen, unter der Bedingung, daß er der orthodoxen Kirche beitrete. Diese Mär ist aber kaum glaubhaft: das Volk hätte damals zweifellos keinen fremden Anwärter angenommen. Nach einer anderen Version soll Fürst Posharskij vom Ehrgeiz erfüllt gewesen sein, selbst den Zarenthron zu besteigen; die Anhänger dieser Theorie finden in ihr die Erklärung dafür, warum der Fürst unter Zar Michael keine hohe Stellung bekleidete. Aber erstens ist es erwiesen, daß Posharskij immerhin in Michaels Regierung diente, und zweitens erlaubte es die Gesundheit des Fürsten nicht, weitere große Anstrengungen auf sich zu nehmen, da er schon einmal verwundet worden war und sich bei dem Marsch auf Moskau keineswegs geschont hatte.

Betrachtet man die Wahl aus einem anderen Blickwinkel, so verliert sie ihre scheinbare Absonderlichkeit. Im Jahre 1612 hungerte und dürstete das Volk nach einem einigenden Symbol, nach einer Schutzherrschaft, die es wieder einer Gesundung zuführen sollte, nach einem Balsam, um seine Wunden zu heilen. Ein Romanow war weder ein Golizyn noch ein Dolgorukij noch auch ein Miloslawskij, deren Wahl zu Rivalitäten und unheilvollen Parteibildungen geführt hätte. Michael wurde als Verkörperung des sakrosankten Prinzips der Monarchie gewählt, nicht als Person.

Die Führer des Sobor wendeten all ihre Erfindungsgabe an, um über Philarets früheren Ruf und den Zweck jener Gesandtschaft nach Krakau den Mantel des Stillschweigens zu breiten. In allen zeitgenössischen Quellen, mit einer einzigen Ausnahme, und in den Darstellungen vieler späterer Generationen wurde Michaels Vater in den Farben eines Märtyrers gemalt, wobei die Jahre seiner Gefangenschaft als Beweis für seine großen Verdienste um das Vaterland angesehen wurden. Hält man sich die Beweggründe, die dahinter standen, vor Augen, dann muß das Verhalten des Sobor durchaus nicht als abwegig erscheinen und verurteilt werden.

II

Vater und Sohn

MICHAEL, GEBOREN 1596, GEWÄHLT 1613, GESTORBEN 1645
ALEXEJ, SEIN SOHN
GEBOREN 1629, THRONFOLGE 1645, GESTORBEN 1676

Erst im März 1613 fanden die aus Moskau abgesandten Boten den zukünftigen Zaren und dessen Mutter Marfa, die Nonne, im Ipatjew-Kloster in der Nähe von Kostroma. Ein Schwächling hätte Gott gedankt für das unwahrscheinliche Glück, für das Los, das ihm zugefallen war und das aller Not, Ungewißheit und Gefahr ein Ende setzte.

Aber Michaels erste Reaktion war eine entschiedene Zurückweisung des Angebotes. „Er lehnte die Krone mit großer Heftigkeit ab", berichtet ein Zeitgenosse. Er lehnte sie immer wieder ab, und sein Verhalten ließ in den Herzen der Delegierten sehr wenig Raum für Hoffnung. Ein Argument jagte das andere, ein Ansturm der Überredungskunst folgte dem andern auf dem Fuß, bis endlich die Nonne Marfa nach einigen Stunden einsamen Gebetes zu der Einsicht kam, daß ihr eigener heftiger Widerstand gegen die Annahme der Krone durch ihren Sohn dem Willen Gottes zuwiderlief. Michaels eigenes, endlich ausgesprochenes „Ich will" enthielt mehr als bloße Zustimmung: Es war das Versprechen einer lebenslangen Weihe.

Die Abordnung mit dem jungen, Tag und Nacht bewachten zukünftigen Zaren war fast zwei Monate lang unterwegs, bis sie Moskau erreichte. Zwar war die Hauptstadt vom Feind geräumt, doch konnte man kaum, wenn überhaupt, von Frieden im Lande sprechen. Es wurde noch immer Krieg geführt, von Dorf zu Dorf, von Wald zu Wald. Zahllose Rotten von Marodeuren kämpften gegeneinander, und keine wußte recht, worum es ging. Dieser Zustand zeigte sich in so grauenhafter Weise, daß Michael eines Tages mitten auf der Reise zum erstenmal seine Herrschergewalt ausübte und erklärte, er reite keinen Schritt mehr weiter, wenn nicht sofort Maßnahmen getroffen würden, das sinnlose Blutvergießen zu beenden, die Toten zu begraben und die Verwundeten zu versorgen.

Als Moskau endlich erreicht war, fand Michael dort keinen anderen Empfang als das Willkommgeschrei der Massen und das Läuten der Glocken. Der Kreml bot absolut nichts für das leibliche Wohl. Die Wände der Burg waren kahl, die Fenster zerbrochen, das Dach an vielen Stellen weggerissen. Es gab buchstäblich weder einen Stuhl, auf welchem Michael hätte sitzen können, noch eine Schüssel, in der man ihm ein Mahl servieren konnte. Die wahnsinnige Verschwendungssucht des Prätendenten hatte die Schatzkammer vollkommen entleert, und die polnische Besatzung hatte mit einer Orgie der Zerstörung geendet. Aus einem nahen Kloster, das wunderbarerweise den meisten Plünderungen der furchtbaren Jahre entgangen war, borgte man Bettzeug und eine bescheidene Küchenausrüstung. Aber es gab weder Brennholz noch Arbeitskräfte noch Geld. Der dringendste Bedarf wurde von reichen Kaufleuten, vor allem den Stroganows, gedeckt. Der junge Zar und seine Mutter mußten in einen der alten Teile des Kremls übersiedeln, wo Iwan der Schreckliche zu Beginn seiner Regierung gewohnt hatte.

Der Sobor war mit schweren und tatsächlich auch wichtigen Beschlüssen befaßt. Aber irgend jemand hätte trotzdem an etwas Geflügel und Brot für das Mittagessen des Zaren denken können, oder an eine Decke, um seinen Körper bei Nacht zu bedecken. Nur die Großzügigkeit der Stroganows und anderer, denen es gelungen war, ihr Vermögen zu retten, machte es der Regierung möglich, mit dem Bau eines Holzpalastes zu beginnen, die Garderobe des jungen Zaren zu ergänzen, seine Speisekammern zu füllen und schließlich die Mariä-Himmelfahrts-Kathedrale für die Krönung im Juli des Jahres 1613 instand zu setzen.

Nicht nur der Haushalt im Innern war in einem traurigen Zustand, auch nach außen hin war die Lage ziemlich trostlos. Posharskijs Heer hatte Moskau zwar zurückerobert, und der Sobor hatte einen Herrscher gewählt. Aber die fremden Horden waren noch immer nicht aus dem Lande gejagt, und die Herrschaftsgebiete des jungen

Zaren waren in Stücke gerissen. Die Schweden saßen in Nowgorod, und die Bedrohung von Pskow wurde immer beunruhigender. Die Polen hatten sich in Michaels westlichen Provinzen verschanzt, und eine ganze Menge russischer Adeliger hatte ihre Meinung über eine Kandidatur Wladyslaws noch nicht geändert. Trotz all der feierlichen Treueide, die Michael geleistet wurden, konnte er sich nur auf eine dürftige Gruppe von Treugesinnten verlassen. Den Kosaken, deren wunderliche Politik sie mit den Hasen rennen und mit den Hunden jagen ließ, konnte man nicht vertrauen. Ein Heer, um die Räuberbanden zu verfolgen, gab es nicht, und fast hatte es den Anschein, als ob der große ursprüngliche Aufbruch, den Minin und Posharskij ins Werk setzten, den allerletzten Tropfen nationaler Energie aufgesogen hatte.

So schien es. Aber nach und nach verschwand die drohende Gefahr des Räuberunwesens am Horizont, neue Hütten wurde gebaut, und man sah wieder Pflug und Egge die Felder queren. Lachen, Singen und Tanzen kehrten in die Dörfer zurück, vermischt mit kräftigen Flüchen, verderbten Sitten und zügelloser Trunksucht. Die Herren begaben sich wieder auf ihre Landsitze, der Handel belebte sich wieder, viele neue Steuern wurden eingeführt, und die Truhen des Staatsschatzes begannen sich von neuem zu füllen. Der Sobor tagte noch immer, und die Saltykows, Verwandte des Zaren mütterlicherseits, halfen Fürst Trubezkoj und anderen bei den Regierungsgeschäften.

Der Zar selbst befand sich in der Schule. Das Alphabet der Staatsführung mußte mühselig erlernt werden. Anfangs machte er ziemlich arge Fehler. So ernannte er bei seiner Machtübernahme einen ungeschlachten, reizbaren Mann, einen Uschakow, zum Botschafter in Europa. In England gelang es diesem Uschakow noch, sich zu beherrschen, und König James I. delegierte einen Mann namens John Merrick, der im russisch-schwedischen Konflikt vermitteln sollte. Als Uschakow aber auf den Kontinent kam, verließ ihn seine Selbstbeherrschung. Von den Niederlanden bis hinunter zu den Staaten Italiens markierten widerliche Geschichten von Trunkenheit, Anmaßung, Unzucht und Ruhestörung an öffentlichen Orten den Weg von Michaels Botschafter. „Ein wilder Tatar", sagte Europa, „wie konnte der junge Zar einen solchen Menschen ins Ausland schicken?"

Der junge Zar steckte tief in Arbeit — er lernte, wie man Zar ist. Man konnte nicht behaupten, daß er in den ersten Jahren regiert hat, aber er hatte tüchtige Ratgeber, und er lernte es, zuzuhören. Er war kein unumschränkter Herrscher, und die Bezeichnung „samodjershez" (Autokrat) wurde aus der langen Liste seiner Titel gestrichen. Michael regierte gemeinsam mit der Bojaren-Duma und dem Sobor. Er konnte seine Diener nicht anders belohnen, als daß er sie mit Ländereien belehnte, und auch das durfte er nur mit Zustimmung der Duma; trotzdem herrschten im Kreml gutes Einverständnis und Eintracht. Das bittere Chaos der Jahre der Wirren hatte — wenn auch nur vorübergehend — die saure Atmosphäre der Intrigen beseitigt. Von Anbeginn an scheint Michael die Bedeutung des äußeren Verhaltens begriffen zu haben. Die in Audienz empfangenen ausländischen Gesandten rühmten die Würde und Höflichkeit des Jünglings, der sich des hohen Amtes, das er trug, bewußt war. Wenigstens hatte die junge Dynastie nicht mit einem ungezogenen Flegel begonnen.

Nach und nach erhob sich die russische Staatskunst aus der Asche. 1617 wurde bei Stolbowo ein Waffenstillstand mit Schweden geschlossen. Der Vertrag brachte Rußland zwar wenig Vorteile — der letzte Stützpunkt an der baltischen Küste mußte abgetreten werden, so daß das von Zar Boris gegründete Archangelsk als einziger Hafen verblieb —, aber Stolbowo verbürgte doch die Sicherheit von Nowgorod und Pskow und gewährte eine unschätzbare Atempause.

Anders verhielt es sich, was Polen betraf. Zu Ende des Jahres 1617 beschloß Wladyslaw, seinen Anspruch auf die russische Krone geltend zu machen. Er rückte mit einem gewaltigen Heer heran, belagerte Wjasma und nahm es schließlich auch ein. Im Oktober 1618 griff er Moskau an, aber die alte Hauptstadt war vorbereitet und schlug die Polen zurück. Der kurze Feldzug endete mit dem Waffenstillstand von Deulino — wieder nicht besonders günstig für Michael, da er Smolensk verlor und die Polen nicht dazu zu bewegen waren, ihn als Zaren anzuerkennen. Immerhin führte der Waffenstillstand zu einem Austausch der Gefangenen, so daß auch Philaret, der Vater des Zaren, im Sommer 1619 endlich aus der Gefangenschaft heimkehrte.

Es war ein offenes Geheimnis, daß Philaret gehofft hatte, selbst eines Tages die Krone zu tragen. Zar Boris hatte ihn in ein Kloster gezwungen, aber der Staatsmann im Mönch war nie gestorben. Seine Kenntnisse reichten weit über die bloßen Anfangsgründe der Volkswirtschaft hinaus. Die vierzehn Jahre Finanzpolitik Philarets sollten sich für den Adel, den Kaufmanns- und den Bauernstand als harte Nuß erweisen. Doch schließlich trug diese Politik goldene Früchte: Philarets Würde wurde durch das Anerbieten Michaels bestätigt, die Herrschaft mit dem Vater zu teilen, und diese Doppelherrschaft währte bis zum Tode des alten Mannes im Jahre 1633. Dem harten und unversöhnlichen Mann gelang es, alle Rivalen und Feinde aus der Nähe des Thrones zu entfernen. Aus Angst vor Verbannung, lähmenden Geld- und noch ärgeren Strafen vergaßen die Menschen rasch und gerne Philarets ungute Vergangenheit, seine Anbiederung an Polen, seine Dienste für den „Räuber von Tuschino“ und seine Zustimmung zu einer Vereinigung Rußlands mit Polen. In Wahrheit hatte Philaret seine lange Gefangenschaft höchst ehrenvoll und bequem verbracht, aber seine Zeitgenossen wollten sich partout Handfesseln, schmale Kost und Kerker vorstellen ... Wie dem auch sei, die Diarchie erfüllte ihren Zweck, und die von Philaret eingeführten Maßnahmen bewährten sich durch lange Zeit; sie stellten im ganzen Lande so etwas wie Ordnung her.

Mit Feinden unmittelbar vor den Toren seines Reichs, war es für Michael dringend nötig, ein starkes Heer zu haben. Aber die alten Regimenter waren kläglich desorganisiert, und die Truppen der von Posharskij aufgebotenen Freiwilligen hatten sich mehr oder weniger aufgelöst. Während des allerersten Jahres seiner Regierung hatte der junge Zar — unter dem Einfluß seines Vetters Nikita Iwanowitsch Romanow — ausländische Militärexperten eingeladen, die seine Leute ausbilden sollten. Wehrpflicht bestand damals zwar noch nicht, doch hatten die Grundbesitzer den Auftrag, eine bestimmte Anzahl ihrer Bauern in die Städte zu schicken, wo sie von englischen, irischen, schottischen und deutschen Offizieren abgerichtet wurden.

Man brauchte Soldaten nicht nur in der Garnison und auf den Schlachtfeldern, sondern auch für Michaels Burg. Das bei weitem ärgste Vermächtnis der Jahre der Wirren war die Angst. Ihre Fangarme breiteten sich über das ganze Land aus und verschonten auch den Kreml nicht, wo jedes Tor und jede Stiege Tag und Nacht bewacht werden mußte. Das geradezu wahnsinnig komplizierte Protokoll, nach dem jede Audienz, ob privat oder öffentlich, abgewickelt wurde, fand seine Begründung angeblich in der ehrfurchtgebietenden Würde des Amtes des Zaren. In Wirklichkeit aber war jedes kleinste Detail der langwierigen und ermüdenden Zeremonie aus der Angst geboren, daß der Person des Zaren „etwas Unvorhergesehenes" zustoßen könnte. Keiner seiner Untertanen, wenn auch noch so hoch im Rang, durfte bis an das Tor der Burg vorfahren. Fremde, die man in der Umgebung umherschlendern fand, liefen Gefahr, sofort verhaftet und gefoltert zu werden, um ihnen das Geständnis abzuzwingen, daß sie einer — gar nicht bestehenden — Verschwörung angehörten.

Der Norden gewann seine Ruhe wieder, die Polen hielten sich an die Bedingungen des Waffenstillstandsvertrages von Deulino. Die Kosaken aber und die Tataren der Krim blieben weiterhin eine Gefahr; jene wechselten ihre Politik, wie es ihnen beliebte, diese marodierten andauernd im Süden herum. Ja die Raubzüge der Tataren nahmen das Heer des Zaren in einem solchen Ausmaß in Anspruch, daß Polen sich 1632 ermutigt fühlte, den Vertrag von Deulino zu brechen. Nur wenige russische Truppen konnten erübrigt werden, um den polnischen Angriff abzuwehren. Der Krieg dauerte zwei Jahre, und obwohl am Ende Polen Michael als Zaren anerkannte, blieben ungeheure Gebiete an beiden Ufern des Dnjepr unter polnischer Oberhoheit.

Aber nicht jeder Winkel des Zarenreiches war in diesem Maße gefährdet. Sibirien war zum Teil unter Iwan dem Schrecklichen erobert worden. Schon um die Jahrhundertwende war der westsibirische Tatarenkhan Kutschum endgültig geschlagen worden, und die russischen Forscher und Pelztierjäger kamen bis an die Ufer der Lena und sogar darüber hinaus. Der Wert des immer mehr anwachsenden Pelzhandels bedeutete für die Staatskasse viel, und Michael ermutigte die sibirischen Unternehmungen, die zudem seiner Regierung keinerlei Unannehmlichkeiten mit anderen Staaten brachten. Von Jahr zu Jahr nahm er an Klugheit zu. Als die Donkosaken in den frühen dreißiger Jahren einen Stützpunkt an der Küste des Schwarzen Meeres eroberten und Asow einnahmen, befahl ihnen der Zar sofort, sich zurückzuziehen. Der Unwille der Türkei wäre eine Katastrophe gewesen, die heraufzubeschwören Rußland sich nicht leisten konnte.

Nach und nach verwandelten die Strömungen eines neuen geistigen Klimas das alte Reich der Moskowiter. Rußland entstand. Doch gehorchte das Hofleben im Kreml noch immer dem alten Rhythmus, dessen Ursprung irrtümlich Byzanz zugeschrieben wurde. In Wirklichkeit stammte das meiste aus den Tagen des tatarischen Jochs, als die Slawen die absolute Absonderung der Frauen einführten, und es war eine Tat des ersten Romanowschen Zaren, daß er im alten Lied einen neuen Ton anschlug.

Michael hatte keine Brüder, nur einige Vettern, aber es war Gesetz, daß der Thronfolger eines Herrschers, der durch den Willen des Volkes gewählt wurde, dessen leiblicher Sohn sein mußte. Zum unverhüllten Schrecken der Anhänger der alten Überlieferungen und zur Freude aller „Westlichen“ begann Michael eine Verehelichung in Erwägung zu ziehen, die gar nicht im Einklang mit der Tradition stand. Er wollte eine Ausländerin zur Frau. Eine Abordnung wurde zuerst nach Kopenhagen geschickt, dann nach Stockholm, doch Michael erlitt sowohl in Dänemark wie in Schweden schroffe Abfuhren: Eine skandinavische Prinzessin könne unmöglich einen Moskowiter heiraten.

Schließlich war der Zar gezwungen, doch dem alten Brauch zu folgen und eine Braut aus den eigenen Adelsgeschlechtern zu wählen. Die erste Zarin, Maria Dolgorukaja, starb bereits im ersten Ehejahr an Wehen, ohne ihrem Gatten einen Sohn oder eine Tochter zu hinterlassen. 1626 heiratete Michael Eudoxia Streschnewa, die ihm zehn Kinder schenkte, von denen sechs in zartem Alter starben; die männliche Erbfolge aber war gesichert. Beide Ehen waren reine Vertragsangelegenheiten.

Indessen wurde in Moskau der Einfluß des Westens immer stärker. Nikita Iwanowitsch Romanow, der Vetter des Zaren, und einige andere Adelige liebten es, Kleider nach „deutschem Schnitt“ zu tragen; sie hätten es aber nicht gewagt, sich damit bei Hof zu zeigen.

Alles „Ausländische", vom interessanten Buch bis zur kunstvoll verfertigten Uhr, entzückte den Zaren, doch durfte sein Interesse an derlei Importen außerhalb seiner unmittelbaren Umgebung nicht im mindesten bekanntwerden. Sein häusliches Leben war fast mönchisch; jeder Tag mußte streng im Einklang mit dem Kirchenkalender verbracht werden. Michael erschien nur bei religiösen Anlässen in der Öffentlichkeit, sofern seine empfindliche Gesundheit es ihm erlaubte, die Burg zu verlassen. Alle nach Moskau delegierten Gesandten berichteten, wie unfehlbar freundlich der Zar war, doch sah man ihn in der Öffentlichkeit niemals lächeln oder gar lachen. Der ernste junge Monarch in seinen von Edelsteinen schimmernden Brokatgewändern auf dem goldenen Thron des Audienzsaales hatte nicht die geringste Ähnlichkeit mit dem jungen Mann, der Musik und Gesang vor allen anderen Unterhaltungen liebte, der stundenlang den Geschichtenerzählern lauschen konnte und vor Freude in die Hände klatschte, als ihm der Schah einmal einen Löwen schickte oder ein Abgesandter aus Venedig ihm kostbare Brokatstoffe überbrachte, um damit die Wände des neuen Steinpalastes auszuschmücken.

Michaels Ernst war Maske. Die Beweise für seinen Hang zur Heiterkeit finden wir in den Beschreibungen seiner Unterhaltungen, im Katalog seiner privaten Besitzungen und in den Dokumenten, die von seinem Haushalt berichten, zu welchem sechzehn Hofzwerge und Narren gehörten, die alle in Himmelblau und Hochrot gekleidet waren. Er ließ sich gerne Volkslieder vorsingen, lachte über lustige Rätsel und wählte selbst und mit großer Sorgfalt die Spielsachen seiner Kinder aus. Farben entzückten ihn. Er liebte auch „gute Gerüche" und ließ sich Parfüms aus Indien und der Türkei kommen. Seine Apotheker stellten eine Seife her, die nur er allein gebrauchte; Zimtöl, Rosenwasser und Gewürznelken wurden zu ihrer Bereitung verwendet. Obwohl Michael selbst im Essen und Trinken mäßig war, liebte er es, seine Gäste großartig und üppig zu bewirten. Nachdem die Staatskasse sich erholt hatte, entwickelte der junge Zar so etwas wie eine Leidenschaft, seine Vertrauten mit kostspieligen und lustigen Geschenken zu überraschen.

Aber alle diese einfältigen Amüsements blieben den Massen oder den ausländischen Besuchern des Kremls unbekannt. Von dieser Einfalt und Fröhlichkeit durfte nichts aus den Privatgemächern des Palastes auf den öffentlichen Platz oder in den Audienzsaal dringen. Das Amt des Zaren war sakrosankt, und niemand außer einigen wenigen Vertrauten durfte den Zaren je abseits seines erhabenen Amtes sehen.

Und dann war da noch etwas. Der Tradition zufolge durfte der Zar nicht ganz sich selbst gehören. Michael hatte kein normales Familienleben. Er konnte mit seiner Frau nur zu bestimmten, vom kanonischen Recht fixierten Zeiten schlafen. Die Zarin und die Kinder, besonders die Töchter, lebten in strengster Abgeschiedenheit in einem Teil des Palastes, welcher Terem genannt wurde. Der Zar besuchte den Terem täglich. Seine Familie aber durfte nie in seinen eigenen Gemächern erscheinen, und auch das Volk bekam diese Räume nie zu sehen. Im Jahre 1644 wurde Michaels Thronfolger Alexej der Menge feierlich „vorgestellt“; dabei wurde der Knabe auf dem Roten Platz vor den Leuten zu einem hohen Podium getragen und zum Nachfolger seines Vaters proklamiert. Das war die erste Gelegenheit, bei der jemand Alexej außerhalb des Haushalts sehen durfte.

Michaels Erstgeborene, die Zarewna Irina, galt als große Schönheit; mit ihrem Namen verknüpfte sich ein erstaunlicher Entschluß ihres Vaters. Zar Michael forschte bekanntlich in der Geschichte seines Landes bis tief zu deren Anfängen, und es scheint, daß ihn seine Studien darauf brachten, die Zukunft seiner Tochter auf außergewöhnliche Art zu gestalten. Vor der Tatareninvasion im 13. Jahrhundert kam es öfters vor, daß russische Prinzessinnen als Bräute nach Norwegen, Schweden, Polen, Ungarn, Deutschland oder Frankreich gingen. Unter dem Joch der Tataren aber hörte jede Verbindung mit dem Westen auf. Obwohl der moskowitische Russe später den Tataren abschüttelte, behielt er doch manche von dessen hinterlassenen Bräuchen bei. So durften Zarentöchter keine Untertanen ihres Vaters heiraten und heirateten deshalb überhaupt nie. In der Geschichte sind diese Frauen nichts weiter als Namen, die in den Haushaltsberichten in Zusammenhang mit Einzelheiten über ihre Unterhaltskosten, ihre Kleider, Juwelen und verschiedene Materialien für ihre Handarbeiten aufscheinen. Sie erhielten wohl Unterricht, aber ihre Bibliotheken bestanden nur aus dem Neuen Testament und ein paar Gebetbüchern.

Zu ihrer Unterhaltung gab es Narren und Zwerge, die die königlichen Damen mit derben Possen, Scheingefechten und derlei Späßen zerstreuten. Wenn die Zarewnas ihre Mutter sonntags in Moskau zur Kirche begleiteten oder an einer Pilgerfahrt zu irgendeinem Heiligtum in der Umgebung der Hauptstadt teilnahmen, waren sie tief verschleiert und fuhren in geschlossenen Kutschen, deren Fenster sorgfältig verhängt waren. Einige dieser Damen endeten in einem Kloster, aber die meisten blieben von der Wiege bis zur Bahre im Palast, und nur die Mitglieder des Haushalts hatten Zutritt zu ihnen.

Zar Michael wollte es endlich anders haben. Er beschloß, für seine Tochter einen ausländischen Gatten zu suchen, und seine Wahl fiel auf Prinz Waldemar von Dänemark. Waldemars Vater, der König, war zur Überraschung aller Moskowiter einverstanden. Irina war damals dreizehn, Waldemar ungefähr zwanzig. Im Januar 1644 wurde der dänische Prinz offiziell mit dem Mädchen verlobt, das er noch gar nicht kennengelernt hatte, und Michael ließ für ihn in Moskau einen Steinpalast erbauen. Der Adel war dem Bräutigam gewogen, aber da gab es noch immer die Kirchenfürsten, mit denen man rechnen mußte. Waldemar verpflichtete sich, sich nicht in Irinas Glaubensangelegenheiten einzumischen, und versprach, daß alle Kinder aus seiner Ehe streng im orthodoxen Glauben erzogen werden würden. Dem Patriarchen und den Metropoliten genügten aber diese Versprechungen nicht, und sie bestanden darauf, daß Waldemar selbst noch vor seiner Hochzeit der griechischen Kirche beitrete. Das lehnte dieser jedoch ab und löste die Verlobung mit der Prinzessin, die er noch nie gesehen hatte.

Die Empörung der Duma kannte keine Grenzen. Michael befand sich in einem Dilemma: Er wollte Dänemark nicht beleidigen, wußte aber anderseits, daß er mit den Kirchenfürsten nicht streiten konnte. Also nahm er Zuflucht zu Verzögerungstaktiken; es folgten sinnlose theologische Debatten, während Prinz Waldemar in ehrenvollem Gewahrsam gehalten wurde — bis ihn Michaels Thronfolger 1645 wieder nach Hause schickte. Die Zarewna Irina blieb unvermählt. Der öffentlichen Meinung zufolge soll die Enttäuschung über die dänische Affäre Michaels Tod in seinen späten Vierzigerjahren herbeigeführt haben.

Sein Nachfolger wurde als „tischajschij“, das heißt „der Friedfertigste“, bekannt, aber eigentlich verdient Michael diesen Beinamen eher als Alexej. Der erste Romanow wurde zwar gleichsam von den Armen eines Sturmes auf den Thron gehoben, doch entsprach dies keineswegs seiner Wesensart. Er lebte in der traditionellen Abgeschlossenheit, und seine Persönlichkeit erinnert an einen ummauerten Garten. Keine seiner beiden Ehen hatte sein Herz berührt, aber es gibt Beweise für seine stille, hingebungsvolle Liebe zu seinen Kindern. Er schätzte Musik und Gesang mehr als Politik, aber er fehlte doch nie bei den Sitzungen der Duma, wenn sie ihn auch noch so langweilten. Er war nicht klug und hinterließ mit Ausnahme der Heiratspläne für Irina nur wenig Spuren von Originalität, doch erfüllte er den Zweck seiner Wahl zum Zaren getreulich: Er war das einigende Symbol, das Rußland zu seiner Gesundung brauchte.

Im Kreml wurde ein von einem unbekannten Meister bald nach Michaels Krönung gemaltes Porträt aufbewahrt. Es zeigt den Zaren mit der von einem Kreuz gekrönten und mit Pelz verbrämten Mütze des Monomach. Der Porträtierte trägt einen mit Perlen und Edelsteinen bestickten „dalmatik“, dessen grotesk weite Ärmel die Zartheit seiner Handgelenke unterstreichen. Michael hält den Reichsapfel, der gleichfalls ein Kreuz trägt, in der linken, das Zepter in der rechten Hand. Unter der pelzverbrämten Mütze ist ein schönes, ernstes Gesicht mit sanft geschwungenem Mund und großen, träumerischen Augen zu sehen. Die Kreuze scheinen das Symbol, für das Michael stand, nochmals zu bestätigen.

1613 fanden die Abgesandten aus Moskau Michael im Ipatjew-Kloster in der Nähe von Kostroma — 305 Jahre später setzte ein grauenvolles Blutbad im Kellergeschoß des Ipatjew-Hauses in Jekaterinburg, Sibirien, der Dynastie ein Ende.

Als Alexej 1629 geboren wurde, hatte das Leben in Moskau schon einen ziemlich normalen Rhythmus. Die Paläste des Kremls waren wieder aufgebaut, die Schatzkammer aufgefüllt, und der Handel entfaltete sich von Jahr zu Jahr immer besser. Aber all die Betriebsamkeit, die man in Moskau und weit darüber hinaus antraf, wurde im Terem erst nach längerer Zeit bekannt. Betriebsamkeit war etwas, das den Terem niemals berühren sollte, er gehörte zu einer anderen Welt. Bis 1634 hatte der kleine Sohn des Zaren die niedrigen Räume, die von Moschus und Weihrauch dufteten und ganz mit Ikonen behangen waren, niemals verlassen. In diesem kleinen Reich lebte der Knabe mit seiner Mutter, der Zarin Eudoxia, und ihren weiblichen Verwandten, mit seinen Schwestern und einem ganzen Regiment von Frauen einschließlich der Amme, die bei Alexejs Geburt geholfen hatte und wegen ihrer Kenntnis von Heilkräutern und Pflanzensäften weiter behalten wurde. Kein Mann außer dem Zaren und dessen Gefolge wagte es, diese Schwelle zu überschreiten. Umgekehrt erschien kein Bewohner des Terem jemals in den Gemächern des Zaren. Der Terem war eine abgeschlossene Welt für sich. Er hatte seine eigene Kapelle, sein Schatzamt, seine Büros, Küchen und Keller. Sowohl Eingang als Ausgang waren streng kontrolliert und durch zahlreiche Formalitäten abgesichert. Nicht weniger als fünfzehn Beamte mußten in Aktion treten, wenn die Dienste eines Handwerkers gebraucht wurden, um ein gebrochenes Fenster einzuglasen oder einen Türpfosten zu reparieren.

Die Angst vor „Unheil“ beherrschte diese Schwelle in noch viel größerem Maße als sonst überall. Donner, Blitz und Mondlicht, der „böse Blick“ eines Fremden, ein Anschlag eines Übeltäters auf das sakrosankte Leben der Zarenkinder — mit all dem und noch vielem anderem mehr mußte gerechnet, und es mußten Schutzmaßnahmen dagegen getroffen werden. Für die Bevölkerung von Moskau waren die Familienmitglieder des Zaren nicht mehr als Namen. Wenn die Kinder den Terem verließen, um eine Kirche innerhalb der Mauern des Kremls zu besuchen, schritten sie nicht nur unter dem dichten Schutz der Leibwache dahin, sondern auch flankiert von hohen transportablen Schutzwänden, die bis in die Kirche hinein getragen wurden. Wenn sie zu ganz seltenen Gelegenheiten eine Wallfahrt zu einem nahe der Stadt gelegenen Heiligtum machten, fuhren sie in hermetisch abgeschlossenen Kutschen, wobei eine Kompanie berittener Leibwache alle Menschen, die auch nur den geringsten Versuch machten, den Kutschen zu nahe zu kommen, mit Peitschen und Gewehrkolben verscheuchten.

Im Alter von fünf Jahren übersiedelte Alexej aus dem Terem in den von Michael eigens für ihn erbauten Steinpalast. Nun hatte der Knabe seinen eigenen Haushalt, zwanzig gleichaltrige Spielkameraden und seine von Boris Morosow angeführten Lehrer. Alexej lernte lesen, schreiben, auf einem elfenbeinernen Rechenbrett rechnen, und er lernte Kirchenlieder singen. Der neue Palast war mit märchenhaftem Luxus ausgestattet und strotzte von Gold, Brokat und Halbedelsteinen. Die Schatztruhen des Zarewitschs waren angefüllt mit Perlen, ungeschliffenen Smaragden, Saphiren und Rubinen. Die Kleider, die er trug, waren vom Kragen bis zum Saum edelsteinbesetzt.

Aber seine Tafel war so frugal wie die eines Bürgersohnes. Haferbrei und Brühe, gekochtes Fleisch oder Fisch mit süßen Rüben, Nüsse und Äpfel zum Nachtisch, das waren die beiden täglichen Mahlzeiten. Keine raffiniert gewürzten Leckerbissen wurden je aus seinen Küchen serviert. Auch die meisten seiner Spielsachen waren ganz einfach: kleine Messingglöckchen, aus Holz geschnitzte Schafe, Pferde und Kühe. Es gab allerdings auch einige Ausnahmen, die viel Platz im Haushaltsinventar einnahmen, nämlich eine von einem in Moskau lebenden holländischen Waffenschmied verfertigte Rüstung und ein aus scharlachroter und gelber Seide gewobenes Banner. Dann gab es noch ein Schaukelpferd, eine großartige deutsche Arbeit, mit Mähne und Schwanz aus echtem Roßhaar, einem Geschirr aus glänzendem Kupfer und einem Sattel aus rotem Samt. Als der Knabe älter wurde, war er immer mehr im Freien mit sportlichen und militärischen Übungen beschäftigt; sein Haushofmeister scheint ihn vor allzu frühen Lektionen in der Staatskunst verschont zu haben. Alexej wußte, daß er eines Tages Zar sein würde, doch das lag in so ferner Zukunft, daß er sich darüber noch keine Sorgen zu machen brauchte. Boris Morosow, ein für seine Generation sehr aufgeklärter Mann, weckte in seinem Schüler Gefallen an der Falkenjagd, an Geographie und an „ausländischen Erfindungen“. Er selbst war ein geschulter und begeisterter Grundbesitzer und brachte Alexej viel über Landwirtschaft, Gartenkultur und Klimaeinflüsse bei. So empfehlenswert aber alle diese Studien auch waren, konnten sie doch kaum als ausreichende Vorbereitung für den Thron angesehen werden.

Die Untertanen seines Vaters wußten, daß der Zar nur einen einzigen männlichen Erben hatte. Die Vertrauten Alexejs kannten diesen Erben als einen Knaben von sehr wachem Wissensdrang, seltener Großzügigkeit und einer entschiedenen Abneigung gegen Müßiggang. Von frühester Kindheit an hatte er Ausbrüche von schrecklicher Heftigkeit, die manchmal in Grausamkeiten ausarteten. Diese Stimmungen wechselten mit erstaunlich sanften Perioden.

Weder charakterlich noch erziehungsmäßig war Alexej für seine Aufgabe vorbereitet, als ihm 1645 innerhalb weniger Monate Vater und Mutter starben. Alexej konnte nicht regieren, und Morosow wollte auch nicht, daß er regiere, so daß durch rund drei Jahre der Haushofmeister am Staatsruder war. Der junge Zar zog die Freiheit im saftigen Grün von Ismajlowo den düsteren Sälen des Kremls vor. Aus dynastischen Gründen heiratete er früh; seine Braut war Maria Miloslawskaja, mit der er dann sechzehn Kinder hatte, von denen sieben früh verstarben.

1648 begann sich die öffentliche Meinung gegen den „Diktator" Morosow zu versteifen. In der Umgebung Moskaus brach ein Aufstand aus, bei welchem einige von Morosows Handlangern am helllichten Tag ermordet wurden. Der Pöbel stürmte nach Kolomenskoje, einem Landsitz, wo sich der junge Zar damals zufällig aufhielt, und schrie, er wäre gekommen, um Morosow abzuholen und mit ihm abzurechnen, wie er es verdiene. Tatsächlich hatten die Menschen Grund zu Klagen: Die Handlanger des Günstlings hatten eifrig das eigene Nest auf Kosten der Steuerzahler ausgebaut.

Der junge Zar stellte sich den Aufrührern und weigerte sich, ihnen Morosow zur Hinrichtung auszuliefern. Ein rasch mobilisiertes Heer unterdrückte die Rebellion, Morosow wurde aus dem Kronrat des Zaren entfernt und ins Exil geschickt, und Alexejs eigene Stimme begann im Kronrat Gehör zu finden.

Nun folgte eine merkwürdige Entwicklung in Alexejs Leben, die sich auf das ganze Land auswirkte. Es mag ein wenig voreilig sein, zu behaupten, daß einzig und allein die Aufstände in Moskau und an anderen Orten für den Wandel des Zaren bestimmend gewesen seien. Es gab noch andere Gründe für seine, wie es scheint, unvernünftige Handlungsweise, vor allem die Erkenntnis, daß er die gesamte Verantwortung nun plötzlich selbst tragen müsse und kein Recht dazu habe, sie weiterzugeben. Was darauf folgte, könnte man als die Götterdämmerung des alten Moskowiterreiches bezeichnen.

Im Laufe des 16. Jahrhunderts schrieb ein Priester namens Sylvester in Nowgorod ein Buch mit dem Titel „Domostroj“, was wörtlich „Gründung eines Heimes“ heißt. Das Werk ist nicht etwa bemerkenswert, weil es besonders originell wäre — die meisten seiner Ideen sind den frühen griechischen und späteren byzantinischen Theologen entliehen —, wohl aber wegen der ganzen Lebensauffassung Sylvesters, seiner Furcht vor dem Satan, seines Hasses gegen die Frauen, „mit denen das Böse in die Welt gekommen ist“, und wegen seines Abscheus vor jeder Art von Heiterkeit. Er führte den Beweis, daß selbst das harmloseste Vergnügen aus einer satanischen Wurzel stamme. Kurz gesagt, „Domostroj“ übertraf noch die Puritaner. Das Thema traf genau die Stimmung der Moskowiter seiner Zeit, und Sylvesters ungeheuerliches Riesenwerk wurde zum Hausbuch zahlreicher Familien. Trotzdem mußte das Buch auf Alexej Romanow warten, um unter dessen Regime eine tragikomische nationale Bedeutung zu erlangen.

Nicht einmal das mehr als hundertsechzig Jahre dauernde tatarische Joch hatte im russischen Volk den gesunden Hunger nach Fröhlichkeit zu zerstören vermocht. Die Russen waren Analphabeten, und ihr Horizont erstreckte sich nicht weiter als über ein paar Nachbardörfer. Die Unbilden des Klimas und die mannigfaltigen Härten der Feldarbeit plagten sie ein Leben lang. Aber jedem Dorf weit und breit im Moskowiterreich gelang es, jede Gelegenheit beim Schopf zu pakken, um die Düsternis ihres Himmels aufzuhellen. Tanzen, Singen und Märchenerzählen waren Lebensnotwendigkeiten. Wenn gelegentlich ein Hausierer die Dorfbewohner aufsuchte und von einem Jahrmarkt in irgendeiner Stadt, die sie nie sehen würden, voll Witz und Fopperei berichtete, so war das für alle Lauscher ein Volksfest. Auch ihre Leidenschaft für Farben war eine Quelle der Freude. Es konnte leicht möglich sein, daß ein Bauer nur einen einzigen Teller unter seinem schadhaften Dach besaß, aber dieser Teller war sicherlich rot bemalt. Seine Frau und Töchter bekamen vielleicht nie im Leben auch nur eine einzige Kupfermünze zu Gesicht, aber sie warteten sehnsüchtig auf den Frühling und den Sommer und schmückten sich mit Armbändern und Kränzen aus Vergißmeinnicht, rotgeränderten Maßliebchen und anderen Blumen, die ihre Phantasie erregten. Bei Hochzeiten und an allen großen Festtagen mußten sie tanzen, und der Rhythmus der Tänze wurzelte in einer heidnischen Vergangenheit, von der ihrer keiner mehr etwas wußte. Sie schaukelten gerne auf bunt angestrichenen Wippen und lachten dabei wie Kinder.

Das Los der Bauern bescherte ihnen herzlich wenig Freizeit, aber diese wenige kosteten sie bis zur Neige aus in der lebensfrohen und derben Art von Menschen, deren ganzes Dasein durch die Natur bestimmt wird. Nach der grimmigen Lehre des „Domostroj" aber befanden sich all diese Leutchen auf dem schnurgeraden Weg zum tiefsten Höllenschlund.

Nun war um 1648 ein sehr strenger alter Mann Patriarch von Moskau, der großen Einfluß auf den Kreml gewann. Während der Regierung Michaels ging es trotz all der herrschenden Frömmigkeit in den Privatgemächern des Zaren sehr lustig zu, und auch den Vergnügungen des Volkes wurde niemals Einhalt geboten. Aber Alexej war noch fast ein Knabe. Der Patriarch Josef wartete klug den rechten Augenblick ab, und als Morosow aus der Welt des Zaren entfernt worden war, begann der alte Kirchenfürst den Beweis zu führen, daß alle Mühsal, die über das Land gekommen war, und auch die unmittelbar vorhergegangenen Aufstände eine direkte Folge der sündigen und hemmungslosen Lustbarkeit gewesen seien. Der greise Patriarch brachte ein triftiges Argument vor: Die Lustbarkeiten im Land endeten gewöhnlich in wilder Trunkenheit und führten oft zu noch ärgeren Ausschreitungen. Niemals konnte der Starrsinn des Priesters zugeben, daß die Härten, die alle Russen erdulden mußten, gelegentlich ein Untertauchen in jene Sphäre verlangten, wo alle Bitternis des Tages durch Wein, Tanzen und Lachen weggewaschen wurde.

Alexej verehrte den alten Patriarchen zutiefst. Innerhalb weniger Monate wurden Erlässe des Zaren an die Gouverneure sämtlicher Städte seines Reiches ausgeschickt. Alle Art von Lustbarkeit wurde verboten, sogar die harmlose Wippe fiel unter den Bann. Musikinstrumente, Faschingskostüme und Masken mußten sofort verbrannt werden, und die Beamten wurden angewiesen, auch die bescheidenen Blockflöten nicht zu schonen! Die Erlässe führten eine lange Liste von Strafen an, die beim geringsten Verstoß gegen die neuen Gesetze verhängt werden sollten — Geldstrafen, Gefängnis, Leibesstrafen. Bei der Hochzeit des Zaren wurden die Gäste durch das Singen von Psalmen und Hymnen unterhalten, und Patriarch Josef freute sich über eine so deutliche Rückkehr zu den Tagen der alten Frömmigkeit.

Aber die „Bekehrung" des Zaren hätte kaum den Mönch Sylvester befriedigt, dessen Buch so manchen Bannfluch gegen alle Sportarten in der freien Natur ausstößt. Davon hatte sich nichts in die Liste der verbotenen Zerstreuungen eingeschlichen. Alexej und viele seiner Untertanen widmeten noch immer ihre Sommertage der Falkenbeize, und im Herbst und Winter wurde viel Zeit für die Bären-, Wolfs- und Fuchsjagd erübrigt. Und noch in einem anderen Punkt war das Bekehrungswerk des Zaren keineswegs vollständig: Alle Ausländer waren — laut „Domostroj" — „Kinder Luzifers, die im lutherischen Schlamm wühlen und die reinen Wasser des Evangeliums Christi verabscheuen". Aber trotz der Bedenken und der Kritik des Kirchenfürsten wurden diese „Kinder Luzifers" immer häufiger vom Zaren empfangen.

Alexej hat nie die wirtschaftlichen Engpässe und Nöte kennengelernt, mit denen sein Vater zu kämpfen gehabt hatte. Um die Mitte des 17. Jahrhunderts war so mancher Ausländer von dem zügellosen Luxus des Zarenhofes geblendet. Alle Paläste des Kremls waren aus Stein erbaut und von den erlesensten Kunsthandwerkern ausgestattet. Tafelgeschirr aus Gold und Silber, mit Edelsteinen besetzte Pokale, Waschbecken mit Rändern aus Halbedelsteinen, Gewänder und Mützen, die mit kostbaren Pelzen besetzt und fast ganz mit Perlen bestickt waren, unbezahlbar teure Stoffe auf Tischen und Bänken, mit Mosaiken eingelegte Wände und Fußböden — das alles ließ einen Reichtum vermuten, der alle gewohnten Vorstellungen überstieg. Trotzdem war das Rußland Alexejs durch die erforderlichen Staatsausgaben keineswegs reich. Da bis zur zweiten Hälfte des 19. Jahrhunderts keine russische Regierung je ein Budget veröffentlichte, können wir uns weder über die Einnahmen noch über die Ausgaben ein sicheres Urteil bilden. Zur Zeit Alexejs waren die enormen Bodenschätze des Landes noch kaum angetastet. Die Staatseinnahmen stammten vor allem aus Steuern, Einfuhrzöllen, von der Krone auferlegten Geldstrafen, aus Riesenkonfiskationen von Ländereien und den verschiedenen Produkten der Grundbesitzungen der Krone. Die persönlichen Einkünfte Alexejs waren ungeheuer groß, da Vetter Iwanowitsch, der zu den reichsten Grundbesitzern zählte, kinderlos starb und den Zaren zum Universalerben eingesetzt hatte. Vom Standpunkt der Finanzpolitik aus lebte Rußland von der Hand in den Mund, was durch die häufigen „Gelegenheitssteuern" bewiesen wird, die notfalls immer wieder eingehoben wurden; die schimmernde Fassade der Hauptstadt täuschte hinweg über die allgemeine wirtschaftliche Unsicherheit und die Not im Herzen des Landes.

Alexej verbrachte seine Tage in strenger Übereinstimmung mit den Forderungen der Kirche. Im Sommer und ebenso im Winter stand er um vier Uhr früh auf. Nach dem Ankleiden und der Morgentoilette ging er in seine kleine private Kapelle, um die von seinem Beichtvater gelesenen langen Gebete zu hören. Nach dieser ersten Pflicht der Frömmigkeit sandte der Zar einen Boten in den Terem, um sich nach dem Befinden der Zarin zu erkundigen, und traf diese kurz darauf in dem Saal, der zum Eingang des Terem führte. Mann und Frau hörten dann gemeinsam die Frühmesse in der Hofkirche. In seine eigenen Gemächer zurückgekehrt, begann der Zar seine Tagesarbeit, wobei ein Beamter nach dem anderen Staatspapiere in Alexejs privates Arbeitszimmer, die „komnata", brachte. Um neun war der Zar wieder in der Kirche, um die Messe zu hören, die zwei Stunden dauerte. Außer in den allerheiligsten Augenblicken durften sich ihm dort allerdings seine Minister nähern, wenn es die Dringlichkeit ihrer Angelegenheiten erforderte. Zwischen zwölf und ein Uhr unterbrach der Zar sein Fasten durch ein feierlich serviertes Mittagmahl. Außer bei wichtigen Anlässen speiste er allein in seinen Privatgemächern.

Zum Unterschied von den meisten anderen Mitgliedern seines Haushaltes, seinen Untertanen und auch manchen seiner Gäste aß und trank Alexej niemals übermäßig. Bei seinen Mahlzeiten wurden an die siebzig Gänge aufgetragen, aber fast jede Schüssel, nachdem sie dem Zaren „gezeigt" worden war, wurde als Geschenk an einen Verwandten oder Freund, manchmal auch an Gefängnisse und Armenhäuser geschickt. Sein eigener Geschmack war so einfach wie der irgendeines Bürgerlichen: ein wenig Schleimsuppe, ein kleines Stück Fleisch oder Fisch, Roggenbrot, Äpfel und ein Becher Hafermehlbier bildeten das Menü. In der Fastenzeit und zu anderen Zeiten der Enthaltsamkeit dinierte der Zar nur dreimal in der Woche. Von jedem Teller und Becher wurde von drei verschiedenen Personen gekostet, bevor er in die Hände des Herrschers gelangte. Nachdem das Mittagmahl beendet war, schlief Alexej bis zur Abendandacht. Nach der Kirche verbrachte er gewöhnlich einige Zeit mit seiner Frau und den Kindern im Terem. Um etwa zehn Uhr wurde ein frugales Abendessen in seine Privatzimmer gebracht, und nach langen Gebeten, die einer seiner Kapläne vorbetete, ging der Zar zur Bett. Seine Zimmer waren streng bewacht, vier Mitglieder seines Haushaltes schliefen auf dem Fußboden zwischen dem Bett des Zaren und der Tür.

So war der gewöhnliche Tagesablauf, der aber oft durch feierliche Audienzen für Gesandte und von Banketten unterbrochen wurde, die fünf oder manchmal sogar sechs Stunden dauerten. Der dabei aufgetischte unglaubliche Überfluß an Speisen und Getränken bestätigte die westlichen Vorstellungen von russischer Unersättlichkeit. Die Bankettafeln waren etwas merkwürdig gedeckt: Tischtücher, Servietten und Essig- und Ölfläschchen, von denen ein Ständer für je vier Gäste bestimmt war, bildeten die ganze Ausstattung; es gab weder Teller noch Besteck. Für Saucen wurden Löffel eigens hereingebracht, und Lakaien servierten die bereits gefüllten Pokale. Braten und Geflügel wurden von Kammerdienern im Nebenraum des Saales geschnitten und in Portionen für je zwei Gäste auf Silberschüsseln aufgetragen. Ausländische Gaumen rebellierten gegen die von den Zarenköchen verwendeten überaus scharfen Gewürze, und die anspruchsvollen Gesandten waren zutiefst schockiert über das Walten barbarischer Tischsitten — schmutzige Finger in Schüsseln getaucht, allgemeines Spucken und Aufstoßen, und zuletzt die landesübliche Trunkenheit. Kaum ein Bojar konnte jemals die Tafel verlassen, ohne sich auf Diener zu stützen. Um so mehr waren die Ausländer von der Enthaltsamkeit des Zaren überrascht. Ein oder zwei Schluck Wein, um auf das Wohl seiner Gäste zu trinken, schienen ihm zu genügen.

An sehr hohen Feiertagen, wie zum Beispiel am Dreikönigstag, am Ostersonntag, zum Dreifaltigkeitsfest und anderen Gelegenheiten, wenn der Zar kirchliche Funktionen ausübte, konnten seine Untertanen Alexej von ferne auf dem Weg zu irgendeinem Kloster außerhalb der Kremlmauern sehen. Seine Gewänder waren so schwer mit Edelsteinen bestickt, daß ihn zwei Höflinge unter den Armen stützen mußten. Bei diesen Gelegenheiten waren sämtliche militärischen Streitkräfte der Stadt aufgeboten, um den Zaren dicht von rechts und links zu bewachen. Ein gesticktes Taschentuch, ein gepolsterter Sessel, ein Teppich für seine Füße und ein riesengroßer Schirm, um ihn gegen die Unbilden des Wetters zu schützen, all das wurde von Höflingen hinter ihm her getragen, was allerdings keine besonders schwere Aufgabe war. Viel schwerer hatten es die Sekretäre des Zaren, die mit Papier, Tintenhörnern und Federkielen in Hörweite mitgehen mußten. „An den Gouverneur von Twer, schreiben Sie“, sagte Alexej etwa, indem er kaum den Kopf wendete, und der „Sekretär vom Dienst“ betete zu den gesamten himmlischen Heerscharen, sie möchten ihm helfen, das Diktat ohne allzu viele Fehler aufnehmen zu können.

An allen hohen Feiertagen des Jahres pflegte der Zar lange vor Tagesanbruch aufzustehen. In „schlichte Gewänder“ gekleidet, begleitet von einigen Freunden und ein paar Musketieren, besuchte er alle Gefängnisse und Versorgungshäuser der Stadt und ließ durch sein Gefolge Speise, Trank und Kleider verteilen. „Vergeßt nicht, daß Christus für uns alle auferstanden ist“, pflegte er am Ostersonntag den Gefangenen zu sagen. Bei solchen Gelegenheiten warf der Zar allen blendenden Prunk ab und bewegte sich als Mensch unter Menschen. Zar Michael, der durch den Willen des Volkes gewählt worden war, hatte niemals als absoluter Monarch regiert, aber Alexej hatte den Thron bereits durch das Recht der Erbfolge vom Vater auf den Sohn bestiegen. In den frühen fünfziger Jahren des 17. Jahrhunderts bürgerte sich auf Dokumenten der Titel „samodjershez“ —

„Autokrat" — ein. Dem Titel gingen die Worte „Bosheju milostju", das heißt „von Gottes Gnaden" voran. Die Gewißheit des göttlichen Ursprungs seiner Herrschaft war Alexej so selbstverständlich wie der Himmel über seinem Kopf oder die Schuhe an seinen Füßen.

Aber nicht einmal die Realität dieser Machtstellung, wie sie dem Zaren vor Augen stand, half jemals eine Atmosphäre der Sicherheit zu schaffen und zu erhalten. Jeder Augenblick im Leben des Zaren war durch strengste Vorsichtsmaßnahmen gegen „Unheil" eingeengt. Einige der besten Köpfe des Landes arbeiteten an der Reform des Gesetzes; als das „uloshenie" aber endlich vom Zaren bestätigt wurde, sah es selbst gegen solche Menschen, die am Hochverrat tatsächlich unschuldig waren und nur das Unglück hatten, sich verdächtig gemacht zu haben, schreckliche und unmenschliche Strafen vor.

Dem Moskauer Aufstand, der dem Fall Morosows vorausging, folgten viele andere. Das Gefühl der Unsicherheit wuchs zu einer grausigen Angst an, daß Gefahr hinter jeder Ecke lauere. Die Strafen wurden verschärft, die Vorsichtsmaßnahmen erhöht. Ausländische Diplomaten stellten mit Verwunderung fest, daß durch das russische Protokoll eine Chinesische Mauer errichtet worden war. Bevor jemandem erlaubt wurde, sich der erhabenen Person des Zaren zu nähern, wurde er einer sorgfältigen und wiederholten Untersuchung unterzogen. Die Bojaren gaben für diese erschöpfende Zeremonie einen zweifachen Grund an: erstens verlange es die eigene Würde des Zaren, zweitens müsse der Ehre eines fremdländischen Herrschers Genüge getan werden. Die Erklärung war wenig überzeugend.

Das Gefühl der Unsicherheit verschärfte sich katastrophal, als Alexej im Spätherbst 1649 vom Schicksal Karls I. von England erfuhr. Sein Zorn über das britische Parlament übertraf noch sein Mitleid mit dem König. Cromwell und andere wurden feierlich mit dem Kirchenbann belegt, sämtliche englischen Kaufleute aus Moskau ausgewiesen. Der Zar hätte gerne ein totales Embargo auf sämtliche Importe aus England angeordnet, aber seine Ratgeber redeten ihm zu, von einer Maßnahme, die den Handel des eigenen Landes gefährde, doch lieber abzusehen. So erklärte sich Alexej bereit, Archangelsk für die englische Schiffahrt offenzuhalten, doch wurden die Importzölle erhöht und der Bevölkerung von Archangelsk jedweder Umgang mit den „bösen Ungläubigen“ verboten; außerdem durfte kein Engländer Archangelsk verlassen und ins Innere des Landes reisen. Alexej berief seine Repräsentanten aus London ab, und bis zur Restauration gab es mit England keine diplomatischen Beziehungen. Der Zar verkündete auch, daß den britischen Royalisten sein Geldbeutel wie seine Freundschaft zur Verfügung stünden, doch scheint diese Absicht nicht weiter gereicht zu haben, als Hilfe zu *versprechen.*

Alexej war damals zwanzig. Die Geschichte von jenem kalten Januarmorgen in London hatte er so oft gehört, daß sich ihm jedes Detail ins Gedächtnis eingegraben hatte. Es wäre ihm unmöglich gewesen, sich in den komplizierten Beweggründen, welche die Kluft zwischen König und Parlament aufgerissen hatten, zurechtzufinden. Jedenfalls hätte das Ganze — als Politikum — den Zaren kaum berührt. Nur das eine war für ihn eine zentrale Ungeheuerlichkeit: daß ein gesalbter Monarch von seinen eigenen Untertanen, die ihm Treue geschworen hatten, enthauptet worden war. Von Alexejs Standpunkt aus war Königsmord gleichbedeutend mit einer Sünde wider den Heiligen Geist, und es machte ihm Mühe, zu begreifen, daß nicht sofort alle Plagen Ägyptens über England hereingebrochen waren.

Ein dauerhafter Frieden zwischen Rußland und Polen war ein Ding der Unmöglichkeit, und der dreizehnjährige Krieg, der 1653 ausbrach, war eigentlich unvermeidlich. Nach außen hin war ihm das edle Motiv eines Kreuzzugs aufgeprägt. In nackter Wirklichkeit jedoch war er nichts anderes als ein russischer Versuch, die Grenzen im Westen nicht nur zu sichern, sondern auch zu erweitern.

Die Ukraine und die Provinzen von Podolien und Wolhynien waren damals in polnischer Hand. Der Ursprung des Übels lag in der Politik König Sigismunds, der die Kosaken der Ukraine als Prellbock gegen die Krimtataren benützte und sie schließlich auf das Niveau von Leibeigenen herabdrückte. Bohdan Chmelnyckyj, der Hetman (das Oberhaupt) der Kosaken, begann 1653 eine Revolte und sandte einen Boten nach Moskau, den Zaren um Hilfe in ihrem Kampf zu bitten. Dabei legte Chmelnyckyj besonderen Nachdruck auf die polnische Verfolgung der in ihrer Macht befindlichen orthodoxen Bevölkerung. — Alexej war unentschlossen. Er hegte keine Sympathie für die Polen, doch den Kosaken schenkte er keinerlei Vertrauen. Er befragte Athanasius Ordin-Naschtschokin, seinen damals engsten Vertrauten, und dieser bewog den Zaren, die Sache der Bojaren-Duma vorzulegen, er könne nichts Besseres tun. Die Reaktion der Versammlung war einmütig: Man müsse Chmelnyckyj Hilfe gewähren. Mit Unterstützung der Kosaken, so drängten die Bojaren, würde die Macht Polens für immer vernichtet werden. „Wenn das das große Ergebnis ist, das ihr erwartet", sagte Alexej, ohne sich bewußt zu werden, daß seine Ironie von dieser Versammlung nicht verstanden werden konnte, „dann sollte ich am besten das Heer selbst anführen." Er erwartete heftigsten Protest. Vergeblich. Die Bojaren neigten nur unter dem Willen des Zaren die Häupter, und zur gegebenen Zeit verließ Alexej an der Spitze seines Heeres Moskau.

Der Feldzug begann günstig. Die Kosaken hielten ohne den geringsten Wankelmut treu zu ihrem Hetman, und bald fielen die ganze Ukraine und ein Großteil Galiziens an die Russen. Ordin-Naschtschokin drängte zu einem raschen Waffenstillstand, aber der Zar entgegnete, die Sache sei noch keineswegs zu Ende. Da änderte im entscheidenden Augenblick der Eintritt Schwedens den Gang des Krieges. Karl X. Gustaf marschierte in Litauen ein, bezeichnete König Jan Kasimir von Polen als Usurpator und erhob selbst Anspruch auf die polnische Krone. Ordin-Naschtschokin wußte sehr wohl, daß die Westmächte die Entwicklung einer schwedischen Hegemonie im Norden voll Mißtrauen beobachteten, und tat sein möglichstes, um den Zaren zu überzeugen, daß Rußland durch einen langwierigen Streit mit Polen wegen der aufrührerischen und unverläßlichen Kosaken keinen dauernden Vorteil ernten würde. Weitaus günstiger wäre es, Schweden den Krieg zu erklären und alles zurückzuerobern, was Rußland zu Beginn des Jahrhunderts verloren hatte. Ein Stützpunkt an der baltischen Küste wäre nach den Worten von Alexejs Kanzler viel wertvoller als eine noch so hohe Anzahl polnischer Städte. Schweren Herzens stimmte der Zar zu, weigerte sich aber, Friedensverhandlungen mit Polen einzuleiten. Schließlich brachte der Krieg gegen Schweden nichts als die demütigenden Bedingungen des Vertrages von Kardis ein, die das Abkommen von Stolbowo (1617) bestätigten. Rußland war es nicht gelungen, seinen Stützpunkt an der baltischen Küste zurückzugewinnen.

Inzwischen schleppte sich der Krieg gegen Polen weiter. Das Kriegsglück schien sich entschieden gegen Rußland zu wenden und hätte Alexej ein katastrophales Ende bereitet, wäre nicht Jan Kasimir durch den türkischen Angriff auf Polen gezwungen worden, einen Teil seiner Streitkräfte nach Süden zu schicken. Der Friedensvertrag von Andrussowo beendete das Gemetzel 1667. Die Bedingungen für Rußland waren erstaunlich günstig: Smolensk und Kiew waren zurückgewonnen. Das baltische Problem aber, das Ordin-Naschtschokin so klar erkannt hatte, war ungelöst geblieben.

Der Zar setzte große Hoffnungen auf seinen Erstgeborenen, der gleichfalls auf den Namen Alexej getauft worden war. 1659 verließ der Knabe im Alter von fünf Jahren den Terem, um in seinen eigenen Palast zu übersiedeln. Seine Hofmeister waren Simeon Polozkij, der berühmte Gelehrte, Rtischtschew, der einer der aufgeklärtesten Moskowiter seiner Zeit war, und Ordin-Naschtschokin. „Ich möchte, daß der Zarewitsch für die Zukunft vorbereitet ist", sagte der Zar.

Der Knabe zeigte wenig Vorliebe für Sport und Spiele im Freien. Für ihn gab es nur Bücher und Unterrichtsstunden. Um ihn zu erfreuen, ließ der Zar ausländische Zeitungen nach Moskau kommen und ins Russische übersetzen. Bald erkannte Polozkij, daß die Intelligenz des Knaben weit über dem Durchschnitt lag. Im Alter von zehn Jahren hatte der junge Alexej bereits Griechisch, Latein, Deutsch und Italienisch erlernt. Geschichte und Geographie begeisterten ihn. Er bat, man möge ihn auch in Philosophie unterrichten, und bald kam die Zeit, da er sich von seinem Aristoteles nicht mehr trennen wollte. Mit Erlaubnis des Zaren wurden russische Gesandte, die aus dem Ausland zurückkehrten, von dem jungen Alexej empfangen. Sie waren erstaunt über die Fragen, die der Knabe an sie richtete, und fanden durchaus nicht alle leicht zu beantworten.

1667 wurde der Zarewitsch, obwohl erst dreizehn Jahre alt, dem Volk „vorgestellt". Jedermann bemerkte, daß er bereits viel älter, reifer aussah.

Er erschien sehr selten in der Öffentlichkeit und vertiefte sich immer mehr in seine Studien. Zu Weihnachten 1669 wurde sein Fehlen beim Gottesdienst durch ein „Lungenleiden" entschuldigt. Mitte Januar 1670 war der Knabe tot. Der damals kaum einundvierzigjährige Zar sah wie ein alter Mann aus. Er hatte alle seine Hoffnungen auf seinen Erstgeborenen gesetzt, dessen liebenswertes Wesen und große Fähigkeiten so vielversprechend waren. Entlang der russischen Grenzen herrschte damals verhältnismäßig Frieden, und der Handel wuchs von Jahr zu Jahr — zugleich mit einem sich immer mehr vertiefenden Bewußtsein, daß die Tage der klösterlich strengen russischen Isolation gezählt waren. Alexej der Jüngere hatte eine Erziehung genossen, die ihn im Verein mit seinen natürlichen Gaben zweifellos befähigt hätte, sein Land so zu lenken, daß es immer mehr von westlicher Kultur aufnahm. Der Zar hatte mit Recht gehofft, sein reiches Erbe würde einmal in Hände gelangen, die fähig wären, es auch zu halten.

Tiefer Winter lag über ganz Rußland, und tiefer Winter war es im Herzen des Zaren. Er hatte zwar noch zwei Söhne, aber Fjodor, der ältere, war noch schwächlicher, als dessen Großvater, der Zar Michael, gewesen war, und Iwan hatte „einen trüben Kopf", um die zeitgenössische euphemistische Bezeichnung für schwachsinnig zu zitieren. Im Terem aber lebte eine sehr kluge und blendend erzogene Tochter, die damals dreizehnjährige Sophia. Für Alexej war sie allerdings nur eine von seinen zahlreichen Töchtern, die alle für den grauen Pfad eines weltabgeschiedenen Altjungfernstandes bestimmt waren.

Beunruhigende Aufstände, die bis zum Ende der Herrschaft Alexejs immer wieder ausbrachen, Kriege, das Schisma innerhalb der russischen Kirche und der darauf folgende Abfall des Patriarchen Nikon, der einmal der vertrauteste Freund und Ratgeber des Zaren gewesen war, gelegentliche Tumulte in den Straßen von Moskau und sogar bei den Sitzungen der Bojaren-Duma, der dauernde belebende Einfluß von so eingefleischten „Westlichen“ wie Ordin-Naschtschokin, Rtischtschew, Artamon Matwejew und Fürst Iwan Golizyn — das alles waren in diesen Jahren die Kräfte, durch deren Wirken der Glaube an den „Domostroj“ allmählich ins Grab zu sinken begann. Ende 1671, als der Zar zum zweitenmal heiratete, kehrten Musik und Gesang in den Kreml zurück. Natalia Naryschkina, ein schönes, lebhaftes, aber nicht sehr kluges Mädchen von siebzehn Jahren, das von den Matwejews aufgezogen worden war, hatte sich durch die schottische Frau ihres Ziehvaters viele „westliche“ Ideen zu eigen gemacht. Im Kreml wurde das erste Theater gebaut, und man führte Stücke biblischen Inhalts auf, deren Verfasser Simeon Polozkij war. Der grimmige Erlaß, der alle Art von Lustbarkeit im ganzen Land verboten hatte, war schon längst höflich außer acht gelassen worden.

Die Reisen des Zaren während des langen polnischen Krieges hatten in ihm weit mehr als nur seinen geographischen Horizont erweitert. Er machte sich sorgfältige Aufzeichnungen über Kleider, Manieren, Möbel, Bäume und Pflanzen, die er während seiner Abwesenheit aus Rußland gesehen hatte. Wieder zu Hause, begann er die Grundbesitze der Krone zu besuchen und schrieb den Gutsverwaltern eigenhändig detaillierte Instruktionen über Holz-, Vieh- und Getreidewirtschaft. In Ismajlowo, seinem Lieblingslandsitz, etwa drei Meilen außerhalb Moskaus, schuf der Zar Gärten, die die Bewunderung vieler ausländischer Besucher erregten. Die großen moskowitischen Grundbesitzer der Vergangenheit hatten selten, wenn überhaupt jemals, Interesse für Hortikultur gehabt. Alexej hingegen war davon begeistert. Stachelbeersträucher, die eine Neuheit waren, schienen ihm ebenso wertvoll wie Rosen und Flieder. Auch gab es einen eifrig umhegten Weingarten und einen kleinen Maulbeerbaumhain. Alexej bestellte Pflanzen und Samen aus der ganzen Welt und ließ seine Gemüsegärten von deutschen Experten betreuen. Gartengeräte führte der Zar aus England ein, Rinder aus den Niederlanden.

Doch all dies waren individuelle Vorstöße in den Bereich des Ungewöhnlichen — das Land in seiner riesigen Weite wurde davon nicht im mindesten berührt. Die Bauern arbeiteten weiter auf ihren

Feldern wie zur Zeit ihrer Urväter, und der Begriff Garten erreichte niemals das Dorf. Die Bemühungen des Zaren, auch Industrien immer mehr und mehr auszubauen, hatten letzten Endes ebenfalls kein anderes Ergebnis, als den Staatssäckel wieder ein wenig aufzufüllen. Alexej organisierte Expeditionen nach Sibirien, um Silberminen aufzuspüren, und er holte sich ausländische Fachleute und stellte sie an die Spitze aller dieser Unternehmungen, denn er glaubte unbedingt an die technische Überlegenheit der Ausländer. Einmal schrieb er an seine Gewährsmänner in Preußen, sie sollten „aufgeklärte Männer suchen, die imstande wären, Straßen unter Flüssen und Seen und durch Berge anzulegen". Er erstrebte zweifellos Wohlstand für das Land, das er regierte, doch schien keine der von ihm begonnenen Maßnahmen je darauf gerichtet zu sein, die Bedingungen, unter denen fast drei Viertel seiner Untertanen lebten, zu verbessern.

Alexej war eifrigst darauf bedacht, alle von der Kirche geforderten Glaubensübungen einzuhalten, doch selbst diese durften seine Arbeit nicht stören. Seine Sekretäre hatten ihm stets in die Kirche zu folgen und nahmen dort während der weniger feierlichen Augenblicke des Gottesdienstes Diktate von wichtigen Briefen entgegen. Zar Alexej hatte einen besonders ausgeprägten Sinn für Logik: Er war der Gesalbte Gottes, und sein Herrscheramt war ihm von seinem Schöpfer auferlegt worden; ergo gab es keinen Grund, warum er sein Amt nicht auch im Gotteshaus ausüben sollte.

In einer Hinsicht war der geschäftige Zar ein Vorläufer Katharinas der Großen: In allen Instruktionen, die er an seine Gesandten im Ausland schickte, legte er besonderen Wert darauf, zu betonen, wie wichtig es sei, Rußland in einem möglichst sonnigen Lichte erscheinen zu lassen. Für Katharina war der schreckliche Pugatschow-Aufstand nicht mehr als „ein bißchen Unruhe im Süden". Alexej schilderte den Wohlstand und die friedlichen Absichten seines Reiches zu einem Zeitpunkt, da seine Heere in Nord und Süd, Ost und West eingesetzt waren und die Folgen einer Mißernte Rußland an die Schwelle einer Hungersnot gebracht hatten. Es war weder Prahlerei noch Überheblichkeit, sondern eher die immer tiefer ins Bewußtsein dringende Erkenntnis, daß es — da kein Ausländer je die Wahrheit über Rußland geschrieben hatte — nun endlich an der Zeit wäre, daß die Russen ihre eigene Sache selbst darstellten, wie *ihre* Augen sie sahen.

Alexejs private Rechnungsbücher zu lesen ist noch heute ein Vergnügen. Für persönliche Extravaganzen hatte er wenig übrig. All der atemberaubende Luxus an seinem Hof, die Edelsteine, die er bei öffentlichen Anlässen trug, und die märchenhaften Geschenke, die er machte, gab es nur, um die Ansprüche zu erfüllen, die sein hohes Amt ihm auferlegte. Diese Rechnungsbücher schlagen warme, anheimelnde Töne an, sie sind das Vermächtnis eines reichen Mannes, der imstande ist, den Seinen zu helfen, der darüber glücklich ist und ängstlich darauf bedacht, daß diese Hilfeleistungen ja nicht in irgendeinem offiziellen Bericht aufscheinen. Den von ihm ausgegebenen Summen ist nirgends auch nur ein einziger Name beigefügt — so viel für eine Hochzeit, so viel für eine Aussteuer, eine Taufe, ein Begräbnis, so viel für Feuerschaden, „für große Geduld in der Gefangenschaft", „zum Tilgen von Schulden", „für den Bau eines Hauses", „um Medikamente zu kaufen" und schließlich eine Summe, die einem Kutscher „für Mantel und Stiefel" gegeben wurde.

1652 schrieb der Zar, im Alter von dreiundzwanzig Jahren, an den Patriarchen: „Nun hört man auf mich, und alles wird ohne Widerrede oder Streit gemacht." Er verstand sehr wohl die Bedeutung der Autokratie, doch war er sich nicht immer der Verantwortung bewußt, die sie auferlegte. Er machte arge Fehler in bezug auf die künftigen russisch-schwedischen Beziehungen und hinterließ ein beunruhigendes Vermächtnis. Er hatte nicht genügend Mittel, um eines der schwierigsten Probleme, mit dem sich seine Nachfolger befassen mußten, in Angriff zu nehmen: die dauernde Unruhe im tiefen Süden und eine Bereinigung der Politik gegen die Türkei. Vor ihm lag eine große neue Welt, doch war er gezwungen, sich seinen Weg mit langsamen, vorsichtigen Schritten zu bahnen. Zweifellos hätte auch seine Vorstellung von Polen klarer sein können, dessen Vorherrschaft über die slawischen Länder gegen Ende seiner Regierung zu schwinden begann.

Das Ausmaß seiner persönlichen Freigebigkeit beweist sicherlich ein gütiges Wesen. Sein Jähzorn aber war schrecklich, sein Bedauern dafür rasch und echt. War er aber ein Humanist, ein Menschenfreund? Kaum. Um nur einen Punkt herauszugreifen: sein Verhalten gegenüber dem Bauernstand. Wenn Alexej Fälle von Ungerechtigkeit und Brutalität zu Ohren kamen, schritt er zwar sofort gegen das Unrecht ein und milderte dessen Folgen. Im weiteren Sinn aber war sein Verhalten ganz anders: er hatte kein Gefühl für die Männer und Frauen der Bauernmassen, und die reformierten Gesetze leiteten keinerlei Verbesserung des harten Loses der Landbevölkerung ein. Jeder Stand innerhalb der Gesellschaft, wie er sie bei seiner Machtübernahme vorfand, hatte seine Pflichten und Rechte. Aufgabe des Zaren war es, die Rechte zu schützen und die Pflichten jedes Standes zu fordern. Die von den Bauern getragenen Lasten zu erleichtern hätte die Rechte eines anderen Standes zwangsläufig geschmälert. Nicht das Herz, nur Vernunft lenkte die Politik des Zaren.

Im Mai 1672 wurde ihm ein Sohn geboren, dessen kräftiger Körperbau Alexej sicherlich erfreute. Die Rivalität aber zwischen der Familie Miloslawskij, den Verwandten von Alexejs erster Frau, und der Naryschkin-Sippschaft vergiftete die Atmosphäre im Kreml und verdüsterte die Laune des Zaren während seiner letzten Lebensjahre. Der Rasin-Aufstand* erhöhte noch seine Angst vor weiteren Verschwörungen, die seiner Residenz noch viel näher hätten kommen können, als es der Kaspisee war. Er ließ sich immer seltener in der Öffentlichkeit blicken. Als er im Januar 1676 im siebenundvierzigsten Lebensjahr starb, wurde die Art seiner Krankheit offiziell nicht erwähnt, es hieß nur, daß sein Tod „friedlich" gewesen sei.

Alexejs Zorn dauerte nie bis zum Sonnenuntergang; er hatte nie einen Freund verraten oder Groll gegen einen besiegten Feind gehegt. Viele Ereignisse seiner Regierungszeit lassen vermuten, um wieviel mehr er ohne das Joch einer morschen Tradition hätte leisten können.

---

* Der Donkosak Stepan (Stenka) Rasin führte den großen Bauernaufstand von 1670/71 an der unteren und mittleren Wolga, brachte Zarizyn, Astrachan, Saratow und Samara in seine Gewalt und konnte erst vor Simbirsk aufgehalten und nach Süden vertrieben werden. Dort war sein Anhang nicht mehr groß genug für neue Erfolge, die konservativen Elemente unter den Donkosaken bemächtigten sich seiner und lieferten ihn an Moskau aus, wo er im Juni 1671 hingerichtet wurde. In Sage und Lied lebt er als Vorkämpfer aller Unterdrückten fort.

III

Eine Frau im Kreml

SOPHIA, DRITTE TOCHTER ZAR ALEXEJS;
GEBOREN 1657, GESTORBEN 1704, REGENTIN 1682 BIS 1689

Sie war das vierte Kind und die dritte Tochter Zar Alexejs und bereitete ihren Eltern durch ihre Ankunft nicht gerade besonders viel Freude. Es gab eine traditionell feierliche Taufe, großzügige Almosenspenden an die Bettler der Stadt und ein Bankett im Kreml, wie bei der Geburt jedes Herrscherkindes. Nachdem aber der erste Rummel vorüber war, vergaß Moskau Sophia, und das übrige Land hatte wahrscheinlich nicht einmal ihren Namen erfahren.

Aus ihren ersten Lebensjahren ist nichts bekannt, nur daß damals zum erstenmal das Leben im Terem nicht mehr nach der gewohnten Schablone verlief. Eigentlich hätte dort Sophias Mutter, die Zarin Maria Miloslawskaja, den Vorsitz führen sollen, aber durch häufige Krankheiten und Schwangerschaften war Maria gezwungen, im Hintergrund zu bleiben. Die führende Stellung nahm die Zarewna Irina, Sophias Tante, ein, bereits eine verbitterte alte Jungfer, deren gebrochenes Verlöbnis mit dem Dänenprinzen sie um so strenger der althergebrachten russischen Tradition der Absonderung verpflichtete. Irinas moralischer Griff war eisern, sie nahm sich nie die Mühe, Samthandschuhe anzuziehen. Eine jüngere Schwester namens Anna folgte ihr sklavisch; es gab aber noch eine andere Schwester, die sanfte und erstaunlich gebildete Tatjana, die im Terem unbeliebt war, deren Güte und ausgeglichene Wesensart aber die steinerne Härte von Irinas Herrschaft etwas milderte.

Der strenge und unerfreuliche Hintergrund von langweiligen, aufgezwungenen Gebeten und Gottesdiensten, strafweisem Fasten, schwierigen religiösen Gesprächen und häufigen Züchtigungen mag sehr wohl — soweit wir es beurteilen können — erklären, warum Zar Alexejs dritte Tochter sich nicht damit zufriedengeben wollte, ein schmaler, gehorsamer Schatten zu sein, der entlang einer dunkel gefärbten Wand dahinschleicht. Doch gibt es weder Gerüchte noch Legenden, die auch nur das geringste Licht in den engen Schacht ihrer in den Mauern des Terem verbrachten Kindheit werfen.

Die Dunkelheit wird erst nach Sophias zehntem Geburtstag erhellt, und schon die ersten Lichtspuren beweisen deutlich, daß das Kind trotz der streng reaktionären Bevormundung durch Fürstin Irina eine Luft geatmet haben muß, die der gewohnten Atmosphäre des Terem fremd war; die Einflüsse, die auf das Wesen Sophias einwirkten, konnten unmöglich nur von den Frauen herrühren, die sich innerhalb der engen Schranken von Frömmelei, Tratsch, Handarbeit und der Aufregungen eines neuen „Leckerbissens“ aus den Wohnräumen zum Abendessen bewegten. Sichtlich wurde Sophias Aufmerksamkeit durch die üblichen Unterhaltungen des Terem, wie erbauliche Geschichten aus den „Narren Gottes“, Erzählungen von Pilgern und die Possen der Hofnarren, nicht sonderlich erregt. Und schließlich wurde es klar, daß sie sich, obwohl sie früh genug mit der Nadel umzugehen gelernt hatte, bei einem gescheiten Buch viel wohler fühlte und besonders gerne den Gesprächen des Zaren mit dem Thronfolger und seinen Vertrauten lauschte. Man darf daher annehmen, daß Irinas Herrschaft nicht absolut autokratisch war und sich der gesunde Einfluß Tatjanas auf Sophia schon früh geltend gemacht haben muß.

Als Sophia zehn Jahre alt war, kannte sie bereits den Haushofmeister ihres Bruders, den aufgeklärten Humanisten Rtischtschew, dessen Energie und Großzügigkeit Moskau seine ersten Spitäler und Altersheime verdankte. Auch Ordin-Naschtschokin hatte sie kennengelernt und sie hatte bereits eine Vorstellung davon, wie die Welt außerhalb Moskaus beschaffen war. Sie kannte Collins, den englischen Arzt ihres Vaters, der ihr vom Parlament in London erzählte. Sie hatte eine besondere Vorliebe für ihren Onkel, den Fürsten Iwan Miloslawskij, der ihr, obwohl er selbst ein Ausbund an Faulheit war, immer wieder erzählte, daß einzig und allein Arbeit die Wurzel alles Glücks der Menschheit sei.

Kleine Mädchen im Terem hatten wirklich Glück, wenn sich ihnen eine Gelegenheit zuzuhören bot. Aber sie wagten es nicht, selbst den Mund zu öffnen, außer ihre Vorgesetzten richteten eine Frage an sie — was nicht sehr häufig vorkam. Sophia sprach nicht, aber sie hatte eine schöpferische Art zuzuhören. Ihr Verlangen nach einem weiteren Horizont als dem des Terem zwang sie, alles bis ins kleinste Detail aufzunehmen. Der Waffenstillstand von Andrussowo erregte ihre Begeisterung, und Ordin-Naschtschokins feierliche Einführung eines Postverkehrs zwischen Rußland, Kurland, Polen und Schweden war für sie so etwas wie ein Wunder. Alexej der Jüngere war ihr engster Vertrauter, und er war es, der dem Zaren eines Tages vorschlug, Simeon Polozkij zum Lehrer Sophias zu bestellen.

Simeon Polozkij trat in Sophias Leben ein, als der Zar gerade von seinen polnischen Feldzügen zurückgekommen war und sich mehr denn je zu den westlichen Ideen und Sitten hingezogen fühlte. Es war ein günstiger Augenblick für Moskau und bedeutete einen Markstein im Leben Sophias. Obwohl Polozkij orthodoxer Kleriker war, gehörte er dem Westen an. Als vollendeter Lateiner und auch in anderen Sprachen erfahren, mit Ausnahme des Griechischen, und in allen politischen Strömungen Europas bewandert, brauchte Polozkij nicht lange, um zu erkennen, daß er in Sophia eine Schülerin hatte, deren Intelligenz und Wissensdurst ihn zwangen, sein Bestes zu geben. Und Polozkijs Bestes war gut! Seine Lektionen beleuchteten für Sophia vom ersten Augenblick an viele bis dahin dunkle Winkel. Landkarten und Bücher wurden aus der Bibliothek des Zaren in den Terem gebracht, und Sophia studierte eifrig darin. Polozkij brachte ihr Latein, Französisch und Polnisch bei. Was aber noch viel lebendiger und wichtiger war, er breitete das Bild der Tagespolitik vor ihr aus und versetzte sie mit seinen Stunden in hellstes Entzücken. Sie verstand, daß für Rußland ein dauernder Frieden mit Polen eine Conditio sine qua non war, um der Bedrohung durch Schweden Herr zu werden. Ihre überlieferte Kritik an Frankreich und Dänemark wegen deren Unterstützung der Holländer gegen England beweist, daß sie schon in frühester Jugend imstande war, die politische Landkarte Westeuropas zu lesen. Durch den großartigen Unterricht Polozkijs wurde Geschichte für sie zu einem Brunnen lebendigen Wassers. — Collins, der englische Arzt ihres Vaters, begann ihr regelmäßig Stunden in englischer Geschichte zu geben, und Sophia begann zu begreifen, warum ihr Vater sich geweigert hatte, das republikanische Commonwealth anzuerkennen. Als sie von den Liebesaffären Karls II. hörte, meinte sie, die machten weiter nichts aus.

„Ein König kann in seinem Palast und in seinem Land tun, was er will."

„Aber nicht in England", erwiderte Collins, „wegen des Parlaments!"

Sophia dachte eine Weile nach. „Euer Parlament", sagte sie dann zu dem Arzt des Vaters, „ist ein wahres Rätsel. Das eine enthauptete den Vater des Königs, das andere rief den König wieder zurück. Solche politische Institutionen können ein Segen oder ein Unsegen sein. Aber eure Art von Parlament wäre in unserem Lande nie möglich."

Nach einer Geschichtsstunde mit Polozkij fragte Sophia plötzlich: „Habe ich recht, daß die größte Gefahr für einen absoluten Herrscher im Verrat liegt?"

„Ja", sagte Polozkij, „aber die absolute Herrschaft ist eine große Verantwortung vor Gott."

„Oh", antwortete das dreizehnjährige Mädchen, das in der engsten Abgeschlossenheit, die man sich nur vorstellen kann, aufgewachsen war, „aber diese Verantwortung ist noch viel schwerer, als nur Menschen verantwortlich zu sein."

Sophia verdammte den Dreißigjährigen Krieg als eine verruchte Sinnlosigkeit, da ihrer Meinung nach die bewaffnete Faust und die Sache des Altars nichts miteinander zu tun haben sollten; die geistigen Akzente der Reformation aber sprachen sie mit einer irgendwie vertrauten Sprache an, denn trotz aller zahllosen Unterschiede in Form und Wirkungsbereich folgte auch auf die Reform des Patriarchen Nikon in der russischen Kirche ein Schisma, der sogenannte „raskol". Er war offiziell verboten, hatte aber viele Anhänger, und manche von ihnen fanden sogar den Weg in den Terem. Sie waren als „Altgläubige" bekannt und suchten nach der Wahrheit Gottes im Festhalten an uralten religiösen Gebärden, wie zum Beispiel das Kreuzeszeichen mit zwei, nicht mit drei Fingern zu machen, und an alten Gebetbüchern, obwohl diese voller Fehler und Auslassungen der Schreiber waren. Das moskowitische Schisma schien belanglos im Vergleich zur westlichen Umwälzung, aber Sophia wußte, daß es ihren Vater dennoch beunruhigte.

Monatelang, jahrelang war Polozkij bestrebt, Sophias Geist zu formen, und sie fühlte sich immer mehr zum Westen hingezogen, zu seinen Leistungen, seiner Freiheit, seinen Verheißungen. Immer klarer erkannte sie, daß ihr eigenes Land es sich nicht leisten konnte, in seiner Abgeschlossenheit zu verharren. Das Studium der russischen Geschichte überzeugte Sophia schließlich, daß die Umstände, die dazu geführt hatten, die Barrieren zwischen dem Moskowiterreich und dem Westen aufzurichten, der Vergangenheit angehörten und daß es hoch an der Zeit war, durch allmähliche und klug durchgeführte Reformen den Anschluß an den Westen zu erreichen. Ihr Lehrer, der selbst ein überzeugt westlich Gesinnter war, machte seiner Schülerin klar, daß während des Assimilationsprozesses auch der russische Geist seinen Beitrag zum Leben des westlichen Kontinents leisten könnte. Das war für jene Zeit ein kühner, neuer Gedanke, und Sophia machte ihn sich begierig zu eigen. Er befriedigte ihren nationalen Stolz und stimmte außerdem mit ihrem eigenen Ehrgeiz überein.

Doch all das waren nur flüchtige Ausblicke in eine Zukunft, deren Entwicklung schwer vorauszusagen war. Das Bild der Gegenwart zeigte wenig erfreuliche Farben. Zar Alexejs Gesetzesreform hatte zwar das Los einiger seiner Untertanen erleichtert, doch hatte sie das einer weitaus größeren Anzahl, besonders das der Landbevölkerung, erschwert.

Bis zur Mitte des 17. Jahrhunderts war die Leibeigenschaft eines Bauern keine totale; er war zwar an den Boden gebunden, nicht aber an den Eigentümer des Bodens. Ein Bauer erfreute sich vieler bürgerlicher Rechte; er konnte ein Testament machen und Arbeit vergeben; es stand ihm auch frei, den Überschuß des jährlichen Ertrages seiner Mühe zu verkaufen. Wenn er dem Grundbesitzer eine bestimmte Summe zahlte, konnte sich der Bauer auch ganz „von den Banden des

Bodens“ loskaufen und vom Ackerbau zum Handel hinüberwechseln. Seine Stellung konnte durchaus nicht mit der eines wirklichen Leibeigenen verglichen werden, dem sogenannten „cholop“, der dem Eigentümer des Landes, das er bebaute, absolut gehörte.

Zar Alexejs „uloshenie“ aber legte fest, daß ein Bauer von nun ab an die Person des Grundbesitzers gebunden sein mußte, und nach und nach geschah es, daß die bürgerlichen Rechte so weit zugestutzt wurden, daß zwischen dem Stand der Bauern und dem der Leibeigenen keinerlei Unterschied mehr bestand. In anderen Worten, Sophias Vater hatte begonnen, was Katharina die Große vollendete: die absolute Leibeigenschaft der Bauern. In Sophias eigenen Tagen wurde die Maßnahme als juristische Vorkehrung getroffen, da die Vagabondage unter den Bauern eine ernste Bedrohung der gesetzestreuen Menschen geworden war und zu einer schweren Vernachlässigung des Landes führte, das vom Bebauer oft für länger als eine Saison verlassen wurde. Die erweiterten Rechte über die Arbeitskräfte vermehrten auch die Verpflichtung der Grundbesitzer, und die schwerfällige Regierungsmaschinerie war zumindest um eine ihrer Bürden erleichtert. Man hatte diese so einschneidende Maßnahme auch für notwendig erachtet angesichts der nur sehr langsam heilenden Verwüstungen aus den Jahren der Wirren; diese Verwüstungen hatten fortzeugend die ärgsten Übel in der russischen Geschichte gebracht.

Solche Probleme zu begreifen war freilich für Sophia noch zu schwierig. Sie hatte Moskau nie verlassen. Dennoch wußte sie ganz gut Bescheid über nationale Nöte und konnte nicht umhin, sich über die häufigen Aufstände Gedanken zu machen. Sie wußte sehr wohl, daß sie durch Mangel, Hungersnot und Korruption verursacht wurden. Die Ausdehnung des Reiches ihres Vaters war ungeheuer; durch das Klima, hauptsächlich aber durch das fast völlige Fehlen von Straßen bedingt, gab es keinen regelmäßigen Verkehr, und was sich auf administrativem Gebiet an Unzukömmlichkeiten ereignete, dem war durch keine Justiz beizukommen. All das machte das Regierungsgeschäft zu einer Lebensaufgabe, die einen pausenlosen Einsatz von Denken und Willen erforderte. Die Landkarte der unter der Herrschaft ihres Vaters stehenden Gebiete weckte bald Sophias Ehrgeiz.

Dieser Koloß von einem Reich erstreckte sich von Archangelsk im Norden bis nach Astrachan im Süden. Im Westen lag die vorübergehend beruhigte Grenze gegen Polen. Weit im Osten war Sibirien, wo die unaufhörliche, manchmal nicht sehr klug durchgeführte russische Einwanderung Peking bereits zu beunruhigen begann. Und Rußlands Handel, der bis Buchara, Persien und Indien reichte, breitete sich von Jahr zu Jahr immer mehr aus.

Aber für Sophia lag der Schlüssel zu weiterer Ausbreitung, größerem Wohlstand und einer weniger unvollkommenen Verwaltung nicht im Osten — sie sah in der Halbinsel Krim das Tor zu einer europäischen Anerkennung. Sie verfolgte den Lauf durch das Schwarze Meer und die Meerengen in das Herz der mittelländischen Welt, der Wiege der europäischen Kultur. Sie war durchaus praktisch denkend, aber ihr Realismus war nicht von so hölzerner Art, daß er ihr verboten hätte, sich manchmal auch Visionen hinzugeben. Polozkij hatte sie früh gelehrt, zwischen der kulturellen Entwicklung des Geistes und dem rein technischen Fortschritt zu unterscheiden.

Sie erweiterte ihre Studien immer mehr, vervollkommnete ihr Latein und beherrschte die französische Sprache so weit, daß sie sogar einige Stücke von Molière ins Russische übersetzen konnte. Sie wußte ganze Passagen von Cäsar und Tacitus auswendig und versuchte, Horaz und Katull in eigenen, allerdings etwas holprigen Versen nachzuahmen.

Aber trotz des wachsenden Umfangs ihres aufgeklärten Wissens blieb Sophia im Grunde eine Gefangene des Terem, unterworfen der tödlichen Monotonie des Tagesablaufes und den zahllosen frommen Riten. Es ist das reine Wunder, wie und wo das Mädchen die Zeit fand, ihren privaten Studien zu obliegen, noch dazu so unauffällig, daß mit Ausnahme ihres Lehrers niemand auch nur die geringste Notiz von der dritten Zarentochter nahm, von der man nur wußte, daß sie halbwegs gut mit der Nadel umzugehen verstand und daß sie ihre Gebete recht andächtig verrichtete, worauf ihre Tanten Irina und Anna besonders achteten. Tante Tatjana muß wohl die Wahrheit gewußt haben, doch war sie klug genug, den anderen gegenüber zu schweigen.

Sophia war dreizehn und galt für „erwachsen" — nicht was ihre geistige Ausbildung betraf, aber in körperlicher Hinsicht —, als der frühe Tod Alexejs des Jüngeren ihren Bruder Fjodor zum Thronerben machte. Fjodor war ein zarter achtjähriger Knabe, der häufig von Krankheiten geplagt und so schwach war, daß er die schweren Zeremoniengewänder eines Zarewitschs kaum tragen konnte. Es ist bekannt, daß er Bücher liebte, alle Sportarten im Freien verabscheute und den Krieg fürchtete. Außer ihm und seinem noch jüngeren Bruder Iwan, dem „Kind mit dem trüben Kopf", gab es keinen männlichen Romanow mehr.

Zarin Maria war schon einige Zeit tot, als Zar Alexejs zweite Heirat 1670 den Kreml in Aufruhr versetzte. Natalia Naryschkina war zwar sehr schön, aber von gesellschaftlich minderer Abkunft. Ihr Ziehvater, ein Artamon Matwejew, erfreute sich zwar der Freundschaft des Zaren, konnte sich aber keiner altaristokratischen Abstammung rühmen. Die Familie Miloslawskij war empört. Natalia war achtzehn, unglaublich hübsch und ebenso unglaublich dumm. Sie liebte Musik, Gesang und Näschereien über alle Maßen und hätte nie eine Gefahr für die Miloslawskijs bedeuten können, wenn sie nicht eine ganze Schar männlicher Verwandter besessen hätte.

Die Miloslawskijs fanden sich von ihrem Ehrenplatz verdrängt, und der Terem wurde ein Schlachtfeld im kleinen. Sophia, die nur um vier Jahre jünger als ihre unwillkommene und dumme Stiefmutter war, stand ganz auf seiten der Miloslawskijs, war aber klug genug, bei den häufigen Streitigkeiten in den Zimmern des Terem niemals Partei zu ergreifen. Niemand außer Tante Tatjana kannte ihr Herz. Es muß Sophia wohl verbittert haben, ein so junges Ding von einer Zarin — von geringer Herkunft und aus Mitleid aufgezogen — den Vorsitz über ihre Tanten, Schwestern und sie selbst führen zu sehen.

Natalias Gesundheit ließ keinen Wunsch offen. Sie verschwand nicht wie ihre Vorgängerin mit Kopfschmerzen oder irgendeiner anderen Krankheit in ihrem Schlafzimmer, um dort tagelang zu bleiben. Wenn Sophia am Morgen und am Abend der Sitte gemäß vor der jungen Zarin niederkniete, um ihr die Hand zu küssen, wünschte sie ihrer unwillkommenen Stiefmutter, sie möge nur Töchtern das Leben schenken.

Die von der Würde ihrer Verwandten berauschten männlichen Naryschkins fühlten sich im Kreml bald vollkommen zu Hause. Die Gemächer des Zaren, der Bankettsaal und das Ratszimmer standen ihnen offen. Es fehlte ihnen an Bildung, Manieren und politischem Verständnis; an Überheblichkeit fehlte es ihnen dafür nicht. Als Verwandte der jungen Zarin machten sie oft genug von dem Vorrecht Gebrauch, den Terem zu besuchen. Sophia beobachtete sie aus ihrer Ecke und hielt sich immer wieder vor Augen, daß es ja noch immer ihren Bruder Fjodor gab. So schwächlich er auch war, er würde doch sicherlich zum Mann heranreifen, heiraten und Söhne als seine Thronfolger ins Leben setzen. An all das dachte Sophia um so mehr, als Natalias Schwangerschaft im Terem bekannt wurde.

Die Krisis brach am 30. Mai 1672 aus, als die junge Zarin einen Sohn gebar, der auf den Namen Peter getauft wurde. Der Stern der Naryschkins wurde über Nacht zur strahlenden Sonne. Der Terem erdröhnte von kampflustigen Wechselreden, die Damen Natalias behaupteten, das neugeborene Baby sei von noch nie dagewesener Gesundheit, Kraft und Klugheit, während die Miloslawskij-Prinzessinnen einander überboten, das Lob ihrer Neffen und Brüder zu singen. Sophia hörte dem allen zu und hielt sich abseits. Die Lage beruhigte sich etwas, als jemand bemerkte, der Zar sei ja erst in seinen Vierzigerjahren und mit einer bemerkenswert guten Gesundheit gesegnet.

Doch obwohl er erst zwischen vierzig und fünfzig war, starb Alexej 1676, und Fjodor wurde mit vierzehn Jahren Zar. Sein Körper war zwar schwach, aber sein Wille war stark. Er verabscheute jeden Streit. Er war höflich zu seiner verwitweten Stiefmutter, ihr Ziehvater Matwejew blieb bei Hofe, und keiner der Naryschkins verfiel in Ungnade. Der Kamm der Miloslawskij-Sippe aber begann zu schwellen, und mit Genugtuung beobachteten sie die innige Freundschaft zwischen dem Knaben-Zaren und Sophia. Es dauerte nicht lange, und ihre Onkel und Vettern begannen zu erkennen, daß sie nicht umsonst Polozkijs Schülerin gewesen war.

Sophias Diskretion war unglaublich. Sie hörte viel boshaften Klatsch im Terem, wiederholte aber nichts davon. Obwohl sie gezwungen war, bei vielen Familienauseinandersetzungen und sogar

Streitigkeiten dabei zu sein, nahm sie weder Partei, noch wurde sie unwillig. Sie überwand sich und war, darin Fjodors Beispiel folgend, überaus höflich zu Natalia, deren einziges Interesse nun ihrem Söhnlein Peter galt. Dieser war für seine vier Jahre besonders frühreif und schon ganz von militärischen Spielen in Anspruch genommen.

Sophia war neunzehn, ihr Gesichtskreis voll erweitert, ihr Ehrgeiz gereift. Vorsichtig und unfehlbar verlegte sie sich auf Intrige. Die Zarin Natalia selbst war zu unbedeutend. Das traf aber keineswegs auf ihren Ziehvater Artamon Matwejew zu, der in der Apothekerkammer den Ehrenvorsitz führte. Das bot eine Gelegenheit, die nicht unbeachtet bleiben durfte. Sophia unternahm selbst keinen Zug, der auf sie hätte hinweisen können, aber in Gegenwart einiger Vettern machte sie eine oder zwei Bemerkungen, wie zweifelhaft die Wirkung der Medikamente sei, die von der Kammer geschickt wurden, da der Gesundheitszustand des jungen Zaren sich zu verschlimmern schien. Mehr sagte sie nicht. Als sich 1678 Fjodors Zustand weiter verschlechterte, sprach Fürst Iwan Miloslawskij ziemlich besorgt von einigen Mixturen, die angeblich auf Matwejews Anordnungen hergestellt worden waren. Sophia zögerte nicht, die Worte ihres Onkels dem Zaren gegenüber zu erwähnen, obwohl sie nicht zugab, daß sie die Geschichte glaubte. Fjodor aber glaubte sie. Es folgte eine eilige und ziemlich ungeschickte Untersuchung. Matwejew konnte zwar keine Schuld nachgewiesen werden, aber der Verdacht genügte, um ihn aller seiner Hofämter zu berauben und ihn nach dem Norden zu verbannen. Die Zarin Natalia, ihr kleiner Sohn und ihre Tochter übersiedelten vom Kreml in das Schloß Kolomenskoje in der Umgebung von Moskau, und die Naryschkins verschwanden vom Hof.

Sophia hatte die erste Runde eines schwierigen und gefährlichen Spiels gewonnen. Um die Dinge für sie noch angenehmer zu machen, wurde durch den Tod Irinas Tatjana zum Oberhaupt des Terem, oder zumindest dem Namen nach. In Wirklichkeit waren die Zügel bereits in Sophias Hand, und bald hielt sie auch den Augenblick für gekommen, ihre persönliche Bewegungsfreiheit zu vermehren.

Das war eine noch nie dagewesene Kampfansage an die Tradition.

Es war etwas Unerhörtes für eine Frau — selbst wenn es die Schwester des Zaren war —, die Privatzimmer des Monarchen zu betreten, bei den Verhandlungen seiner Minister zuzuhören und diese Minister sogar mit überaus wichtigen Fragen zu konfrontieren — über die Krim, über die Türkei, über Schweden und Polen, über Handel, Einfuhrzölle, Steuern und die Entwicklung der heimischen Industrie, über Finanzpolitik und Justizverwaltung. Mit Ausnahme der Miloslawskij-Sippe waren alle Bojaren verblüfft, aber die Anwesenheit des Zaren verbot ihnen auch nur die geringste Andeutung von Bestürzung, Erstaunen oder — begreiflichem — Zorn darüber, daß eine Frau, und sei sie auch zehnmal die Tochter eines Zaren, sich erlauben durfte, ihre Lippen in Gegenwart von Männern zu öffnen — noch dazu, wenn einer dieser Männer der Zar war, ihr Souverän und Bruder. Die Bojaren sahen fragend auf ihren Herrn, aber der Zar tat nichts dergleichen. Er schien zufrieden zu sein, und damit gut. Die Bojaren konnten nichts tun, und Sophia, da sie niemand daran hinderte, setzte ihre Ausbildung im Ratssaal fort.

Im Terem hatte sie nun ein geräumiges Zimmer, das niemand, nicht einmal ihre Tante Tatjana, ohne Einladung betreten durfte. Männer kamen in dieses Zimmer, und zwar nicht um Sängern oder Märchenerzählern zu lauschen, sondern um die Staatsgeschäfte des Tages mit Sophia zu besprechen — Medwedjew, ein Priester, Polozkijs bester Freund und Schüler, Fürst Wassilij Golizyn, der bei weitem aufgeklärteste Westliche in Moskau, Jasykow, der eine bedeutende Rolle bei der Armee spielte, Lichatschow, ein berühmter Jurist, und viele andere.

1680 heiratete Zar Fjodor ein Mädchen von geringer gesellschaftlicher Bedeutung, sie hieß Agafia Gruschewskaja. Nach einem Jahr gebar die junge Zarin einen Sohn namens Ilja, der seine Mutter nur um wenige Tage überlebte. Dem Tod Agafias folgte eine längere Krankheit des Zaren. Sophia war sich bewußt, daß sie nahe der wichtigsten Schwelle ihres Lebens stand, und verließ kaum noch das Krankenbett ihres Bruders. Es war mehr oder weniger selbstverständlich, daß sie während seiner langen Rekonvaleszenz in die Rolle einer Vermittlerin zwischen dem Monarchen und der Regierung hinüberglitt. Sophia hatte zahllose Feinde, aber selbst diese mußten zugeben, daß die Schwester des Zaren den Verstand und die klare Urteilskraft eines Mannes besaß.

Indessen wurde das alte, bemooste Joch des Terem von Monat zu Monat leichter. Fürstin Tatjana war kein Zuchtmeister, und es paßte durchaus in Sophias Konzept, daß auch ihre Tanten, Schwestern und Cousinen wenigstens einige der Freiheiten, die sie für sich errungen hatte, mit ihr teilten. Eine Formalität nach der anderen über den Zutritt von Fremden in den Terem wurde aufgelassen. Die Damen verschleierten in Gegenwart von Männern nicht mehr ihr Gesicht, Schönheitsmittel wurden bald fast allzu verschwenderisch verwendet, und es gab intime Soupers, bei denen Wein und Met aufgetischt wurden. Aus Kolomenskoje kam das Gerücht, Zarin Natalia habe ihre Stieftochter bezichtigt, Umgang „mit dem Bösen" zu haben. Trotz all ihrer mannigfaltigen Beschäftigungen fand die Stieftochter immer Zeit, Informationen über Kolomenskoje einzuholen und zu verarbeiten, das ihrer Ansicht nach ein entschieden feindliches Lager war. Ihr Halbbruder, der kleine Peter, hatte einen mehr als unbedeutenden Hofmeister, einen gewissen Nikita Sotow, der bekannt dafür war, daß er für den vergorenen Saft der Trauben größere Leidenschaft empfand als für die Wissenschaften. Peters wirkliche Lehrer waren die Ingenieure und Mechaniker aus dem Deutschen Viertel von Moskau. Sophia hörte viel über die Klugheit, Energie und Heftigkeit des Knaben. Sie erfuhr auch, daß er sich ausschließlich für militärische Spiele interessierte und im Ruf stand, ein ausgezeichneter Trommler zu sein.

Zu Beginn des Jahres 1682 heiratete Fjodor in der verzweifelten Hoffnung auf einen Erben Marfa Apraxina. Innerhalb weniger Wochen erkrankte er — und erholte sich nie mehr wieder. Im Terem war Sophia kaum noch zu sehen. Mit Zustimmung ihres Bruders wohnte sie jetzt sogar den Sessionen der Duma bei, wo ihr Stuhl auf ihre Anordnung hin nur ein wenig niedriger aufgestellt war als der Thron des Bruders.

Im Kreml war alles in Verwirrung. Die Kräfte des jungen Zaren nahmen von Tag zu Tag ab. Seine Braut hatte nicht viel mehr als ein ungewöhnliches Maß von Tränen zugeteilt erhalten. Um jedermanns Ratlosigkeit noch zu vermehren, weigerte sich der Zar auch noch, seinen Thronfolger namhaft zu machen. Tatsächlich war ja auch niemand da, den er hätte nennen können. Sein jüngerer Bruder Iwan war vollkommen ungeeignet zu regieren, die Nachfolge des kleinen Peter würde eine langjährige Regentschaft bedingen, und Fjodor konnte sich seine dumme Stiefmutter und deren charakterlose Verwandtschaft unmöglich als Regenten vorstellen.

Als Patriarch Joachim, ein enger Vertrauter von Zarin Natalia, den Zaren bat, Peter als seinen Nachfolger zu nennen, gab Fjodor keine Antwort. Auch Sophia, die im Zimmer anwesend war, bewahrte Stillschweigen.

Es waren schwierige Tage für sie. Es war ihr bewußt, daß Fürst Wassilij Golizyn, den man schon damals für ihren Liebhaber hielt, ihr einziger Parteigänger von Einfluß war. Fürst Iwan Miloslawskij und seine Sippe hofften zwar, daß sie ihre Sache gewinnen würden, wollten aber keineswegs eine Frau, wenn sie auch noch so eng mit ihnen verwandt war, am Ruder sehen. In der Duma hatte Sophia keine namhaften Anhänger. Medwedjew, Jasykow und Lichatschow waren zwar verläßlich treu, hatten aber keine einflußreichen Stellungen in administrativen Kreisen inne.

Sophia war fünfundzwanzig. Ihre besonders geniale Begabung stand in vollem Einklang zu ihrem Ehrgeiz. Da der Wille des Zaren sakrosankt war, wären seine letzten Wünsche auch dann ausgeführt worden, wenn sie noch so sehr im Widerspruch zur Tradition gestanden hätten. Für Sophia wäre es ein leichtes gewesen, den Bruder, der bereits daran gewöhnt war, sich an sie um Rat und Ermutigung zu wenden, zu beeinflussen. Sie tat es aber nicht. Sie blieb im Vordergrund, untersagte es sich aber, auch nur den geringsten Schritt zu unternehmen, und wartete darauf, daß die Ereignisse ihre Zukunft von selbst entscheiden würden.

Sie kamen schnell. Fjodor starb am 27. April 1682 und hinterließ als bedeutendste Leistungen seiner sechsjährigen Herrschaft die Abschaffung ererbter Vorrechte und die Förderung der Wissenschaften. Am selben Tag hielt Patriarch Joachim in seinem Palast eine Geheimsitzung ab und ließ von seinen Dienern eine große Menschenmenge auf dem Roten Platz zusammentrommeln. Der Pöbel folgte den Instruktionen, die zu begreifen er weder Zeit noch Verstand hatte, und begann zu schreien: „Wir wollen Peter zum Zaren ... Peter ... Peter ...“ Der Patriarch und die Duma beriefen sofort die Zarin Natalia und ihren Sohn nach Moskau. Die Naryschkins und alle ihre Freunde eilten zum Kreml. Von einem Stiegenaufgang zum anderen dröhnten aufgeregte, böse Stimmen, die Sophia eine Verräterin an der Tradition nannten, eine Freundin der Jesuiten und zugleich eine der Türken, eine Hure und eine Ketzerin. Alle Tore, die zum Terem führten, waren von Sophias Anhängern scharf bewacht.

In ihrem eigenen Zimmer beratschlagten sie und Fürstin Tatjana im geheimen. Die ältere Frau, die auf die Ehre ihrer Nichte bedacht war, weinte und flüsterte, sie solle warten, bis der richtige Augenblick käme. Mit trockenen Augen und ruhiger, kalter Stimme antwortete Sophia, daß der richtige Augenblick bereits da sei.

Das Protokoll verlangte, daß dem Sarge Fjodors die Zarenwitwe in einer verhängten Sänfte folge und dann Peter zu Fuß hinterdrein gehe. Da Fjodors Thronfolger aber noch ein Kind war, beschloß seine Mutter, sich der Prozession gleichfalls anzuschließen, und zwar ebenfalls in einer Sänfte. Zur Überraschung des Hofstaates, der Regierung und des Volkes auf dem Roten Platz ließ Sophia alle Mitglieder des Terem der Sänfte der Zarin Natalia folgen. Die Damen überquerten mit kurzen, über ihre Gesichter flatternden Schleiern zu Fuß den Platz. Als Natalias Sänfte das Tor der Kathedrale erreichte, stieg sie aus, wandte sich um, sah die Damen unmittelbar hinter sich, geriet in Wut und verließ den Platz, ohne auf den Beginn des Gottesdienstes zu warten. Sophia und alle anderen folgten dem kleinen Zaren und blieben bis zum Ende des Gottesdienstes in der Kirche. Dann führte Sophia alle ihre Verwandten wieder quer über den Platz zurück. Am Tor des Palastes blieb sie stehen, wandte sich um, schob ihren Schleier zurück, betrachtete die schweigende, verwirrte Menschenmenge und begann laut zu klagen:

„Oh, hier sind wir nun, ganz verlassen, und niemand beschützt uns ... Die Rechte meines Bruders Iwan sind höchst ungerecht übergangen worden. Wenn ihm oder mir irgend etwas Unrechtes nachgesagt werden sollte, so wäre es das beste für uns, die Heimat zu verlassen und im Ausland unter wahren Christen zu leben, die uns nicht hassen. Und alle in Moskau sollten wissen, daß es böse Menschen mit dem Tod meines armen Bruders Fjodor sehr eilig hatten."

An der Oberfläche hatte es den Anschein, als wäre der Vorfall der verzweifelte Schritt eines Menschen gewesen, der seine letzte Chance entgleiten sieht. In Wirklichkeit war das keineswegs der Fall. Sophia war zwar noch nie einer Menschenmenge gegenübergestanden, aber sie wußte instinktiv, wie Menschen zu behandeln waren. Sie hielt sich nicht damit auf, ihre Antwort abzuwarten. Das letzte Wort war gefallen, sie kehrte sich um, und die Tore des Palastes schlossen sich hinter ihr und den anderen Damen.

Die Menge zerstreute sich in unheilvollem Schweigen. Viele von ihnen erinnerten sich an dunkle Geschichten über verdächtige Medikamente für den verstorbenen Zaren, und daß Matwejew daraufhin in Ungnade gefallen war. Als sie sich aus dem Bereich des Kremls entfernt hatten, begann ein Murren unter dem Volk. Trotz der kurzen Dauer hatte Fjodors Herrschaft ihn bei den Moskowitern beliebt gemacht. Er war freigebig gegen viele und liebenswürdig mit allen gewesen. Nun hieß es, daß Matwejew schon auf dem Wege nach Moskau sei. Unbehagen befiel die Stadt: Ein Knabe als Zar, und die unbesonnene Verwandtschaft seiner Mutter, die das Land regieren würde ... „Wo ist Zarewitsch Iwan?" fragte jemand. „Niemand hat ihn irgendwo gesehen ..." Und es gab keine Antwort auf diese Frage.

An diesem Tag war Sophia zum erstenmal öffentlich aufgetreten. Ohne Zweifel, sie war ehrgeizig, aber sie war auch eine Politikerin von nicht geringem Rang. Sie wußte genau, daß die Naryschkins und deren Freunde nicht regieren konnten und daß Natalia zur Regentin nicht besser als ein Kind in der Wiege taugte. Sophia wußte auch, daß der Knabe Peter — wie glänzend und ungewöhnlich seine natürlichen Anlagen auch waren — es nie gelernt hatte, sich zu beherrschen und seinen Willen zu zügeln oder auch nur sich selbst zu beschäftigen, außer mit Dingen nach seinem Geschmack — mit Trommeln und Kanonen, mit dem Bau von Miniaturfestungen und verschiedenen mechanischen Vorrichtungen. Seine Ausbildung war noch immer einem Manne anvertraut, der am allerwenigsten dazu befähigt war, den Knaben für den Thron vorzubereiten.

Sophia dachte ganz ernsthaft über ihre eigene Zukunft nach, doch ihre Klugheit — um es beim richtigen Namen zu nennen — verbot ihr, dem nationalen Leben ihren Beitrag, dessen sie sich für fähig hielt, vorzuenthalten.

Dennoch genügte eine einzige Geste in der Öffentlichkeit, wie rührend sie auch war, kaum, um im politischen Leben Fuß zu fassen. Deshalb berief sie, sobald sie wieder im Terem war, eine Geheimkonferenz aller ihrer Anhänger ein.

Die Strelitzen, „strelzy", die „Schützen", die die stärkste militärische Macht im Lande waren, konnten sich nicht für den Gedanken erwärmen, eine Frau an der Spitze ihrer Regierung zu haben; noch weniger aber gefielen ihnen die Naryschkins, und die Vorliebe des Knaben Peter für Holländer, Schotten und Deutsche war geradezu ein Affront für viele unter ihnen. Geheimagenten, die Vertraute von Medwedjew und Lichatschow waren und von Sophia bezahlt wurden, entdeckten, daß genau am Tage von Fjodors Tod unter den Strelitzen murrende Unzufriedenheit ausgebrochen war. Der Augenblick für eine weitere und tiefergehende Propaganda schien gekommen. Innerhalb einer Woche erklärten sich neunzehn Regimenter der Strelitzen für die Miloslawskij-Partei und verlangten wutentbrannt den Zarewitsch Iwan als Zaren. Nun kam es Sophia zum Bewußtsein, daß sie einen Sturm entfesselt hatte, der ihre Kraft und Schläue überstieg. Es ging nicht mehr nur darum, Eindruck auf das Volk zu machen und Bemerkungen über zu erwartende künftige Katastrophen fallenzulassen; es ging nicht einmal mehr nur um eine Sache des Volkes — das Militär, im Kreml immer noch in Ansehen, hatte nun die Kontrolle über die Hauptstadt an sich gerissen.

Am 15. Mai 1682 stürmten massierte Regimenter, die jede Disziplin über Bord geworfen hatten, den Palast und schrien, Zarewitsch Iwan sei von den Naryschkins ermordet worden, und sie wären gekommen, das unschuldige Blut zu rächen. Man führte den wie ein Schilfrohr bebenden Iwan auf die unteren Stufen des Eingangs. Sein Erscheinen löste einen Augenblick beschämten Schweigens aus, und alles wäre noch gut gegangen, wenn nicht der alte Fürst Dolgorukij, der Oberbefehlshaber aller Strelitzenregimenter, den Männern einen strengen Befehl zugeschrien hätte, der in ihnen allen die Bestie entfesselte. Sie stürmten die Stufen hinauf, sie dachten nicht mehr daran, ob Peter oder Iwan Zar sein sollte, sie dürsteten nur noch nach Blut.

Es heißt, daß das grauenhafte Massaker, bei welchem Artamon Matwejew, einige von den Naryschkins und eine Anzahl ihrer Anhänger auf dem Roten Platz buchstäblich in Stücke gerissen wurden, seinen unauslöschlichen Stempel in Peters Wesen hinterlassen habe. Man hätte den Knaben in den hintersten Winkel des Palastes jagen sollen. Statt dessen ließ man ihn Augenzeuge des ganzen Schreckens sein.

Nachdem der Blutdurst endlich und reichlich gestillt war, verlangten die Strelitzen, Iwan und Peter sollten gemeinsam herrschen und Sophia während Peters Minderjährigkeit Regentin sein. Die Kirchenfürsten und die Duma hatten keine andere Wahl, als den Willen des Militärs anzuerkennen; aber niemand wußte besser als Sophia, daß die Unterstützung der Strelitzen gerade so viel Sicherheit bot wie ein leckes Schiff gegen eine stürmische See.

In der verwirrenden Masse des sich wild widersprechenden Beweismaterials ist es schwer, das Ausmaß der direkten Schuld Sophias an dem Maimassaker festzustellen. Sie hatte die Strelitzen — und das geben sogar ihre bittersten Feinde zu — an jenem Morgen, der die Steine des Platzes von einem Ende zum anderen blutbefleckt hinterließ, nicht zum Kreml gerufen. Anderseits war sie eine so vollendete Schauspielerin, daß kein Mensch ihre wirkliche Einstellung zu dem Massaker erkennen konnte. Klar ist, daß sich die schließlich vorgebrachte Forderung der Strelitzen doch vollkommen mit ihren eigenen Wünschen deckte. Vom ethischen Standpunkt aus kann sie von einer indirekten Verantwortung für das auf dem Roten Platz entfesselte Blutbad nicht ganz freigesprochen werden. Wenn sie es auch nicht geplant hatte, so hatte sie sich doch auch nicht dagegen aufgelehnt.

Nun war Sophia Regentin. Schnell, doch nicht übereilt bildete sie ihre Regierung; ihr Onkel, Fürst Iwan Miloslawskij, wurde Schatzkanzler, Fürst Wassilij Golizyn Außenminister. Das Erziehungsressort vertraute sie Medwedjew an, die Justiz „einem sehr ehrenwerten Mann“, einem gewissen Sokownin. Einen obskuren Staatsbeamten namens Schaklowityj machte sie zum Staatssekretär. Tatsächlich wurde diesem Schaklowityj, der bereits Sophias Liebhaber war, ein Amt anvertraut, das dem eines modernen Premierministers entsprach, und seine Fähigkeit verdiente diese Ehre durchaus. Er und Fürst Wassilij Golizyn standen gleichzeitig in Sophias Gunst. Man würde annehmen, daß sie Rivalen waren. Tatsächlich aber waren sie Freunde und dienten beide ihrer Herrin treu bis ans Ende.

Blieb noch das Heer. Keiner schien für das Amt des Kriegsministers geeignet außer Fürst Chowanskij, der ehemalige Gouverneur von Moskau, mit dessen Ernennung aber Sophia keineswegs einverstanden war. Chowanskij, der schön, reich und eitel war, machte kein Hehl daraus, daß er hoffte, die Regentin zu heiraten. Er war aber dessenungeachtet ein guter Soldat, und sein Name wirkte bei den Strelitzen Wunder. Ihre Freude über seine Ernennung brachte Sophia erneut zum Bewußtsein, daß ihre Stellung einzig und allein vom Willen des Militärs abhing. Die Strelitzen wurden wegen ihrer Gewalttätigkeit im Mai ernsthaft gerügt, aber nicht bestraft, und Sophia überlegte, ob Klugheit nicht auch zu weit getrieben werden könne. Sie mochte Chowanskij nicht, dessen Betragen manchmal an Impertinenz grenzte. Sie mochte auch den Gedanken nicht, daß ihre Regentschaft den guten Willen der Strelitzen zum Fundament hatte. „Ich muß das alles ändern“, sagte sie sich.

Indessen warteten tausend ernste Aufgaben auf ihre Erledigung durch Sophia. Ihre erste Sorge war es, die beiden Brüder zu Zaren gekrönt zu sehen, und da es noch keinen Präzedenzfall für eine Doppelkrönung gab, arbeiteten die Hofbeamten, die Goldschmiede und viele andere auf Hochtouren, um für den 26. Juni alles fertigzustellen. Kaum waren aber der schweigsame, leer blickende Jüngling und der aufgeweckte, lebhafte Knabe gesalbt, als Sophia auch schon das erste Anzeichen einer Gefahr bemerkte.

Schon während der Zeit der Zaren Michael und Alexej hatte es viel Unruhe mit den Altgläubigen gegeben. Im Sommer 1682 erhoben deren Führer, ermutigt durch die Ernennung Chowanskijs und die den — zu einem großen Teil altgläubigen — Strelitzen erwiesenen

Begünstigungen, wieder ihre Stimmen und schleuderten eine solche Unmenge von Schmähungen gegen die Kirchenfürsten, daß die Regentin beschloß, eine offene Debatte zwischen Orthodoxen und Altgläubigen abzuhalten, und zwar im Kreml und unter ihrem Vorsitz.

Die Altgläubigen sahen ihr Spiel gewonnen. Am Ende aber gab es keine Debatte, sondern einen Tumult. Nach viel Geschrei und Fluchen schlug einer der Altgläubigen einen Orthodoxen. Sophia befahl dem Missetäter, die Versammlung sofort zu verlassen, worauf die Wache stehenden Strelitzen im Hintergrund des Saales aufbegehrten. Es wäre unpassend, brummten sie, daß eine Frau bei einer Versammlung von Männern den Vorsitz führe. Wenn die Zarentochter nicht zurück in den Terem gehen wolle, so gäbe es ja genug Klöster in Moskau, die sie aufnehmen würden. Nach und nach erreichten die Stimmen der Männer Sophia. Mit unbeweglichem Gesicht und ruhiger Stimme sagte sie, ihre Brüder und sie könnten ja alle drei das Land verlassen. „Und was wird das Volk sagen, wenn es einmal erfährt, daß wir vertrieben wurden?“ fragte sie in einem so beiläufigen Ton, als ob sie irgendeinen Kanzlisten bäte, ihr einen neuen Federkiel zu holen.

Die Drohung wirkte sofort. Aber Sophia erinnerte sich blitzartig, daß Chowanskij ein Altgläubiger war und das Idol aller Strelitzenregimenter, die er nun befehligte. Er war im Saal anwesend, sein hübsches Gesicht schien unergründlich, aber die Regentin, die sein glühendes Werben mehr als einmal zurückgewiesen hatte, erkannte bei seinem Anblick sofort die ihr drohende Gefahr.

Die Maßnahmen, die sie ergriff, waren scheinbar phantastisch. Sie ließ ihre beiden Brüder, alle Verwandten und den gesamten Hof in einem der privaten Säle zusammenkommen und sagte ihnen, sie wisse, daß der Kreml für sie nicht mehr sicher sei. Am selben Tag verließen alle samt der Regierung Moskau und begaben sich auf eines der Landschlösser in der Umgebung der Hauptstadt.

Sie blieben nicht lange dort. Sie übersiedelten von einem Schloß in das andere, von einem Kloster ins andere, und überall verkündete die Regentin, sie könnten weder in Moskau noch an irgendeinem anderen Ort lange bleiben, da eine schreckliche Verschwörung gegen die beiden Zaren und sie im Gange wäre. Sie sprach von der Existenz dieser Verschwörung lange bevor sie selbst tatsächlich von einer solchen erfuhr. Sie reisten, wobei sie Tag und Nacht schwer bewacht wurden. Sophia vernachlässigte zwar ihre Staatsgeschäfte nicht, aber für jeden Beamten bedeutete es ein endloses Spießrutenlaufen, den Aufenthaltsort der Regentin auszuforschen und von ihr empfangen zu werden.

Nur zu bald erwies sich ihr Verdacht als richtig. In Moskau war ein Komplott ausgeheckt worden. Fürst Chowanskij wollte kraft seiner rurikidischen Abstammung und gestützt auf seinen Anhang beim Militär die Macht ergreifen und sich zum Zaren ausrufen lassen. Ein langatmiger Bericht erreichte Sophia, die sich im Schloß Ismajlowo aufhielt. Sie berief sofort die Duma ein und ließ den Mitgliedern eine Liste der Vergehen Chowanskijs vorlesen. Schließlich wurde Chowanskij wegen mehrerer Punkte angeklagt und „in absentia" zum Tode verurteilt. Die Session war hinter verschlossenen und bewachten Toren abgehalten worden, und die Regentin ließ alle Teilnehmer auf das Kreuz schwören, niemandem den Beschluß zu verraten.

Hierauf sandte Sophia einen Boten mit einer Einladung nach Moskau: Chowanskij möge doch nach Ismajlowo kommen. Unbekümmert nahm er an, da er genau wußte, daß sämtliche Strelitzenregimenter geschlossen hinter ihm standen. Er sollte jedoch Sophia niemals wiedersehen. Kaum war er am Tor des Schlosses vom Pferd gestiegen, als ihn die Wachtposten auch schon überwältigten, und innerhalb weniger Minuten kollerte Chowanskijs schöner Kopf die grasbewachsene Böschung hinunter, und die Wachen stießen seinen Leichnam weg.

Als die Nachricht vom Vollzug des Urteils Moskau erreichte, verließ sämtliche Strelitzenregimenter der Mut. Ohne ihren Führer wagten sie keinen Aufstand mehr und erwarteten, daß der Zorn der Regentin nun über sie selbst hereinbrechen würde. Sophia aber, die genau wußte, daß die meisten von ihnen in das Komplott verwickelt gewesen waren, kostete einen besonderen Triumph aus, als sie allen Regimentern Straffreiheit zusicherte.

Ehe noch der Winter über das Land hereinbrach, war sie wieder im Kreml und arbeitete oft bis in die frühen Morgenstunden. Wieder einmal stellte sie unter Beweis, daß sie nicht umsonst Polozkijs Schülerin gewesen war. Ihr großartig geschulter Geist behandelte jedes Problem auf höchst systematische Weise. Wohl verlebte sie mit ihren beiden Liebhabern Stunden völliger Selbstvergessenheit, in denen sich ihre Sinne ganz dem Entzücken hingaben, das jeder von ihnen ihr bot. An ihrem Schreibtisch aber, wo Sophia völlig in ihren Regierungsgeschäften aufging, war sie nicht einmal androgyn. Dort blieb sie eisig geschlechtslos und sammelte alle ihre Fähigkeiten, um die große und immer von neuem erregende Aufgabe zu erfüllen, das Land, das sie so aufrichtig liebte und dem sie so treu diente, zu verwalten und zu fördern. Innerhalb von knapp zwei Jahren hatte Sophia die gesamte Armee reorganisiert, das Räuberunwesen und andere Ausschreitungen im Lande gemildert, Pläne für die allerersten Landvermessungen entworfen und sich mit anderen innerpolitischen Angelegenheiten in einer Weise beschäftigt, die dem Denken ihrer Generation weit vorauseilte. Sie war die erste, die Maßnahmen gegen die entsetzlich häufigen Feuersbrünste ergriff, und manche ihrer Vorkehrungen wurden in Gesetzen verankert. In Moskau und einigen anderen Städten mußten die Straßen saubergehalten werden, und auf öffentliche Ruhestörung standen empfindliche Strafen. Sie bestimmte große Geldsummen für den Druck von Büchern und versuchte — wenn auch erfolglos —, das allgemeine Analphabetentum zu bekämpfen.

Das Analphabetentum war aber nicht der einzige Drache, gegen den sie zu Felde zog. Da waren noch Bestechung und Amtsmißbrauch, Übel, die die gesamte Stufenleiter der Verwaltung beherrschten. Da waren die tödliche Trägheit und die bleierne Ausrede, daß eine Sache schon vor hundert Jahren so und nicht anders behandelt worden sei, was natürlich ein hinlänglicher Grund dafür war, sie auch noch am Ende des 17. Jahrhunderts genau in derselben Art zu behandeln . . .

Sophia verzweifelte trotz allem nicht. „Der Handel muß sich weiter ausbreiten“, sagte sie der Duma. Sie unterzeichnete Handelsverträge mit Schweden und Polen, förderte die Industrie des Inlands durch vorsichtige Steuererleichterungen und bemühte sich, die Liste der Exportartikel um Textilien und Eisen zu vermehren. Während ihrer Regierung erweiterte sich der Handel mit England, den Niederlanden, Brandenburg und Sachsen erheblich. „Sie haben im Westen immer Bedarf an Pelzen“, sagte sie zu Fürst Golizyn, „und wir haben Sibirien — aber wir dürfen die Preise nicht herabsetzen. Sie brauchen die Pelze. Wir müssen sie zwingen, die Preise zu bezahlen, die wir bestimmen.“

Aber Sophia war nur Regentin. Wenn ausländische Gesandte in den Kreml kamen, wurden sie von zwei Zaren und ihrer um eine Stufe tiefer sitzenden Schwester empfangen. Die Gesandten berichteten, daß Zar Iwan immer zu schlafen scheine, daß aber Zar Peter ein aufgeweckter und kluger Knabe sei und daß ihre Schwester sichtlich die Regierung führe.

Peter war bereits zehn, als Sophia Regentin wurde, und sie vergaß niemals, daß seine Minderjährigkeit mit sechzehn vorbei sein würde.

Es gibt kein wirklich authentisches Porträt von Sophia. Manche nannten sie schön, andere betonten ihre Häßlichkeit. Wir wissen, daß sie groß war und eine Haltung zur Schau trug, die ihrem Rang entsprach. Selbst ihre Feinde konnten ihre hervorragenden Geistesgaben nicht leugnen, und ein Gesandter aus Deutschland ging so weit, sie mit Elizabeth Tudor zu vergleichen. Sophia war besonnen, ausgeglichen, niemals betrunken, nie derb in ihren Ausdrücken und niemals grausam gegen ihre persönlichen Diener. Was für Reformen sie auch sonst ins Auge faßte, die bestehenden strengen Vorschriften des Protokolls wurden stets erfüllt. Die Regentin zeigte sich in der traditionellen Pracht, fand keinerlei Gefallen an schlechter Gesellschaft und war von unwandelbarer Frömmigkeit. Das unverschleierte Gesicht und eine Spur Schminke auf Wangen und Mund hielt sie für ausreichend, um ihre Hinneigung zu einer neuen Lebensweise nach außen hin zu dokumentieren. Bei religiösen Zeremonien aber trug sie noch immer einen Schleier vor dem Gesicht. An öffentlichen Banketten nahm sie nie teil.

1683 drangen die Türken in Österreich ein, das sich an Polen um Hilfe wandte, welche die Polen auch gewährten. Der Triumph, den

König Sobieski in Wien errang, verblaßte rasch. Jedenfalls begannen die Krimtataren wieder einmal das polnische Land im Süden zu verwüsten, und nun brauchte Polen Hilfe. Es wandte sich an Moskau.

Die Regentin ließ sich mit der Antwort Zeit. Der Sultan, der Khan der Krim und der Kaiser schickten abwechselnd Gesandtschaften zu ihr, um sich allmählich einen Weg zu „einer näheren Verständigung" zu bahnen; doch war Sophia gegenüber solchen Annäherungsversuchen eher zurückhaltend und verbarg ihre eigentlichen Pläne hinter freundlichen Höflichkeiten. Schließlich versprach sie den Polen — mit voller Zustimmung der Duma — die erbetene Hilfe und eröffnete einen Feldzug gegen die Krimtataren.

Während der Zeit, da die Belagerung Wiens noch frisch im Gedächtnis Europas haftete, hatte Sophia ihre eigenen Abgesandten in fast jede europäische Hauptstadt geschickt, um auf die dringende Notwendigkeit gemeinsamer Unternehmungen gegen die Türkengefahr hinzuweisen. Die Botschafter erlitten mit Ausnahme von Dänemark überall Abfuhren; der Westen hatte andere Probleme zu lösen. Trotzdem blieben diese Missionen, wie kühl sie auch aufgenommen worden waren, nicht ganz fruchtlos. Zum erstenmal seit dem 13. Jahrhundert wurden offizielle Stimmen aus Rußland im Westen gehört — und es ging diesmal nicht darum, über das eine oder andere Exportproblem zu diskutieren, sondern die Stimmen warnten alle Länder vor einer gemeinsamen Gefahr. Die Regentin war auch nicht besonders enttäuscht über das etwas spärliche Ergebnis ihrer Botschaften: Rußland brauchte Zeit, um im Westen Vertrauen zu gewinnen. „Sie dürfen nie erfahren, daß wir verzweifelt sind", sagte sie ihren Ratgebern, und Golizyn, Medwedjew und vor allem Schaklowityj waren ganz ihrer Meinung.

Sophia hätte einen Gemahl gebraucht, um ihre Machtstellung zu sichern und zu stärken. Chowanskijs Rang hätte ihn für eine solche Ehe geeignet erscheinen lassen, aber die Treulosigkeit und Machtgier dieses Mannes hatten Sophia in ihrem Entschluß bestärkt, ihn abzuweisen — und schließlich seine Hinrichtung zu veranlassen. Wassilij Golizyn hätte sehr gut ihr Gatte sein können. Leider war er schon verheiratet und — so sonderbar es schien — seiner Frau noch immer in Liebe ergeben.

Sophias eigene Sippe bot ihr herzlich wenig Unterstützung. Fürst Iwan Miloslawskij, ihr Onkel, zog es vor, immer wenn sie ihn am dringendsten gebraucht hätte, eine Krankheit vorzuschützen. Ihre zahlreichen Vettern sahen in Sophia nur eine erfreuliche Verkörperung ihres eigenen persönlichen Ehrgeizes und ließen es dabei bewenden.

Seit die Zarin Natalia sich aus der Hauptstadt zurückgezogen hatte, herrschte im Terem Friede. Die Zarin Praskowja Saltykowa, die Gattin Iwans, stand bei ihrer Schwägerin trotz ihrer angeborenen Streitsucht in hohem Ansehen. Außerdem interessierte sich Praskowja leidenschaftlich für gutes Essen und hielt sich „allen ernsten Angelegenheiten" lieber fern, da diese sich schlecht auf ihre Verdauung auswirkten. Ihrem schwachsinnigen Gatten schenkte sie vier Töchter. Bei den anderen Damen im Terem erregte sie viel Heiterkeit wegen der unglaublichen Mengen von Omeletten und Frikandellen, die sie verzehren konnte.

Sophia hatte nicht viel Zeit, sich um die Angelegenheiten des Terem zu kümmern. Die Regierungsgeschäfte wuchsen von Tag zu Tag mehr an. Bald war sie Autokratin und ihren Brüdern an Macht gleich. Der Tag der heiligen Sophia wurde ebenso als Nationalfeiertag begangen wie die Namenstage ihrer Brüder. Ihr Name und ihre Titel erschienen auf allen offiziellen Dokumenten, und sogar Peking, wohin sie eine Gesandtschaft schickte, um die heikle Frage der Ufer des Amur zu regeln, anerkannte ihre Macht.

Doch stand Sophia, abgesehen von ihren wenigen Ratgebern, vollkommen allein. Weder ihre Tante Tatjana noch ihre Lieblingsschwester Martha konnten ihr geistig immer folgen. Sie hätte eine starke Partei gründen können, um ihren zahlreichen Feinden in der Duma Widerstand zu bieten, aber sie tat es nie, denn sie wußte, es gab nicht genug Männer von Charakter, denen sie vertrauen konnte. Sie hatte zwar eine Unmenge treuer Anhänger von niedriger Abkunft, doch stand es nicht in ihrer Macht, eine neue Aristokratie zu schaffen. Selbst gesalbte Zaren konnten niemanden in den Adelsstand erheben. Der einzige Titel im vorpetrinischen Rußland war der eines Fürsten, und jeder, der ihn trug, war ein direkter Abkomme des Hauses Rurik oder des Hauses Gedimin. Öffentliche Verdienste wurden durch

Verleihung von Grundstücken, Leibeigenen, Juwelen, kostbaren Pelzen oder durch Geldspenden belohnt, aber kein Zar konnte blaues Blut verleihen. Sophia hätte wohl eine Adelskrone auf Schaklowityjs Stirn setzen können, aber sie war zu sehr Realistin, um eine Neuerung von Stapel zu lassen, die das Volk, das an die Vorstellung gewöhnt war, daß Aristokraten geboren und nicht gemacht werden, verwirren und reizen mußte. Es sollte ihrem Bruder vorbehalten bleiben, die sich lichtenden Reihen der Adeligen mit Fürsten, Grafen und Baronen aufzufüllen — aber ein gefürsteter Zuckerbäcker blieb doch für das Volk bis ans Ende seiner Tage ein Zuckerbäcker, und der Barbier von Peters Urenkel blieb ein Barbier, auch wenn ihm die Würde eines Grafen verliehen wurde.

Es war im Jahre 1687, als die erste Wolke an Sophias Himmel erschien. Sie hatte alle Ereignisse auf Schloß Preobrashenskoje, wo die beiden Zarensöhne lebten, fünf Jahre lang genau beobachten lassen. Peter war nun fünfzehn, und in der alten Hauptstadt flüsterte man sich unzählige Geschichten über ihn zu. Der junge Zar, ein Riese von Gestalt, verbrachte wenig Zeit in Gesellschaft seiner Mutter und Schwester und erschien auch sehr selten im Kreml. Diplomatische Veranstaltungen langweilten ihn, kirchliche Zeremonien gingen ihm wegen ihrer Länge auf die Nerven. Sophia wollte es nicht glauben, daß ihr Halbbruder, der der geltenden Moral gegenüber offene Feindseligkeit zur Schau trug und die religiösen Heiligtümer des Volkes unverhohlen verachtete, jemals eine nennenswerte Anhängerschaft gewinnen könnte. Sie hörte viel von seiner unglaublichen Klugheit und unbegrenzten Energie, und sie wußte genug über seinen schrecklichen Jähzorn. Die Namen seiner Mätressen, die er sich im Deutschen Viertel von Moskau hielt, waren ihr vertraut. Sie kannte seine Vorliebe für Holländer und Deutsche, wußte, daß er sich pausenlos mit militärischen Angelegenheiten beschäftigte, und kannte auch seine unwahrscheinliche Trinkfestigkeit. Aber für das alles hatte sie nur ein Achselzucken. Die bei weitem wichtigste Waffe, die sie gegen Peter wenden konnte, war seine offensichtliche Mißachtung der dem Volk heiligen Dinge.

Nun aber erschien ihr Halbbruder ganz plötzlich bei einer Session der Duma. Er blieb nicht lange und sprach kein Wort. Er war auch weder zu ihr noch zu irgend jemand anderem besonders höflich. Aber er kam — wie es ja sein gutes Recht war. Er saß auf dem so selten verwendeten Thron und hörte zu, was jemand über die astrachanische Fischerei sagte. Er wurde zappelig, kaute an seinen Nägeln und ging weg. Niemand fragte ihn, warum er überhaupt gekommen war.

Sophia wollte kein Gefühl der Beunruhigung bei sich aufkommen lassen. Die astrachanische Fischerei war belanglos genug. Die Duma hatte weit Wichtigeres zu entscheiden: die Eröffnung des Feldzugs auf der Krim — der dann im Frühling 1688 begann und vermutlich durch einen Verrat unter den Kosaken mit einem katastrophalen Rückzug endete. Das Verhängnis muß auf Sophias Türschwelle gelauert haben: sie stolperte in ihren ersten großen Fehler hinein, indem sie Fürst Wassilij Golizyn zum Oberbefehlshaber der Truppen ernannte. Der war zwar ein Diplomat von nicht geringem Rang, doch zur Führung eines schwierigen Feldzugs war er gerade so geeignet wie sein Pferd. Die Gründe der Regentin für diese unglückselige Ernennung werden ein ewig unlösbares Rätsel bleiben. Die Annahme, daß es ihr Wunsch war, ihr Liebhaber möge Lorbeeren erringen, scheint unsinnig: Golizyns hohes Ansehen, das er durch seine geschickte Führung der auswärtigen Angelegenheiten errungen hatte, bedurfte keiner weiteren Sicherung. Doch beweisen ihre während des Feldzugs an ihn gerichteten Briefe, daß sie in ihrer Blindheit auch von seinen Fähigkeiten im Feld überzeugt war.

Sophias Popularität war so groß, daß die Russen nach der Niederlage auf der Krim nicht murrten. Der Einzug der geschlagenen Armee in Moskau war von großartigen Festlichkeiten begleitet, um die Krieger für die zweifellos erlittenen Strapazen zu entschädigen. Alle Schuld an dem unleugbaren Mißerfolg wurde dem Wetter, dem schwierigen Terrain und dem Judasverrat der Kosaken zugeschrieben ... Man bemerkte jedoch, daß sich der junge Zar Peter von allen Festlichkeiten fernhielt und es ablehnte, Golizyn nach seiner Rückkehr zu treffen.

„Mein Bruder hat wahrscheinlich viel zu tun mit seinen Festungen und Schiffen", bemerkte die Regentin.

Im Januar 1689 veranlaßte die Zarin Natalia — in der irrigen Hoffnung, ihren ungebärdigen Sohn von seinen dauernden Ausschweifungen abzubringen — Peters Heirat mit Eudoxia Lopuchina. Die junge Frau wurde schon nach den ersten paar Wochen von ihrem Ehegatten prompt allein gelassen. Als Sophia von ihrer Schwangerschaft erfuhr, war sie darüber kaum beunruhigt; Peter war zwar schon siebzehn, aber kein Mensch sprach vom Ende ihrer Regentschaft.

Im Spätfrühling brachen die Armeen wiederum unter der Führung Golizyns — diesmal aber durch den in russischen Diensten stehenden, hochbegabten schottischen General Gordon unterstützt — nach dem Süden auf. Es war eine Streitmacht von etwa 200.000 Mann, und alles ging gut. Sie belagerte Perekop, das — wenn es einmal eingenommen war — den Russen die Möglichkeit gegeben hätte, die gesamte Halbinsel Krim unter Kontrolle zu bekommen. Als der Khan aber um eine Waffenruhe bat, hob Golizyn trotz Gordons Protest die Belagerung sofort auf, denn die Friedensbedingungen waren so günstig, erklärte Golizyn Sophia nach seiner Rückkehr nach Moskau, daß er es für unklug gehalten hätte, sie zurückzuweisen. — Diesmal gab es kein Glockengeläute und kein Feuerwerk bei der Heimkehr der Armee, und das Gefühl einer beginnenden Krise begann sich langsam in der alten Stadt zu verbreiten. Peters Heirat hatte seinen Geschmack an kleinen Abenteuern womöglich noch verstärkt, und Zar Iwan teilte seine Zeit zwischen Schlafen und Beten und erinnerte sich nur gelegentlich daran, daß er eine Frau hatte, mit der er schlafen sollte. Man flüsterte — sehr vorsichtig —, Zar Peter habe sich in einem der Bordelle des Deutschen Viertels die „deutsche Krankheit" geholt. — Die von dem greisen Patriarchen angeführten Kirchenfürsten warteten ab. Die Bojaren in der Duma bewahrten nüchterne Zurückhaltung. Dennoch standen trotz der wiederholten Niederlagen im tiefen Süden das ganze Militär und das Volk von Moskau fest und unerschütterlich auf seiten Sophias.

Der erste Zusammenstoß zwischen dem jähzornigen Bruder und seiner ernsten, beherrschten Schwester ereignete sich am 8. Juli 1689, dem Tage, an welchem man das Fest der Gottesmutter von Rjasan beging, zur Erinnerung an die Befreiung von der polnischen Invasion des Jahres 1612. Der Monarch schritt in langen, bestickten Goldbrokatgewändern, eine Ikone in samtbehandschuhten Händen tragend, in feierlicher Prozession vom Kreml zur Rjasan-Kathedrale innerhalb der Stadt. Nicht einmal Peter konnte es sich leisten, sich dieser Funktion zu entziehen. Sophia hatte seit 1682 jedes Jahr an dieser Prozession teilgenommen. Sie erschien wie gewöhnlich, alle ihre Damen mit vorschriftsmäßig verschleierten Gesichtern um sie geschart, und Zar Iwan begrüßte sie mit einer feierlichen Verbeugung. Zar Peters Gesicht aber wurde rot vor Zorn, er befahl ihr, in den Palast zurückzukehren. Sophia nahm von seinen Worten keine Notiz. Er geriet in Wut, reichte die Ikone einem hinter ihm stehenden Priester, schrie um ein Pferd und galoppierte aus dem Kreml hinaus. Die Regentin nahm ihren gewohnten Platz einen Schritt hinter Zar Iwan ein, und die große Prozession machte sich weiter auf den Weg. An diesem Tag flüsterten die Moskowiter einander zu, es sei ganz offenbar, daß der jüngere Zar seine Seele dem deutschen Teufel verkauft habe.

Sophia aber war dessen nicht so sicher. Der Vorfall hatte sie trotz aller Ruhe ihres Gehabens tief erschüttert. Es war bekannt, daß bereits jedes der drei Landschlösser Peters von einer durch ausländische Offiziere ausgezeichnet geschulten kleinen Armee bewacht wurde. Die Vertrauten der Regentin versicherten dieser zwar immer wieder, daß das gesamte übrige Militär auf jeden Fall in unerschütterlicher Treue zu ihr halte — sie aber antwortete, sie wolle kein Blutvergießen. Doch hielt sie den Augenblick, die Herrschaft aus den Händen zu geben, noch nicht für gekommen.

„Der Zar ist aber schon in seinem achtzehnten Lebensjahr", erinnerte sie Tante Tatjana.

Das stimmte. Gesetzlich hätte ihre Regentschaft schon vor einem Jahr enden sollen, aber niemand hatte es bisher verlangt. Und nun überlegte Sophia, ob ihr Bruder überhaupt regieren sollte. „Kann er denn regieren?" fragte sie sich und konnte keine Antwort darauf finden.

Peter befand sich auf Schloß Kolomenskoje. Eines Nachts Ende Juli erreichte ein wildes Gerücht von einem gar nicht einmal geplanten Anschlag auf sein Leben das Schloß. Peter geriet völlig außer sich. Noch im Nachthemd stürzte er zu den Stallungen, sprang auf das erstbeste Pferd, das er sah, und ritt wie rasend geworden davon, um sich in einem nahen Wald zu verstecken, wo ihn einige Mitglieder seines Hofes fanden und ihm Kleider brachten. Er weigerte sich aber, nach Kolomenskoje zurückzukehren, und ritt in das Dreifaltigkeitskloster, wo er, schluchzend und am ganzen Leibe zitternd, dem Abt erzählte, daß er um Haaresbreite der Ermordung entronnen sei.

Es bestand zwar ein Plan, Peter abzusetzen, und Schaklowityj und Medwedjew hatten mit Sophias vollem Einverständnis alle Einzelheiten dafür ausgearbeitet. Es hat aber nie ein Komplott gegen Peters Leben gegeben. Vor allem hätte Sophia, wenn sie je die Absicht gehabt hätte, ihn töten zu lassen, damit kaum bis nach dem gesetzlich festgelegten Ende ihrer Regentschaft gewartet. Peter absetzen zu lassen war etwas anderes, und auch in diesem Punkt kann Sophia von allen engstirnigen persönlichen Motiven freigesprochen werden. Alles beweist eindeutig, daß ihr Halbbruder völlig unvorbereitet war, die Herrschergewalt auszuüben.

Nun, wenn Peter bei seinen ausländischen Freunden im Deutschen Viertel von Moskau Zuflucht genommen hätte, wären die nächsten paar Tage wohl ganz anders verlaufen. So aber hatte er im Dreifaltigkeitskloster, einer der ehrwürdigsten nationalen Kultstätten, Zuflucht gesucht, und der greise Patriarch folgte ihm dorthin. Schritt für Schritt begann die wankende Stimmung in Moskau die Farbe zu wechseln. Der junge Zar blieb weiterhin im Kloster, und Sophias Feinde flüsterten, daß dies wohl ein sicheres Zeichen von Peters Bekehrung sei. Sie flüsterten so lange, bis sogar Sophias Anhänger Zweifel an ihrer eigenen Treue zu hegen begannen ...

Im Kreml ging das Leben in seinem gewohnten täglichen Rhythmus weiter. Die Regentin beharrte darauf, daß es ihr Bruder gewesen sei, nicht sie, der den Streit begonnen habe. Sie hege nur warme, liebevolle Gefühle für ihn, und es sei an ihm, sie um Verzeihung zu bitten. Sophia wartete einige Tage, dann schrieb sie an Peter — doch blieben ihre Briefe unbeantwortet. Sie sandte Boten in das Dreifaltigkeitskloster, die mit der Nachricht zurückkamen, sie seien zu dem jungen Zaren nicht vorgelassen worden. Schließlich beschloß Sophia, den gordischen Knoten zu zerhauen, und machte sich selbst auf den Weg zum Kloster. Aber ihr Wagen wurde auf halbem Wege von im Dienste ihres Bruders stehenden Soldaten aufgehalten und sie selbst gezwungen, nach Moskau zurückzukehren.

Am 1. September, dem Neujahrstag nach russischem Kalender, hielt Sophia eine herrliche und tief ergreifende Rede vor der der Sitte gemäß auf dem Roten Platz versammelten Menge. Sie sagte, daß ihr Gewissen rein sei, daß sie — obwohl sündhaft wie jeder Mensch — doch niemals die Abscheulichkeit des Brudermordes ins Auge gefaßt habe, und bat das Volk, sie nach den Früchten ihrer siebenjährigen Regentschaft zu beurteilen. Aber Rhetorik, wie ergreifend sie auch angewendet war, konnte Sophia nicht mehr helfen. Die Menge hörte wohl zu, doch niemand antwortete der Regentin, hinter der sich nach ihrem letzten Auftreten die Tore des Palastes schlossen.

Innerhalb der nächsten Tage erklärten sich alle Regimenter, auf die Sophia sich verlassen hatte, für Peter. Niemand kümmerte sich um Zar Iwan, der in den dunkelsten Winkel des Kremls verbannt wurde. Auf Peters Befehl wurde Schaklowityj verhaftet. Golizyn, obwohl er selbst in höchster Gefahr schwebte, beschwor Sophia, sie möge nach Schweden oder nach Polen fliehen, ihr Name werde im Ausland hoch geehrt, sie stehe im Westen in großem Ansehen. Aber Sophia lehnte den Vorschlag sofort und mit der ihr gemäßen Würde ab: „Ich bin eine Zarentochter. Meinem Land jetzt zu entfliehen wäre nur das Eingeständnis der mir vorgeworfenen Schuld. Ich bleibe, wo ich bin und wohin ich mein ganzes Leben lang gehört habe." Doch während Sophia noch so sprach, waren die Stunden ihrer Freiheit schon gezählt. Von Peter ausgeschickte Truppen verhafteten sie und brachten sie in ein außerhalb der Kremlmauern gelegenes Kloster. Sie leistete keinen Widerstand und protestierte auch nicht. Auf ihre Bitte durfte ihre Schwester Martha sie begleiten. Das Kloster wurde Sophias Gefängnis, und niemand aus der Außenwelt hat die Regentin jemals wiedergesehen.

Die Regentschaft war beendet, nicht aber der „Fall" der Regentin. Das Oberhaupt der neuen Verwaltung war der beschränkte Leo

Naryschkin, der den Platz Wassilij Golizyns einnahm. Es gab nicht einen einzigen bedeutenden Mann im Kreml. Fürst Romodanowskijs Name ging in die Geschichte ein als der des ärgsten Sadisten seiner Generation. Die durch die Plötzlichkeit und Fülle von Peters Befehlen zwangsläufig verwirrte neue Regierung tappte völlig im dunkeln und taumelte von einem Fehler in den andern. Innerhalb weniger Monate war das von Sophia so mühselig aufgebaute Programm, durch das reformierende Elemente maßvoll und vernünftig eingeführt werden sollten, zerstört.

Ihr „Fall" schleppte sich monatelang hin, aber selbst der rücksichtslosesten und unbarmherzigsten Nachforschung gelang es nicht, das Bestehen irgendeiner von ihr ins Leben gerufenen Verschwörung gegen Peters Leben nachzuweisen. Trotzdem wurde eine Beschuldigung nach der anderen gegen Sophias Anhänger erhoben, und Romodanowskij, der der Vorsitzende des Untersuchungsgerichtes war, hatte alle Hände voll zu tun. Einzig und allein Wassilij Golizyn kam mit dem Leben davon und wurde in den äußersten Norden verbannt. Schaklowityj, Medwedjew und viele andere, die nach langen und unaussprechlichen Qualen starben, leugneten bis an ihr Ende den Bestand irgendeines Komplotts gegen Peters Leben. Einige gaben allerdings zu, daß ein Plan bestanden habe, ihn „um der Zukunft des Landes willen" abzusetzen.

Zarin Natalia und Zar Iwan waren bereits tot, als der letzte Vorhang über der in ihrem Kloster außerhalb Moskaus streng bewachten Zarentochter Sophia fiel. Die letzte Revolte der Strelitzen brach während Peters Aufenthalt im Ausland aus. Da die Unzufriedenheit sich zuerst in drei oder vier Regimentern, die in großer Entfernung von der Hauptstadt stationiert waren, bemerkbar machte, scheint es einfach lächerlich, die Anfänge des Sturms mit der Exregentin in Zusammenhang zu bringen, die Tag und Nacht in strengster Abgeschlossenheit bewacht gehalten wurde. Nach und nach aber begannen die Wellen des Aufruhrs auch gegen die Mauern Moskaus zu schlagen.

Es gab viele Gründe für die Revolte — Zorn über die Dummheit und Härte der Regierung, Entrüstung über die dauernde Abwesenheit des Zaren von seinem Land und das immer ärger werdende Gefühl der Unsicherheit. Zu alldem kam noch das Gerücht, Zar Peter sei gar nicht mehr am Leben, sondern sei „von den Deutschen vergiftet und sein Leichnam eingepökelt und in einem Faß verschlossen in einem ausländischen Meer versenkt worden". Die phantastische Geschichte verfehlte nicht ihre Wirkung auf das für Fabeln stets empfängliche Volk, und selbst nachdem der Zar zurückgekehrt war, blieben viele Altgläubige dabei, daß das nicht Peter, sondern ein anderer sei, der dem Zaren ähnlich sehe.

Als Peter davon erfuhr, beschäftigte man sich bereits mit dem Aufstand. Aber vom Anfang bis zum Ende der Untersuchung ergab sich nicht die Spur eines belastenden Beweises gegen die Exregentin. Aber die Strelitzen, deren Los sich seit 1689 zweifellos verschlechtert hatte, revoltierten gegen ihn, den Zaren, und das überzeugte Peter bereits, daß seine Schwester bei dem Aufstand die Hand mit im Spiel hatte. Er war damals auf dem Weg nach Venedig, eilte aber in seine Heimat zurück, um die blutigsten Seiten in der Geschichte seines Landes zu schreiben. Zu Tausenden wurden die Strelitzen hingemetzelt, und alle ihre Regimenter hörten auf zu bestehen. Der Zar assistierte persönlich den Henkern, und selbst die Intervention des Patriarchen Adrian hatte nicht den geringsten Erfolg. Später ließ man einige der abscheulich verstümmelten Leichen vor Sophias Fenster hängen. Sie selbst tötete Peter nicht, aber er zwang Sophia, den Schleier zu nehmen. Sie starb als „Schwester Susanna" 1704.

Daß das Land während der sieben Jahre unter Sophias Verwaltung einen großen Aufschwung genommen hatte, muß jedem klarwerden, der sich mit dieser Periode näher befaßt; trotzdem wurde sie fast zwei Jahrhunderte lang zu einer Art königlicher Abenteuerin gestempelt, die, von persönlichem Ehrgeiz völlig geblendet, jeden, der ihr im Wege stand, vernichtete. Wenn das wirklich der Fall gewesen wäre, wären weder Iwan noch Peter eines natürlichen Todes in ihren Betten — 1696 beziehungsweise 1725 — gestorben.

Einzig und allein Katharina die Große erkannte Sophias Fähigkeiten als Regentin, doch fand Katharinas Wertschätzung bei späteren Historikern wenig Echo. In einem anonymen Text, der 1909 in

St. Petersburg veröffentlicht wurde, kann man lesen: „Die Vorsehung meinte es wirklich gut mit Rußland, das furchtbare Komplott gegen das Leben des Reformators aufzudecken ... Die böse und arrogante Zarentochter Sophia wollte ihren Bruder ermorden und das Land dem Untergang preisgeben ... Glücklicherweise wurde der schreckliche Plan rechtzeitig entdeckt, und der große Zar blieb verschont, um Rußland zu Ruhm und Wohlstand zu führen. Sophias Freunde wurden streng bestraft, aber die Großherzigkeit Peters ließ ihn nicht das Blut seiner eigenen Familienangehörigen vergießen ... Er schonte das Leben seiner Schwester und erlaubte ihr, ihre Tage im Frieden eines Klosters zu beenden."

Alles in allem war Sophias Leistung weniger als ein flackerndes Kerzenlicht neben dem blendenden Sonnenglanz der Legende, den die Zeitgenossen ihres Bruders um diesen bildeten und den die Nachwelt getreulich pflegte.

Sophias Charakter hatte sicherlich viele unangenehme Züge: ihre Schläue, ihren leidenschaftlichen Hang zur Intrige und einige entschieden zweifelhafte moralische Grundsätze. Die unwandelbare Ausgeglichenheit ihres Temperaments läßt so etwas wie Heuchelei vermuten. Die zwei schweren Fehler ihrer Regentschaft während der Krimfeldzüge sind unentschuldbar, selbst wenn wir ihr zugestehen, daß Friede und nicht Krieg Sophias Stärke war. Trotzdem kann man sie selbst nach einer lückenlosen Aufzählung ihrer Fehler nicht ganz und gar verdammen, denn viele ihrer Irrtümer sind nur allzu verständlich, wenn man Erziehung und Umgebung mit bedenkt. Der Ehrgeiz, der sie nicht zur Ruhe kommen ließ, glich einem Gewebe, in dem sich rein persönliche Fäden mit nationalen innig verschlangen. Schließlich hatte Sophia als Schülerin eines bedeutenden, westlich gesinnten Mannes genug Weitblick, um einzusehen, daß große Reformen nur allmählich durchgeführt werden können und niemals auf Kosten der Menschlichkeit. Der Westen, wie sie ihn geistig erfaßte, war unendlich mehr als Hafenanlagen, Fabriken und Marschtrommeln, und sie fühlte mit jeder Faser ihres Wesens, daß auch ihr Land etwas ganz eigenes besaß, das es dem Westen bieten konnte.

Aber ihre Macht und Popularität waren auf Treibsand gebaut: auf die Unterstützung einer Armee, deren Treue man nie sicher sein konnte. Die zukünftige Entwicklung ihres Landes sollte eine ganz andere Richtung nehmen, und viele Jahre mußten vergehen, ehe es der Kaiserin Elisabeth und später Katharina der Großen mit ihrer unvergleichlich kühnen Politik gelang, das russische Kaiserreich den westlichen Nationen einigermaßen anzugleichen.

Trotz all ihrer Mängel besaß Sophia genügend Kenntnisse in der Geschichte ihres Landes und darüber hinaus der ganzen Menschheit, um zu begreifen, daß eine nahezu klösterliche Abgeschlossenheit von mehr als vier Jahrhunderten auch nicht durch einen Orkan materialistischer Reformen hinweggefegt werden kann.

IV

Der erste, der sich „Imperator“ nannte

PETER I., VIERTER SOHN DES ZAREN ALEXEJ;
GEBOREN 1672, THRONFOLGE 1682, GESTORBEN 1725

Ganz abgesehen von der durch seine Zeitgenossen geschaffenen und später vielfach ausgeschmückten Legende, bereitet das Leben Peters des Großen einer modernen biographischen Darstellung viele Schwierigkeiten. Seine unbestrittenen Leistungen wurden teils in fast unwahrscheinlicher Weise übertrieben, teils wieder bis an die Grenze des Absurden herabgesetzt. In letzter Zeit verurteilte man Peter für das, was er getan hat, ebenso aber auch für das, was er ungetan zurückgelassen hat, als ob die Spanne eines einzigen Menschenlebens genügen könnte, die Arbeit vieler Generationen zu vollbringen. Bei objektiver Betrachtung muß man zugeben, daß Peters Persönlichkeit viel zu reich facettiert war, als daß man sie jemals auch nur annähernd richtig erfassen könnte. Von seiner Kindheit bis zu seinem Tode standen die verschiedenen Ichs Peters miteinander im Krieg. Sie waren ebenso verantwortlich für die Geistesblitze eines genialen Übermenschen wie für seine groben Fehler, für die Augenblicke geradezu unglaublicher Weitsicht und Intuition wie für die Gelegenheiten, wo er nicht einmal imstande zu sein schien, das Gras unter seinen Füßen zu sehen. Diese Gespaltenheit war auch für alle Widersprüche in ihm selbst verantwortlich. Sein Genie brannte so heftig und wild wie eine Fackel, nicht mit dem ruhigen und beruhigenden Licht eines großen Gestirns. In der Flamme einer Fackel gibt es immer irgendeine unverhoffte Wendung, und schon ihre Vehemenz allein ist eine Herausforderung. Peter kann uns aufregen, entsetzen, oft unseren Zorn erregen — nur eines kann er niemals: jemanden langweilen.

Dieses besondere Genie war jedoch weder in seiner Kindheit noch in seiner frühen Jugend erkennbar; beiden Zeitabschnitten war der Segen fruchtbarer und wachrufender Einflüsse leider versagt. Sein Vater starb vor Peters viertem Geburtstag, sein hochbegabter Halbbruder Alexej der Jüngere war zwei Jahre vor Peters Geburt gestorben. Zarin Natalia verschwendete all ihre Liebe an ihn, aber ihr fehlte es an der nötigen Intelligenz, um einen solchen Sohn richtig erziehen zu können. Und Zar Fjodors dauernde Krankheit beeinträchtigte das Familienleben empfindlich.

Die Lebhaftigkeit des Knaben konnte im Terem kaum gebändigt werden. In seinem Temperament und seiner Ungeduld äußerte sich eine leidenschaftliche Abneigung gegen das Protokoll, die unbequeme Kleidung, die langen Gebete und das endlose Geschwätz der Damen. Angeblich soll der Geruch von Weihrauch dem Kind Übelkeit verursacht haben. — Immerhin gab es auch einige angenehme Zerstreuungen. Zarin Natalia liebte die verschiedenen Belustigungen, die Schauspieler, Zwerge und Narren ihr bieten konnten, und Peter gefielen alle Narreteien außerordentlich. Possen von noch so derber Art begannen nur allzu früh ihre Wirkung auf ihn auszuüben.

Er hätte einen Polozkij oder einen Ordin-Naschtschokin zum Erzieher haben sollen. Wäre Peter ein solches Glück beschieden gewesen, so hätten seine wertvolleren Eigenschaften — und er hatte deren gar nicht wenige — die Möglichkeit gehabt, sich ruhig und allmählich zu entwickeln. Zum Unglück für ihn und sein Land wurde ein kriecherischer Beamter namens Nikita Sotow Peters Lehrer. Später sollte der Mann die wenig beneidenswerte Rolle des Oberpossenreißers am Hof seines Schülers spielen . . .

Viele abstoßende Züge in Peters Charakter wurden, ziemlich übertrieben, mit dem Maimassaker von 1682 in Verbindung gebracht. Sicherlich muß alles, was er da gesehen hatte — wie ein Körper nach dem anderen in die Lanzenspitzen der unten auf den Stufen des Palastes Wartenden gestoßen wurde —, unauslöschliche Eindrücke in seinem Gedächtnis hinterlassen haben. Wenn auch das Moskau des 17. Jahrhunderts an solche Ausbrüche von Gewalttätigkeit des Pöbels nicht gerade gewöhnt war, so war es doch zweifellos gegen Grausamkeit ziemlich abgehärtet. Die schauerlichsten Hinrichtungen wurden öffentlich auf dem Lobnojeplatz im Beisein großer Menschenmengen abgehalten, und selbst Kindern waren nur allzuoft die unbeschreiblichsten Schreckensszenen durchaus geläufig. Normalerweise führten die Zarenkinder zwar ein wohlbehütetes Dasein, aber das war bei Peter nicht der Fall, und wir wissen, daß sein wütender Haß gegen alle Tradition, der angeblich im Mai 1682 entstanden sein soll, schon einige Zeit vorher in ihm Wurzel gefaßt haben muß. Er war ein hartherziges Kind. Nicht einmal den glorifizierenden Legenden um Peter ist auch nur die geringste Spur eines tieferen Gefühls für irgendein Mitglied seiner Familie zu entnehmen. Außerhalb dieses Kreises knüpfte er zwar viele und mannigfaltige Beziehungen an, doch schenkte er seine Freundschaft nur solchen Menschen, die ihm — später auch seinem Land — nützlich sein konnten. Seine zweite Frau sollte darin die einzige Ausnahme bilden.

Der Aufstand der Strelitzen bot Peter Gelegenheit, größere Freiheiten als bisher zu erringen. Zarin Natalia verließ den Kreml, um in ein Schloß in der Umgebung von Moskau zu ziehen, wo der Ablauf der Tage nicht an den langweiligen Rhythmus des Lebens im Terem gebunden war. Sotow war nun kein Lehrer mehr, sondern wurde zu einem Bediensteten im niedrigsten Sinn dieses Wortes. Natalia vergoß viele Tränen, weil sich ihr Sohn ausschließlich mit Kanonen, Schiffen, kleinen Festungen und Trommeln beschäftigte. Sie konnte nicht verhindern, daß er eine Miniaturtruppe, die sich aus Söhnen niedrigen Volks aus der Nachbarschaft von Preobrashenskoje rekrutierte, um sich scharte, und ihre Proteste gegen Peters Freundschaft mit holländischen und schottischen Zimmerleuten, Ingenieuren und anderem Volk aus dem Deutschen Viertel in Moskau verhallten wirkungslos. Sie weinte und weinte, aber weder damals noch später machten Frauentränen auf Peter auch nur den geringsten Eindruck. Nun, da er dauernd vom Kreml fort war, sprang er aus dem verstaubten byzantinischen Rahmen in eine neue, erregende Welt, wo sich ihm die Straße zu rastloser Betätigung öffnete; seine Neugierde hatte eine ungeheure Verausgabung von Energie zur Folge. Preobrashenskoje und das Deutsche Viertel waren zwar an räumlicher Ausdehnung klein, aber für Peter gewannen sie eine Bedeutung von globalem Ausmaß. Seine im Grunde blasse Phantasie ließ ihn lockende

Möglichkeiten weit jenseits der alten Hauptstadt und ihrer Umgebung sehen.

Sotow hatte ihm nicht viel beigebracht. Nun lernte der Knabe begierig und atemlos: Geometrie, Ballistik, Festungsbau, Physik, Geographie, das Zimmermanns- und Schiffsbauerhandwerk, ein wenig Holländisch und Deutsch — all das war Korn für Peters Mühle. Es mangelte zwar an Methode, und viele der so wahllos erworbenen Kenntnisse konnte er erst viel später richtig in sich verarbeiten, aber sein Geist wollte nicht einen einzigen Augenblick lang müßig sein. Alle Freizeit, die ihm seine Studien ließen, verbrachte er mit anstrengender körperlicher Arbeit — mit dem Bauen von Miniaturfestungen und -schiffen und mit Exerzieren. Peters Lebensweise setzte den Hof und das Volk von Moskau in Erstaunen. Ein Zar, der sich die Hände mit manueller Arbeit beschmutzt, war bis dato etwas Undenkbares gewesen.

Von Staatskunst verstand Peter noch gar nichts. Diese Disziplin lag gänzlich außerhalb von Sotows geistigem Bereich, und von den ausländischen Vertrauten aus dem Deutschen Viertel konnte man nicht erwarten, daß sie ihn in die Kunst des Regierens einführten. Indirekt aber wirkten diese Freunde mit, das Genie in Peter in eine Richtung zu lenken, die ihn auf einen Punkt von überwältigender Bedeutung für sein Land stoßen ließ.

Als er ungefähr zwölf Jahre alt war, begann Peter unter der Anleitung eines Holländers namens Brant Schiffbau zu lernen. Es waren zunächst lauter kleine Fahrzeuge, die der Knabe auf verschiedenen Flüssen und auf einem See segeln lassen konnte. Aber bald sehnte er sich nach weiteren Gewässern. Ein riesenhaftes Reich würde er einmal regieren, und dieses Reich hatte keinen anderen Weg ins Freie als das Weiße Meer, das acht oder sogar neun Monate im Jahr zugefroren war. Kaum hatte Peter die Grundlagen des Schiffbaus und der Seemannskunst erfaßt, da wußte er bereits, daß er an der baltischen Küste und auch am Schwarzen Meer Fuß fassen mußte.

Obwohl er sich einer großen und noch nie dagewesenen Freiheit erfreute, gab es noch immer langweilige und ermüdende Beeinträchtigungen, besonders wenn er in den verhaßten, schwer mit Juwelen bestickten Gewändern auf seinem Thron — neben dem des Zaren

Iwan — sitzen und die endlosen Formalitäten diplomatischer Empfänge über sich ergehen lassen mußte. Sein Bruder saß mit geschlossenen Augen wie eine schlecht geschnitzte Statue da. Peter aber rückte unruhig herum, betrachtete den Saal von oben bis unten und entzückte die ausländischen Diplomaten durch seine Lebhaftigkeit und Neugier. Wären die Gewänder und das Protokoll nicht gewesen, so hätten derlei Gelegenheiten Peter ein ausgesprochenes Vergnügen bereitet. Die Gesandten hatten jedenfalls Freude, ihn kennenzulernen. Peters bloße Gegenwart ließ sie an eine hell leuchtende Flamme denken, an ein weit geöffnetes Fenster, an die reine Lebenslust, funkelnd wie Diamant.

Das würdige Bild der Tradition, das er von seinen Vorfahren ererbt hatte, war bereits endgültig verworfen, doch hatte Peter noch kein anderes, das den Platz des alten hätte einnehmen können. Er wußte, daß er Zar war, aber er hatte von Herrschaft gänzlich andere, seinem Volk völlig unverständliche Vorstellungen und konnte diese auch niemandem erklären. Dieser verhängnisvolle Zwiespalt meldete sich schon sehr früh.

Für Peter war Moskau keineswegs der Kreml oder die zahlreichen heiligen Stätten innerhalb und außerhalb seiner Mauern. Moskau war zuerst und vor allem das Deutsche Viertel, „Nemezkaja Sloboda", wo Ausländer, die nicht alle in Diensten des Zaren standen, lebten, arbeiteten, ihre Andacht verrichteten und ihre Freizeit in einer nach moskowitischer Auffassung verwerflichen Weise zubrachten. Im Deutschen Viertel gab es aber nicht nur Werkstätten, Fabriken und respektable Bürgerhäuser mit sauberen Vorhängen; schon vor den Tagen des ersten Romanow-Zaren hatten viele fremde Abenteurer von dunkler Existenz und ziemlich zerrütteter Moral an den Ufern der Jausa Fuß gefaßt. Sie alle arbeiteten viel und tranken noch mehr, die Nüchternheit eines ruhigen Familienlebens sagte ihnen wenig zu. Es gab im Deutschen Viertel natürlich auch Bordelle, doch die Kremlverwaltung drückte, soweit es möglich war, ein Auge zu, solange ihr nicht zu Ohren kam, daß in diesen Häusern Russinnen zu finden waren.

Um das Jahr 1687 erlitt ganz Moskau seinen ersten ernsthaften Schock: Es wurde bekannt, daß der jüngere der beiden Zaren an Trinkorgien teilnahm und sich der Gunst „lutherischer Huren“ erfreute. Die Geschichte flog von einem Ende der Stadt zum anderen, von einer Straße in die andere. Zar Peter hatte sich schon durch manuelle Arbeit entehrt; nun mußte man gar erfahren, daß er Schändlichkeiten begangen hatte, die bei einem gesalbten Monarchen einfach undenkbar waren. Das gewöhnliche Volk murrte, die kirchliche Hierarchie drückte ihr Entsetzen mit ziemlich starken Akzenten aus, die Duma übte Kritik durch Stillschweigen. Niemand aber außer seiner völlig machtlosen Mutter sprach zu Peter selbst über die Sache. Natalia machte Peter Vorwürfe, und Peter hörte mißmutig zu. Natalia weinte, und er geriet in Wut. Der Beischlaf sei nicht der Rede wert, sagte er ihr derb, und die Dirnen bereiteten ihm eben Vergnügen. Bis zum heutigen Tag ist nicht bekannt, ob es im Deutschen Viertel oder auf seiner ersten Auslandsreise war, wo Peter sich jene Krankheit zuzog, die schließlich über seine eiserne Konstitution triumphierte und ihn früh ins Grab schickte.

War der junge Zar wirklich ein Sohn Alexejs? begann sich Moskau zu fragen. Doch konnte damals keine Antwort auf diese Frage gefunden werden. Klar war nur eines: daß weder die zügellosen Ausschweifungen noch die Trinkorgien Peters Arbeitskraft beeinträchtigten.

Schließlich faßte die zur Verzweiflung getriebene Zarin Natalia den Plan, ihren Sohn Peter zu verheiraten, und es ist eines der vielen Paradoxa in seiner Lebensgeschichte, daß er — Tradition frech zur Schau tragend — sich mit einem Mädchen verloben ließ, das er nicht einmal noch gesehen hatte. Im Januar 1687 wurde der junge Zar der Gatte von Eudoxia Lopuchina, die das besondere Mißgeschick hatte, aus einer der konservativsten moskowitischen Familien zu stammen. Als Zarin Natalia sich an ihren Vater wandte, stimmte dieser der Heirat zu, und Eudoxia hatte dabei nichts zu reden. Die vierte und jüngste Zarin jener Tage durfte eine kurze Zeitspanne der Ehe erleben und ein Kind empfangen. Nach einigen Monaten aber stieß Peter sie beiseite und kehrte in die Arme eines Mädchens im Deutschen Viertel zurück. Selbst die Geburt eines Sohnes zu Beginn des Jahres 1690 konnte ihn nicht dazu bewegen, zu Eudoxia zurückzukehren, die ihm nicht mehr bedeutete als die Erinnerung an eine byzantinische Ikone. Natalia mußte ihren sehnlichen Wunsch, Peter durch eine Ehe gefestigt zu sehen, nur allzubald begraben. Als sie wenige Jahre später auf dem Sterbebett lag, flehte sie zu Gott um Gnade für ihren Sohn, den sie nie verstanden hatte. Ihr Stiefsohn, Zar Iwan, erwies ihr die Ehre, ihrem Begräbnis beizuwohnen, Peter erschien nicht.

Der Sturm von 1689 kam und ging vorbei. Nun war Peter Zar de jure und de facto, aber sobald seine Minister ernannt waren, überließ er die Verwaltung ganz ihnen. Er hatte für nichts anderes Zeit als für Krieg, dessen Endziel das Schwarze Meer war. Die Atemlosigkeit der früheren Jahre war allerdings einem sorgsam gemessenen Schritt gewichen. Fest entschlossen, nicht die Fehler von Sophias Befehlshabern zu wiederholen, verbrachte Peter sechs Jahre mit peinlich genauen Vorbereitungen. Erst im Frühling 1695 brachen seine von ausländischen Experten ausgebildeten und sichtlich weit über die Geldmittel der Staatskasse ausgerüsteten Armeen nach dem Süden auf, um die Türken zu bekämpfen. Zur Verzweiflung seiner Regierung beschloß der Zar, bei der Mannschaft zu bleiben, und zog als einfacher Kanonier ins Feld.

Trotz der sorgfältigen Planung endete der Feldzug mit einem Fiasko. Die Festung Asow ergab sich nicht, und die Belagerung mußte abgebrochen werden; der Rückzug der Russen erfolgte allerdings nicht in wilder Flucht.

Das Jahr 1695 kann als Beginn einer neuen Epoche angesprochen werden. Als der Zar aus dem Süden heimkehrte, ließ seine Stimmung eher Triumph als Niederlage vermuten. Der unglückliche Ausgang seines ersten militärischen Unternehmens schien ihm übermenschliche Kräfte verliehen zu haben. Seine Minister erfuhren, daß der zweite Feldzug bereits im folgenden Jahr unternommen werden solle. Sie erwiderten, daß allein der Stand der Staatskasse ein solches Wagnis in unmittelbarer Zukunft verböte. Peter schickte die langbärtigen Adeligen zum Teufel, befahl eine Steuererhöhung, ordnete ein gigantisches Arbeitsprogramm an und verließ Moskau, um sich in Woronesch am Don eine Hütte als Werkstatt einzurichten. Von dieser aus beaufsichtigte er den Bau einer Flotte und legte dabei auch selbst mit Hand an. Eine leere Staatskasse und eine verwirrte Regierung waren für den Zaren ohne jede Bedeutung.

Schon im Frühling 1696 war das Unmögliche erreicht, und Peter hatte guten Grund, zu hoffen, daß der Plan, die türkische Festung Asow zu Lande und zur See anzugreifen, diesmal nicht fehlschlagen würde. Zwei Kriegsschiffe, dreiundzwanzig Galeeren und zahlreiche kleinere Schiffe standen bereit, um von den neu gebauten Hafenanlagen an den Ufern des Don von Stapel gelassen zu werden. Im Juli 1696 ergab sich Asow.

Allein der psychologische Wert dieses Sieges wirkte sich über alle Maßen aus. Zum erstenmal waren die scheinbar unbesiegbaren Türken von den „barbarischen" Russen geschlagen worden. Der Fall Asows führte im Westen zu einer Flut von Kommentaren und Mutmaßungen. Von Schweden bis hinunter in die Toskana zerbrach man sich den Kopf, welchen Schritt der junge nordische Riese nun wohl als nächsten tun würde. War sein nächstes Angriffsziel das Baltikum? Oder würde er sich vom Meer abwenden, Polen vernichten und die Grenzen des römisch-deutschen Kaiserreiches bedrohen? Niemand konnte es voraussagen, und es gab auch keine Beweise für weitere Kriegsvorbereitungen. Der Zar war wieder in Moskau. Wochenlang wurde der Sieg gefeiert. Peters verlassene Zarin, die nun in nie mehr unterbrochener Zurückgezogenheit auf einem Landschloß in der Nähe von Moskau lebte, besuchte er nicht, und er kümmerte sich auch nicht um seinen sechsjährigen Sohn Alexej. Das ganz unter der Obhut seiner Mutter in einer Atmosphäre tiefer Frömmigkeit und vorsichtiger Kritik am Vater heranwachsende Kind würde vermutlich einmal Zar werden; doch auch in diesem Punkt konnte man niemals ganz sicher sein. Zar Peters Familienleben beunruhigte und schmerzte zwar seine Landsleute, aber der Westen kümmerte sich überhaupt nicht darum.

Dann erreichte die europäischen Hauptstädte plötzlich die Nachricht: Der Zar von Rußland bereitet keinen neuerlichen Krieg vor, weder zu Lande noch zur See. Peter schickte vielmehr eine „große

Gesandtschaft" nach den Niederlanden, nach England und Venedig, an der er selbst teilnahm, verborgen unter dem Decknamen Peter Michajlow. Etwa fünfzig junge Männer aus den besten Familien fuhren in strengem „statu pulillari" ins Ausland, um Schiffbau, Heereswissenschaften und Sprachen zu studieren, unter ihnen Golowin, eine der glücklichsten „Entdeckungen" des Zaren, und Lefort, das „Schweizer Wunder" aus dem Deutschen Viertel, der die jungen Männer anführte. Ausbildung war der augenscheinliche Zweck der Gesandtschaft. Dahinter steckte aber noch ein anderer: Golowin, schon damals kein unbedeutender Diplomat, sollte den Westen davon überzeugen, daß die türkische Gefahr im eigenen Interesse von niemandem übersehen werden durfte. Der Zar schenkte Golowin bei dieser Mission vollstes Vertrauen. Zwar war ein Vertrag mit der Türkei unterzeichnet worden, nach welchem Asow und Taganrog nun zu Rußland gehörten, aber Peter wußte klar, daß damit erst der Anfang eines Unternehmens gemacht worden war. Ebenso sicher war aber auch, daß er dieses Unternehmen ohne Verbündete niemals würde vollenden können.

Den Mißerfolg von Sophias Gesandtschaft zehn Jahre zuvor hatte er anscheinend vergessen und hätte für seine Reise keinen ungünstigeren Augenblick wählen können. In Diplomatie völlig unerfahren und ohne Kenntnis der damaligen europäischen Strömungen, übersah Peter die brennenden aktuellen Interessen des Westens. Der bevorstehende Ausbruch des Spanischen Erbfolgekrieges überschattete alles andere. Am ehesten hätten noch England und Holland eine dauernde Feindschaft zwischen Rußland und der Türkei willkommen geheißen, damit der Sultan davon abgehalten werde, Frankreich seine Hilfe anzubieten. Vergebens war alles Reden Golowins über eine mögliche Zwangslage Österreichs im Falle eines gigantischen Kriegsbrandes in naher Zukunft. Man hörte zwar höflich zu, ließ aber erkennen, daß die russisch-türkische Angelegenheit wohl noch nicht von so großer Bedeutung sei, wie ihr vom Kanzler des Zaren beigemessen werde. Schließlich mußte der Zar zugeben, daß es weitaus schwieriger war, Bündnisse zu schließen, als eine Reihe regelrechter Schlachten zu gewinnen, und es ist zweifelhaft, ob er vielleicht Erfolg gehabt hätte, wenn die Zukunft des spanischen Thrones nicht gerade auf dem Spiel gestanden wäre. Der Westen mißtraute einfach dem ersten moskowitischen Herrscher, der im Ausland erschien.

Doch verblieb noch immer Venedig, auf das der Zar große Hoffnungen setzte, um wenigstens *einen* Verbündeten zu finden. Aber Peter sollte die Lagunenstadt niemals erreichen. Im Sommer 1698 eilte er überstürzt nach Moskau, um sich mit dem von seiner Regierung bereits unterdrückten Strelitzenaufstand zu befassen. Der offizielle Bericht, der ihn gerade in dem Augenblick erreichte, als er sich auf die Reise nach Venedig begeben wollte, besagte, daß die Gefahr bereits überwunden sei. Alle Rädelsführer waren bereits gefangen und hingerichtet worden, die Stimmung in Moskau grabesstill.

Trotzdem eilte Peter zurück. In seiner Vorstellung waren Sophia, die unglückliche Eudoxia und die Strelitzenregimenter bis zum letzten Mann in eine ungeheure Verschwörung verwickelt, die seine Regierung noch keineswegs niedergeschlagen haben konnte. Er traute den aus Moskau erhaltenen Versicherungen nicht. Gewiß wollten seine Feinde, daß er seinen Aufenthalt im Ausland möglichst lange ausdehne, um ihm die Macht zu entreißen. Er schien von der Existenz einer Verschwörung fest überzeugt. Tatsächlich aber eilte er nur zurück, um der alten „res publica" seines Landes den ersten donnernden Schlag zu versetzen. Das Versagen der „großen Gesandtschaft", die mögliche Freundschaft mit Venedig, die drohende Türkengefahr — alles war vergessen.

Peter war damals siebzehn Monate lang im Ausland gewesen. Er hatte dem Volk nicht die geringste Entschädigung für die schwere Belastung gewährt, die seine Reise und seine lange Abwesenheit verursacht hatten. Und nun war er auch noch entschlossen, dieses Volk in eine ihm fremde Lebensform zu pressen.

Es ist erwiesen, daß bis zum Ende von Peters Regierungszeit ungezählte Männer und Frauen davon überzeugt waren, daß ihr Zar gar nicht mehr am Leben sei. Der wütende Riese, der im Herbst 1698 nach Moskau zurückkam, war nach der Meinung des gewöhnlichen Volkes eine Ausgeburt des Antichrists, wenn nicht der Antichrist selber, und diese Menschen hatten wahrlich nicht ganz unrecht, wie primitiv auch die Vorstellungen ihres Glaubens waren.

Der Zar kehrte als Richter und als Henker zurück, und die Greuel, die er befahl, konnten es mit den Ungeheuerlichkeiten während der Herrschaft Iwans des Schrecklichen durchaus aufnehmen, wenn sie diese nicht sogar noch übertrafen. Die totale Ausrottung der Strelitzenregimenter und der Massen anderer „Verdächtiger“ dauerte wochenlang, wobei der Galgen die weitaus mildeste Todesart war. Es gab nicht genug Henker für das grausige Geschäft, und Fürst Romodanowskij und einige andere mußten dem Zaren helfen.

Die Stadt roch von einem Ende zum anderen nach Blut, da der Lobnojeplatz, wo sonst die öffentlichen Hinrichtungen abgehalten wurden, jetzt nicht genügend Raum bot. Verstümmelte Leichen lagen überall umher, denn für Begräbnisse war keinerlei Befehl erlassen worden.

Die Bürger von Moskau verkrochen sich hinter verriegelten Türen und Fensterläden. Die Kirchen waren völlig ausgestorben, das Feilschen und alles sonstige Leben auf den Märkten hatte aufgehört. Inmitten des Schreckens wuchs Patriarch Adrian, der nicht gerade ein Mann von hervorragendem Mut war, über sich selbst hinaus und bahnte sich mit einer Ikone in den Händen einen Weg zu den Schlachtbänken, wo er den Zaren beschwor, doch von weiteren Grausamkeiten abzulassen. Mit einem blutigen Beil in der Hand jagte Peter den alten Mann fort, — er möge sich um seine eigenen Angelegenheiten kümmern, rief er ihm nach.

Während dieser Wochen wohnte der Zar nicht im Kreml. War die „Arbeit“ des Tages beendet, dann machte er sich auf den Weg nach Leforts Haus im Deutschen Viertel, um die Nacht mit einem Trinkgelage zu beginnen und in den Armen irgendeines damals gerade bevorzugten Mädchens zu beenden.

Peters Zorn traf nicht allein die Strelitzen. Sophia und ihre Schwester wurden gezwungen, Nonnen zu werden, die Zarin Eudoxia, die von einer Verschwörung nicht einmal eine Ahnung hatte, wurde in ein Kloster gesperrt und von ihrem Sohn getrennt. Peter befahl dem Klerus, eine Scheidung in die Wege zu leiten. Aber die Geistlichkeit erklärte, daß eine Scheidung unmöglich wäre, solange die Zarin dem weltlichen Stand angehöre. Worauf die unglückliche Eudoxia zur „Schwester Jelena“ gemacht wurde.

Erst gegen Ende September war der Stadt eine Atempause vergönnt. Die tatsächliche Zahl der Opfer kam nie ans Tageslicht.

Diese Greueltaten und Ausschweifungen hatten Peters Menschentum zweifellos befleckt und sein Amt beschmutzt. Trotzdem aber verharrte er auf seinem eigenen, begründeten Standpunkt. Der lange Aufenthalt im Ausland hatte ihn gelehrt, die tiefe Kluft zwischen dem Westen und seinem eigenen Land unfehlbar richtig einzuschätzen, doch konnte selbst sein genialer Geist nicht erkennen, daß gewaltsam eingeführte Reformen im Bewußtsein des Volkes kaum etwas anderes bewirken konnten als Verwirrung, um es nicht noch krasser zu bezeichnen. Die Opposition gegen Peter war ungeheuer, und er versuchte sie mit der einzigen Waffe, die er hatte, zu beseitigen.

Grausamkeit als solche war einem Moskowiter nichts Außergewöhnliches. Zar Alexejs „uloshenie" hatte Strafmaßnahmen angewendet, die uns heute schaudern machen; doch seine Untertanen zeigten sich gegenüber diesen eigentlich nicht besonders empfindlich. Was Peter nicht verstehen konnte, war der Haß, den er entfesselte, und die Auswirkungen dieses Hasses auf die Zukunft des Landes. Von den Menschen seiner Umgebung, die auf sein besonderes Genie eingehen und ihm, wenn auch zaghaft, Schritt für Schritt in ein schwieriges, aber immer erregendes Abenteuer folgen konnten, wurde er geliebt — und zugleich gefürchtet. Aber Millionen von Untertanen kamen Peter niemals in die Nähe und hatten nie Gelegenheit, auch nur einen kurzen Blick auf dieses pausenlose titanische Ringen zu werfen, dessen Irrtümer durch das Fehlen engstirniger, egoistischer Motive aufgewogen wurden.

Peter begann die archaische Oberfläche zu zerstören, indem er die Bärte abschnitt und seinen Untertanen westliche Kleider aufzwang. Durch diesen scheinbar trivialen Vorgang aber vernichtete er etwas ganz anderes.

Er starb im Jahre 1725. Doch erst zur Zeit der Napoleonischen Invasion wurde dem Volk die Bindung zwischen sich und dem Gesalbten Gottes wieder bewußt. Das byzantinische Bild der Herrschaft stand Peter im Weg, und er räumte damit auf; das mag wohl notwendig gewesen sein, doch hätte dem Volk ein anderes Bild dafür geboten werden müssen, und das war nicht der Fall. Das Volksbewußtsein wurde des Mysteriums beraubt, innerhalb dessen der Zar sich bewegte, und alle seine Riten, wie widerwärtig sie dem Volk auch waren, stammten aus einer sakrosankten Quelle. Der Zar blieb in der Ferne, die breiten Massen außerhalb der Hauptstadt kannten ihn persönlich nicht und brauchten ihn auch gar nicht zu kennen. Der unermeßliche Abstand zwischen dem Thron und ihnen selbst war ihnen etwas so Selbstverständliches wie der Wechsel der Jahreszeiten. Nicht so sehr die Person als das Amt des Zaren war der Fixstern an dem sonst schwarzen Himmel. Das Amt stillte das tiefe Verlangen nach einem Symbol, das Gottes Willen für ihr Land verkörpern sollte. Sie brauchten keine unmittelbare Berührung, die die ehrfurchtgebietende Heiligkeit des Symbols nur beeinträchtigt hätte.

Eine solche archaische Einstellung mußte natürlich nach und nach eine Wandlung erfahren, und ein allmählicher Wandel wäre im Grunde auch gut für das Volk gewesen. Aber für Peter gab es nichts Allmähliches, und in dem Orkan seiner Aktivität lag eben der Keim einer nicht weniger heftigen Reaktion und des Protests gegen die heftige und gewaltsame Umgestaltung. Die Krone war dem Zaren in einem heiligen Bereich aufs Haupt gesetzt worden, und dieser heilige Bereich war jetzt entweiht, profaniert. Das Volk war jetzt einem Menschen untertan, der nicht mehr in der Gunst und Gnade des Allmächtigen geborgen war. Die breite Masse verhielt sich gegenüber der sich aus dem Kreml ergießenden Flut von rein administrativen Reformen ziemlich gleichgültig. Der Zar eröffnete den Menschen immer wieder neue Horizonte, die sie zu Ruhm und Herrlichkeit führen sollten, von denen ihre Vorfahren nicht einmal geträumt hatten. Das alles aber bedeutete ihnen weniger als nichts; für sie war ein Stern vom Himmel gestürzt.

Die meisten Männer um Peter waren von seiner Aktivität, die durch häufige Ausschweifungen sonderbarerweise nicht beeinträchtigt wurde, gleichsam infiziert. Viele errieten wohl die Ursachen der verborgenen Unruhe im Volk, aber sie bewahrten wohlweislich Stillschweigen, denn es war nicht ratsam, solche Themen gegenüber dem Zaren zu erwähnen. Überdies waren nicht alle seine „jungen Adler“ von hohem geistigem und ethischem Format. Da war der neue Günstling Alexander Menschikow, ein ehemaliger Pastetenverkäufer, ein ungebildetes, brutales und korruptes Subjekt; doch dieser Menschikow war imstande, vom Bett einer Dirne weg in eine Werkstatt zu gehen und von der Werkstatt ins Haus des Zaren, um sich dort sowohl als erstaunlich kluger Ratgeber wie auch als unglaublich trinkfester Zechkumpan zu erweisen. Und er war ein Russe, geboren und aufgewachsen in der Moskauer Gosse, einer von den vielen Millionen, die der Zar „zivilisieren" wollte. Aber Menschikow, obwohl sein Kinn rasiert war und sein mächtiger Körper in einem deutschen Rock und in Kniehosen steckte, wurde doch niemals „zivilisiert". Er hurte, soff und unterhielt sich ganz in der Art seiner unbeachteten Vorfahren in den Tagen Iwans III. Menschikow war schlau und erriet immer die Antwort, die man von ihm erwartete. Peter lachte mit ihm, fluchte mit ihm, prügelte ihn und drohte ihm auch gelegentlich mit Rad und Galgen; aber er konnte doch ohne ihn nicht sein.

Denn in dem derben, pfiffigen, klugen Moskauer Pastetenverkäufer fand der Zar — wenn auch unbewußt — die Verkörperung einer Rechtfertigung, die er brauchte. Viele behaupteten, er habe sie durch seine dauernde Bevorzugung der Ausländer verraten. Doch da war nun Menschikow, ein Mann aus echtem moskowitischem Schrot und Korn. Viele beklagten, daß der Zar und seine Freunde für Frömmigkeit nur Hohn und Spott hatten. Aber da war ja Menschikow, der nie eine Messe oder ein Tedeum versäumte. Das Volk flüsterte, daß „das Rauchen des Teufelskrautes" der sichere Weg zur ewigen Verdammnis sei, — aber da war Menschikow, der — ewig eine Pfeife zwischen den Zähnen — ihre Sprache ruhig weitersprach und auf seine Erlösung ebenso zu vertrauen schien wie sie alle. Schließlich erhob Peter den ungeschlachten Pastetenverkäufer in den Rang eines Fürsten. Aber der Pastetenverkäufer in Menschikow starb nie ganz.

Gegen drei große Feinde focht der Zar: Trunksucht, Unzucht und Bestechung, und es war die letztere, gegen die er vor allem und ohne Erbarmen während seiner ganzen Regierungszeit ankämpfte. Das Bestechungsunwesen hatte sich tief in jedes Rädchen der Verwaltungsmaschine eingenistet — besonders seit die Bediensteten des Zaren keine offiziellen Bezüge mehr erhielten und davon lebten, was ihnen der Zufall oder ihre Schläue in die Hände spielte. Diese Zustände wurden unter Peter zwar geändert, aber Bestechungen waren von der obersten Sprosse der Verwaltungsleiter bis zur untersten nationale Gewohnheit geworden. Die erhöhte Anzahl von Steuern verschärfte und verbreitete das Leiden nur noch mehr. Der Beruf eines Steuereinziehers wurde mit dem eines Butterverkäufers verglichen: Wie sorgfältig er die Butter auch behandelte, etwas blieb doch immer am Messer und am Boden des Fasses haften, und „Soll man das ungenutzt lassen?" fragten alle.

„Jeder, der dabei ertappt wird, Bestechungsgelder anzunehmen, soll dafür hängen", befahl der Zar, und tatsächlich endeten viele auf diese Weise. Doch dessenungeachtet nahm das Bestechungsunwesen immer mehr zu. Bestechungen wurden genommen für Informationen, die man erteilte, und für Informationen, die man für sich behielt, für die Enthebung einer Dienstverpflichtung oder für die Beschaffung eines begehrten Amtes am Rande des Verwaltungsapparates, für Schweigen im Falle eines Vergehens und für gefälschte Berichte über die angebliche Krankheit eines Freundes. Die Steuern flossen wohl in die Staatskasse, aber der Unterschied zwischen dem geschätzten Betrag und dem dann tatsächlich erhaltenen wurde immer größer. Menschikow erhielt selbst ungeheure Bestechungssummen und mußte dafür so manchen Peitschenhieb vom Zaren einstecken, der ihn freilich viel zu sehr schätzte, um ihn auch hängen zu lassen. Ein schreckliches Exempel aber wurde an Schafirow und Fürst Tscherkasskij, zwei Vertrauten Peters, statuiert, die bei „geheimen Machenschaften" ertappt worden waren.

Trotz aller Strafmaßnahmen aber verschwand das Bestechungsunwesen nie von der Bühne des russischen Reiches.

Ende 1699 stand es für Peter fest, daß weitere Operationen gegen die Türkei vorläufig nicht in Frage kamen. Er hielt sich aber immer wieder vor Augen, daß das Land ja doch einen Zugang zum Meer brauche. Das Baltikum bot einen freien Weg nach Westen, doch war es im Besitz von Rußlands Erzfeind Schweden, und wie sollte Peter ohne Hilfe eines einzigen Verbündeten gegen Schweden ins Feld ziehen? Im Westen war wohl keiner zu finden, aber Peter dachte an Polen, den anderen Erzfeind Moskaus, das jetzt von dem verschwenderischen und ausschweifenden Sachsenkönig August II. regiert wurde, von welchem es hieß, er habe so viele Mätressen, daß er sich deren Namen nicht mehr merken könne.

Schon 1698, auf der Rückreise nach Moskau, war der Zar mit August zusammengetroffen. Die Idee eines Bündnisses schien den Sachsenkönig zu fesseln, aber es war schwer, ihn auf bestimmte Bedingungen festzunageln. August, ein großartiger Gastgeber, bewirtete Peter mit wahrhaft königlichem Überfluß, wobei er sich nicht genugtun konnte, von Frauen, Wein und Essen zu schwatzen. Eines Abends nach dem Souper verriet er Peter das Rezept eines „überaus saftigen Gerichtes": „Man nehme eine gut gefütterte Ente und lasse sie vierundzwanzig Stunden in Rotwein liegen. Dann brate man ihre Innereien in Butter und gebe Gewürznelken, Orangenschalen, Paprika und Zimt dazu. Dann koche man etwas indischen Reis und vermische ihn gut mit dem Gebratenen. Dann nehme man vier Eier und rühre sie glatt. Dann dünste man die Ente halbweich in einem heißen Herd, nehme sie heraus, fülle sie mit dem Gebratenen, lege sie in eine tiefe Schüssel und hülle sie ganz in den Eierteig. Mein Küchenchef sagt, sie muß dann in einem sehr heißen Herd gar gedünstet werden. Für die Sauce verwende man Rotwein und füge eine Prise Zimt, ein bißchen Zucker und etwas Zitronenschale hinzu." „Um was handelt es sich da?" fragte der verwirrte Zar. „Oh, die Ente ist nach mir benannt, weil es ein königliches Gericht ist. Ihr habt eben zwei Portionen davon gegessen", erwiderte August. „Essen? Essen?" brauste Peter auf. „Ich esse alles, was Ihr mir gebt, wenn ich Hunger habe. Ist es denn jetzt an der Zeit, über Essen zu reden? Ich spreche über Schweden!" Der König hörte es und seufzte.

Das ist zwar nur eine Anekdote und nicht historisch, aber in ihr steckt sicherlich viel Authentisches. Schließlich kam das russisch-polnische Bündnis tatsächlich zustande, wobei August dank Peters Mangel an Erfahrung viele Vorteile für sich durchsetzen konnte. Golowin wurde beauftragt, den Friedensvertrag mit der Türkei auszuarbeiten. Im August 1700 fielen die zaristischen Truppen, ohne vorher eine formelle Kriegserklärung an Karl XII.* ergehen zu lassen, in Litauen ein, und der Nordische Krieg hatte begonnen. Er sollte einundzwanzig schwere Jahre dauern.

Der Krieg brachte für Rußland zwar Ruhm und wichtigen Zuwachs an Territorium, doch lagen diese Vorteile Anno 1700 noch in weiter Zukunft. Um 1700 bedeutete der Krieg nur Wellen von Not, die sich über Peters ganzes Herrschaftsgebiet ausbreiteten, angefangen von der Staatskasse in Moskau bis hinunter zum geringsten Grundbesitzer, der ein paar Joch Land und vier magere Kühe sein eigen nannte. Um 1700 bedeutete der Krieg, daß ungeheure Flächen Ackerlands unbebaut blieben, weil die Bauern lernen mußten, mit Gewehr und Bajonett umzugehen, und eine Rekrutierung der anderen auf dem Fuß folgte. Um 1700 bewirkte der vom Zaren begonnene Krieg, daß die Westmächte einen überheblichen und unerfahrenen Barbaren, der es gewagt hatte, die größte Militärmacht Nordeuropas herauszufordern, mit ihrer ganzen Verachtung überschütteten. Der Sieg Karls XII. bei Narwa bekräftigte die europäischen Hoffnungen, daß der moskowitische Bär in seine Höhle zurückgejagt werden und sich nie mehr wieder herauswagen würde. Die Flucht des Zaren nach Nowgorod bot Stoff für viele vernichtende Schmähschriften, und König August, dessen Ehrgefühl fast gänzlich unterentwickelt war, begann schon darüber nachzudenken, wie er sich am besten von diesem Bündnis, das für Polen in einer Katastrophe zu enden schien, befreien könnte.

Eine detaillierte Chronik des Nordischen Krieges liegt zwar außerhalb des Bereichs dieses Buches, aber das Wunder des Hintergrundes kann nicht unerwähnt bleiben. Während er eine bisher unbesiegbare

* Karl XII. von Schweden war zu Beginn des 18. Jahrhunderts Europas größter Kriegsheros. Im Nordischen Krieg (1700—1721) kämpfte er zunächst siegreich gegen Dänemark, gegen August den Starken von Polen und gegen Peter den Großen. Dieser schlug ihn jedoch 1709 bei Poltawa vernichtend, wodurch Rußland Schwedens Platz als nordische Großmacht einnahm. Karl floh in die Türkei. Von dort eilte er in einem sechzehntägigen ununterbrochenen Ritt zur Verteidigung Stralsunds (1715). Bei der Belagerung der norwegischen Festung Frederikshall fiel er durch eine schwedische (!) Kugel 1718.

Armee von den Küsten des Baltikums bis hinunter zum Herzen der Ukraine bekämpfte und dauernd Millionen Aufgaben erfüllen mußte, um die für den Krieg notwendigen Kräfte aufzubringen, fand Peter dennoch Zeit, eine pausenlose Flut innerer Reformen durchzuführen. Er plante und gründete eine Stadt, die bald mit der Schönheit Venedigs wetteiferte, er wurde mit einem kleineren Aufstand nach dem anderen fertig, reorganisierte die veraltete Verwaltung von Grund auf, warf dem Volk ein neues Alphabet an den Kopf, ordnete die Angelegenheiten der Kirche so, daß die Kirchenfürsten Diener des Staates wurden, sparte keine Mühe, um den natürlichen Wohlstand des Landes zu fördern, gründete Schulen in St. Petersburg und Moskau und sagte immer wieder zu seinen „jungen Adlern": Sobald wir genug gelernt haben, kehren wir den Ausländern den Rücken und lassen sie nach unserer Pfeife tanzen."

Acht Jahre sollten vergehen, ehe der Sieg bei Poltawa Europa den Beweis erbrachte, daß der Kampf des Barbaren dafürstand und Schwedens lästige Macht zu schwinden begann. Es waren entscheidende und harte Jahre für Rußland. Die körperlichen Kräfte des Zaren waren so groß, daß er ein Hufeisen verbiegen und einen jungen gesunden Baum mit den Wurzeln ausreißen konnte. Die Vehemenz seiner Reformen, die über das Land fegten, entsprachen diesen Kräften. Aber der neue Wein wurde in alte Schläuche gefüllt, und so mancher Schlauch war zu alt, um ihn halten zu können.

Daß die Legenden um Peter echte Wesenszüge des Zaren zur Grundlage hatten, kann nicht geleugnet werden. Die Arbeit, die er sich vorgenommen hatte, war die eines Herkules, und die an seiner Seite arbeiteten und mit in den reißenden Strom gerissen wurden, waren sicherlich davon überzeugt, daß ihr Führer sie nicht nur an körperlicher Größe weit überragte. Peter wurde geliebt und sogar verehrt. Er wurde auch gefürchtet, denn sein Zorn war wie der heiße Hauch von hundert Hochöfen zusammen. Nur wenige Menschen seiner Generation — wenn überhaupt welche — waren imstande, sein Werk, ob nun im Anfangsstadium oder vollendet, mit kühlem, objektivem Blick zu beurteilen.

Der Zar baute für die Zukunft und kämpfte seine Kriege mit einem klaren Ziel vor Augen. Im Norden hatte er Erfolg, im Süden blieb das Schwarze Meer für ihn unerreichbar. Doch Peters Feldzüge, obwohl sie fast seine ganze Regierungszeit in Anspruch nahmen, sind nicht das Wesentliche seiner Geschichte. Es bleibt immer das ungeheure Land hinter der Front. Es bleibt das Volk, das er wie ein Hufeisen in seinen Händen nach Belieben biegen konnte.

Er sah im Volk selten die Menschen. Für ihn bestand es nur aus den vielen, unzähligen Rädchen in der großen Staatsmaschinerie. Da er ein kluger Mechaniker war, sorgte er gut für die Rädchen. Er traf zahllose Maßnahmen, um die kargen Lebensbedingungen etwas weniger unerträglich zu machen. Es gibt kaum ein Gebiet des sozialen Lebens, das von Peters Verordnungsflut unberührt geblieben wäre. Medizinische Betreuung im Kindbett, weniger beschwerliche Kleidung, Schutz gegen Feuer, Räuberunwesen und Erpressung durch Wucherer, versuchsweise Ansätze einer Straßensäuberung, das Verbot zwangsweiser Eheschließungen und das Ende der Zustände im Terem — alles das wurde Gesetz, zumindest dem Buchstaben nach. Leider wirkten sich die neuen Vorschriften nur in den Städten aus. Auf vielen Landsitzen blieb das schier unerträgliche Joch des Terem unangetastet fast bis ans Ende der Herrschaft Elisabeths. Und was die zwangsweisen Eheschließungen anlangt, so blieben sie — zumindest im Kaufmannsstand — sogar noch während der Regierungszeit Nikolaus' I. aufrecht.

Noch etwas anderes kam hinzu. Unter Peter stand das „mechanische Element" im Vordergrund aller nationalen Errungenschaften, ob es nun irgendeine raffinierte deutsche Erfindung einer besseren Uhr war oder die neueste schwedische Herstellung von Mörtel. „Das mechanische Element" war sogar bei den sogenannten „Gesellschaften" erkennbar, in denen sich der Kampf des Zaren zur Aufhebung der moskowitischen Geschlechtertrennung etwas sonderbar auswirkte. Bei diesen Zusammenkünften mußten Männer und Frauen eine genaue Anzahl von Runden miteinander tanzen, dann eine bestimmte Menge Branntwein trinken und sich im allgemeinen innerhalb des starren Rahmens von Vorschriften, die keinerlei individuelle Neigungen zuließen, unterhalten. Die Leidenschaft des Zaren für das

Mechanische erstreckte sich auch auf das Bildungswesen, wo die humanistischen Fächer, abgesehen von den Sprachen, in den Hintergrund treten mußten gegenüber Mathematik, Astronomie, Ballistik und Physik.

Peter hatte eben viele Ichs, was zu unvermeidlichen Widersprüchen führte; die Schaffung St. Petersburgs war zweifellos ein überaus beglückender Widerspruch. Er hatte gar keinen Sinn für Kunst, Musik langweilte ihn, und Bilder brachten ihn zum Gähnen; auch finden wir nirgends einen Hinweis darauf, daß er sich zur Natur hingezogen fühlte. Aber St. Petersburg war dennoch die Verkörperung einer künstlerischen Vision. Ein wirres Durcheinander von etwa neunzehn Inseln lag zwischen der Mündung eines großen Flusses und den Meeresarmen, eine verschlossene, beunruhigende Landschaft in weichen Grautönen, Lila, Hellgrün und wieder Grau, immer preisgegeben dem Wüten der See, deren Klima von den unvorhersehbaren Launen der Stürme und des Wassers beherrscht wird; ein Durcheinander von unscheinbaren Inseln, die mit einer so dünnen Erdschicht bedeckt sind, daß dort nur Gestrüpp, verkümmerte Fichten und vereinzelte Silberbirken wuchsen. Aus alldem schuf Peter eine Stadt, deren Schönheit mit Venedig wetteifern sollte. Warum tat er das? Und wie?

Die erste Frage ist nicht schwer zu beantworten. Ein Bollwerk an der Mündung der Newa war eine Notwendigkeit, und bei Peter mußte Notwendigkeiten um jeden Preis nachgekommen werden. Die zweite Frage hingegen enthält ein Rätsel, denn Peter hatte keinen Begriff von Schönheit. Doch muß in ihm ein Instinkt lebendig gewesen sein, der ihn von Insel zu Insel führte, bis aus den formlosen Nebelschwaden eine großartige Form geboren wurde, deren Steine selbst mit Wolken und Wasser in einem wunderbaren Einklang stehen, und der Wildnis ein Gepräge verliehen war, das Peters Namenszug viel zwingender trägt als jeder von ihm unterzeichnete Ukas.

St. Petersburg, dessen Gründung in das Jahr 1703 fällt, stellte höchste Anforderungen an Arbeit und Menschenleben. Moskau und dessen byzantinischer Tradition völlig fremd, erwies sich die neue Stadt als Bindeglied zu einer weit älteren Vergangenheit als jener, deren sich das Moskowiterreich rühmen konnte. Es wies zurück in die

Tage der skandinavischen Rus,* als Rurik der Wikinger 862 nach Christus das erste russische Königreich gründete und einen skandinavischen Garten an die Ufer des Dnjepr pflanzte. Später kam Alexander, Fürst von Nowgorod, der im 13. Jahrhundert die Schweden auf den eisigen Armen der Newa besiegte. Die Newa und ihre Nebenflüsse und vor allem der Finnische Meerbusen waren umsponnen von den alten Sagas — und die Stürme beim Entstehen der neuen russischen Hauptstadt ließen dieselben Klänge wiederaufleben. Zar Peter, der für Geschichte wenig übrig hatte, gab ihr doch in besonderer und erregender Weise lebendige Gestalt, als er auf einer der neunzehn Inseln den Grundstein zur Sankt-Samson-Kirche legte. Die Liebe, die er den Seinen so selten zeigte, strömte in diese neue Schöpfung ein. Der erste Triumph des Nordischen Krieges, als Narwa von Scheremetjew erobert wurde, mußte an den Ufern der Newa gefeiert werden. Damals war Menschikows riesiges Herrenhaus aus Stein auf der Haseninsel schon fast vollendet, und das kleine Holzhaus des Zaren am Südufer lag dem eben erst begonnenen Bau der Festung und der Kathedrale nördlich der Newa gegenüber. Peters Besitzrechte an diesen neunzehn Inseln waren 1703 noch keineswegs gesichert, ein schwedischer Endsieg hätte St. Petersburg dem Erdboden gleichgemacht. Doch Peter war überzeugt, daß eine solche Niederlage nie über ihn hereinbrechen würde. Und so befahl er denn seiner Regierung, den Kreml zu verlassen und in eine Stadt zu übersiedeln, die von den meisten als „zum Bewohnen ungeeignet" bezeichnet wurde. Dem alten Moskau blieb von da an nichts mehr als das Privilegium, den jeweiligen Herrscher innerhalb seiner Mauern krönen zu dürfen.

Als Knabe und Jüngling vergötterte Peter die Ausländer nahezu. Nun, da die Jugend vorbei war, hatte sich seine Einstellung geändert. Er versuchte wohl noch immer, vom Ausland zu lernen, und baute

* Das Wort „Rus" dürfte die finnische Bezeichnung für die schwedischen Waräger gewesen sein, die 862 in Nowgorod ihre Herrschaft aufrichteten. Der Name ging dann von der herrschenden Oberschicht auf das beherrschte ostslawische Volk und Land über. Der erste russische Staat war die „Kiewer Rus".

seine neue Verwaltung nach dem Vorbild Schwedens auf. Auch war er etwas zu offensichtlich bemüht, Ehebündnisse mit dem Westen zu fördern. Er verheiratete seine beiden Nichten, die Töchter Zar Iwans V., mit den Herzögen von Mecklenburg und Kurland, und er wollte weder für seinen Sohn eine russische Braut noch für seine beiden Töchter russische Gatten. Aber seine frühere Einstellung der kritiklosen Bewunderung für alles Ausländische war für immer geschwunden. Als 1706 eine unter Ogylvies Befehl stehende Truppe von den eigentlich schwächeren Streitkräften General Löwenhaupts in die Flucht geschlagen wurde und Karl XII. nur drei Stunden nach Peters Flucht in Grodno einritt, schrieb der Zar an Menschikow, er möge das Oberkommando der Nachhut doch nicht den „ausländischen Narren" (inostrannye duraki) anvertrauen, Worte, die er in früheren Jahren niemals verwendet hätte.

Trotzdem war die zweite Frau des Zaren Ausländerin. Sie war früher eine „maîtresse en titre" gewesen, die abgelegte „Freundin" von mindestens zwei anderen — nämlich Scheremetjew und Menschikow — und vielen noch als Martha Skawronskaja bekannt. Als der Zar beschloß, sie zu seiner rechtmäßigen Gattin zu machen, verschärfte sich die Opposition gegen ihn. Martha wurde jedoch ordnungsgemäß in die orthodoxe Kirche aufgenommen und auf den Namen Katharina getauft. Bald mußten sogar die Feinde des Zaren zugeben, daß sie eine unumgängliche Notwendigkeit für Peter war, ganz abgesehen von Tisch und Bett.

Ihre Vorgeschichte ist derart überwuchert von Phantasieprodukten, daß man unmöglich Dichtung von Wahrheit unterscheiden kann. Sie scheint entweder litauischer oder schwedischer Herkunft gewesen zu sein. In Anbetracht der hohen Würde, die sie schließlich bekleidete, wurden die dunklen Flecken ihrer Vergangenheit natürlich mehr als nachsichtig behandelt. Nichtsdestoweniger ist es Tatsache, daß die Skawronskaja Marketenderin war und durch ihre Schönheit und ihr liebenswürdiges Wesen bei vielen Männern Gefallen fand. Obwohl sie völlig entwurzelt und früh an Entbehrungen gewöhnt war, beklagte sie sich nie über ihr Los. Sie frönte ihrer Vergnügungssucht, wenn sie dazu irgendwie Gelegenheit hatte, doch fand sie zum Unterschied von vielen Frauen ihrer Art Entzücken an alltäglichen Dingen.

Peter hätte kaum eine glücklichere Wahl treffen können. Eine Frau, die seine Socken stopfte, seine Hemden wusch und flickte, sich nicht beklagte, wenn sie in einem Zelt schlafen mußte, die mit der derben Kost, die er liebte, zufrieden war, an gesundem Menschenverstand mehr als den üblichen Anteil abbekommen hatte, sich weder Träumereien noch Sentimentalitäten hingab, mit ihrer Zärtlichkeit nicht geizte, aber auch nicht zögerte, ihn die Schärfe ihrer Zunge spüren zu lassen — so eine vulgäre, großherzige und vollkommen aufrichtige Gefährtin war genau das, was Peter brauchte. Da ihre Vorstellungen von Moral ungefähr auf derselben Ebene lagen wie die seinen, kam es wohl vor, daß sie einander untreu wurden, aber keiner vernachlässigte den anderen für längere Zeit.

Die „liebenswürdige Katinka" (ljubjesnaja Katinka), wie der Zar sie nannte, war zwar ungebildet, aber ihr Instinkt leitete sie so glücklich, daß sie den zahllosen Interessen des Zaren recht gut folgen konnte. Ihre Gegenwart, ihr Benehmen und ihre Gewohnheiten beschworen keine unangenehmen Bilder einer Vergangenheit, deren Erinnerung er verabscheute. Moskau war für sie nicht viel mehr als der Name einer Stadt. Peters Abscheu vor jeder Etikette stimmte mit ihren eigenen Neigungen völlig überein. Sie lernte es, seinem Jähzorn entweder mit Stillschweigen oder mit Zärtlichkeit zu begegnen. Der Wirbelsturm seiner Reformen störte sie nicht. Sie schien zu wissen, wann sie ihrem Gatten widersprechen und wann sie ihm zustimmen mußte. Und gerade einen solchen Hafen brauchte Peter, insbesondere während der Jahre, in denen die Kluft zwischen ihm und seinem Sohn immer größer wurde.

Nachdem das Kind 1690 von Eudoxia zur Welt gebracht war, verblieb es zunächst in der Obhut der Mutter. Der von Geburt an schwächliche, überaus begabte, zarte und scheue kleine Alexej wuchs in der strengen Abgeschlossenheit des Terem heran, wurde aber Ende 1698 zwangsweise aus dem Hause seiner Mutter entfernt und zwei Fremden übergeben, die zu seinen Lehrern bestimmt wurden. Er kannte den Vater kaum und hatte maßlose Angst vor ihm. Ganz unwissentlich wurde der Knabe zum Mittelpunkt der Opposition im

Lande. Ohne davon selbst eine Ahnung zu haben, wurde Alexej zum Inbegriff aller Hoffnungen, daß Rußland eines Tages doch wieder zu seinen ehrwürdigen alten Formen zurückkehren würde. Nach und nach aber begann Alexej zu erfassen, was sein bloßer Name unter dem Volk bedeutete, und das versetzte ihn in Angst.

Die Berichte der Lehrer über die Fortschritte des Knaben hätten jeden anderen Vater gefreut. Den Zaren freuten sie nicht. Alexej wurde als hochbegabt in den Sprachen bezeichnet; er hatte Latein, Griechisch, Deutsch und Italienisch mit erstaunlicher Leichtigkeit gelernt. Auch seine Fortschritte im Geschichtsstudium waren bemerkenswert, und für klassische Poesie hatte er eine besondere Vorliebe. Mathematik und Physik hingegen bereiteten ihm von Anfang an Schwierigkeiten, und die Kriegskunst langweilte ihn. Die Schlußbemerkungen der Lehrer betrafen jedesmal den Gesundheitszustand des Prinzen. Er wäre für seine Größe zu dünn, schiene kränklich zu sein und ermüde leicht. Seine Lungen gäben oft Ursache zu Besorgnis.

Das alles war bittere Galle für Peter. Daß sein einziger Sohn ein körperlicher Schwächling war, bedeutete schon Demütigung genug. Aber auch noch zu hören, daß dieser Sohn im griechischen Drama und in lateinischer Poesie Fortschritte mache, war vollends ein schwerer Schlag. Peter überging einfach die Bemerkungen der Lehrer über Alexejs körperliche Schwäche und beschloß, den Knaben abzuhärten. Einer längeren Militärausbildung folgte der Befehl des Zaren, der Kronprinz habe ihm an die Front zu folgen. Jedem fiel auf, von welcher Angst Alexej bei jedem Zusammentreffen mit seinem Vater erfüllt war.

Schon Jahre vor der endgültigen Katastrophe erkannte Peter, daß er nichts tun konnte, um Alexej jemals in die von ihm gewünschte Form zu pressen. Alexej gehörte einer ganz anderen Welt an, außerhalb deren Atmosphäre er nicht atmen konnte. Es war absolut nichts in ihm, was ihn befähigt hätte, auf die vehemente Tatkraft seines Vaters einzugehen, und Peter mißdeutete dieses angeborene Unvermögen — als Rebellion. Er verheiratete Alexej mit einer scheuen, blassen Prinzessin aus dem Hause Braunschweig-Wolfenbüttel. Nachdem die junge Frau einer Tochter und einem Sohn das Leben geschenkt hatte, starb sie, drei Jahre nach ihrer Hochzeit. Alexej, dessen moralischer Charakter durch das jahrelange Mitansehen des zügellosen Hoflebens geschwächt war, nahm sich ein Bauernmädchen, eine gewisse Aphrosynia, zur Geliebten. Der Zar hätte nichts dagegen gehabt, wenn sein Sohn jeden Tag betrunken gewesen wäre und ein Dutzend Mätressen gehabt hätte, wenn er nur den Weg beschritten hätte, den Peter für ihn vorgesehen hatte. Aber Alexej war dazu nicht imstande. Die seltenen Unterredungen mit dem Vater ließen dem jungen Mann jedesmal das Blut in den Adern gefrieren. Er stammelte, er stotterte und bebte wie Espenlaub. Der Schrecken war so groß, daß er zuweilen ohnmächtig wurde, sobald er in seine Zimmer zurückkam.

Indessen war die Opposition gegen den Zaren nicht müßig. Seine Ehe mit „einer deutschen Hure" trug dazu bei, die öffentliche Meinung darin zu bestärken, daß „der wirkliche Zar" 1698 im Ausland gestorben sei. Es gab viele kleinere Verschwörungen, und es kann nicht bezweifelt werden, daß Alexej sich schließlich in eine von diesen verwickelt sah; aber schon die bloße Vorstellung eines aktiven Eingreifens gegen seinen Vater versetzte ihn in Angst und Schrecken. Schließlich floh er ins Ausland. Der Schwager seiner Frau, Kaiser Karl VI., bot ihm Schutz an, und Alexej glaubte sich in einem Schloß bei Neapel in Sicherheit. Er hatte kein Verlangen danach, die Thronfolge nach seinem Vater anzutreten, er wollte nichts, als in Gesellschaft Aphrosynias in Ruhe seinen Studien zu leben.

Indessen glaubte Peter, der sich der ungeheuren Opposition im Lande wohl bewußt war, daß kein anderer als Alexej das Haupt der ganzen Bewegung sei. Er sandte eine Deputation unter dem Grafen Peter Tolstoj mit Instruktionen nach Neapel, um den Sohn nach Rußland zurückzuholen. Alexej wurde voller Pardon für alle Verfehlungen — die er gar nicht begangen hatte — zugesagt, und Tolstoj, ein Mann von großer Schläue, brauchte nicht lange dazu, den Zarewitsch zu überzeugen, daß sein Verweilen im Ausland ihn beim Zaren und in ganz Rußland für immer in Ungnade fallen lassen würde. „Viele halten Seine Majestät vielleicht für ein Ungeheuer; ich aber habe Euch vollen Pardon gebracht, den er eigenhändig unterzeichnet hat."

Alexej ließ sich überreden. Doch Peter erwies sich diesmal wirklich als Ungeheuer. Sofort bei seiner Ankunft in St. Petersburg wurde der junge Mann gefangengenommen. Die Senatoren und Generale seines Vaters saßen über einen Zarensohn zu Gericht, dessen einziger Fehler seine angeborene Unfähigkeit war, in die Fußstapfen des Vaters zu treten. Peter hätte ebensogut von der Sonne verlangen können, sie solle im Westen aufgehen. Die Richter hatten eine umfangreiche Akte mit Beweismaterial über die Opposition gegen den Zaren zusammengetragen und brachten nun jeden einzelnen Punkt mit dem Namen Alexejs in Zusammenhang. Ungeachtet des mangelnden Beweises wurde Alexej angeklagt, gegen das Leben seines Vaters einen Anschlag geplant zu haben.

Schließlich wurde der Zarewitsch nach langen Qualen getötet, doch ist die Art seines Todes bis zum heutigen Tage unbekannt. Der Zar sprach sich selbst — in Anbetracht der „Enthüllungen, die die schreckliche Schuld bewiesen", die angeblich während dieser Prozeßparodie zutage gefördert worden waren — von der Fällung dieses Fehlurteiles frei.

Hier betrachten wir eine Seite von Peters Geschichte, die selbst die Legende nicht weißzuwaschen vermochte. Meineid, Grausamkeit und grenzenloser Zynismus tanzen ihren abstoßenden Reigen von Anfang bis zum Ende und lassen dagegen selbst die unsympathischsten Züge in Alexejs Charakter geringfügig erscheinen. Dauernd unter dem Druck seiner Angst vor dem Zaren war der Zarewitsch feig, neigte zum Prahlen, wenn er getrunken hatte, und auch zum Lügen. Er war auch fähig, einen Freund zu betrügen, wenn es seinen Plänen förderlich war. Aber er besaß weder die Fähigkeit noch die Kraft, als Anführer einer organisierten Rebellion seinen Mann zu stellen. Daß viele derartige Vorschläge an ihn herangetragen wurden, ist zwar erwiesen, doch kam es nie zu mehr als zu heimlichen Gesprächen, die hinter geschlossenen Fensterläden abgehalten wurden.

Es hat fast den Anschein, als ob sich der Zar durch den über seinen Sohn verhängten Mord an der Opposition, die er niemals ganz unterdrücken konnte, rächen wollte. Das Manifest, das „Alexejs frühzeitiges, vom allmächtigen Gott gewolltes Hinscheiden" anzeigte, konnte niemanden täuschen. Kaiser Karls VI. gebieterischer Auftrag an seinen Gesandten, St. Petersburg zu verlassen, ist bezeichnend für die allgemeine Reaktion. Trotz all der Siege und Reformen galt Rußland noch immer als ein unter dem Joch der Barbarei schmachtendes Land.

Trotzdem darf man den Fall nicht in Bausch und Bogen verdammen. Peters Schuld kann zwar nicht geleugnet werden, doch trug er sie nicht allein. In der Angelegenheit zwischen seinem Sohn und ihm verschwand der Vater völlig hinter dem Herrscher, das Individuum hinter dem Staat. Der Zar anerkannte keinerlei moralische Bedenken, wo die Wohlfahrt seines Landes auf dem Spiele stand. Vom Standpunkt einer gesunden Staatspolitik aus war Alexej nicht mehr und nicht weniger als eine unbedeutende, blasse Null. Den Massen der Opposition aber wurde er in den Farben eines tüchtigen und unbedingt zielbewußten Führers gemalt, der eines Tages das Staatsschiff wieder in den von seinen Ahnen gebauten Hafen steuern würde. Peters Feinde — und ihre Namen waren Legion — mußten sich mit Alexejs Schicksal abfinden; in den Augen von Peters Anhängern war der Tod des Zarewitschs natürlich ein Sieg des Vaters im eigenen Land.

Er erwies sich aber als eine Art Pyrrhussieg. Dieses Jahr 1718 warf trotz der großartigen Erfolge im Kampf gegen die Schweden einen Schatten über die Geschicke des regierenden Hauses. Das gesteigerte Gefühl des nationalen Stolzes und die verschwenderischen Feste im Palast und auf der Newa konnten doch die Dunkelheit eines Kerkers in der neuerbauten Peter-und-Pauls-Festung nicht überstrahlen, wo der erbarmungswürdig verstümmelte Leichnam eines Romanow zum Begräbnis vorbereitet wurde. Bei Hof und auch an anderen Orten flüsterte man von immer häufiger auftretenden Nervenanfällen des Zaren, Anwandlungen von Melancholie, dann wieder von Jähzorn, der in der letzten Zeit so erschreckend war, daß nicht einmal Menschikow es wagte, sich dem Herrscher zu nähern. Einzig und allein eine gewöhnliche, lärmende, vollbusige Frau, die einmal Mätresse und nun Gattin war und bald zur Kaiserin gekrönt werden sollte, hatte die Gabe, um nicht zu sagen, das Genie, ihren Mann in einer Weise zu beruhigen, die ihr niemand nachmachen konnte. Katharina wußte unfehlbar, was in jedem Augenblick das gegebene war. Sie wußte genau, wann sie sich zurückzuziehen hatte und wann sie Peter ins

Gebet nehmen mußte, weil er sein Essen wegen seiner schwarzen Gedanken verschmäht hatte. Ihr vertraute er. Er war groß genug, um jene Tage nie zu vergessen, da er ohne Katharinas Scharfsinn und Geistesgegenwart an den Ufern des Prut unweigerlich in türkische Gefangenschaft geraten wäre. Und nun, im Jahre 1718, brauchte er sie dringender denn je. Die tieferen Probleme, die durch den Fall Alexejs aufgerollt wurden, hatten Katharinas fremdländischem Gemüt wahrscheinlich herzlich wenig zu sagen. Die Wirkung aber, die diese Probleme auf ihren Gatten ausübten, sprach eine für sie um so verständlichere Sprache.

Indessen wurde der Nordische Krieg beendet. St. Petersburg und dessen Umland wurden durch einen Vertrag gesichert, der der Hegemonie Schwedens im Norden die Totenglocke läutete. Das Baltikum lag für die russische Schiffahrt offen! Peter hatte Preußen und Dänemark zu Verbündeten, und Frankreich begann eine noch nie dagewesene Herzlichkeit an den Tag zu legen. England verhielt sich allen Annäherungsversuchen gegenüber ablehnend. Nicht so sehr der Sieg des Zaren über die Schweden, sondern sein dauerndes Liebäugeln mit den Jakobiten (den Anhängern Jakobs II. und seiner Nachkommen) verärgerte Georg I., der bis an sein Lebensende Rußlands Feind blieb, worunter die zaristischen Vertreter in London sehr zu leiden hatten.

Aber die Erbitterung des Königs von England störte Peter wenig. Er hatte schon von allem Anfang an die europäische Landkarte falsch beurteilt, jetzt hatte er eine noch viel unvollkommenere Vorstellung von ihr. Er wollte auf dem Baltikum Fuß fassen, und das war ihm auch gelungen. Im Augenblick glaubte er, vom Westen nichts mehr fordern zu müssen. Er wandte seine Aufmerksamkeit dem Osten zu, entriß den Persern Baku und schickte Expeditionen nach Zentralasien. Er hoffte sogar, daß seine Truppen eines Tages Indien erreichen würden. Nun, da seine nördlichen Gebiete gegen die schwedische Bedrohung gesichert waren, hatte der Zar mehr Truppen für den Süden übrig und plante einen neuerlichen Feldzug gegen die Türkei, da Asow und Taganrog ja nur Stützpunkte waren.

Seine Armeen begleitete Peter aber nicht mehr selbst. Er blieb in St. Petersburg, wo er noch immer in dem winzigen Holzhaus am südlichen Ufer der Newa wohnte. Die Stadt wuchs von Woche zu Woche und rühmte sich einer der längsten Prachtstraßen Europas, des Newskij-Prospekts, einer breiten, eleganten Durchfahrtsstraße von acht Kilometer Länge. Alle „jungen Adler" Peters hatten sich prachtvolle Marmorpaläste erbauen lassen, es gab auch schon das Sommerpalais für Peters eigenen Gebrauch, das meistens für Empfänge der ausländischen Botschafter geöffnet wurde. Bei solchen Anlässen mußte der Zar dann seine schäbigen Kleider gegen einen Samtrock, Satinkniehosen und Seidenstrümpfe vertauschen, in denen er sich grenzenlos unbehaglich fühlte.

Die Zeiten des Schlachtfeldes waren vorbei, aber die Arbeit wurde nicht weniger. Tag für Tag ordnete der Zar entweder neue Reformen an, oder er maßregelte seine Untertanen, weil sie die bereits eingeführten Neuerungen nicht richtig befolgten. Seine Senatoren waren zwar glattrasiert, trugen westliche Kleider und konnten Französisch und Deutsch radebrechen. Aber das alles war nur Tünche. Unter der eilig angenommenen Politur waren sie Menschen des alten Moskowiterreiches geblieben, die im vorhergegangenen Jahrhundert geboren waren und ihre lieben Gewohnheiten nicht wirklich abgelegt hatten. Sie liebten gutes Essen und Trinken, versäumten nie ihr Nachmittagsschläfchen und brauchten lange, um auch nur einen einzigen Entschluß zu fassen. Und durch jede Dienststelle der Regierung schlich nach wie vor schamlos und ungehindert das Gespenst der Korruption. Wenn besonders krasse Fälle dem Zaren zur Kenntnis gebracht wurden, stieg ihm das Blut zu Kopf, seine Stimme erhob sich im Zorn, und er schrie mit geballten Fäusten, er regiere ein Volk von Dieben, Narren und Faulpelzen. War Katharina dabei, dann pflegte sie wohl darauf hinzuweisen, daß die Menschen nicht so auf Betrug aus wären, wenn sie nicht so arm wären.

Hier lag der Kern des Problems. Peter hatte gehofft, Wohlstand zu schaffen, aber der Krieg hatte es verhindert. Der Ausbau der natürlichen Hilfsquellen des Landes steckte noch in den Kinderschuhen, und am Ende von Peters Herrschaft war das Reich durch Steuern völlig ausgeblutet. Doch diese Not war keineswegs eine Folge persönlicher Verschwendungssucht. Peter verabscheute allen Luxus, seine Kleidung war schäbiger als die eines Hafenarbeiters, und für kostspieligen Krimskrams oder erlesene Möbel hatte er absolut nichts übrig. Gekochtes Rindfleisch, Heringe, eingelegte Zitronen und Gurken waren seine Kost. Der einzige Schmuck, den er je kaufte, war für Katharina bestimmt. Seine anderen Mätressen konnten von Glück sagen, wenn sie zum Abschied eine billige Türkisnadel bekamen. Peter verschmähte Daunendecken, Leintücher, gepolsterte Lehnstühle und Bequemlichkeit jeder Art. Katharina sehnte sich wohl ein bißchen nach Komfort und Luxus, aber zu Lebzeiten des Gemahls verzichtete sie darauf.

Nach dem Frieden von Nystad 1721 ließ sich Peter feierlich zum „Kaiser von Rußland" — „imperator wserossijskij" — ausrufen. Dieser Schritt versetzte Österreich in Wut und forderte überall im Westen die schärfste Kritik heraus. Die französische Regierung und einige andere ignorierten den Titel mit aller Deutlichkeit, und Millionen von Peters eigenen Untertanen haben die neue Würde nie wirklich zur Kenntnis genommen. Das klangvolle Wort „imperator" kam bis zum Ende der Dynastie nicht leicht über die Lippen der Bauern.

Peter war ein Kaiser ohne Erben. 1722 gab er sein berühmtes (von Paul I. 1797 wieder aufgehobenes) Thronfolgegesetz heraus, das den regierenden Zaren ermächtigte, seinen Nachfolger nach vollkommen freiem Ermessen selbst zu bestimmen. Und zwei Jahre später ließ er zur tiefsten Entrüstung der Moskowiter Katharina in der Mariä-Himmelfahrts-Kathedrale zur Kaiserin krönen.

Zu diesem Zeitpunkt war er schon völlig verbraucht. Mit einundfünfzig sah er aus wie ein Greis. Zucken und andere Nervenleiden quälten ihn immer häufiger, und keines der von seinen Ärzten verschriebenen Medikamente brachte ihm Erleichterung. Die „deutsche Krankheit", an der er seit Jahr und Tag gelitten hatte, verschlimmerte sich plötzlich. Er war glücklich, nach St. Petersburg zurückzukehren, das die einzige Schöpfung seines titanischen Willens war, die durch nichts getrübt wurde. Man könnte fast sagen, daß er für diese Stadt ein Gefühl hegte wie der Bräutigam für die Braut.

Aber Peter war ein rasch alternder Bräutigam. Die sexuellen Ausschweifungen, die Trinkorgien, die herkulische Kräfte erfordernden schweren körperlichen Arbeiten — all das mußte er jetzt bezahlen durch Trübsinn, schleppenden Gang, immer ärger werdende Erschöpfungszustände und Anwandlungen von Melancholie. Auch die Frage der Thronfolge ließ Peter keine Ruhe. 1724 bestand die Dynastie aus ihm selbst, Katharina, ihren beiden Töchtern Anna und Elisabeth, die unehelich geboren, aber legitimiert wurden, aus Peter, dem neunjährigen Enkel des Zaren, und den zwei Töchtern Iwans V., den Herzoginnen von Mecklenburg und Kurland, von denen die eine eine kleine Tochter hatte, die andere aber kinderlos geblieben war. Peter ernannte keinen von ihnen zum Thronfolger oder zur Thronfolgerin, wie es sein Recht gewesen wäre, so daß die Angelegenheit schließlich dem Senat oder besser gesagt den Parteigängern bei Hof überlassen wurde.

Die Frage der Thronfolge war aber keineswegs der einzige Pfahl im Fleisch des Zaren ... Würde irgend jemand sein Lebenswerk fortsetzen? Er hatte wohl eine Anzahl hochbegabter Männer für seinen Dienst gewonnen und sie selbst geschult, aber keiner von ihnen hatte Peters Format, und auch ihre Schulung schien nicht auszureichen, um Peters Weg nach seinem Tod fortzusetzen. Peter hatte die Gabe, Begeisterung zu erregen, die fast in Anbetung überging, und er gab seine Anordnungen in der klarsten Form, die man sich nur vorstellen kann, er entwickelte jeden neuen Plan in allen Einzelheiten und übertrug die Durchführung Männern, die er für die fähigsten hielt — aber er war kein echter, guter Lehrer. Sein Genie war zugleich Fluch und Segen, denn es führte ihn zu Entscheidungen, von deren Richtigkeit er zwar überzeugt war, aber das Warum und Wozu konnte er den anderen niemals begreiflich machen. Keiner der mit ihm lebenden Menschen konnte auch nur annähernd irgendeine seiner kühnen Unternehmungen bewältigen, konnte mit der Vehemenz seines Tempos Schritt halten, und kein noch so begabter und geschulter Mann konnte nach Peters Tod den eingeführten Rhythmus fortsetzen. Und das war eine Tragödie. Denn 1725 waren viele von Peters Unternehmungen noch in ihrem Anfangsstadium.

Es war üblich — und daran wurde fast zwei Jahrhunderte lang festgehalten —, Peter als den ersten Reformer Rußlands anzusehen. Viel zuwenig Beachtung wurde sowohl den mittelalterlichen Rus geschenkt, die einen blühenden Handel mit dem Westen und Byzanz unterhielten und ihre Prinzessinnen mit ausländischen Herrschern von Norwegen bis hinunter nach Frankreich verheirateten, als auch den verwestlichenden Einflüssen, die schon viele Jahre vor Peters Geburt wirksam wurden. Der Westen stellte sich Rußland als einen schlaftrunkenen Bären in einer fast unzugänglichen Höhle vor, bis ein junges Genie sich den Weg zu ihm bahnte und den Prozeß einer wunderbaren Metamorphose begann, durch die sich der Bär in ein menschliches Wesen verwandelte, das lernte, sich das Kinn zu rasieren, deutsche Kleider zu tragen und westliche Sitten anzunehmen. Aber die Natur des Bären konnte ihm natürlich nie ganz ausgetrieben werden.

Wie schon erwähnt, war die Technik Peters Abgott; aber die Technik hatte den Massen nichts zu sagen. Alle seine großartigen Unternehmungen berührten die ungeheuren Reichsgebiete gleichsam nur am Rande, was irgendwie sein Unvermögen, die Vergangenheit Rußlands zu zerstören, erklärt, die sich bald als unzerstörbar erwies wie die Luft, wie Glaubensvorstellungen, Sitten und Aberglauben, die sich bis in unser gegenwärtiges Jahrhundert erhalten haben. Und selbst wo Peters Bemühungen wirksam wurden, konnte es ihm nicht gelingen, Zivilisation zu verbreiten, weil er in diesem Lande selbst ein Fremder war ...

Da Peter sich völlig der Technik verschrieben hatte, betrachtete er auch seine Untertanen nur als „Menschenmaterial", das gut durchgeschüttelt, umgeformt und zum Nutzen des Staates verwendet werden sollte. Sein Regime machte zwar zweifellos Geschichte, aber trotzdem fehlte ihm persönlich für Geschichte jeder Sinn. Er hätte sonst kaum das Volk jener Mystik beraubt, mit der es seine Vorstellungen von Herrschaft zu umgeben gewohnt war. Müßig, sich zu fragen, ob sich solche Vorstellungen zum Guten des Volkes auswirkten oder nicht. Sie bildeten den Brennpunkt des Bundes, durch den alle lebten, den ehrfurchtgebietenden, geheimnisvollen Mittelpunkt im Dasein eines schwergeprüften, primitiven Volkes, dessen Los unter Peter um nichts leichter war als in den Jahren des tatarischen Jochs. Der Zar erschütterte diese Mystik durch die Schwielen an seinen gesalbten Händen, durch Ernennung von Emporkömmlingen zu Fürsten und Grafen, durch seine sichtliche Ungeduld beim Kirchenritual, durch sein öffentliches Auftreten — er unterschied sich weder in seiner Kleidung noch in seinem Verhalten vom niedrigsten seiner Untertanen — und noch durch eine Menge anderer Umstände, die die Mystik einfach zu Staub zerrieben. Dafür bot er den Menschen ein Zarenbild an, das sie für grotesk hielten und das sie, war es einmal angenommen, mit der Münze äußerster geistiger Gefährdung bezahlen mußten.

All das mag heute, wo fast auf der ganzen Welt Monarchien als Anachronismus gelten, archaisch erscheinen. Doch in Peters Generation bedeutete es für das russische Volk eine höchst schmerzhafte Wahrheit und Wirklichkeit.

Trotzdem ist ihm das Beiwort „der Große" nicht ganz ohne guten Grund verliehen worden. Seiner Person haftete wohl mehr an als nur ein gelegentlicher Anflug von Größe. Alles, was er durchzusetzen versuchte, tat er nicht für sich, sondern für andere. Wenn er ein Schinder seines Volkes war, so war er noch viel mehr ein Schinder seiner selbst. Sein Weltbild hätte gewiß besser in ein Zeitalter der Technik gepaßt — aber es war doch immerhin ein Weltbild, nicht nur ein flüchtiger Blick auf einen Mülleimer in irgendeinem vergessenen Hinterhof.

Die Wurzel allen Übels war, daß Peter im falschen Land und im falschen Jahrhundert geboren wurde. In ihm brannte eine Flamme, die von seinen Zeitgenossen unmöglich verstanden werden konnte. Im 9. Jahrhundert hätten seine unerschöpflichen Energien vielleicht die drei skandinavischen Königreiche zu einem besseren Ziel vereinigt als nur zu Raubzügen, oder aber er hätte das gewaltige Erbe Karls des Großen vor den Verwüstungen gegenseitiger Vernichtungskriege möglicherweise bewahrt. Noch zwingender drängt sich der Phantasie ein anderes Bild auf: Peter hätte sich zweifellos im *heutigen* Rußland ganz zu Hause gefühlt.

V

Die Stunde der Frauen

Zwischen Peter I. und Katharina der Großen liegen sechs Regierungsperioden, von denen vier ganz kurz waren und alle zusammen nur etwa achtunddreißig Jahre umfaßten. Als 1796 Katharinas Sohn Paul den Thron bestieg, war sein Erbanteil an echtem Romanow-Blut bereits so gering, daß manche Historiker seinen biologischen Fortbestand anzweifelten. Trotzdem hatte die Dynastie ihre ursprüngliche Eigenart weiter bewahrt, und das lebendige Bewußtsein, daß der erste Romanow durch den Willen des Volkes gewählt worden war, siegte über alle fremde Blutbeimischung.

KATHARINA I., VOR IHRER HEIRAT MIT PETER I.: MARTHA SKAWRONSKAJA; DATUM UND ORT DER GEBURT UNBEKANNT, THRONFOLGE IM JANUAR 1725, GESTORBEN IM MAI 1727

Peters frühzeitiger Tod verführte die Westmächte zu der Annahme, das von ihm begonnene und noch unvollendete Werk würde durch seinen — damals noch völlig unbekannten — Nachfolger zunichte werden. Der durch das Vordringen Rußlands ohnehin schon in peinliche Verlegenheit geratene Westen wäre nur allzu froh gewesen, hätte Rußland sich vom europäischen Schauplatz zurückgezogen. Die in St. Petersburg, Moskau und Archangelsk lebenden Ausländer berichteten von dem zunehmenden Widerstand gegen die „neue Lebensweise". Aber die Vermutung, daß Rußland zu den einstigen byzantinischen Bräuchen zurückkehren würde, bewies nur eine grenzenlose Unkenntnis der wahren Zustände im Lande.

Indessen mußte sich die Regierung der dringenden Aufgabe unterziehen, einen Thronfolger zu finden. Der Senat, die Kirchenfürsten und der Großteil des alten Adels unterstützten die Kandidatur Peters, des zehnjährigen Sohnes des ermordeten Zarewitschs Alexej, der auch sicherlich gewählt worden wäre, wenn Regierung, Kirche und Adel nur halbwegs untereinander einig gewesen wären. Sie wollten zwar alle den jungen Peter zum Thronfolger, konnten sich aber nicht über die Form der Regierung oder über die Anzahl der zu bestellenden Regenten einigen. Eine Partei nach der anderen versuchte verschiedene Namen vorzubringen, und die Einmütigkeit war völlig dahin. Unterdessen spannen Menschikow, Peter Tolstoj und Jagushinskij ihre eigenen Fäden. Die drei Männer hatten einander seit Jahren gehaßt, nun aber begruben sie die Streitaxt und standen zusammen. Den kleinen Sohn des Zarewitschs Alexej zum Herrscher zu haben, so überlegten diese Männer, würde unabsehbaren Katastrophen Tür und Tor öffnen, da alle Feinde des verstorbenen Kaisers in einer solchen Wahl die baldige Erfüllung ihrer Hoffnungen sehen würden. Schließlich siegten Menschikow und die beiden anderen über die Heeres- und Flottenbefehlshaber, schüchterten die Senatoren ein und entkräfteten alle von den Würdenträgern der Kirche erhobenen Einwände. In weniger als einem Monat nach Peters Tod wurde Katharina, die ehemalige Marketenderin, „Kaiserin aller Reußen".*

Die Geschichtsschreiber sind ziemlich unsanft mit dieser Autokratin umgegangen. Ihre obskure Herkunft und sicherlich auch anrüchige Vergangenheit verdunkelten alles übrige. Trotzdem ist es kaum übertrieben, zu behaupten, daß das Land durch die Kürze ihrer Regierungszeit einen schweren Verlust erlitt. Ewiges Rätsel, daß sich eine Frau wie sie in so hervorragender Weise bewähren konnte.

Natürlich nahm Katharina die Krone nicht nur an, weil sie es für ihre Pflicht hielt, sondern auch weil sie die Aussicht auf Macht in nicht geringem Maße beglückte. Sie gelobte sich zwar, in die Fuß-

---

* „Aller Reußen" bedeutet nicht „aller Russen", sondern „von ganz Rußland" und war Bestandteil des Herrschertitels der russischen Zaren.

stapfen ihres Gatten zu treten, aber sie beschritt diesen Weg in ganz anderer Weise. Da sie in der Jugend nur allzu enge Bekanntschaft mit Not, Elend und Erniedrigungen gemacht hatte, gab sie nun einem Gefühl freien Lauf, das ihr Gatte nie besessen hatte — dem Mitleid. Schon in den allerersten Monaten ihrer Herrschaft wurden die Steuern herabgesetzt, der Handel von einer Menge lästiger Beschränkungen befreit und versuchsweise Maßnahmen eingeführt, um die Mühsal des gemeinen Volkes zu verringern. „Wir brauchen eine lange Erholungspause vom Krieg", pflegte sie ihren Ministern immer wieder zu sagen. „An das Schwarze Meer und die Türkei zu denken haben wir Zeit, wenn das Land erst einmal eine Weile Frieden gehabt hat."

Sie machte Menschikow zu ihrem Premierminister, den Mann, der ihre Kandidatur am stärksten befürwortet hatte, der einmal ihr Beschützer gewesen und nun ihr Diener war. Die Situation hätte leicht in eine Groteske ausarten können. Daß sie es nicht tat, war nicht Menschikows Verdienst, dessen Taktgefühl an seine Gabe für Intrige nicht heranreichte, sondern einzig Katharinas Würde zu verdanken. In St. Petersburg war sie Herrscherin und nichts als das. In der Zurückgezogenheit ihres Schlosses in Peterhof aber ließ sie sich gerne etwas gehen. Da konnten der Hofstaat und die Wachtposten ihre Kaiserin eine Kanne eisgekühltes Bier trinken sehen, ihre ziemlich rundliche Gestalt im Schlafrock betrachten, mit Pantoffeln an den Füßen, das zerzauste Haar ohne eine Spur von Puder, und ihre mit Ringen besetzten Hände, die alles eher denn rein waren. In der Hauptstadt aber gestattete sie sich nichts von solchen Nachlässigkeiten. Minister, ältere Hofbeamte und ganz besonders ausländische Gesandte wurden mit formeller Pracht empfangen, die den verstorbenen Zaren in Wut versetzt hätte. Bei solchen Gelegenheiten neigte Katharina sogar dazu, ihre Rolle eher zu übertreiben. Wenn zum Beispiel ein Senator in Privataudienz empfangen wurde, konnte er seine Herrscherin im vollen Ornat einer diamantenen Tiara sowie aller Orden und Ehrenzeichen sehen, mit dem Purpurmantel um die Schultern.

Menschikow ging vorsichtig zu Werke. Seine Feinde wurden nicht müde, zu behaupten, daß er Hoffnungen auf den Thron hege und seine frühere Geliebte zu seiner Gattin machen wolle; aber diese Anschuldigungen trafen nicht zu. Der moskowitische Pastetenverkäufer war zwar lasterhaft, korrupt und ehrgeizig, aber keineswegs dumm und hatte wohl begriffen, daß die frühere Martha Skawronskaja längst gestorben war. Die Kaiserin hätte nie daran gedacht, einen Bürgerlichen zu heiraten.

Außerdem war Menschikows Stimme keineswegs die einzige von Gewicht in ihrer Regierung. Sie machte einen anderen zu ihrem Vizekanzler, ein staatsmännisches Genie namens Ostermann, der sich schon während der Regierung ihres Gatten hervorgetan hatte. Katharina hörte auf Ostermanns Ratschläge, befolgte sie auch bisweilen, verließ sich aber manchmal auch auf ihr eigenes Urteil. Vierundzwanzig Jahre an der Seite eines Mannes, der das Regieren nur dann sein ließ, wenn er schlief, und der sie an allem hatte teilhaben lassen, waren eine gute Schule für Katharina. Als Großbritannien ihren friedlichen Absichten mißtraute und Schweden drängte, Schiffe im Finnischen Meerbusen patrouillieren zu lassen, fürchtete Ostermann, die Situation könnte sich zu einem *casus belli* entwickeln. „Nur wenn wir es dazu kommen lassen", gab Peters Witwe zur Antwort. Bald darauf wurde die Angelegenheit durch eine Beruhigungsnote und einen würdig abgefaßten Protest von Katharina geregelt. Um Verschleppungen durch den Senat zu vermeiden, bildete sie ihren Obersten Kronrat, vollendete eines der unausgeführten Projekte ihres Gatten, indem sie die Akademie der Wissenschaften gründete, und führte in St. Petersburg die erste Buchhandlung ein, obwohl sie persönlich an Literatur nicht das geringste Interesse hatte.

Da ihr das Thronfolgegesetz von 1722 das Recht gab, ihren Nachfolger selbst zu bestimmen, machte Katharina aus ihrer Wahl kein Geheimnis: ihr kleiner Stiefenkel, den Peter seit seiner Geburt gehaßt hatte, lebte zusammen mit seiner Schwester Nathalia in Katharinas Schloß. Die mit Heiratsplänen für ihre beiden eigenen Töchter beschäftigte Kaiserin zeigte sich gegenüber den Kindern, die durch ihren unglücklichen Vater so lange im Elend gelebt hatten, voll Güte und Großzügigkeit. Sie wählte tüchtige Lehrer für den kleinen Großfürsten aus und bewies warmes Verständnis für seine tiefe Zuneigung zu Nathalia. „Die Kinder dürfen nicht getrennt werden", sagte sie. „Das Mädchen hat einen so guten Einfluß auf ihn."

Aber die erste Kaiserin von Rußland hatte einen großen Fehler:

ihre Trunksucht war selbst für jene Zeit der Unmäßigkeit außergewöhnlich. Überraschenderweise zerstörte das Laster ihre geistigen Fähigkeiten nicht, untergrub jedoch allmählich ihre Gesundheit. Obwohl Katharina mit einfachem Essen zufrieden und, wenn sie in Peterhof weilte, in ihrer Kleidung so sparsam war, daß sie geflickte Röcke und gestopfte Strümpfe trug, soll sie täglich etwa sechs Flaschen Wein geleert haben ... Als sie im Januar 1727 von der ersten schweren Krankheit befallen wurde, hatte sie keine Kraftreserven mehr, um dagegen ankämpfen zu können. Menschikow und Ostermann übernahmen gemeinsam die Zügel der Regierung. Ganz im geheimen hegte Menschikow den Plan, seine Tochter Maria mit dem Großfürsten Peter zu vermählen. Es ist nicht bekannt, ob die Kaiserin noch davon erfuhr; jedenfalls wäre sie damals nicht mehr imstande gewesen, dagegen zu protestieren — oder ihre Zustimmung zu geben. Sie starb im Mai 1727; ihr genaues Alter blieb Geheimnis.

Katharinas zweijährige Regierungszeit hinterließ überall einen positiven Eindruck. Bei einem ihrer Besuche in der neugegründeten Akademie der Wissenschaften sah sie eine Landkarte des Reiches, auf der alle von ihrem Gatten hinzugewonnenen Gebiete in grellem Rot eingezeichnet waren. Da soll sie gesagt haben: „Das Land ist weiß Gott groß genug. Was wir brauchen, ist ein langer Frieden, um unser Haus zu bestellen und die Staatskasse auf die Füße zu bringen. Kriege sind so verdammt kostspielig."

Aber sie hatte nicht genug Zeit, um wirksam danach zu handeln.

PETER II., SOHN DES ZAREWITSCHS ALEXEJ, ENKEL PETERS DES GROSSEN; GEBOREN 1715, THRONFOLGE 1727, GESTORBEN 1730

Zar Peter II. war zwölf Jahre alt, als er den Thron bestieg. Der Regentschaftsrat unter dem Vorsitz Menschikows bestand noch aus weiteren vier Mitgliedern des Obersten Kronrats und den beiden Töchtern Peters des Großen, Anna, der Herzogin von Holstein, und Elisabeth, deren Verlobter, Prinz Karl von Holstein, einige Tage vor der Hochzeit an den Pocken gestorben war.

Der Knabe hatte die unglücklichste Kindheit gehabt, die je einem Prinzen beschieden war. An seine Eltern konnte er sich nicht erinnern: seine Mutter starb sehr bald nach seiner Geburt, sein Vater wurde ermordet, als der Knabe kaum drei Jahre alt war. Für Zar Peter waren der Knabe und dessen um ein Jahr ältere Schwester Nathalia nur eine zweifache Erinnerung an seinen verhaßten Sohn. Die Kinder wurden angewiesen, in einem der Vororte von St. Petersburg zu leben. Der Zuschuß aus der Staatskasse reichte gerade, um sie vor äußerster Not und Verwahrlosung zu bewahren. Der Großvater trug Sorge, daß die Erziehung des Knaben leidlich fähigen Lehrern anvertraut wurde. Im übrigen waren die Geschwister völlig sich selbst überlassen, niemand kümmerte sich um sie, niemand wollte sie. Sie wuchsen streng abgesondert von allen Familienereignissen auf und erfuhren früh von dem furchtbaren Schicksal ihres Vaters. „Der Apfel fällt nicht weit vom Stamm", war Peters Meinung über einen Enkel, den er kaum je gesehen hatte. Die Kinder, die eine tiefe Liebe zueinander hegten, wuchsen in einer Atmosphäre auf, in der undefinierbare Gefahren lauerten. Wenn in St. Petersburg neue Linienschiffe von Stapel liefen, sagte man zu dem kleinen Peter: „Oh, da solltest du dabei sein, aber es geht nicht, Seine Majestät der Zar würde einen Wutanfall bekommen, wenn er dich sähe", und begann das Kind zu weinen, so lachte man es aus. Hätte der Knabe nicht die Liebe seiner Schwester gehabt, wären diese Jahre für ihn kaum zu ertragen gewesen.

Beim Tode Peters des Großen wurden die Kinder von ihrer Stiefgroßmutter sofort in den Zarenpalast berufen und von ihrem rechtmäßigen Platz in der Welt in Kenntnis gesetzt. Dieser plötzliche Umschwung brachte weder Peter noch Nathalia in Verwirrung. Ihr Bedürfnis nach Liebe war so groß, daß sie nur allzu gerne auf diese wunderbare Fügung eingingen. Katharina und deren beide Töchter überschütteten sie mit Fürsorge und Geschenken. Als Peter gefragt wurde, was sein größter Wunsch auf der Welt sei, antwortete er sofort: „Nie von Nathalia getrennt zu werden."

Nun war er Kaiser. Ostermann war sein erster Haushofmeister, Menschikow sein Vormund. Für den empfindsamen, klugen Knaben war Menschikow eines der Symbole einer dunklen und unglücklichen Vergangenheit. Der Vorsitzende des Regentschaftsrates hatte in der unverfrorensten Weise am Tode des Zarewitschs Alexej mitgewirkt, und Alexejs Sohn konnte seine Abneigung gegen ihn nicht verbergen. Es dauerte auch nicht lange, da kam es zwischen ihnen zum ersten Zusammenstoß.

Peters Großmutter, die Zarin Eudoxia, lebte noch immer qualvoll in demselben Gefängnis, in das sie ihr Gatte 1691 verbannt hatte. Das erste Anliegen des jungen Kaisers war es, ihre sofortige Freilassung zu erwirken, gegen die jedoch Menschikow Protest erhob. Eine solche Handlung könne leicht zu einem Aufstand führen, meinte er. „Sie glauben, daß sich dann die Freunde meines Vaters um mich scharen werden", sagte der Knabe. „Ich wäre sehr glücklich, wenn sie es täten." Darüber geriet Menschikow beinahe in Wut: „Ich weigere mich, eine solche Verfügung zu treffen, ich bin der Regent", sagte er. „Und ich bin der Kaiser", entgegnete Peter.

Die Zarin Eudoxia wurde befreit. Sie hatte den Wunsch, in Moskau zu leben, und die Enkelkinder fuhren hin, um sie dort zum erstenmal zu sehen. Innerhalb weniger Tage erklärte Peter, daß ihm die alte Stadt viel besser gefiele als St. Petersburg. Trotzdem kehrten die Kinder nach einem kurzen Aufenthalt bei der greisen Zarin in den Norden zurück. Nach und nach begannen sich Mitglieder des alten Adels, die von Menschikow so offensichtlich verachtet wurden, dem Thron wieder zu nähern. Von einer Verlobung zwischen dem Kaiser und Maria Menschikowa wurde bald nicht mehr geredet. Angehörige der Familien Dolgorukij und Golizyn erklärten ganz offen, daß es sich für einen Romanow nicht schicke, sich mit der Tochter eines Emporkömmlings zu vermählen. Durch Gerüchte über eine Verschwörung gegen ihn in Schrecken versetzt, faßte der Regent den Plan, Peter zu entführen und in seinem Schloß auf der Wassilijinsel gefangenzuhalten. Der Plan schlug fehl, und der Diktator fand sich im September 1727 auf dem Wege nach Sibirien. Zu Weihnachten waren der junge Kaiser und seine Schwester bereits bestens im Kreml in Moskau untergebracht. Peters Krönung folgte im März 1728.

Nun wurde das alte Moskau wieder einmal Hauptstadt. Der Oberste Kronrat, der Senat, die Synode und die gesamte Verwaltung verließen St. Petersburg und übersiedelten auf Anordnung des Kaisers nach Moskau. Die Fürsten Dolgorukij und Golizyn blieben de jure die Regenten, Ostermann war mit den auswärtigen Angelegenheiten betraut. Das Land hielt weiterhin mit der ganzen Welt Frieden, sogar die Beziehungen zu England wurden nach dem Tode König Georgs I. ein wenig wärmer.

Peter II. hatte viel zu tun. Da waren die Unterrichtsstunden, von welchen Ostermann die in Staatskunst persönlich übernahm. Da waren die „großen Anlässe", bei denen Peter ausländische Diplomaten empfangen mußte. Da war das ganze Moskau, das er kennenlernen mußte. Und schließlich gab es Falkenbeizen und Jagden. Er war immer in Begleitung von Nathalia und Elisabeth, seiner Stieftante, die sechs Jahre älter war als er. Mit dreizehn versprach Peter bereits fast so groß wie sein Großvater zu werden, in seinen Gesichtszügen aber ähnelte er der Mutter. Er hatte einen stark ausgeprägten Willen, ein tiefes Bedürfnis nach Liebe, einen für sein Alter erstaunlichen Scharfblick und zeigte manchmal Anwandlungen von Jähzorn.

Die Verlobung des jungen Monarchen mit Fürstin Katharina Dolgorukaja wurde im Dezember 1729 bekanntgegeben und die Hochzeit für den 30. Januar 1730 festgesetzt. Zwar wurde die Verbindung bis zu einem gewissen Grad zweifellos von der Familie des Mädchens betrieben, doch war sie keineswegs nur das Werk trockener Berechnung, denn der Hauch dieser ersten Liebe half Peter sicherlich bereits über den Verlust seiner Schwester Nathalia im Dezember 1728 hinweg. Die wenigen Briefe, die er seiner Braut schrieb, sind schlicht, innig und unbedingt aufrichtig. Diese Ehe versprach so etwas wie ein neuer Grundstein für die Dynastie zu werden.

Der junge Kaiser wollte nicht zu den Gepflogenheiten der Vergangenheit zurückkehren, doch deuteten alle seine Neigungen darauf hin, daß es in seiner Absicht lag, vieles von der alten mit der neuen Lebensweise zu verschmelzen. Als man Peter fragte, ob die Paläste in St. Petersburg und Peterhof für seine Hochzeit auf Glanz hergerichtet werden sollten, antwortete er, man möge diese Namen nie wieder in seiner Gegenwart nennen, er sei der Herrscher von Rußland, und seine Hauptstadt heiße Moskau. Im Januar 1730 erkrankte Peter an den Pocken und starb am Morgen des Tages, der sein Hochzeitstag hätte sein sollen; er war der sechste und letzte rechtmäßige Romanow aus der männlichen Linie.

Obwohl er kaum fünfzehn Jahre alt wurde, waren schon alle guten Eigenschaften seiner Vorfahren in ihm spürbar gewesen: Festigkeit, gepaart mit Güte, Friedensliebe, Gerechtigkeitssinn und eine tiefe, wenn auch noch unentwickelte Beziehung zu seinem Land. Er besaß aber noch viel mehr: Fröhlichkeit, die Neigung zu sauberem Scherz und ein echtes Familiengefühl. Obwohl ihm jede Möglichkeit versagt geblieben war, sich als guter Sohn zu erweisen, zeigen Peters Behandlung seiner Großmutter Eudoxia, seine Liebe zu seiner Schwester und zu Elisabeth sowie sein Gefühl für das Mädchen, das er heiraten sollte, eine für jene Zeit völlig ungewohnte edle Haltung. Katharina Dolgorukajas Memoiren, die erst 1913 veröffentlicht wurden, sprechen von Peter als von „ihrem Sommerhimmel, von ihrer Friedenstaube, von ihrem herrlichen Adler", obwohl sie diese Zeilen erst in vorgerücktem Alter niedergeschrieben hat.

Dieser Tag im Januar 1730 verdunkelte wirklich den Himmel über Rußland. Die männliche Romanow-Linie war nun völlig ausgestorben. Den ganzen Tag und bis spät in die Nacht tagte der Oberste Kronrat hinter verschlossenen, streng bewachten Türen. Der Rat bestand aus fünf Mitgliedern, aber Ostermann, der sich mit einem Anfall von Gicht entschuldigte, blieb der Sitzung fern. Von den übrigen vieren war einer ein liebenswürdiger, unbedeutender Greis, der durch Schwerhörigkeit stark gehandikapt war und bei jedem Namen, der vorgeschlagen wurde, mit dem Kopf nickte. Ein Nachfolger für Peter II. mußte gefunden werden, aber wo sollte man ihn suchen? Der eine nannte Elisabeth, ein anderer plädierte für den kleinen Sohn der verstorbenen Herzogin Anna von Holstein. Schließlich endete die Diskussion in einem feurigen Monolog, den Fürst Dimitrij Golizyn hielt. Man habe die am ehesten in Frage kommende Kandidatin vergessen, sagte er, nämlich Anna, die jüngere Tochter Zar Iwans V., die verwitwete Herzogin von Kurland.

„Sie hat keine Kinder", warf jemand ein.

„Sie ist erst siebenunddreißig und wird wahrscheinlich noch einmal heiraten", entgegnete Golizyn. „Sie ist jedenfalls eine geborene Romanow und soll bei guter Gesundheit sein."

Golizyn hatte noch viel mehr zu sagen, nachdem seine Kandidatin tatsächlich angenommen worden war. Es dürfe keine Autokratie mehr geben, drängte er. Die Herzogin müsse eine Erklärung unterzeichnen, daß sie mit dem Obersten Kronrat und dem Senat gemeinsam regieren würde. Die drei anderen Ratsherren schreckten vor diesem kühnen Vorschlag nicht zurück, verlangten aber, daß noch der Senat befragt werde. Alle alten Herren, die nicht durch Gicht oder andere Leiden verhindert waren, nahmen an der Sitzung teil und begannen die Bestimmungen des Dokuments auszuarbeiten, das man Anna unterbreiten wollte. Im ganzen waren es neun Artikel, die die Macht der Herrscherin in jeder nur möglichen Beziehung so radikal beschnitten, daß ihre Autokratie nicht viel weiter als bis zu den Grenzen ihres eigenen Hofstaates zu reichen schien.

Schon am nächsten Tag reiste eine Deputation nach der kurländischen Hauptstadt Mitau ab. Nach etwa drei Wochen erreichte ein Kurier von dort Moskau. Anna hatte die Krone angenommen und die Artikel unterschrieben. Der Adel war außer sich vor Freude, nur Ostermann sah nachdenklich drein; er wußte, daß eine konstitutionelle Monarchie in Rußland auf verlorenem Posten stehen würde. Aber er kannte die verwitwete Herzogin von Kurland nicht ...

Schon kurz nach ihrer Ankunft in Moskau hatte sich die dicke, blonde Tochter Iwans V. dort zurechtgefunden, erklärte die neun Artikel als im Widerspruch zum Willen des Volkes und zu den Erfordernissen des Reiches stehend, ließ sich das von ihr unterzeichnete Dokument bringen und zerriß es mit eigenen Händen. Ihre Rückendeckung war die Armee. Das gewöhnliche Volk hatte von der ganzen Angelegenheit keine Ahnung. Es regte sich keine Spur von Opposition. Die Schöpfer des „Mitauer Planes“ waren wie betäubt vor Schreck, und Anna wurde rechtmäßig zur Kaiserin — und Autokratin — aller Reußen gekrönt.

ANNA, ZWEITE TOCHTER ZAR IWANS V.; GEBOREN 1693, THRONFOLGE IM FEBRUAR 1730, GESTORBEN IM OKTOBER 1740

„Sie ist eine ausgesprochene Giftnatter und obendrein noch vulgär. Man hört, sie soll die Äpfel an den Bäumen zählen aus Angst, die

Gärtner könnten sie betrügen. Ich wünsche diesem barbarischen Rußland viel Vergnügen mit ihr." So schrieb ein junger Baron aus den baltischen Provinzen an einen Freund in Schweden.

Die Beschreibung trifft ziemlich ins Schwarze. Anna hatte wirklich etwas von einer Giftschlange an sich und war — trotz all ihrer Intelligenz — eine Närrin in ihrer blinden Leidenschaft für einen Mann, zu dem eine Dirne gepaßt hätte, aber nicht die Kaiserin von Rußland.

Im Jahre 1730 war Anna siebenunddreißig. Die von den Lidern halb verdeckten Augen, der verkniffene Mund, eine gewisse vulgäre Art in Gang und Gebärden, gepaart mit ihrer plumpen Leibesfülle, ließen sie um einige Jahre älter aussehen. Eine unglückliche Kindheit unter der Knute einer völlig unmütterlichen Mutter, eine frühe, aufgezwungene Ehe mit einem Mann, der Lastern frönte, von deren Existenz sie noch nicht einmal gehört hatte, ein armseliger Witwenstand voller kleiner Demütigungen, die gar nicht im Einklang mit ihrem Rang standen — das war ihre Vergangenheit gewesen. Sie war innerlich nicht groß genug, um ohne Verbitterung darüber hinwegzukommen; sie blieb ihren Erinnerungen voll Bitternis verhaftet.

Die Deputation aus Moskau fand Anna völlig unvorbereitet. Sie unterzeichnete die sogenannten Mitauer Artikel ohne Widerspruch: Sie hätte auch einen Pakt mit dem Teufel unterschrieben, nur um von Kurland wegzukommen, wo sie verachtet und gehaßt wurde und wo die Not sie zwang, von gedörrtem Fleisch und Sauerkraut zu leben und Hemden zu tragen, die von den nicht allzu willigen groben Händen ihrer Dienerinnen zusammengeflickt worden waren.

Moskau sah in Anna die Tochter Zar Iwans V. und bereitete ihr einen stürmischen Empfang. Es war wohltuend, eine gebürtige Russin auf dem Thron zu wissen, deren Vater ein Romanow gewesen und deren Mutter eine Saltykowa war. Anna schien die beste Nachfolgerin des Knabenkaisers zu sein, der bereits Moskau dem fremden Treiben von St. Petersburg vorgezogen hatte. Die Menschenmassen, die durch die Straßen auf und nieder wogten, hatten keine Ahnung, daß sie sich zu Ehren der ersten völlig eingedeutschten Russin heiser schrien. Denn die Jahre des Elends in Kurland hatten das moskowitische Erbe in Anna völlig zerstört. Die allgemeine Ernüchterung in der Hauptstadt ließ nicht lange auf sich warten. Die Tochter Iwans V.

schien für das Volk ihres Vaters wenig übrig zu haben. Sie kam mit einem ganzen Hofstaat deutscher Schmarotzer an, unter denen sich vor allem ihr Liebhaber, ein gewisser Biron, befand, der Enkel eines Stallknechts.

Anna verließ Moskau beinahe sofort, um nach St. Petersburg zu übersiedeln. Sie war außerstande, zu vergeben und zu vergessen, und begann den alten Adel, der geplant hatte, ihre Machtbefugnisse einzuschränken, mit kalt berechnender Grausamkeit zu verfolgen. Die Dolgorukijs und die Golizyns waren die ersten Opfer, und viele folgten. Auch Graf Tolstoj und einige seiner Freunde, die es gewagt hatten, Elisabeth als Nachfolgerin Peters II. zu nennen, entgingen Annas Rache nicht. Die arme kleine Braut des Knabenkaisers wurde auf Lebenszeit nach Sibirien verbannt. Elisabeth wurde auf einen einsamen Landsitz ins Exil geschickt und ihre Apanage auf ein kärgliches Minimum zugestutzt.

Man hätte annehmen können, daß eine Frau, die so lange gewohnt war, das harte Brot der Armut zu essen, Sparsamkeit gelernt habe; aber im Gegenteil: der schwindelnd schnelle Aufstieg zum Thron warf Anna in einen wahren Strudel von Verschwendungssucht. Die Staatskasse wagte keinen Einspruch zu erheben, schwer fiel die Besteuerung auf Reiche und Arme, die Einfuhrzölle stiegen in erschreckendem Ausmaß, und verschiedene durch kaiserlichen Willen eingesetzte Monopole regelten die Preise von Heringen und Kerzen. Die ehemalige Hausfrau aus Mitau, die einstmals Gurken und Würste in ihrer Speisekammer abgezählt hatte, schwelgte am russischen Hof in noch nie dagewesenem Luxus. Annas Toilettetisch und ein darüber hängender großer Spiegel waren aus massivem Gold. Man erzählte sich von Bädern in köstlichem Weißwein, einem Lehnsessel aus Silber, mit Saphiren besetzt, Zahnbürsten mit Rubinen am Griff und ganz mit Perlen und Amethysten bestickten „robrones“. Manches waren bloße Klatschgeschichten von Marktplätzen und Straßenecken, manches aber war leider wahr, und auch der Liebhaber der Kaiserin nahm ausgiebig an all dieser Verschwendung teil. Birons prachtvoll eingerichtete Gemächer grenzten an die Annas in ihrem Sommerpalais. Trotzdem ließ sie ihm auf einer der Inseln um St. Petersburg noch ein großartiges Herrenhaus bauen. Im Verwaltungsdienst wurde eine besondere Abteilung eingerichtet, um das Gestüt des Favoriten zu betreuen. Birons Tafel wurde von ausländischen Gesandten ebenso bewundert wie die Diamanten, mit denen die Kaiserin seine willfährige Gattin überschüttete. In weniger als einem Jahr wurde aus dem Enkel des Stallknechtes der mächtigste Großgrundbesitzer Rußlands, dessen Ländereien bis nach Sibirien reichten. Um all das zu krönen, erhob die Kaiserin ihren Liebhaber auch noch in den Herzogsstand, sobald der Herzogsstuhl von Kurland vakant geworden war.

Ein Emporkömmling aber, der die oberste Stufe der Erfolgsleiter auf mehr als krummen Wegen erreicht hatte, konnte sich nie sicher fühlen. Wenn ein Gassenbub über eine Ungeschicklichkeit von Birons Gattin beim Besteigen einer Kutsche in Lachen ausbrach, konnte Biron darin schon ein Anzeichen für eine Verschwörung gegen sein Leben erblicken, und er versäumte nie die Gelegenheit, auch Anna seine Verdächtigungen mitzuteilen, die immer mehr davon überzeugt war, daß auch ihr Leben dauernd in Gefahr war. Ihr Liebhaber schärfte ihr ein, daß das Heer als einzige Unterstützung kaum ausreichen würde, ihre Sicherheit zu gewährleisten, und sie gab ihm recht. So wurde eine Institution, die als „Geheimkanzlei" bekannt ist, ins Leben gerufen. Birons gedungene Männer in ihren grünen Röcken durchstreiften mit ihrem Wahlspruch „Slowo i djelo — Wort und Tat" das ganze Land. Der Name dieser neuen Institution war überaus passend: ihre Verhandlungen wurden „in camera" abgehalten, ihre Urteilsfällungen wurden niemals veröffentlicht, und die Protokolle wurden verschlüsselt abgefaßt. Im Palast mußten verschreckte Pagen jede Speise zuerst kosten, ehe sie der Kaiserin serviert wurde.

Trotzdem hätte sich ihre Regierungsperiode ruhmreich gestalten können. Ihr politischer Scharfsinn hatte sich in einer harten Schule gut entwickelt; sie konnte die Vor- oder Nachteile eines vorgeschlagenen Vertrages viel schneller als ihre Minister erkennen und war im Ratssaal durchaus keine Marionette. Sie hatte Männer wie Ostermann, Münnich und Lacy in ihren Diensten und wußte von deren Genie Gebrauch zu machen. Die türkischen Kriege während Annas Regierung kosteten zwar viele Menschenleben und viel Geld, und die Eroberungen des Feldmarschalls Münnich, der bereits die ganze Krim in der Hand hatte, wurden — hauptsächlich durch französische

Intrigen — im Frieden von Konstantinopel 1739 wieder zunichte. Aber diese Feldzüge waren trotzdem nicht ergebnislos. Die in russischen Diensten stehenden Generale bewiesen immer wieder, daß sie der Türken Herr zu werden verstanden, und das Vordringen der Armeen Annas im Süden wurde von Schweden bis hinunter zu den italienischen Staaten mit größter Besorgnis beobachtet. Die Weisungen der Kaiserin an ihre ausländischen Gesandten ließen deutlich erkennen, daß die russische Diplomatie nicht mehr unbeachtet blieb und daß Anna fest entschlossen war, den Frieden von Konstantinopel nicht als die letzte Seite in ihrer Chronik anzusehen.

Sie hatte ihr siebenundvierzigstes Lebensjahr erreicht. Die Erbfolge schien durch die Ehe ihrer Nichte, Prinzessin Anna von Mecklenburg-Schwerin, mit dem blassen, unbedeutenden Anton Ulrich von Braunschweig-Wolfenbüttel gesichert. Die Kaiserin ließ das Paar nach St. Petersburg bringen, wo im August 1740 ein Sohn zur Welt kam. Dieses Ereignis löste bei Hof große Freude aus, fand aber sonst nur geringe Zustimmung. Im folgenden Oktober erlitt Anna während des Abendessens einen Schlaganfall. Sie raffte sich aber noch so weit auf, daß sie ihren kleinen Großneffen formell zum Erben ernennen konnte: Biron setzte sie für die lange Zeit der Minderjährigkeit des Knaben zum Regenten ein.

Die Glocken im ganzen Reiche läuteten, um Annas Tod zu verkünden. Doch außer Biron und dessen Familie gab es nur wenige, die sie betrauerten.

IWAN VI., ÄLTESTER SOHN VON PRINZESSIN ANNA UND PRINZ ANTON ULRICH VON BRAUNSCHWEIG-WOLFENBÜTTEL, GROSSNEFFE DER KAISERIN ANNA; GEBOREN IM AUGUST 1740, THRONFOLGE IM OKTOBER 1740, ENTTHRONT IM DEZEMBER 1741, ERMORDET IM JULI 1764

Ein drei Monate altes Kind, dessen Großmutter mütterlicherseits seine einzige Verbindung mit der Dynastie war, wurde zum Alleinherrscher über alle Reußen. Das sogenannte Braunschweig-Quartett im Sommerpalais, das aus Iwans Eltern, einer Kammerfrau namens Julia

Mengden, der Mätresse des Prinzen Anton und einem Kammerherrn, dem Grafen Lynar, der der Liebhaber der Prinzessin war, bestand, glich einer Handvoll Marionetten, die den unsinnigsten Befehlen Birons gehorchten, bis Ostermann und Münnich sie durch die Entdeckung einer ziemlich plumpen Verschwörung aus diesen Fesseln befreiten. Ende November waren der Exregent, seine Familie und die Mehrzahl seiner Anhänger en route nach Sibirien, und die Mutter des kleinen Kaisers wurde Regentin. Da aber das Regierungsgeschäft ganz und gar über jeden ihrer Begriffe ging, wurde das Reich praktisch von Ostermann regiert. Das Braunschweig-Quartett war vollauf beschäftigt mit französischen Theaterstücken, fêtes champêtres, Tanzen, Kartenspielen, Klatsch und dem Bauen von Lustschlößchen.

1741 hätte für Rußland leicht zu einem Katastrophenjahr werden können, wenn Ostermann das Staatsschiff nicht aus dem Gefahrenbereich gesteuert hätte. Nachdem nämlich der Österreichische Erbfolgekrieg ausgebrochen war, kam es zur üblichen Umkehr der Bündnisse. Die Türkei schien wieder einmal unruhig zu werden, wodurch dem Khan der Krim der Kamm schwoll; also mußten Streitkräfte südwärts geschickt werden, um etwaige Feindseligkeiten zu verhüten. Zu Beginn des Sommers nahm Schweden ein Mißverständnis zum Anlaß, die diplomatischen Beziehungen zu Moskau abzubrechen; es erklärte Rußland den Krieg und drang in Finnland ein. Obwohl die Schweden von Feldmarschall Lacy, dem Befehlshaber der russischen Streitkräfte im Norden, zurückgeschlagen wurden, blieben doch noch genug andere Gefahren, unter denen die wachsende Unzufriedenheit im Lande nicht die geringste war. Wanderprediger, die auf dem russischen Schauplatz niemals fehlten, zogen von einer Provinz zur anderen und redeten ihren Zuhörern ins Gewissen, daß ein Land, dessen Herrscher ein Kind und dessen Regierung in der Hand von Männern sei, die nicht der einzig rechtgläubigen, der orthodoxen Kirche angehörten, nichts als Kummer zu erwarten habe. Mißernten in einigen Teilen des Landes wurden unweigerlich als Zeichen des Zornes Gottes gegen Rußland gedeutet.

Die Geheimkanzlei hielt unaufhörlich Wache, ob sich nicht irgendwo das geringste Anzeichen einer aufkeimenden Verschwörung entdecken ließe. Aber es gab keine Verschwörungen; elf Jahre unter der scharfen Geißel von Not und Mühsal verlangten ihren Tribut. Ein Hauch von Apathie begann sich über das ganze Land zu legen.

In einer sternenhellen, frostigen Nacht im Dezember 1741 wurde Kaiser Iwan VI. von Fremden aus seinem Kinderbettchen gehoben. Da er sich seiner Herrschaft noch nie bewußt gewesen war, konnte er auch nicht ahnen, daß der vierzehnte Monat seiner Regierungszeit deren Ende bedeutete. Er soll kräftig geschrien haben, als man ihn weckte. Die Unbekannten versuchten ihn zu beruhigen. In Schals und Pelze gewickelt, wurde die kleine Majestät von Rußland über die breite Treppe hinuntergetragen und in einen überdachten Schlitten gelegt, der in der Nähe des Portals des Sommerpalais wartete. Diese kurze Reise aus den Kinderzimmern zum Portal war Iwans VI. letztes „öffentliches Erscheinen". In dieser selben Nacht wurden seine Eltern und deren zusammengewürfeltes Gefolge auf Befehl Elisabeths, die durch den Willen der Garderegimenter zur Kaiserin gewählt worden war, gefangengenommen.

Das Kind sah seine Eltern niemals wieder. Aus dem Exil in einer Festung an der baltischen Küste wurde es später nach Cholmogory im Norden Rußlands gebracht und schließlich nach Schlüsselburg am Ausfluß der Newa aus dem Ladogasee. Alle offiziellen Berichte beziehen sich auf den entthronten Herrscher immer nur als auf den „namenlosen Gefangenen". Iwan wuchs in einem unerträglich engen Kerker auf, in welchem er weder Bewegung machen konnte noch jemals allein war. Seine Sprache war stockend und unzusammenhängend, sein Geist von einem Dämmerzustand umfangen, den keiner seiner Wärter zu durchdringen vermochte. Sowohl Cholmogory als auch Schlüsselburg waren Gebäude aus Stein und Eisen. Iwan VI. durfte niemals eine Erde kennenlernen, aus der im Frühling das frische Gras sproß und über welcher im Herbst das Laub rot und gelb erglühte, auf der Männer und Frauen sich bewegten und ohne Fesseln frei ihre Wohnung, Kleidung und Nahrung wählen konnten. Iwan wußte nicht, daß in eben dieser Welt, deren Existenz er nicht einmal ahnte, Menschen lebten, die an ihn dachten, ihn bemitleideten, für ihn beteten. Nicht einmal sein Name durfte öffentlich genannt werden.

Iwan VI. wußte niemals, daß trotz seiner Gefangenschaft, deren

Ort den Volksmassen bis zuletzt unbekannt blieb, sein Name eine Herausforderung für die Inhaberin des Thrones war. Ganz im geheimen gab es Männer, die ein Komplott zu seiner Wiedereinsetzung schmiedeten — und als ein solcher Anschlag 1764 bis zu den Mauern seines Gefängnisses vordrang, kostete er dem jungen Mann das Leben, er wurde von seinen Wärtern ermordet. Sein Leichnam wurde nicht im Mausoleum der Dynastie in der Sankt-Peter-und-Pauls-Kathedrale beigesetzt, sondern im Bereich der Festung Schlüsselburg begraben. Der amtliche Bericht sprach von einem „tödlichen Unfall, der dem namenlosen Gefangenen zugestoßen war" — dem Urenkel Zar Iwans V., der zum Kaiser geboren wurde und keine andere Schuld auf sich geladen hatte, als daß er der rechtmäßige Thronfolger seiner Großtante, der Kaiserin Anna, gewesen war.

ELISABETH, ZWEITE TOCHTER VON PETER I. UND MARTHA SKAWRONSKAJA (KATHARINA I.); GEBOREN 1709, BESTIEG DEN THRON 1741, STARB AM CHRISTTAG 1761

Die neue Regierungsperiode begann nicht am Totenbett eines Herrschers, auch nicht in einem Schloß oder in einem Saal des Senats noch auf den Altarstufen einer Kathedrale — sie begann in der lärmenden, rauchigen Atmosphäre einer Grenadierbaracke unter halbbekleideten, zerzausten Männern, die von ihren Holzpritschen aufsprangen und nicht wußten, ob sie nicht etwa noch träumten, weil plötzlich eine hochgewachsene, schöne Frau mit einem Soldatenmantel über den Schultern und einem kurzen Speer in der Hand ohne jegliche Begleitung in der geöffneten Tür stand, das Gesicht und den Faltenwurf ihres Mantels von Fackelschein erhellt. Die Männer starrten sie schweigend an. Dann sprach sie zu ihnen, und ihre Worte klangen in der mitternächtlichen Stunde wie Musik des Morgens in ihren Ohren:

„Ihr alle wißt, wessen Tochter ich bin. Ich komme im Namen meines Vaters zu euch. Wollt ihr versprechen, mir zu dienen?"

Die Grenadiere, die jetzt hellwach waren, gaben laut schreiend ihre Zustimmung.

Die Szene verlangt förmlich danach, von einem Komponisten, Maler oder Epiker dargestellt zu werden. Sie war zweifellos aufwühlend, ein bißchen sentimental und verstieß — wie sich bald zeigen wird — völlig gegen das bestehende russische Gesetz. Später anerkannten die Regierung, die übrige Armee und das Volk das Fait accompli, da sie ohnehin gar nichts anderes mehr tun konnten.

Die Grenadiere aber bildeten allein die Vorhut, und sie waren die ersten, die Zar Peters I. Tochter Treue schworen, die durch ihren Aufruf um die Hilfe und den Dienst der Grenadiere ein Gesetz brach, das ihr Vater ins Leben gerufen hatte. Die Grenadiere hatten höchstwahrscheinlich gar keine Ahnung von einem solchen Gesetz. Die Verwaltungsbeamten und viele andere allerdings wußten genau, daß Elisabeth im rechtlichen Sinn eine Usurpatorin war. Zwar hatte sie zweifellos zum Wohl des Reiches den Braunschweigern die Krone entrissen, doch blieb es trotzdem Gesetzesbruch.

Das Thronfolgegesetz Peters des Großen von 1722 ermächtigte, was immer dafür oder dagegen eingewendet werden mag, den Herrscher, seinen Nachfolger namhaft zu machen, und Kaiserin Anna hatte absolut das Recht gehabt, ihren Großneffen als Thronerben einzusetzen. Iwan VI. war de jure Kaiser. Indem sie ihn entthronte, hatte Elisabeth den Willen ihres eigenen Vaters, Peters des Großen, verletzt. Obwohl weder während jener Nacht noch später auch nur ein einziger Tropfen Blut vergossen worden war, verfolgte sie das Gespenst Iwans VI. all die kommenden Jahre hindurch.

In jener Dezembernacht des Jahres 1741 bewahrten jene, die sich der Usurpation wohl bewußt waren, wohlweislich Stillschweigen. Es schien zu genügen, daß die rasche und unblutige Revolution ganz im Einklang mit den Wünschen und Hoffnungen des Volkes stand. Der Elisabeth geleistete Treueid kam aus dem Herzen aller Russen.

Was für eine Art von Frau war sie?

Der brausende Orkan des Regimes ihres Vaters, die schwierigen Jahre, die darauf folgten, und der Glanz, der sich unter Katharina der Großen noch entfalten sollte, verdunkeln irgendwie Elisabeths eigenes Werk, und es gab nur wenige Historiker, die zugegeben hätten, daß Katharina die Große vieles nur vollendet hat, was die Tante ihres Gatten bereits begonnen hatte.

Elisabeth war zweiunddreißig, als sie den Thron bestieg, und genoß den Ruf, die schönste Frau ihrer Zeit und die beste Tänzerin von ganz Europa zu sein. Ihr Vater hatte gehofft, sie eines Tages als Königin von Frankreich zu sehen, aber das Rassenbewußtsein und der Stolz der Bourbonen schreckte vor der Vorstellung einer Ehe mit der Tochter einer Marketenderin zurück. Nach einigen anderen ebenso fruchtlosen Versuchen wurde ein weitaus weniger bedeutsamer Bräutigam in Gestalt des Prinzen Karl von Holstein gefunden, doch starb dieser wenige Tage vor der Hochzeit. Es gefiel Elisabeth — und zwar lange Zeit hindurch —, eine tiefe Trauer zur Schau zu tragen, die sie tatsächlich — oder vielleicht auch nicht — empfunden haben mag.

Schlecht erzogen und höchst mangelhaft gebildet — bis ans Ende ihres Lebens konnte sie sich nicht merken, daß Großbritannien eine Insel ist —, war sie beim Tode ihres Vaters noch nicht einmal sechzehn. Sie hatte seit ihrer Kindheit getanzt, gesungen, gelacht, war leidenschaftlich gern geritten und lebte so fort bis 1730. Frohsinn, Einfachheit und Mut machten sie jedem, der sie kannte, liebenswert; Peter II. empfand eine tiefe Zuneigung zu dieser lebhaften Stieftante, die keinen anderen Lebensinhalt zu kennen schien, als in das Leben verliebt zu sein. Schon im Jahre 1726 waren Gerüchte über Elisabeths Liebhaber im Umlauf. Manche dieser Geschichten waren gutmütiges Geschwätz — „Wenn sie sich unterhalten will, warum sollte sie es nicht tun?" —, andere hingegen erwiesen sich als wahr.

Sie war eigentlich keinem ihrer Elternteile ähnlich. Indolent, gutem Essen gegenüber gleichgültig, eine leidenschaftliche Liebhaberin von Sportarten im Freien, völlig ratlos bei der geringsten technischen Kleinigkeit, frei von Ehrgeiz und anscheinend völlig unbesorgt über ihre Zukunft, lebte Elisabeth in den Tag hinein wie ein bunter Schmetterling. Ihre Schönheit erregte Aufsehen, ihr Frohsinn wirkte ansteckend, ihre Aufrichtigkeit brachte sie und andere manchmal in Verlegenheit. Ausländer konnte sie nicht leiden und machte kein Hehl daraus.

Die Krise von 1730 hätte für Elisabeth gefährlich werden können, doch scheint es, daß ihr das nicht zum Bewußtsein kam. Nachdem man ihren Neffen in der Mariä-Himmelfahrts-Kathedrale begraben hatte, blieb sie einfach, wo sie war. Das gewöhnliche Volk wäre für sie durchs Feuer gegangen, und auch manche einflußreichen Leute erhoben das Wort für sie, aber Elisabeth zog es vor, im Hintergrund zu bleiben. Wahrscheinlich war das auch das Sicherste, was sie tun konnte. Für Dimitrij Golizyn, den Schöpfer des Mitauer Planes und so mancher anderer Pläne, war Elisabeth vor allem die Tochter Peters des Großen, die im Ruf ziemlicher Liederlichkeit stand.

Mit der Ankunft der Witwe aus Kurland änderte sich ihr Leben allerdings sehr zu ihrem Nachteil. Anna fürchtete und mißtraute der Cousine. Es folgten zehn Jahre Exil auf dem Lande, wo Elisabeth von einer schmachvoll kärglichen Zuwendung leben mußte. Großangelegte Verschwörungen gab es zwar keine, doch endete so mancher Mann am Galgen, weil er auf die Gesundheit des „Nordsterns" sein Glas geleert hatte. Obwohl Elisabeth fern von allen gesellschaftlichen Ereignissen lebte, vom Hof völlig vernachlässigt wurde und sich auch nicht im geringsten um Politik kümmerte, geriet sie beim Volk keineswegs in Vergessenheit. Auch im Ausland wurde ihr Name ziemlich oft genannt. Frankreich beobachtete alles schweigend und wartete gespannt auf neue Ereignisse. Vergebens. Elisabeths Palast in Petersburg war dem Verfall preisgegeben, sie wohnte weiter auf dem ihr zugewiesenen Landsitz, verbrachte die Zeit mit Reiten und Jagen, sie konnte sich keinen großen Hofstaat leisten und auch keine Gesellschaften geben. Man erzählte sich erschütternde kleine Anekdoten, wie schäbig sie gekleidet und wie armselig ihre Kost war. Trotzdem blieb sie innerlich dieselbe, und die Leute in der Umgebung vergötterten sie beinahe. Birons Speichellecker in St. Petersburg nannten sie eine Hure.

Als Elisabeths Exil im November 1740 aufgehoben wurde, erschien sie wieder in Petersburg. Die Regentin — die Mutter des kleinen Iwan VI. — und deren Hof schienen ihr gegenüber ziemlich freundlich, Ostermann beobachtete sie voll Mißtrauen. Aber Elisabeth gab ihm nicht den geringsten Grund zur Klage. Die Zarentochter erhielt ihr Vermögen zurück, gab große Gesellschaften, kaufte Schmuck und Pferde, soupierte und tanzte im Sommerpalais, kaufte teure Spielsachen für die kaiserlichen Kinderzimmer und gähnte regelmäßig, sobald in ihrer Gegenwart politische Probleme diskutiert wurden. Die

Jahre ihres demütigend armseligen Exils hatten sie nicht im geringsten verbittert. In uneingeschränktem fröhlichem Überschwang schien Elisabeth zu sagen: Ich bin noch jung. Laßt mich, bitte, mein Leben genießen, mehr verlange ich nicht.

Eine derart treuherzige Haltung beschwichtigte bis zu einem gewissen Grade sogar Ostermann, obwohl er nach wie vor Elisabeths Rückkehr nach Petersburg zu mißbilligen schien. Da sich Münnich kochend vor Wut zurückgezogen hatte und Biron nach Sibirien verbannt war, war Ostermann der eigentliche Herrscher Rußlands, doch gab es gewisse Familienangelegenheiten, in denen die Regentin seinen Rat nicht einholte. Ostermann wußte sehr wohl, daß er in Elisabeths Augen immer der unbedeutende Deutsche blieb, der ihrem Vater zu unermeßlichem Dank verpflichtet war. Obwohl er Elisabeth nicht daran hindern konnte, ihren Petersburger Palast wieder in Besitz zu nehmen, hatte er doch mancherlei Gelegenheit, sie an die Macht zu erinnern, die er in Händen hatte. Die Staatskasse durfte nur von ihm gezeichnete Aufträge ausführen. Innerhalb weniger Monate waren Elisabeths Mittel durch ihre Verschwendungssucht erschöpft. Sie bat um eine Erhöhung ihrer Zuwendungen, die aber verweigert wurde. Der Gesandte Frankreichs kam ihr zu Hilfe, und das französische Gold gelangte auf so diskrete Art zu Elisabeth, daß Ostermann nie etwas davon erfuhr.

Er wußte auch nicht, daß die lustigen Abendgesellschaften in ihrem auf dem Marsplatz gelegenen Palast jetzt immer in ernste Diskussionen mündeten, die hinter streng bewachten Türen abgehalten wurden. Abend für Abend sprachen Elisabeths Vertraute, ihr Liebhaber Graf Alexej Rasumowskij — der bald ihr Gatte werden sollte —, ihr Kammerherr Michael Woronzow, die beiden Brüder Schuwalow und Elisabeths französischer Arzt, Dr. Armand L'Estocq, über die Verhältnisse im Lande, die Unfähigkeit der Regierung und — ganz besonders — über die Einstellung der Armee. Abend für Abend brachten Zwischenträger Berichte über die herrschende Stimmung in der Petersburger Grenadierbaracke oder an anderen Orten. An einem solchen Abend wurde dann spontan ein Entschluß gefaßt und auch ausgeführt. Aber niemand begleitete Elisabeth in jener Dezembernacht des Jahres 1741 zu den Soldaten.

Rasumowski
Kosakenjunge, der gut singen konnte, 16 Jahre alt

Das indolente Ich in ihr starb zwar nicht in dieser Nacht, doch sollte es für mehrere Jahre wenigstens schlafen. Ein anderes, völlig überraschendes Ich erwachte dafür. Faulheit wurde durch Aktivität ersetzt, Fröhlichkeit durch Ernst in ihre Schranken gewiesen. Obwohl Elisabeth für ihr hohes Amt unvorbereitet und selbst in den Grundbegriffen der Staatskunst völlig unerfahren war, schien sie die Wirklichkeit scharf ins Auge gefaßt zu haben, erkannte sie ihre Lasten ebenso wie ihre Privilegien und erwies sich als fähig, eine Aufgabe zu erfüllen, die ihr eigentlich schon 1730 hätte zufallen sollen.

Alle ausländischen Regierungsmitglieder wurden entlassen, viele davon ins Exil geschickt. Jeder wunderte sich über Graf Alexej Bestushew, Ostermanns hochbegabten Schüler und Zweiten Mann im Staat, der sich schon als ganz junger Mensch während der russisch-schwedischen Verhandlungen in den Jahren 1718 bis 1721 ganz außerordentlich hervorgetan hatte. Er war ein schwieriger und unliebenswürdiger Charakter, von dem sich Elisabeth irritiert und abgestoßen fühlte. Sie haßte Bestushew vielleicht noch mehr als Königin Victoria Gladstone haßte. Bestushew hatte Feinde ohne Zahl, und die stachelige Art seines Benehmens und seiner Konversation hatte ihm nirgends Freunde gewonnen. Alle waren überzeugt, er würde Ostermann nach Sibirien folgen müssen, und das tat er denn auch wirklich — aber nur, um fast sofort wieder zurückgerufen zu werden.

„Ich hasse diesen Mann, aber ich kann ohne sein Genie einfach nicht auskommen", sagte Elisabeth zu Alexej Rasumowskij. „Es gibt so vieles, was er für mich in Ordnung bringen muß." Und jeder staunte, als sie Bestushew zu ihrem Vizekanzler machte. Die Ruhmestaten ihrer Regierung verdankte sie sicherlich zum Großteil diesem Mann, mit dessen Meinung und Politik der Westen rechnen mußte.

Elisabeth hätte den Thron kaum zu einem schwierigeren Zeitpunkt der russischen Geschichte besteigen können. Das schwedische Problem war noch immer nicht gelöst, da Schwedens Rückzug in Finnland Frankreich in Unruhe versetzt hatte. Der französische Gesandte de la Chétardie war beauftragt, Frankreichs Vermittlung anzubieten, denn seine Regierung hatte großes Interesse an russischen Zugeständnissen, da ein geschwächtes Schweden dem Wunsche Frankreichs gar nicht entsprach. In diesem Fall war de la Chétardie ebenso ungeschickt wie schamlos. Nachdem er zuerst seiner Regierung versichert hatte, der Erfolg seiner Mission könne nicht ausbleiben, weil die Kaiserin in Staatsgeschäften vollkommen ahnungslos sei, beschloß er nun, die Frau in ihr zu gewinnen und sie zu überreden, Schweden gegenüber großzügig zu sein; die Freundschaft Frankreichs würde der Lohn für ihre Willfährigkeit sein. Es war aber die Herrscherin — und nicht die Frau —, die ihm in makellosem Französisch erwiderte:

„Was würde mein Volk von mir denken, wenn ich das Andenken an meinen Vater zu beschmutzen wagte, indem ich dasselbe Land an Schweden abtreten würde, das er unter so hohen Verlusten erobert hat?" Und ohne Bestushew zu befragen, von dem sie freilich wußte, daß er ihre Meinung teilte, lehnte sie es ab, Verhandlungen zu pflegen, außer sie stellte selbst die Bedingungen. Der von Schweden leichtsinnig begonnene Krieg wurde fortgesetzt bis zum Frieden von Abo 1743, in dem zu den Eroberungen Peters des Großen noch ein Gebietsstreifen im Südosten Finnlands an Rußland kam.

„Es darf aber keinen Streit mit Frankreich geben", warnte die Kaiserin den Gesandten. „Die europäischen Angelegenheiten sind zwar Ihr Geschäft, aber ich muß Rußland regieren, und der Himmel weiß, wie dringend wir eine Atempause brauchen."

Trotz der mangelhaften Verwaltung im Innern hoffte Elisabeth ihr Land einfach als Mutter einer riesengroßen Familie regieren zu können. Die herkömmliche Unterteilung der obersten Gewalt nach Provinzen wurde immer unbefriedigender, da die Verbindung aller Provinzen mit dem Zentrum des Reiches ungeheuer schwierig war. Die Härten und Unbilden des Klimas und der Mangel an guten Straßen ließen die Macht der lokalen Verwaltungsbehörden oft bis zur Tyrannei ausarten. Wohl konnte gegen das ungerechte Verhalten eines Gouverneurs Einspruch erhoben werden — doch nur in der Theorie. In der Praxis verfehlten die meisten Einsprüche an den Senat — und Bittgesuche an den Herrscher noch viel mehr — ihren Zweck, woran vor allem das Bestechungsunwesen schuld war. Trotzdem war es nun nicht mehr so gefährlich, sich direkt an den Thron zu wenden, wie während Annas Regierungszeit, wo eine private Eingabe gegen irgendein Unrecht einer Provinzbehörde nur allzuoft mißdeutet und als Geste der Rebellion gegen die oberste Gewalt aufgefaßt wurde. Elisabeth schaffte die Geheimkanzlei und die Todesstrafe ab. So waren die Massen des Volkes wenigstens von dieser Last befreit, und wiewohl die Zarin für alle in weiter Ferne war, blieb sie doch ihrer aller „Nordstern“.

In St. Petersburg arbeitete Bestushew, dessen schäbiges Büro kaum mit der Würde eines Vizekanzlers vereinbar war, unermüdlich und ohne selbst seine engsten Mitarbeiter in seine Pläne einzuweihen. Er wußte ganz genau, daß ihm der Frieden von Abo die ewige Feindschaft Frankreichs eingetragen hatte, aber im Augenblick beunruhigte das weder ihn noch seine Herrin. Bestushew stützte sich ein wenig zu sehr auf seine Freundschaft mit Österreich und Sachsen, er mißtraute Preußen und tat sein möglichstes, um die eisigen Beziehungen zwischen seinem Land und Großbritannien zu verbessern. Aber London wollte nichts von ihm wissen — die öffentliche Meinung in England blieb beharrlich probraunschweigisch. Wo war die Regentin, wo ihre Familie? Warum konnten sie nicht nach Braunschweig zurückkehren? Waren sie überhaupt noch am Leben? Petersburg ließ sich zu keiner wie immer gearteten Erklärung herab.

„Sie waren alle russische Untertanen“, sagte die Kaiserin zu Bestushew, „und ich dulde nicht, daß sich die Engländer in unsere inneren Angelegenheiten mischen. War denn ihr verstorbener König erfreut über die Hilfe und Sympathie meines Vaters gegenüber den Jakobiten?“

Die Exregentin, ihr Gatte und ihre Kinder, mit Ausnahme Iwans VI., wurden in Cholmogory bei Archangelsk festgehalten. Die Feinde Bestushews, angefeuert durch französisches Gold, erkannten bald, daß der abgesetzte Kaiser ein wertvolles Werkzeug in ihren Händen werden könnte. Sie ließen vor Bestushew durchblicken, daß ein Vizekanzler unweigerlich größere Macht haben müsse, als Elisabeth ihm einräume, daß die Hochachtung, die er für Ostermann empfunden habe, unmöglich erloschen sein könne und daß schließlich die Wiedereinsetzung des kaiserlichen Kindes eine langjährige Regentschaft mit sich bringen würde, wodurch Bestushew zweifellos ans Ruder kommen würde ... Diese Argumente bewiesen aber nur, daß seine Feinde ihn überhaupt nicht kannten. Viel giftiger Klatsch wurde der Kaiserin hinterbracht, doch sie streifte alle diese Geschichten ab wie lästige Spinnweben. Sie konnte Bestushew zwar noch immer nicht leiden, aber ihr Vertrauen zu ihm vertiefte sich von Tag zu Tag.

Sie hatte auch gar nicht viel Zeit für Klatschereien, denn sie war überbeschäftigt mit einem dynastischen Problem. Das einzige Kind ihrer verstorbenen Schwester, der fünfzehnjährige Herzog von Holstein, wurde nach Petersburg berufen. Die Kaiserin brachte ihn dazu, eine Verzichtserklärung in bezug auf die Krone Schwedens abzugeben und Mitglied der orthodoxen Kirche zu werden. Sodann erklärte sie den Großfürsten Peter zu ihrem Erben und suchte eine Frau für ihn aus, um den Fortbestand der Dynastie zu sichern. Elisabeth wählte die unbedeutendste deutsche Prinzessin als Braut für ihren Neffen. Zu Beginn des Jahres 1744 kamen das Mädchen und dessen Mutter in Rußland an. August von Anhalt-Zerbst, der Vater der Prinzessin, stand in Diensten König Friedrichs des Großen. In Berlin herrschte eitel Freude über die Verlobung, aber der Preußenkönig schrieb an Mardefeld, seinen Gesandten in St. Petersburg: „Ich kann mich nicht auf die Freundschaft der Kaiserin verlassen, außer Bestushew wird weggejagt." Mardefeld und de la Chétardie versuchten mit vereinten Kräften, den Sturz des Vizekanzlers herbeizuführen. Dieser entdeckte jedoch das Komplott in zwölfter Stunde, perlustrierte und kopierte die geheime Post des französischen Gesandten und ließ sie der Zarin überbringen. Die boshaften Anspielungen auf die Integrität ihres Ministers machten keinen besonderen Eindruck auf sie, aber als sie de la Chétardies Bemerkungen über sich selbst las, geriet Elisabeth — ganz nach der Art ihres großen Vaters — in Wut.

Die Phantasie des Franzosen hatte auch wirklich übers Ziel geschossen. Er schrieb seitenlang über Elisabeths Verworfenheit, Eitelkeit und Vergnügungssucht, machte sich über ihren Mangel an Bildung lustig und fällte ein vernichtendes Urteil über die Jugendzeit ihrer Mutter. Manches davon stimmte wohl, doch das meiste war reiner Klatsch. Fazit: der Franzose mußte innerhalb von achtundvierzig Stunden das Land verlassen, und Elisabeth schrieb eine scharfe Protestnote an den König von Frankreich.

Aber dieser Sturm geriet in Vergessenheit, als im September desselben folgenschweren Jahres König Friedrich der Große in Böhmen einmarschierte. Elisabeth war tief erschüttert, Bestushew keineswegs. Er hatte nie erwartet, daß Friedrich es mit Österreich ehrlich meinte. Er redete der Monarchin zu, Hilfe nach Wien zu entsenden. Ihre Reaktion war nicht eindeutig; sie wollte keinen Zwist mit Preußen. „Ich kann mir keinen Krieg leisten, Mann", sagte sie immer wieder zu Bestushew, „und ich habe ja eigentlich nichts gegen König Friedrich." „Wien bittet um Ihre Hilfe, Majestät", sagte der Vizekanzler, und die Kaiserin erwiderte, sie könne es sich nicht leisten, irgend jemandem zu helfen. „Auch Österreich muß allein fertig werden."

Da Friedrich der Große es aufgeben mußte, Bestushews Sturz herbeizuführen, griff er zu anderen Taktiken. Er bot dem Vizekanzler Bestechungsgelder an, die weit über dessen offizielle Bezüge hinausgingen. Bestushew wies alles zurück. Der preußische Gesandte beklagte Bestushews Einstellung, die mit dem sonstigen russischen Charakter gar nicht in Einklang stand, und schrieb nach Berlin: „Man könnte ebensogut versuchen, den Erzengel Gabriel zu bestechen."

Ohne daß Bestushew es wußte, erfuhr die Kaiserin von den zurückgewiesenen Angeboten, von denen sich eines auf hunderttausend Kronen belief — ein Vermögen für einen Mann, der weder Ländereien noch anderen ererbten Reichtum besaß und nur von seinem Gehalt lebte. Elisabeths Achtung vor ihm stieg noch mehr, doch lobte oder belohnte sie den Mann nicht, der aus ihrem weiteren Verhalten gegenüber Preußen ohnehin genau erkannt hatte, daß die Kaiserin Bescheid wußte.

Die Beziehungen zwischen den beiden Ländern verschärften sich von Monat zu Monat. Petersburg und Berlin glichen jetzt zwei wilden Tieren, die einander beobachten, um zum tödlichen Sprung anzusetzen. Die offiziellen Dokumente waren in geschraubter, sehr förmlicher Sprache abgefaßt, sonst aber nahmen sich weder die Kaiserin noch der König ein Blatt vor den Mund. Für Elisabeth war Friedrich „der lächerliche Schah von Berlin", „der preußische Fuchs", „der Abfallsammler". Friedrich dem Großen erschien die Kaiserin als „Bärin" oder „Wildkatze", und einmal verglich er sie gar mit einem Türken. Was Preußen betraf, waren Elisabeth und ihr Kanzler ganz einer Meinung, doch gab es *ein* Dornendickicht zwischen ihnen, darin ihre Wege sich völlig trennten.

Bestushew erkannte deutlich, daß ein vom Krieg erschöpftes Österreich in einem kritischen Moment kaum ein besonders wertvoller Verbündeter sein würde. Deshalb begann er eifriger denn je eine anglorussische Verständigung anzustreben. Elisabeth schlug aber alle seine diesbezüglichen Ratschläge in den Wind. Erstens hatte die britische Haltung in der Braunschweig-Angelegenheit sie von Anfang an verstimmt. Und außerdem war sie überzeugt, daß ein solches Bündnis ihrem eigenen Reich wenig Gewinn bringen würde, da die Interessen der beiden Länder zu weit auseinandergingen. Bestushew gab aber nicht nach, bis sie Ende 1755 endlich doch ihre Einwilligung gab. Er glaubte, einen Triumph auszukosten, als zu Beginn des Jahres 1756 ein Vertrag zwischen England und Rußland unterzeichnet wurde. Doch erwies sich dieser als Totgeburt, ja als noch viel Schlimmeres, und er war schließlich einer der Gründe für Bestushews Sturz.

Diese ersten Monate des Jahres 1756 waren ein diplomatisches Karussell. Friedrich hatte, um Rußland ein Schnippchen zu schlagen, ein Bündnis mit Westminster geschlossen, und Frankreich verbündete sich allen Behauptungen Bestushews zum Trotz mit Österreich gegen Preußen. Sein Lebenswerk lag in Trümmern; die preußische Invasion in Sachsen löste den Siebenjährigen Krieg aus. Mit der Freundschaft und finanziellen Hilfe Englands und durch seine politischen Ratgeber darin bestärkt, daß die russischen Finanzen nicht einmal einen kurzen Feldzug ertragen könnten, sah sich Friedrich der Große schon im Besitz eines Gebietes, das bis an die Ufer der Donau und darüber hinaus reichte.

Im Anfang hatte es auch wirklich den Anschein, als wären die Hoffnungen Preußens gerechtfertigt. Elisabeths Mittel waren bis zum äußersten angespannt, ihre Befehlshaber nutzten die wenigen Siege, die ihnen zugefallen waren, nicht aus, und die eilig aufgestellten Armeen konnten sich mit den preußischen Streitkräften nicht messen. Die in den Augen Elisabeths zuwenig energische Kriegführung löste ernste, doch in würdiger Form gehaltene Protestnoten aus: es wäre ungerecht, von Rußland zu erwarten, für Österreich die Kastanien aus dem Feuer zu holen. Um die Schatten noch zu verdichten, wurden auf Elisabeths Befehl hin einige Briefe Bestushews an General Apraxin abgefangen, der Vizekanzler wurde des Hochverrats angeklagt und mußte einen Prozeß über sich ergehen lassen. Die Anklage wurde zwar zurückgezogen, aber die Kaiserin weigerte sich, Bestushew wiedereinzusetzen. Sie berief an seiner Statt Michael Woronzow, einen redlichen, aber längst nicht so genialen Staatsmann. Das alles, zusammen mit der Enttäuschung über ihren Neffen und Erben, der keineswegs ihre Ansichten teilte und dauernd seine Freundschaft für den „preußischen Fuchs" zum Ausdruck brachte, machte der Kaiserin schwere Sorgen. Ihre plötzliche Erkrankung im Herbst 1757 erweckte in Friedrich dem Großen die Hoffnung, sie würde sich nicht mehr erholen. Aber Elisabeth schlug ihm ein Schnippchen und wurde wieder gesund. Trotz ihrer sehr geschwächten Kräfte setzte sie den Krieg mit erhöhter Energie fort.

General Saltykows Sieg bei Kunersdorf setzte Europa in Erstaunen. König Friedrich der Große schien vernichtet, und Großbritannien glaubte, es wäre an der Zeit, ohne Aufschub Friedensverhandlungen einzuleiten. Österreich und Frankreich waren derselben Meinung. Nur Elisabeth weigerte sich. Obwohl ihre Gesundheit schon sehr zerrüttet war und ihre Gedanken durch die unglückliche Atmosphäre in ihrer Familie abgelenkt wurden, hielt sie stand. Von 1759 an war ihre feste Haltung das einzige, was den Zerfall der Verbündeten noch aufhielt. „Der Schah von Berlin muß ein für allemal unschädlich gemacht werden", erklärte sie ihren Ministern und gab sämtlichen Gesandten an ihrem Hofe zu verstehen, daß sie entschlossen war, den Krieg bis zum Ende durchzukämpfen, selbst wenn sie ihren gesamten Schmuck und ihre großartige Garderobe verkaufen müßte. Im Oktober 1760 besetzten Tschernyshews Truppen Berlin. Frankreich gab de Breteuil sofort Instruktionen, der Kaiserin konkrete Friedensvorschläge zu unterbreiten.

Bei einer den französischen und österreichischen Gesandten gewährten historischen Audienz sprach Elisabeth Worte, die sich als prophetisch erweisen sollten: „Ich bin überzeugt, daß Europa es bereuen wird, wenn wir Preußens Macht nicht vollständig brechen. Sollte König Friedrich Erfolg haben, so werden sich seine Erben niemals mit Preußen allein zufriedengeben. Sie würden dann viel mehr verlangen als nur Sachsen und Böhmen."

Elisabeth stand fest und sprach in der Art eines Menschen, der sich seiner Führerrolle bewußt ist. Sie erklärte dem Fürsten Esterhazy, daß sie Österreich ihre Hilfe entziehen würde, falls dieses seinen eigenen Verpflichtungen nicht entsprechend nachkommen sollte. Daraufhin gingen Entschuldigungsbriefe von Maria Theresia nach St. Petersburg ab. Die Zarin schrieb an Frankreich, daß die europäischen Probleme des Augenblicks von so überragender Bedeutung seien, daß Frankreich endlich aufhören möge, sich so intensiv mit Amerika und Indien zu beschäftigen. Als England im Herbst 1761 Spanien den Krieg erklärte, ließ Elisabeth ein Tedeum singen und sagte zu ihren Ministern: „Jetzt wird London kein Geld mehr haben, um es für den preußischen Fuchs zu vergeuden."

„Sie erwarten von mir, daß ich einen Waffenstillstand anordne?" sagte sie zu de Breteuil. „Das Geschäft ist noch nicht beendet. Sie haben nie erwartet, meine Soldaten in Berlin zu sehen, nicht wahr? Ihr Land und meines sind heute Verbündete, aber ich weiß, daß gar nicht wenige Regierungen in Europa glücklich wären, Rußland aus diesem Bündnis ausspringen zu sehen, sobald der Frieden einmal geschlossen ist. Ich bin nicht habgierig und werde nichts verlangen als das Herzogtum Preußen. Das haben meine Leute verdient durch ihr Blut. Nein, es ist noch zu früh, um an einen Waffenstillstand zu denken."

Es ist zugegebenermaßen schwierig zu beurteilen, wieweit es Elisabeth ernst meinte, territoriale Ansprüche zu leugnen, und der Westen war auch kaum bereit, ihr Glauben zu schenken, der Frieden von Abo war noch zu frisch in der Erinnerung der Diplomaten. Doch die preußische Frage lag Elisabeth näher als Gebietszuwachs. Sie fühlte mit jeder Faser ihres Wesens, daß Friedrich der Große die Hoffnung auf eine deutsche Hegemonie nährte und daß es ihre Aufgabe war, ihn daran zu hindern, dieses Ziel zu erreichen, das nach ihrer Meinung eine Katastrophe für ganz Europa bedeuten würde. Darum kämpfte sie und war bereit, jedes Opfer zu bringen, das die harte Aufgabe noch von ihr verlangte.

Diese ihre unerschütterliche Politik legte den Grundstein für den Glanz des kommenden Regimes. Nicht unter Peter I. und noch weniger unter Anna trat Rußland in die europäische Völkergemeinschaft ein, sondern unter Elisabeth. Der Westen und viele ihrer eigenen

Untertanen waren geneigt, ihre Ansichten über Preußen — vor allem wegen ihrer persönlichen Abneigung gegen Friedrich den Großen — für übertrieben zu finden. Die Zukunft aber, die Elisabeth nicht mehr sehen sollte, gab ihr recht.

Elisabeths Soldaten hielten Berlin besetzt, die westlichen Staatsmänner zerbrachen sich über die Äußerungen der Zarin den Kopf — die außenpolitische Situation war durchaus erfreulich. Von dem Bild, das Rußland im Inneren bot, konnte man ein gleiches leider nicht sagen. Die Steuerlast stieg, und viele Pläne für eine kulturelle Aufklärung mußten beiseite gelegt werden, weil das Geld dazu fehlte.

Bestushews Nachfolger, den die Kaiserin davor bewahrte, größere Fehler zu begehen, war nicht gerade ein Stern am diplomatischen Himmel. Außerhalb der Hauptstadt glich der Verwaltungsapparat einem Leiterwagen, der im Schneckentempo dahinholperte und ab und zu ein Rad in einer Furche verlor. Ungeheure Flächen Ackerlandes lagen brach, weil jede neue Rekrutierung die Landarbeit beeinträchtigte. Nichts wurde unternommen, um die Verkehrswege zu verbessern, einzig und allein die nach Westen führenden Straßen waren in halbwegs gutem Zustand. Die persönliche Verschwendungssucht der Kaiserin trug auch nicht gerade dazu bei, der überforderten Staatskasse aufzuhelfen. Elisabeth hatte eine Leidenschaft für den Bau neuer Schlösser, und der große Rastrelli stand in Petersburg und bei Zarskoje Selo in ihren Diensten. Brannte eines ihrer Schlösser nieder, so ließ sie sich in weniger als zwei Monaten ein neues erbauen. Über ihren Schmuck, ihre Kleider und Möbel redete man in Paris ebenso wie in Wien oder Dresden. Ihre Freigebigkeit kannte keine Grenzen. Ihre Begeisterung für den Tanz ließ nicht einmal in späteren Jahren nach, und sie kann als die Begründerin des russischen Balletts bezeichnet werden. Der geplante Ausbau des Erziehungswesens war mehr oder weniger zum Stillstand gekommen, doch sorgte Elisabeth großzügig für die Akademie der Wissenschaften. Nie verlor sie die Fähigkeit, geniale Begabungen zu erkennen. So erhielt der Sohn eines Fischers aus Archangelsk die Möglichkeit, seine vielversprechenden Anlagen auf verschiedenen Gebieten zu entwickeln, und der Name Lomonossow leuchtete bald als einer der hellsten Sterne an Elisabeths Himmel.

Und bis an ihr Lebensende blieb sie eng verbunden mit dem Volk. Sie machte Pilgerfahrten mit und wanderte auf den staubigen, steinigen Straßen neben Mönchen, Bäckersfrauen und Bäuerinnen, teilte ihre derbe Kost und nahm an den gemeinsamen Anbetungen teil. Sie war Taufpatin vieler Kinder von Soldaten und Unteroffizieren der Garderegimenter. Sie fluchte herzhaft und verwendete Vollblutausdrücke, die das gemeine Volk gerne aufgriff. Sie ritt in der Art eines Kavalleristen und verstand es, trotz aller Einfachheit die Würde der Herrscherin zu bewahren; die strahlte sie immer aus, ob sie nun einen purpurnen Samtmantel oder ein schäbiges Reitkleid trug.

Im Palast aber war alles weit davon entfernt, gut zu sein. Es gab nicht einmal eine Spur von Familienleben. Elisabeths Neffe und Erbe, der Großfürst Peter, vergiftete ihre Einsamkeit vollends. Der Knabe wuchs nie zu einem wirklichen Mann heran und befaßte sich immer noch mit Spielsachen und kindischen Zerstreuungen. Was aber noch viel ärger war, er betete Berlin förmlich an! Elisabeth, die ihn verheiratet und volle neun Jahre auf die Geburt eines Sohnes gewartet hatte, verachtete Peter und mißtraute und verfolgte Katharina, die keine der Härten wirklich verdiente, die sie ihr zumaß.

Nachdem sich Elisabeth 1757 von ihrer Krankheit erholt hatte, begann sie ein höchst sonderbares Leben zu führen. Sie schlief den ganzen Tag über, nahm um Mitternacht eine Mahlzeit ein und hielt in den frühen Morgenstunden Audienzen ab. Der Sturz Bestushews und die fast an Verrat grenzenden Fehler, die ihre Generale begingen, machten sie in ganz unsinniger Weise mißtrauisch, so daß sie schon der leiseste Schatten in einer Ecke in Angst versetzte. Mit kaum fünfzig sah sie wie eine alte Frau aus, und selbst den gelegentlichen Besuchern im Palast konnte ihr bedauernswerter Verfall nicht mehr verborgen bleiben. Elisabeth trank bei den Mahlzeiten und trank auch zwischen den Mahlzeiten, und ihre Feinde einschließlich des „preußischen Fuchses“ behaupteten, sie höre nur auf zu trinken, wenn sie schlafe. Ein solches Leben forderte einen immer höheren Tribut. Die geistreichen Worte zu dem französischen Gesandten am Beginn des Jahres 1761 waren Elisabeths allerletzte Äußerung von Belang. Sie versank immer häufiger in Schlaffheit und Indolenz.

Angst ergriff ihre Regierung und den Hof. Gerüchte tauchten auf, die Kaiserin wolle „den verdammten Dummkopf von einem Neffen", wie sie Peter zu nennen pflegte, zugunsten von dessen siebenjährigem Sohn Paul enterben. Aber die Gabe, wichtige Entscheidungen klug zu treffen, war für immer von ihr gewichen. Wenn ihre Vertrauten, die nur zu gut wußten, daß der Großfürst Peter zu regieren unfähig war, einmal genügend Mut aufbrachten und die Kaiserin anflehten, sie möge doch die Folgen bedenken, die über das Land hereinbrechen könnten, dann zuckte sie nur mit den Achseln und sagte: „Ach, der Dummkopf wird die Krone bald genug verlieren. Mein Volk wird es niemals dulden, daß er den Preußen die Stiefel leckt."

Die letzten Monate des Jahres 1761 schlichen auf bleiernen Füßen dahin. In Räumen, deren Fenster dauernd verhängt und die vom Schein zahlloser Kerzen erleuchtet waren, lebte die letzte echtgeborene Romanow-Herrscherin in unvorstellbarer Einsamkeit von einem Tag zum andern, suchte zwar manchmal geistigen Trost, lehnte aber jeden ärztlichen Beistand ab. Nachdem sie sich mit Peters Frau, der Großfürstin Katharina, ausgesöhnt hatte, ließ Elisabeth ihren Neffen überhaupt nicht mehr zu sich ins Zimmer.

Am Christtag 1761 starb sie. Der „Schah von Berlin" war überglücklich. Das russische Reich erbebte förmlich unter dem Schlag. Für die Massen hatte die betrunkene, launenhafte, mißtrauische, unglückliche und früh gealterte Frau niemals existiert — sie dachten an sie noch immer als an ihren „Nordstern", der sie aus dem verhaßten fremden Joch befreit hatte.

PETER III., EINZIGES KIND DES HERZOGS KARL FRIEDRICH VON HOLSTEIN-GOTTORP UND ANNAS, DER ÄLTEREN TOCHTER VON PETER DEM GROSSEN; GEBOREN 1728, THRONFOLGE AM CHRISTTAG 1761, ABGEDANKT IM JUNI 1762, ERMORDET IM JULI 1762

Zum Unterschied von den meisten anderen Prinzen seiner Generation entstammte Karl Peter Ulrich von Holstein-Gottorp einer Liebesehe. Seine Eltern mußten sich das Einverständnis zu ihrer Heirat schwer erkämpfen, doch dauerte ihr Glück nur sehr kurz; Anna starb bei der Geburt ihres Sohnes.

In seiner Kindheit gab es weder Zärtlichkeit noch Milde. Sein durch den Verlust der Gattin gebrochener Vater vernachlässigte das Kind zwar nicht, doch waren die Vorstellungen des Herzogs über die Erziehung seines Sohnes sogar für die damalige Zeit etwas sonderbar. Der Prinz hatte Ordonnanzen als Pfleger und Offiziere als Erzieher. Da Karl Peter Ulrich seine ersten Lebensjahre in der eiskalten Atmosphäre einer Schloßkaserne verbrachte, lernte er bald, militärische Disziplin als einzigen Lebensinhalt anzusehen. Er wurde ohne Rücksicht auf seine Kräfte und Gesundheit gedrillt, wurde für die Wachstube, den Exerzierplatz und schließlich für das Schlachtfeld ausgebildet. Jahrelang nahm sich niemand die Mühe, seine Entwicklung in irgendeine andere Richtung zu lenken; daß der Knabe vielleicht auch irgendein persönliches Betätigungsfeld haben mußte, fiel niemandem ein. Der zweifellos von seinem kaiserlichen Großvater ererbte Witzbold in ihm wurde durch die harte Strenge seiner Erzieher jedoch keineswegs gebändigt.

Im Alter von elf Jahren wurde der Knabe Herzog von Holstein-Gottorp und Erbe der schwedischen Krone, doch schien er für diese Würden herzlich wenig übrig zu haben. Die Sprache seiner Mutter konnte er überhaupt nicht; er sprach ein hartes Deutsch, konnte ein paar schwedische Sätze herunterstottern und Französisch radebrechen, wenn es die Gelegenheit verlangte. Nachdem dem kleinen Herzog etwas Latein eingebleut worden war, durchackerte er widerwillig die Werke von Caesar und Tacitus. Er wurde nie wirklich erwachsen, und sein eigentliches Selbst stellte sich immer erst dann unter Beweis, wenn er Gelegenheit hatte, auf Kosten seiner Vertrauten einen dummen Streich zu spielen.

Von dunkler Hautfarbe, mürrischem Wesen, unordentlich in seinen persönlichen Gewohnheiten, ein plumper Lügner und höchst lächerlicher Aufschneider (er rühmte sich einmal, schon im Alter von acht Jahren eine dänische Armee in die Flucht geschlagen zu haben), war Karl Peter Ulrich im Grund bemitleidenswert, doch gab es niemanden, der ihn bemitleidet hätte. Seine zahlreichen deutschen Verwandten fanden wenig Gefallen daran, ihre Kleider zu Bändern zerschnitten zu finden oder die blutigen Kadaver von Ratten und Mäusen unter ihrem Kopfpolster zu entdecken oder aber zu bemerken, daß ein Salzfaß in ihre Kaffeetasse geleert worden war. Sie gaben ihm den Spitznamen „der Schlingel von Kiel“, machten verdrossene Gesichter bei seiner Ankunft und waren glücklich, wenn er wieder abreiste. Aber zu ihrem und auch zu seinem eigenen Leidwesen war Karl Peter Ulrich ein Knabe von zu großer Bedeutung, um einfach links liegengelassen zu werden.

Als Elisabeth Kaiserin geworden war, schob sie alle diese unangenehmen Geschichten beiseite. Für sie war der Knabe das einzige Kind ihrer innigst geliebten Schwester, zur Hälfte von Romanowschem Blut und der einzig mögliche Erbe für Rußlands Krone. Sie beteuerte, daß alle über ihn in Umlauf befindlichen Geschichten nur der Eifersucht seiner deutschen Verwandtschaft ihr Entstehen verdankten, und berief den Knaben nach Petersburg. Sie machte ihn zum Großfürsten und verheiratete ihn schließlich 1745. Doch schien es der Kaiserin niemals einzufallen, daß ihr Neffe für seine zukünftige Aufgabe ja auch vorbereitet werden mußte. Peter verfügte über einen großen Hofstaat, erfreute sich reichlicher Zuwendungen und konnte sich im übrigen weiter nach Belieben seinen kindischen Vergnügungen hingeben.

Die Ehe machte ihn nicht zum Erwachsenen. Peter faßte eine heftige Abneigung gegen seine Frau, vernachlässigte sie von Anbeginn und machte kein Geheimnis aus seinen schmutzigen Liebschaften mit anderen. Ob Peter an Gott glaubte, können wir nicht sagen, er glaubte aber zweifellos an Preußen, und König Friedrich der Große wurde sein Freund, Ratgeber und Idol. Beim Ausbruch des Siebenjährigen Krieges war es bekannt, daß der Erbe der russischen Krone für den preußischen Endsieg betete. Die Kaiserin sah ein, daß sie den Großfürsten unter keinen Umständen mit ihren Armeen — nicht einmal mit der Nachhut — in den Krieg ziehen lassen durfte. Nach seinem dreißigsten Geburtstag führte Peter noch immer das Leben eines ungezogenen und unberechenbaren Zwölfjährigen — abgesehen von seinem zügellosen Trinken und Huren.

Staatsgeschäfte langweilten ihn bis zu Tränen. In St. Petersburg fühlte er sich gar nicht wohl und hielt sich weit lieber in seinen

Schlössern in Oranienbaum und Peterhof auf, wo ihn niemand daran hinderte, eine große Trommel schlagend von einem Zimmer ins andere zu marschieren, Pappendeckelfestungen zu bauen und mit größtem Vergnügen aus Roggenmehl und Leim winzige Soldaten zu kneten. Einmal veranstaltete Peter die Hinrichtung einer Ratte, die er dabei ertappt hatte, wie sie gerade eine seiner Figuren auffraß. Er ließ einen winzigen Galgen im Zimmer aufrichten und henkte die Ratte eigenhändig. — Als eine etwas ernsthaftere Beschäftigung ließ der Großfürst sein Holsteinsches Bataillon täglich genau nach dem preußischen Armeereglement exerzieren. War er in weinerlicher Stimmung, die gewöhnlich auf ein Trinkgelage folgte, pflegte Peter sein Schicksal zu beklagen und sich nach Holstein zu sehnen. Sein Heimatland, sein Glaube, seine Sprache und seine Sitten hatten aber trotzdem für ihn keine andere Bedeutung, als ihm gelegentlich Stoff für seine grotesken Späße abzugeben. Peter pflegte auf deutsch über die Schwierigkeiten dieser „nur für Wilde und Schweine passenden Sprache" zu fluchen, schnitt Grimassen und lachte laut während des Gottesdienstes. Er parodierte, wenn er in seinen Räumen Gesellschaften gab, seine Tante, ihre Minister und Bischöfe und trank auf das Wohl des Königs von Preußen, während Tausende und Abertausende der Untertanen seiner Tante ihr Blut auf dem Schlachtfeld vergossen.

1754 wurde aus Peters höchst unglücklicher Ehe ein Sohn geboren. Hätte der Großfürst nur einen einzigen wahren Freund und Ratgeber gehabt, so hätte ihm dieser die für ihn heilsamste Lösung nahegelegt, nämlich die Kaiserin zu bitten, daß er zugunsten seines Sohnes auf seine Rechte verzichten und nach Holstein zurückkehren dürfe. Elisabeth, die weder Peter noch Katharina — wie seine Gattin in Rußland genannt wurde — auch nur die geringste Einflußnahme auf die Erziehung des Kindes gestattete, hätte wohl nichts gegen die Abreise ihres Neffen einzuwenden gehabt. Ein selbständiger Entschluß von solchem Ausmaß überstieg aber die schwachen geistigen Kräfte des Großfürsten, und wahre Freunde hatte er eben nicht. Er verbrachte seine Tage nur in Gesellschaft von Speichelleckern.

Einige Jahre vor Elisabeths Tod fand Peter eine Mätresse, die die ganze Freude seines restlichen Lebens bedeutete. Sie hieß Elisabeth Woronzowa und war die Schwester der berühmten Kitty Daschkowa, der sie aber geradeso ähnlich war wie ein Laib Brot einem Pudel. Doch „Lisanka“ entsprach allen Ansprüchen Peters in reichem Maße. Sie übertraf ihn noch mit ihrer derben Sprache, erzählte fast noch geilere Zoten als er, war von einer erstaunlichen Trinkfestigkeit und fand immer Gefallen an den Späßen ihres Liebhabers, selbst wenn er ihre kunstvolle Frisur zerstörte, indem er sie mit einem Krug Milch übergoß. Wenn der Großfürst, umhüllt von einem Samtvorhang als Meßgewand und mit einem Kochtopf als Mitra, den alten Metropoliten von St. Petersburg nachahmte, war Lisankas ohrenbetäubendes Lachen nie die pflichtgemäße Zustimmung eines Speichelleckers, sondern sie ergötzte sich tatsächlich an der Darbietung, bat ihn, sie zu wiederholen, und bezeichnete ihren Liebhaber so oft als Genie, bis Peter schließlich selbst daran glaubte.

Doch Lisanka hatte einen besonderen Charakterzug, den sie, schlau genug, nicht an die große Glocke hängte: sie war unbändig ehrgeizig und liebte die Aussicht auf eine Krone sogar mehr als ihr Bier.

Trotz aller gemeinsamen Interessen und Vorlieben bleibt Peters Bindung an Lisanka doch irgendwie ein psychologisches Rätsel. Peters Haß gegen alles Russische hatte schon längst die Grenzen des Normalen überschritten. Lisanka aber war nicht nur eine echte, gebürtige Russin, sie war auch sichtlich unbeleckt von der Tünche westlicher Gepflogenheiten. Sie trug zwar Kleider nach französischem Schnitt, hatte gepudertes Haar und erfreute sich der gesellschaftlichen Freizügigkeit, die Peter der Große eingeführt hatte, doch gehörte sie innerlich dem Osten an, und zwar noch eher dem byzantinischen Reich als dem der Moskowiter.

Das Bündnis mit dem Ausland, seine Forderungen und Kampfansagen bedeuteten für Lisanka bloßes Larifari, und doch erwies sie sich als die einzige Frau, die Peter liebte. Derb, unförmig und unglaublich häßlich, wie sie war, verkörperte sie für ihn dennoch Aphrodite, auf deren Lippen Anmut blühte und deren Gang die Musik der Sphären erklingen ließ. Peter genoß höchste Glückseligkeit, wenn er in ihren Armen lag, und sie wußte sich ihn zu erhalten, indem sie immer wieder davon sprach, welche Sonne ihn umstrahlen würde, wenn er erst einmal Kaiser wäre.

Nach und nach reifte in Peter die Überzeugung, daß er bei seiner

Machtübernahme die Scheidung von Katharina erwirken und Lisanka zu seiner Kaiserin machen müsse. „Wirst du sie ins Ausland schicken?“ fragte Lisanka. „Das könnte gefährlich sein. Wir lassen sie lieber in irgendein Kloster in Sibirien einsperren.“ Peter verabscheute religiöse Häuser und ging keinem auch nur in die Nähe. Nun aber schien es ihm, sie könnten notfalls doch ihren Zweck erfüllen, und so waren sich Peter und Lisanka über Katharinas Zukunft völlig im klaren.

Am Christtag 1761 wurde Peter Kaiser. Er schickte seine Frau nicht gleich am selben Abend nach Sibirien, er hatte Wichtigeres zu tun. Seine erste Verfügung als Herrscher war, Kuriere an Friedrich den Großen und alle Generale an der Front zu schicken: Der Krieg war beendet, die Opfer von fünf Jahren — Blut, Energie, Geld — waren umsonst gewesen. Als der französische Gesandte gegen ein so abruptes Ende der Allianz zu protestieren wagte, erklärte Peter grob, er habe die Allianz nicht geschlossen, und sein einziger Verbündeter auf der Welt sei der König der Preußen. Dieser plötzliche Rückzug Rußlands setzte Friedrich den Großen natürlich in die Lage, seine Bedingungen zu diktieren, und Peter war mit allem einverstanden.

Seine nächste Anordnung war, ein Bankett in einem Saal arrangieren zu lassen, der an Elisabeths Privatgemächer grenzte, in denen ihr Leichnam gerade für das Begräbnis hergerichtet wurde. Bald durchschritten Kapläne den Saal, um die vorgesehenen Feierlichkeiten für die Tote zu beginnen, aber keiner von den Gästen des Kaisers wagte es, von den schwarz gekleideten Geistlichen auch nur Notiz zu nehmen. Ihr neuer Herrscher hatte ein Bankett angeordnet, und nun war es ihre Pflicht, zu essen und zu trinken und davon unberührt zu bleiben, daß nur wenige Stunden vorher der Tod den Palast betreten hatte.

Lisanka richtete sich in diesem Palast häuslich ein. Erbstücke der Krone, Elisabeths persönlicher Schmuck und viele von Katharina geklaute Schmuckstücke wanderten in den Besitz der Mätresse. Peter sprach noch immer davon, sich von seiner Frau scheiden zu lassen, unternahm aber keine Schritte in dieser Richtung. „Sie kann mir nicht auskommen“, sagte er immer wieder zu Lisanka, „und es hat jetzt keine Eile, da ich nun Kaiser bin.“

Zum erstenmal in seinem Leben war Peter beschäftigt. Das brachte eine ganze Lawine von Ukasen ins Rollen, von denen manche den schmerzlichen Beweis dafür erbringen, was aus Peter III. hätte werden können, wenn seine Kindheit und Jugend Menschen anvertraut gewesen wären, die seine Fähigkeiten zu entwickeln vermocht hätten. Während seiner kurzen Regierungszeit zeigte er, daß er weder ausschließlich Hanswurst noch Wüstling war. Durch viele von ihm unterzeichnete Dokumente blitzt so etwas wie Mitleid, und Mitleid war eine im damaligen Rußland selten zu findende Regung. Seine Tante hatte die Todesstrafe abgeschafft, er setzte der Folter ein Ende. Er kämpfte gegen die Korruption. Er gab Verordnungen heraus, um das Los der von Steuern überlasteten Kaufleute zu lindern. Er befreite den hohen und niedrigen Adel vom zwangsweisen Staatsdienst. Anderseits aber säkularisierte er sämtliche Kirchengüter. In Moskau gekrönt zu werden, weigerte er sich. „Was macht es aus, wenn ich in St. Petersburg gekrönt werde?“ fragte er, und selbst die Ermahnungen Friedrichs des Großen, doch nicht nationale Gefühle zu verletzen, brachten Peter III. nicht davon ab. „Meine Krönung?“ schrieb er an den preußischen König. „Damit hat es gar keine Eile. Zuerst muß ich mit diesen frechen Dänen fertig werden.“

Tatsächlich schien er es mit nichts eilig zu haben. Sich von seiner Frau scheiden zu lassen, sie in ein entlegenes sibirisches Kloster zu schicken, sich in der Alexander-Abtei in Petersburg krönen zu lassen, seine Angelegenheiten mit den empörten Regierungen von Frankreich und Österreich in Ordnung zu bringen, seine „angebetete Lisanka“ zu ehelichen und ihr die Kaiserkrone aufs Haupt zu setzen — das konnte alles warten, er war ja erst ein paar Monate Kaiser und mußte vor allem Dänemark bestrafen, das so starrköpfig war, die Gottorp-Länder behalten zu wollen, die doch von Rechts wegen ihm, als Herzog von Holstein, gehörten.

Peter stürzte sich rückhaltlos in die Vorbereitungen dieses lächerlichen Feldzugs. Als ein Admiral berichtete, daß einige Linienschiffe nicht entsprechend bemannt werden könnten, weil unter den Leuten eine Fieberepidemie ausgebrochen sei, wetterte der Kaiser, Krankheit bilde keinen Teil der Pflichten eines Matrosen, und befahl, alle Kranken hätten sofort „ohne Verzug gesund zu werden“.

Peter war allem Wirklichen so fern, daß er nie daran dachte, mit der Stimmung der Armee zu rechnen.

Es war nun Ende Juni 1762. Nachdem er seine Gattin bei einem offiziellen Festessen in Petersburg beschimpft hatte, befahl er ihr, an seinem Namenstag, dem 29. Juni, in Peterhof ein Bankett zu geben. Inzwischen waren er und Lisanka in Oranienbaum. Der dänische Feldzug sollte in einigen Tagen beginnen, und Lisanka sollte ihn begleiten. „Wenn wir zurückkommen", sagte Peter III., „und das wird sehr bald sein, denn die Dänen sind elende Soldaten, werde ich Katharina lebenslänglich einsperren lassen, und du wirst meine Kaiserin sein."

Er hatte keine Ahnung, daß seine Gattin mitten in der Nacht Peterhof verließ und sich in halsbrecherischer Fahrt nach Petersburg begab, um sich zur Kaiserin ausrufen zu lassen. Kein Tropfen Blut wurde vergossen. Peter stellte sich nicht zum Kampf. Fast übereifrig dankte er ab. Man trennte ihn von seiner Mätresse, seinem Lieblingsaffen und seiner Geige und schickte ihn nach Ropscha, einem einsamen Herrenhaus westlich der Hauptstadt. In unterwürfigem Ton schrieb er an seine Gattin — nun seine Monarchin — und bat, man möge ihm seine Mätresse, seinen Affen und seine Geige zurückgeben. Der Affe und die Fiedel wurden auch tatsächlich nach Ropscha geschickt, nicht aber die Mätresse, die bereits unterwegs nach Sibirien war. Innerhalb einer Woche war Peter III. tot — erdrosselt oder vergiftet, niemand wußte es genau, und keiner seiner Wärter in Ropscha wurde bestraft.

Man kann die Verantwortung für den Mord nicht von Katharina abwälzen. Auch Elisabeth ist nicht völlig schuldlos, denn sie hätte „den Schlingel von Kiel" in Holstein lassen sollen, wo er seine exzentrischen Späße ruhig hätte weiter treiben können.

VI

„*Wir, Katharina die Zweite*“

SOPHIE AUGUSTE FRIEDERIKE, ÄLTESTE TOCHTER VON FÜRST CHRISTIAN AUGUST VON ANHALT-ZERBST UND SEINER GATTIN JOHANNA ELISABETH, GEB. PRINZESSIN VON HOLSTEIN-GOTTORP; GEBOREN IN STETTIN IM MAI 1729, VERHEIRATET MIT GROSSFÜRST PETER VON RUSSLAND IM SEPTEMBER 1745, WURDE KAISERIN (GEMAHLIN DES KAISERS) IM DEZEMBER 1761, ENTTHRONTE IHREN GEMAHL, KAISER PETER III., IM JUNI 1762, STARB IM NOVEMBER 1796

Sowohl für die Zeitgenossen als auch für die Nachwelt stellt die Kindheit jeder großen Persönlichkeit immer ein verführerisches Stück unbemalter Leinwand dar. Die Heiligenverehrung verleitet unwillkürlich dazu, Zeichen von Größe schon in der Art zu entdecken, wie ein Baby seine Schelle anfaßt. Im Falle Katharinas aber versagen selbst ihre eigenen etwas mühsamen Anstrengungen, den frühesten Kindheitserinnerungen etwas Glanz aufzusetzen. Ihre Kindheit war ganz gewöhnlich. Sie wurde als unbedeutende Prinzessin einer bescheidenen Fürstenfamilie geboren. Die Chance ihres Lebens erwuchs Katharina nicht aus ihrer Abstammung oder ihren Verdiensten, sondern — erstens — aus dem Umstand, daß die damalige Kaiserin von Rußland, Elisabeth, die einmal mit Katharinas Onkel verlobt gewesen, eine sentimentale Frau war, die an der Erinnerung an jenen jungen Mann mit einer Zähigkeit hing, die durch ihre seinerzeitige Verlobung — sie erfolgte im Geist des alten Sprichwortes, daß ein Spatz in der Hand mehr wert sei als eine Taube auf dem Dach — kaum gerechtfertigt erscheint. Zweitens, und das fiel noch mehr ins Gewicht, hatte der deutsche Heiratsmarkt der damaligen Zeit nur wenige diskutable Bräute aufzuweisen, doch war kaum eine so unbedeutend wie Sophie, die Tochter eines Fürsten, der nur über ein Achtel des ohnedies nicht allzu großen Fürstentums von Anhalt regierte. Das Mädchen hätte von Glück sagen können, irgendeinen ebenso bescheidenen kleinen Duodezfürstensohn zum Gatten zu bekommen. Anders wäre sie in das abgestandene Wasser grauer Altjüngferlichkeit geglitten wie so viele ihrer Tanten und Cousinen, die dauernd in

Geldverlegenheit waren, in ihren zugigen, freudlos eingerichteten Schlössern die Zeit damit totschlugen, kranke Tiere und Vögel zu pflegen, Kleider trugen, deren sich eine Kaufmannsfrau geschämt hätte, von ihren reicheren Verwandten Wein, Wildbret und Reisespesen schnorrten und ihre Freizeit zwischen Bibellektüre und dem Legen von Patiencen teilten. Daß Katharina diesem Los entging, war der reine Glücksfall.

Sie verdankte ihre gute Erziehung dem Vater, der, wenn er auch der uninteressanteste Offizier in der Armee des preußischen Königs war, doch nicht dumm genannt werden konnte. „Figgi", wie sie in ihrer Familie genannt wurde, wuchs unter der Obhut einer klugen, aufrichtigen und anregenden französischen Gouvernante heran, deren Gespräche den Horizont des Kindes sogar noch mehr bereicherten als die Unterrichtsstunden. Mit ihrem frischen Teint und den wirklich bezaubernden braunen Augen war Katharina ausgesprochen hübsch. Die Ungezogenheiten der frühesten Jahre legte sie ziemlich alle ab, sobald sie ihre Jungmädchenzeit erreicht hatte. Figgi verfügte über einen gutentwickelten Verstand und besaß ein starkes Selbstbewußtsein. Eine solche Aussteuer der Natur aber, ergänzt durch eine äußerst dürftige Mitgift, hätte wahrscheinlich nur wenige Prinzen zur Ehe mit ihr verlockt. Außerdem war sie die Tochter einer eitlen, dummen und überaus taktlosen Mama namens Johanna Elisabeth, deren Benehmen und Konversation ganz dazu angetan waren, die Chancen der Tochter völlig zu ruinieren. Kurz gesagt, wenn die Pocken oder irgendein anderer Unglücksfall das Mädchen vor dem Jahre 1744 hinweggerafft hätte, wäre ihr Name nie in den Annalen ihrer Zeit in Erscheinung getreten.

Obwohl vieles gegen sie sprach, hegte Figgi große Ambitionen und machte kein Hehl daraus. Sie wollte eines Tages Königin sein. Ihre Gouvernante tadelte sie darob, die anderen aber, wenn sie von dem absurden Traum hörten, lachten das elfjährige Mädchen aus, das kaum die Aussicht hatte, auch nur die bescheidenste deutsche Fürstenkrone zu gewinnen.

Wie wir bereits erzählt haben, beschäftigte sich Elisabeth von Rußland schon seit Dezember 1741, als sie Iwan VI. absetzte, mit der Frage der Thronfolge. Da sie selbst unverheiratet war, beschloß sie, daß ihr der damals vierzehnjährige Sohn ihrer Schwester als einzig möglicher Thronerbe folgen sollte. Elisabeth begann deshalb eine passende Braut für ihn zu suchen, wobei die Wünsche des Neffen von vornherein völlig außer acht blieben.

Figgi war noch nicht fünfzehn, als die Einladung, nach Sankt Petersburg zu kommen, Zerbst erreichte. Niemand hielt es für richtig, ihr etwas über die Hintergründe zu sagen, aber sie war selbst schlau genug, um zu erkennen, daß sie ihre Reise nach Rußland etwa so antreten sollte wie ein Ballen Brokat, den sich ein Käufer zur Begutachtung schicken läßt. Sie wußte, daß ihre Zukunft, falls die Zarin keinen Gefallen an ihr fand (an die Reaktion des Großfürsten Peter schien niemand zu denken), völlig im dunkeln versinken würde.

Ihre Närrin von Mutter aber, für die die Heirat eine ausgemachte Sache war — lange ehe man die russische Grenze erreichte —, weidete sich an der Vorstellung, der König von Preußen habe sie dazu auserkoren, ihm Elisabeths Freundschaft trotz der Opposition des Kanzlers Bestushew zu gewinnen. Falls ihr das gelänge, würde Johanna Elisabeth durch ansehnliche Besitzungen in Pommern belohnt werden, wodurch sie von vielen lästigen Schulden befreit wäre, die sie sonst nie hätte loswerden können. Die Fürstin, die nicht einmal imstande war, ihren eigenen winzigen Hofstaat in Ordnung zu halten, und in diplomatischen Dingen völlig verloren war, geriet bei ihrer Ankunft in Rußland in das gefährliche Gewässer einer schweren Intrige. Selbstverständlich mißlang ihr alles gleich von Anfang an, und beinahe hätte sie auch die Chance ihrer Tochter, den bedeutendsten Bräutigam Europas zu gewinnen, verpatzt.

Das geschah aber nicht, denn Elisabeth, die „das Kind von Zerbst" schon einmal kennengelernt hatte, fand Gefallen an Figgi. Der närrischen Mutter wurde ihre Narretei zwar nicht verziehen, aber die Tochter hatte nicht darunter zu leiden. Die Verlobung fand zum vorgesehenen Zeitpunkt statt, und aus Figgi wurde die Großfürstin Katharina. Im September 1745 fand in der Kasan-Kathedrale von Petersburg die Vermählung mit großem, ermüdendem Prunk statt, und die Kaiserin begann sich schon auf den Herbst 1746 zu freuen, wenn sie als Großtante die Erbfolge gesichert sehen würde.

Die nun vom russischen Hof verachtete und bei Friedrich dem

Großen in Ungnade gefallene Fürstin Johanna Elisabeth reiste sofort nach der Hochzeit wieder heim, nachdem man ihr auf ziemlich unfreundliche Weise zu verstehen gegeben hatte, daß keine weitere Einladung nach St. Petersburg erfolgen würde.

Nun war Katharina nach der Kaiserin die Ranghöchste im Land — als Frau eines jungen Mannes, ihres eigenen Cousins ersten Grades, den sie abwechselnd rätselhaft, aufreizend und widerlich fand. Die jungen Leute waren einander nicht fremd. Katharina hatte Peter schon einige Jahre zuvor in Eutin kennengelernt, wo sie sich über seine Prahlereien geärgert hatte. Jetzt war er achtzehn und immer noch derselbe Prahlhans. Auch klagte er fortwährend, daß er Rußland hasse und sich zurück nach Kiel sehne.

Nachdem der Großfürst bei seinem Hochzeitsbankett überaus reichlich getrunken hatte, torkelte er ins Schlafgemach, warf sich mitsamt seinen Stiefeln aufs Bett und schlief sofort ein, um erst spät am andern Morgen zu erwachen. Das war der Anfang von Katharinas Eheleben, und so setzte es sich auch eine Zeitlang fort, da es der Großfürst vorzog, sein Vergnügen anderswo zu suchen.

Der fast verhängnisvolle Fehler ihrer Mutter hatte der jungen Katharina eine Lektion erteilt, die sie viele Jahre lang nicht vergessen konnte. Mit knapp siebzehn Jahren war der Ehrgeiz ihrer Kindheit bereits scharf und klar geworden. Einen Prinzen zu heiraten, den sie verabscheute und nicht achten konnte, war nur der erste Schritt auf dem Weg zum Thron. In Petersburg hatte Katharina keine Freunde, die imstande oder auch nur willens gewesen wären, sie diesen schwierigen Weg zu führen; aber sie zog es ohnehin vor, ihn allein zu betreten. Sie erkannte, daß sie so klug zu Werke gehen mußte, daß niemand am Hof der Kaiserin Verdacht schöpfen konnte, eine junge, fröhliche, leichtsinnige Großfürstin, die aus ihrer unbändigen Vergnügungssucht kein Geheimnis machte, könnte auch nur einen einzigen ernsten Gedanken fassen. Fast jeden Abend gab es in den großfürstlichen Appartements lustige Abendgesellschaften und Bälle. Solche Unterhaltungen gefielen Peter, und auch die Kaiserin war in diesen ersten Jahren nachsichtig und freundlich, mit Ausnahme eines gelegentlichen Vorwurfs, den sie Katharina wegen ihrer Verschwendungssucht machte.

Bestushew, als eingefleischter Feind Preußens, war von vornherein gegen die Heirat gewesen und versuchte nun die Kaiserin zu überzeugen, daß diese Verbindung das Reich in seiner Beziehung zu Preußen gefährden würde. Aber Elisabeth schob alle solche Bedenken beiseite, und der Kanzler mußte sich fügen. Doch wurden zwei seiner besten und geschicktesten Agenten als Diener in den großfürstlichen Hofstaat delegiert. Kein einziges Gespräch fand statt, ohne daß es in allen, auch noch so belanglosen Einzelheiten dem Kanzler berichtet wurde. Diese regelmäßigen Informationen ließen ihn schließlich selbst daran zweifeln, daß von dieser kindlichen Braut irgend etwas zu befürchten wäre, deren Geplauder zwar klug war, deren Interesse aber ausschließlich Kleidern, Schmuck, der letzten Mode in Parfüms und den Gerichten galt, die aus den Palastküchen aufgetragen wurden.

Von den langen, einsamen Stunden der von ihrem Gatten völlig vernachlässigten Großfürstin, in denen sie weder an Kleider noch an Tanzen dachte, wußte Bestushew freilich nichts. — Katharina hatte die schwierige fremde Sprache mit unglaublicher Schnelligkeit erlernt und bereitete sich im geheimen für die Zukunft vor, indem sie alles über Rußland las, was die Bibliothek der Akademie der Wissenschaften ihr nur senden konnte. Der Anblick von Büchern, die überall in ihren Zimmern herumlagen, schien die Agenten des Kanzlers nicht zu beunruhigen. Im Lauf der Monate aber machten sie eine wichtige Entdeckung — und als Bestushew davon hörte, erbat er sofort eine Privataudienz bei der Kaiserin. Die ihr unterbreitete Tatsache versetzte Elisabeth zwar in Bestürzung und Ärger, aber sie wollte sich nicht überzeugen lassen. Sie lehnte es einfach ab, zu glauben, daß Katharina nur dem Namen nach Gattin war, und wies die Meldung als Geschwätz zurück.

Damals wußten nur wenige Vertraute von dem körperlichen Defekt des Großfürsten. Seine zahllosen Liebeleien mit weiblichen Angehörigen des Hofstaates waren bekannt, und niemand schöpfte den geringsten Verdacht. Auch Katharina nicht. „Mein lieber Mann", schrieb sie in späteren Jahren, „befaßte sich nicht mit mir . . . Er verbrachte seine ganze Zeit damit, seine Lakaien abzurichten . . . Er zog sich ungefähr zwanzigmal im Tag eine andere Uniform an . . . Ich war gerne bereit, ihn zufriedenzustellen, aber das langweiligste Buch war mir hochwillkommene Unterhaltung, sobald er mich allein ließ."

All das war weltenweit entfernt von dem Zweck, zu dem sie nach Rußland geholt worden war.

Es war nun Frühling 1746 geworden. Die Kaiserin wurde ungeduldig und befahl ihren Hofdamen, mit denen des großfürstlichen Hofes ständig in Kontakt zu bleiben. Katharinas Hofdamen wandten sich ihrerseits mit unzweideutigen Anfragen an die Wäscherinnen, aber keine tröstende Beobachtung konnte an die Kaiserin weitergemeldet werden. Die Thronfolge blieb das gleiche schwere Problem wie Anno 1741.

Es ist wirklich sonderbar, daß sich die Kaiserin weder an ihren Neffen noch an dessen Frau wandte. Ein einziges vertrauliches Gespräch hätte das Übel ans Tageslicht gebracht. Man muß sich aber vor Augen halten, daß Elisabeth 1746 von ihrem Erben schon dermaßen enttäuscht war, daß eine solche intime Aussprache unmöglich war, zumal schon wenige Monate nach der Hochzeit auch Katharina nicht mehr die „allerreizendste und geliebte Katinka" Ihrer Majestät war. Elisabeth beschuldigte sie unverblümt, daß sie nicht fähig sei, ihren Gatten zu beeinflussen, daß sie verschwenderisch sei, unmögliche Kleider trage und die ungehörigen Streiche des Großfürsten nicht verhindere.

Inzwischen sammelte Bestushew immer neues Material für eine Anklage, die diesmal nicht mündlich vorgebracht werden sollte. Die von seinen Spionen nur gelegentlich erwähnten Bücher und Papiere in Katharinas Zimmern gaben dem Kanzler nun doch zu denken. Die Großfürstin stand mit vielen Ausländern in Briefwechsel. Ihre Privatbriefe konnten allerdings nicht zensuriert werden. Wurde die seinerzeit von ihrer Mama begonnene Intrige von der Tochter fortgesetzt? Enthielten ihre Briefe nach Zerbst vielleicht Informationen für Berlin? Der Kanzler konnte nie die ausgesprochene Vorliebe des Großfürsten für Preußen vergessen.

All das wurde in einem vernichtenden Bericht dargestellt, der mit einer Bemerkung von brutaler Prägnanz schloß: „Es ist unter den Damen und Herren des großfürstlichen Hofstaates allgemein bekannt, daß Ihre Kaiserlichen Hoheiten keinen Beischlaf miteinander pflegen. Ihre Kaiserliche Hoheit ist noch immer Jungfrau. Seine Kaiserliche

Hoheit scheint seine Gunst den Hofdamen und Kammerjungfern zu schenken, von denen aber bisher noch keine durch ihn Mutter geworden ist. Es wäre dringend, die Fähigkeiten Seiner Kaiserlichen Hoheit als Gatte mit den Ärzten Ihrer Majestät zu besprechen. Ihre Kaiserliche Hoheit wurde über eheliche Pflichten offenbar niemals aufgeklärt."

Bald nach Ostern 1746 brach das Gewitter über den Palast herein, und Peter und Katharina wurden „zur Schule" geschickt, wobei ein Hofmeister und eine Hofmeisterin „alle Angelegenheiten von Bedeutung überwachen" sollten. Die Tschoglokows wurden dazu bestimmt, dem großfürstlichen Hofstaat vorzustehen. Maria Tschoglokowa war eine Cousine ersten Grades der Kaiserin von seiten ihrer Mutter. Elisabeth erklärte ihrem Kanzler, sie kenne kein anderes Ehepaar, das für diese Stellung besser geeignet wäre. „Sie sind noch keine vier Jahre verheiratet, und meine Cousine war schon dreimal im Wochenbett."

Leider rechtfertigte das mustergültige Ehepaar nicht das Vertrauen der Kaiserin. Der Hofmeister verliebte sich in Katharina, obwohl diese den Mann von Anbeginn verabscheute, und Maria lief ihrem Gatten mit einem verheirateten Mann davon ...

Doch diese Bombentreffer waren noch in weiter Ferne, als die Hofmeisterin an jenem Apriltag des Jahres 1746 in die Zimmer Katharinas stürmte, den Dienern befahl, alle Bücher und Schreibsachen wegzuräumen, und dann der Großfürstin unter vier Augen die kaiserlichen Anordnungen mitzuteilen begann. Keine Briefe ins Ausland mehr, außer an die Eltern, und diese würden von einem Beamten der Kaiserlichen Hofkanzlei abgefaßt werden. Nachdem sie ans Ende der aufreizend langen Liste gekommen war, ging Maria Tschoglokowa daran, die Großfürstin über ihre „Pflichten" aufzuklären. Katharina brach über die Unverblümtheit der Hofmeisterin in Tränen der Wut aus. Sie fühlte sich auf das Niveau einer Zuchtstute herabgewürdigt.

Schließlich wurde der Großfürst durch einen chirurgischen Eingriff von seiner Behinderung befreit, und er und Katharina wurden Mann und Frau. Doch hatte keiner am anderen auch nur die geringste Freude.

Die rein körperliche Erniedrigung war aber bei weitem nicht die einzige Last, die Katharina zu tragen hatte. Von nun an lebte sie sechzehn Jahre lang in ständiger Angst. Das unerwartete generelle Verbot ihrer so harmlosen Korrespondenz mit den Verwandten machte sie scharfsinnig und vertiefte ihren angeborenen Zynismus. Das siebzehnjährige Mädchen stand allein auf der Welt. Katharina durchschaute den Gatten voll und ganz. Er haßte Rußland, verabscheute seine Tante, machte sich über den Glauben, die Sprache und die Sitten des Landes lustig und schmachtete, wenn er in rührseliger Stimmung war, nach seinem Heimatland und einem Besuch in Potsdam. Obwohl nicht ein Tropfen russischen Blutes in ihren Adern kreiste, beschloß Katharina, russischer als die Russen selbst zu werden. Ihre Bücher hatte man ihr zwar weggenommen, und sie wagte es auch nicht, sich mit den Ministern der Kaiserin in irgendein ernstes Gespräch einzulassen. Sie vertraute auch keiner ihrer Damen. Doch gab es immerhin noch Diener, mit denen sie sprechen konnte. Sie versäumte nie, sich eine ihr neue mundartliche Redewendung anzueignen. Und noch etwas: Auch die häufigen Gottesdienste, die sie pflichtgemäß besuchen mußte, boten Möglichkeiten, die sie niemals außer acht ließ. Die von der Großfürstin gezeigte Demut und Inbrunst machten zwar auf den Hof keinerlei Eindruck, wurden aber vom gewöhnlichen Volk um so aufmerksamer beobachtet und bewundert. Innerhalb weniger Jahre hatte der Name Katharina in der anonymen Masse Bedeutung gewonnen.

Zwischen 1746 und 1754 hatte Katharina zwei Fehlgeburten. Zu Beginn des Jahres 1754 war sie erneut schwanger, und die Kaiserin beschloß, alle möglichen Gefahren eines dritten Mißgeschicks zu vermeiden. Katharina wurde von unglaublicher Sorge umgeben, bis sie im September 1754 einem Sohn das Leben schenkte. Das Kind wurde sofort von der Kaiserin mit Beschlag belegt, und die Mutter hatte nicht einmal eine Stimme bei der Wahl des Namens für das Baby. Sie blieb für den kleinen Paul während dessen ganzer Kindheit eine Fremde.

Katharina war nun fünfundzwanzig. Sie hatte zehn Jahre am Hof Elisabeths gelebt. Seit sie der Krone einen Erben geschenkt hatte, war sie völlig sich selbst überlassen. Die von ihrem Neffen bitter enttäuschte Kaiserin überhäufte den kleinen Paul mit all ihrer Liebe. Seine Mutter konnte tun, was ihr beliebte.

Bis zum Jahre 1754 hatte Katharina mindestens zwei Liebhaber gehabt, Zacharias Tschernischow und den Fürsten Sergej Saltykow, aber Paul war zweifellos der Sohn ihres Gatten. Im allgemeinen sollte zwar Ähnlichkeit im Charakter nicht als Beweis einer Vaterschaft angesehen werden, im Falle Pauls aber gab es einfach zu viele Züge eines wohl einzigartigen Wesens: Großfürst Peter und sein Sohn hatten beide die gleiche Leidenschaft für ausgefallene Späße, beide waren ausgesprochen dummschlau und schwelgten in Anwandlungen von Freigebigkeit und von Grausamkeit. Die Huldigungen des Vaters für Potsdam fanden im Sohn ihr getreues Echo.

In diplomatischen Kreisen sprach man bereits von der Großfürstin als von der „schönen Buhlerin"; aber ihre Liebhaber waren für sie lange nicht so wichtig, wie ihre vielen Feinde behaupteten und ihre Freunde klagten. Die Jahre der demütigenden Unterdrückung bewiesen, daß im Mai 1729 in Stettin ein Genie geboren worden war. Eine einfältige Frau hätte unter gleichen Umständen ihre Energien mit Belanglosigkeiten verzettelt. Eine Frau von durchschnittlicher Intelligenz wäre unter einer Behandlung, die ebenso grausam wie absurd war, einfach verkümmert. Katharina aber wuchs und breitete sich aus wie eine Pflanze, die in einen besonders fruchtbaren Boden versetzt wurde. Jede neue von der Kaiserin ersonnene Demütigung, jede frische Beleidigung, die ihr der Großfürst zufügte, schienen ihr nur noch mehr Material zu liefern, um daraus die Waffen ihres geheimen Arsenals zu schmieden.

Von einem streng ethischen Standpunkt aus betrachtet, waren diese Jahre vielleicht ein Verlust: Was die Großfürstin an Lauterkeit besaß, verschwand für immer. Verachtung, Zynismus, eine merkwürdige Art von Eitelkeit, die eines Tages ans Groteske grenzen sollte, und eine tief wurzelnde Schläue — das waren die Begleiter auf dem Weg, den Katharina beschritten hatte, den Blick fest auf das Ziel gerichtet: die Krone. Trotzdem zeigt das Bild auch einige erfreuliche Züge: Mut, Geduld, Ausdauer und eine grenzenlose Liebe zu dem Land, das sie gelernt hatte ihr eigenes zu nennen.

Katharina befand sich ständig in Gefahr. Manchmal zweifelte sie, ob sie das Ende des Tages im Palast oder in einem Kerker finden würde. Vor dem Kerker wurde sie jedoch durch ihre vollendete Klugheit bewahrt. Daß eine Abenteuerin so viel Vorsicht walten lassen konnte, scheint eigentlich paradox, und tatsächlich stecken in ihrer Persönlichkeit viele Paradoxa, die noch heute jeder Analyse trotzen. Da Gefahr ihr tägliches Brot war, wich sie zwar nie von ihrem Entschluß ab, schmiedete aber auch keinen einzigen Plan zu dessen Verwirklichung. Das goldschimmernde Ziel blieb vor ihren Augen. Um dieses Ziel zu erreichen, lernte Katharina, ein morgendlich strahlendes Gesicht zur Schau zu tragen, obwohl ihr Herz und ihr Sinn von mitternachtschwarzen Empfindungen und Gedanken erfüllt waren. Um dieses Ziel zu erreichen, erduldete sie die Tyrannei der Kaiserin, die Grausamkeit und Vernachlässigung durch ihren Gatten, die erbitterte Feindschaft Bestushews, die Dummheiten des Tschoglokow-Regimes, die ebenso zahlreich wie unglaublich waren. Als die Großfürstin einmal Plutarch erwähnte, erklärte die Hofmeisterin, sie sei überzeugt, dieser Herr wäre noch nie der Kaiserin vorgestellt worden. „Es ist meine heilige Pflicht", setzte die Duenna fort, „zu verhindern, daß Ihre Kaiserliche Hoheit die Bekanntschaft eines möglichen Abenteurers machen. Von einem Menschen mit einem so ausländischen Namen kann man allerhand erwarten, sogar den Diebstahl der Diamanten Ihrer Kaiserlichen Hoheit."

Aber die Tschoglokow-Tyrannei erlebte ihre Flaute, und Katharinas Knechtschaft wurde erträglicher. „Konzessionen" wurden im Namen der Kaiserin gemacht, — doch jeder wußte, daß es der Kanzler war, der seine Meinung über die Großfürstin geändert hatte. Das Verbot ihre Korrespondenz betreffend wurde aufgehoben, und es gab wieder Bücher in ihren Zimmern. Sie entdeckte die Briefe der Madame de Sévigné und Bayles „Dictionnaire historique et critique". Beide wurden zu Marksteinen ihrer geistigen Entwicklung. Besonders der Pionier und Rebell Bayle verwandelte Katharina in eine leidenschaftliche Liberale. Sein tapferes Eintreten für die „Herrschaft des Volkes" und seine vernichtende Verdammung der Sklaverei formten ihre Grundsätze für viele kommende Jahre. Katharina wagte zwar nicht, ihre Ideen jemandem mitzuteilen, aber sie machte sich Notizen in drei Sprachen und war klug genug, sie in einer ganz geheimen Lade ihres Schreibtisches zu verstecken, da die meisten dieser Notizen, wenn sie entdeckt worden wären, allen ihren Hoffnungen sofort die Totenglocke geläutet hätten, etwa diese: „... Leibeigenschaft ist wirklich etwas Furchtbares ... Autorität ohne Vertrauen bedeutet nichts ... Das Gute einer Nation und Gerechtigkeit für alle müssen Hand in Hand gehen ... Es sollte zwei Hauptgesetze für die Erziehung eines Fürsten geben — ihn tugendhaft und zugleich wahrheitsliebend zu machen ..."

Nach den gemeinsamen Abendessen pflegte sie ihre Damen sofort zu entlassen, versperrte die Tür und tauchte in einer blühenden Welt von handfester geistiger Arbeit unter. Sie las begierig und machte ihre Notizen, denen manchmal Zusammenhang und Logik fehlten, die aber alle von der Wißbegierde und Leidenschaft der Bekehrten zeugten. Sie beschäftigte sich mit Luthers Kampfansagen; sie las alles, was sie nur erreichen konnte, über Peter den Großen und dessen Reformen, von denen so viele bei seinem Tod erst im Anfangsstadium und bis in die Mitte des Jahrhunderts noch immer nicht durchgeführt waren. Um schöpferisch zu regieren, wie sie es verstand, mußte man improvisieren und Neuerungen durchführen können. So rettete sie sich vor geistiger Verflachung durch Bayle, Montaigne, Descartes und Montesquieu, dessen „Esprit des Lois" ihre Bibel wurde.

Vor den Augen eines streng akademischen Lehrers hätten ihre Studien kaum Gnade gefunden, sie las vieles, was ihr Fassungsvermögen weit überstieg, und da sie keinen Mentor zur Seite hatte, der sie gelehrt hätte, die verschiedenen Geistesrichtungen entsprechend einzuschätzen, gelangte sie zu zahlreichen Fehlurteilen und sah sich gezwungen, ihre Maßstäbe fast täglich zu ändern oder zu wechseln. Immerhin war ihr „Studium" nicht bloßer Zeitvertreib, sondern ein brennendes Streben, ihre Bildungslücken auszufüllen, ihrem Horizont Farbe zu geben und die Welt kennenzulernen, die sich ihr unendlich reicher darstellte als alle Paläste, in denen sie je wohnte. Dieses geistige Kunterbunt machte aus Katharina zwar keine Gelehrte, aber es verband sie mit der Wirklichkeit der Welt und brachte ihr das unerbittliche Gesetz von Ursache und Wirkung immer deutlicher zum Bewußtsein. Vor allem aber schloß es ihre Energiequellen für die Zukunft auf.

1754 bis 1761 erwiesen sich als Katharinas bedeutsamste Entwicklungsjahre. Der Gesundheitszustand der Kaiserin verschlechterte sich von Monat zu Monat. Großfürst Peter vernachlässigte seine Gattin völlig. Der kleine Großfürst Paul stand ganz unter der Obhut seiner Großtante und sah seine Mutter nur etwa einmal im Monat, was Katharina nicht sonderlich kränkte. Aus Bestushew, dem Feind, war ein Freund geworden, der ihre Ängste und Sorgen teilte. Katharina hörte seinen Ausführungen stets zu, zog es aber zunächst vor, weder Zustimmung noch Kritik zu seinen Plänen zu äußern, die die Thronfolge zugunsten ihres kleinen Sohnes — mit ihr als Regentin — abändern wollten. Bestushew wie auch den meisten anderen Staatsmännern war es bereits klar, daß der Großfürst zum Monarchen nicht besser taugte als sein eigener Kammerdiener. Der Kanzler kannte zwar die Einstellung der Kaiserin zu diesem Problem, „aber, Madame", sagte er zur Großfürstin, „die Zarin ist so unentschlossen. Sie verachtet Seine Kaiserliche Hoheit und kann sich doch nicht entschließen, ihn zu enterben. Ich habe aber für alle Fälle schon ein Papier zur Unterschrift bereit, wenn der gegebene Augenblick gekommen ist".

Katharina genoß immer mehr und mehr Freiheiten, sie traf Gesandte, unterhielt sich mit ihnen und entzückte sie durch ihre Schönheit und ihren Geist. Nach und nach lernte sie das Europa ihrer Zeit verstehen. Ihr Name wurde im Ausland bereits genannt. Ihre Konversation war so brillant, daß sie Greise zu Jünglingen machte. Sie wurde bewundert, aber auch wegen ihrer „Affären" getadelt. Sie nahm sich Stanislaus Poniatowski, den späteren König von Polen, zum Liebhaber und hatte eine Tochter von ihm. Das Kind, das offiziell als Romanowsche Prinzessin anerkannt wurde, starb nach einigen Monaten, von der Großfürstin kaum betrauert. Sie hatte mit der Geburt Pauls ihre Mutterpflicht erfüllt, die Geburt dieses zweiten Kindes war nichts als eine körperliche Beschwernis für sie.

Inzwischen befaßte sich ihr Gatte damit, eine Miniaturarmee auszubilden, Spielzeugfestungen zu bauen und die Befehlshaber seiner Tante wegen ihrer Siege über die Preußen im Siebenjährigen Krieg zu verfluchen. Schließlich glaubte er, einen immerwährenden eigenen schützenden Hafen bei seiner geliebten Lisanka gefunden zu haben.

Poniatowski verließ Rußland, und Katharina weinte nicht bei seinem Abschied. Sie hatte nun Grigorij Orlow, der ihr Interesse erregte und sie entzückte. Doch war auch er nur einer von vielen, die ihr nahestanden.

Schritt für Schritt bahnte sich die Großfürstin mit genau überlegter Berechnung ihren Weg in den komplizierten Bereich der Staatskunst. Sie überstand den Sturz Bestushews, bot dem Zorn der Kaiserin die Stirn, als diese von ihrer Korrespondenz mit General Apraxin erfuhr, und ritt unangefochten mitten durch einen Aufruhr, in dem jede andere Frau erdrückt worden wäre.

Elisabeth starb, und nicht einmal Iwan Schuwalow, der damals „monsieur en titre“ war, hatte sie dazu überreden können, den kleinen Paul zum Thronfolger zu bestimmen. Katharina wußte, daß ihr Hanswurst von einem Gatten niemals das Reich regieren konnte. Doch war er nun trotzdem Kaiser. Grigorij Orlow und seine vier Brüder versicherten der jungen Kaiserin abwechselnd, daß noch alles „gut ausgehen“ werde. Sie, die wieder einmal schwanger und im öffentlichen wie im privaten Leben nur Demütigungen ausgesetzt war, hätte ihnen nur zu gerne Glauben geschenkt. Sie hatte aber kein Geld, und die meisten ihrer wertvollen Schmuckstücke waren in den Händen der Elisabeth Woronzowa.

Schließlich waren es aber weder die Brüder Orlow noch die Grenadiere, die das Zepter in Katharinas Hände drückten, sondern ihr eigener Gatte, dessen sechsmonatige Mißherrschaft jedermann gegen ihn aufgebracht hatte. Die formelle Abdankung Peters III. stellte den groteskesten Tiefpunkt der ganzen russischen Geschichte dar.

Heute erinnern jene Tage des Juni 1762 an eine Operette, und tatsächlich waren die Vorgänge an der Oberfläche ganz von dieser Art, doch spiegelten sie trotzdem ein epochales Ereignis.

Nachdem Peter III. seine Vorbereitungen für jenen absurden Feldzug gegen Dänemark beendet hatte, hielt er mit Elisabeth Woronzowa, der er versprochen hatte, sie nach Abschluß des Krieges zu heiraten, ein großes Fest in Oranienbaum ab. Die Mätresse Lisanka sah sich schon als Gattin und Kaiserin und trug die kaiserlichen Diamanten und Rubine sogar an Tagen, an denen sie zu faul war, ihren Schlafrock abzulegen. Katharina war mit ihren Hofdamen allein in Peterhof. Nichts meldet uns, was sie während dieser letzten paar Tage eigentlich tat. Zwischen Peterhof und St. Petersburg schien es keinerlei Verbindung zu geben.

Mitten in einer Nacht wurde sie plötzlich ziemlich brüsk von Alexej Orlow, der aus der Hauptstadt im Galopp nach Peterhof geritten war, aufgeweckt. Er sagte ihr, sie müsse eilends nach Petersburg, wo die Garderegimenter sie erwarteten, um sie als Herrscherin auszurufen, kein Augenblick dürfe verloren werden.

Über der Stadt der neunzehn Inseln war der Tag längst hereingebrochen, als die Kutsche am Tor der Grenadierkaserne hielt. Wenig später überschritt Katharina die Schwelle des Palastes, aber nicht mehr als gedemütigte Gattin, sondern als Herrscherin.

Die Ereignisse vollzogen sich in atemberaubender Schnelligkeit, aber trotz all der Plötzlichkeit standen viele Jahre harter Schulung hinter Katharinas Triumph. Wenige russische Herrscher bestiegen so gut vorbereitet den Thron wie dieses Mädchen aus Zerbst.

Nicht ein einziger Schuß wurde zur Verteidigung des Kaisers abgefeuert. Peter wurde gefangengenommen und in das Landhaus von Ropscha im Nordwesten der Hauptstadt gebracht, von wo er ziemlich jämmerliche, unterwürfige Briefe an seine Gattin schrieb. Aber Ropscha konnte nur eine vorübergehende Lösung sein. Das Schicksal eines entthronten Monarchen stellte schon immer ein schwieriges Problem dar, selbst für erfahrene Staatsmänner, und wo waren solche im Rußland des Jahres 1762? Peter war noch immer Herzog von Holstein geblieben, doch ihn in das Herzogtum abzuschieben war auch keine Lösung. Daraus hätten Komplikationen mit Preußen entstehen können, denen sich Katharina nicht gewachsen fühlte. Cholmogory in der Nähe von Archangelsk diente bereits als Unterbringungsort für die jüngeren Braunschweig-Kinder. Ein zweiter entthronter Kaiser, der unglückliche, damals erst zweiundzwanzigjährige Iwan VI., schmachtete in der Festung Schlüsselburg an der Newa. Es gab wohl noch ein Gefängnis auf einer der nördlichen Petersburger Inseln — aber es war ganz unmöglich, den Exkaiser in der Hauptstadt zu belassen.

Wir können nicht sagen, welcher Beschluß gefaßt wurde, da die betreffende Konferenz „in camera" abgehalten wurde und es keine Berichte über sie gibt. Peter III. blieb noch genau eine Woche in Ropscha, dann kam das Ende, dessen Hergang bis zum heutigen Tag völlig in Dunkel gehüllt ist. Das seinen Tod verkündende Manifest überzeugte trotz aller klinischen Details, die darin angeführt wurden, niemanden. Es existiert nicht die geringste Spur eines Beweises, daß Katharina direkten Auftrag gegeben hätte, ihren Gatten ermorden zu lassen, doch was sagt das? Die für das Wohlergehen des Exkaisers verantwortlichen Männer wurden jedenfalls nicht des Königsmordes angeklagt. Indirekt aber kann Katharina von dieser Schuld nicht freigesprochen werden, und niemand in Europa nahm sich diesbezüglich ein Blatt vor den Mund. Eine deutsche Zeitschrift ging sogar soweit, Peter III. mit Eduard II. und Ropscha mit Berkeley Castle zu vergleichen. In Petersburg „riskierte" der Senat sogar den Vorschlag, die Kaiserin sollte an den Trauerfeierlichkeiten nicht teilnehmen, und Katharina goß auch noch Wasser auf die Mühlen ihrer Ankläger und nahm den Vorschlag an.

Es gab allerdings gewichtige Gründe, die für sie sprachen. In ihrer Stellung als Monarchin selbst alles eher denn sicher, hätte sie sich kaum zwei Exkaiser neben sich leisten können. Anderseits wäre das Land ohne Zweifel vor die Hunde gegangen, wenn Peter weiter Kaiser geblieben wäre. Das fehlgesteuerte Reich brauchte dringend eine starke Hand, um es auf einen gedeihlichen Kurs zu bringen. Doch welche Gründe man auch vorbringen mag, Mord bleibt Mord, und Katharina entging ihrer Strafe nicht. Doch sorgten dafür nicht ihre Feinde, sondern — ihr eigener Sohn.

Das lag aber noch in weiter Ferne. 1762 hatte Katharina keine Zeit, sich mit ihrem Gewissen zu beschäftigen. In dem Bewußtsein, wie wenig fest das Zepter in ihrer Hand lag, stürzte sie sich im sicheren Vertrauen auf ihre Tüchtigkeit in die Regierungsgeschäfte; sie konnte ihre Stellung nur stärken, indem sie mehr als irgendeiner ihrer Untertanen arbeitete.

„Das Reich braucht vor allem Frieden", erklärte sie den an ihrem Hof akkreditierten Diplomaten, die sie zu sich gerufen hatte, um ihnen die Gründe darzulegen, warum sie nicht gewillt war, die Feindseligkeiten gegen Preußen wiederaufzunehmen. Der sofortige Protest Frankreichs und Österreichs ließ sie kalt. Ein Frieden von vielen Jahren war ihrer Ansicht nach unerläßlich, um den russischen Haushalt in Ordnung zu bringen. Ihre zukünftige Außenpolitik stand ihr völlig klar vor Augen, doch niemand teilte ihre Ideen. Während der schweren Jahre ihrer Lehrzeit hatte sie geträumt und Pläne geschmiedet, wie sich Rußland nach Osten, Süden und Westen ausdehnen sollte. Nun wußte sie, daß alle diese Pläne eine Zeitlang ruhen mußten.

Sie betrachtete die Landkarte des gewaltigen Reiches, das sie übernommen hatte. Was es von ihr forderte, hätte den erfahrensten Staatsmann der Zeit in Schrecken versetzt, doch in Katharina entfachte es alle ihr zu Gebote stehenden Energien.

Das Herz der Regierung war der Senat, der aus liebenswürdigen, ältlichen, zumeist gichtbrüchigen Herren bestand. Sie überließen die ganze Arbeit ihren Beamten, die ihr schwerverdientes, kümmerliches Einkommen mit Bestechungsgeldern aufbesserten. Die Staatskasse war so gut wie leer. Es gab kein Budget, und niemand schien eine Ahnung von den tatsächlichen Staatseinnahmen zu haben. Die Angelegenheiten der Marine waren seit dem Tode Peters des Großen vernachlässigt worden, obwohl der Beamtenstab der Admiralität seine Gehälter weiter bezog und mit einem unglaublichen Aufwand an Tinte und Papier belanglose Berichte schrieb, die dann unverzüglich zu den Akten gelegt wurden. Der Rückstand an Soldauszahlungen bei der Armee war katastrophal. Das Reich war von Monopolen geplagt — Salz, Wein, ungegerbte Häute, Tabak, Fische, sogar Rhabarber und Hanf standen auf der Liste. Von Elisabeth geplante Gesetzesreformen waren eingeschlafen. Manche Verwaltungsbezirke hatten schon seit Jahren keine Geldzuweisungen mehr erhalten.

Im Palast wurden den ganzen lieben Tag Klagen geführt, die jede andere Frau zur Verzweiflung getrieben hätten. Die Gesandten von Frankreich und Österreich protestierten gegen die mutwillig gebrochene Allianz; General Gudowitsch stellte unentwegt Anträge, daß der Waffenstillstand mit Preußen in einen Friedensvertrag umgewandelt werden sollte; Nikita Panin, der Haushofmeister von Katharinas Sohn, und andere drängten auf eine rasche Annäherung an Großbritannien, die für Rußlands Zukunft unerläßlich wäre; die Würdenträger der Kirche beantragten die Rückgabe aller von Peter III. säkularisierten Güter; Gouverneure aus allen Teilen des Reiches strömten zur Hauptstadt mit ihren Berichten über das Anwachsen von Brandstiftung, Mord und Räuberunwesen. Der Strom der an die Kaiserin gerichteten Eingaben schwoll von Tag zu Tag mehr an, es war, als ob das ganze Volk ihr zuschrie: „Du wolltest ja die Krone! Wir haben sie dir gegeben! Nun mußt du auch damit fertig werden — wenn du kannst!“

In dieser Zeit arbeitete Katharina täglich siebzehn Stunden und mehr. Sie entließ Elisabeths unfähigen Kanzler Michael Woronzow und fand Ersatz für ihn. Bestushew wurde aus dem Exil zurückberufen, doch setzte ihn Katharina nicht wieder in sein Amt ein. Sie zog es vor, ihr eigener Kanzler zu sein, ohne allerdings zu wissen, daß sie damit den ersten großen Fehler machte. Sie schulte zwar viele Männer für die Kunst der Staatsführung — Fürst Peter Wjasemskij, Fürst Schachowskoj, Graf Bjesborodko, Fürst Repnin und Fürst Alsufjew —, ließ aber keinen von ihnen wirklich ans Ruder.

Sie improvisierte von einem Tag auf den anderen. „Ich muß auf meine Art regieren“, sagte sie zu ihren Senatoren, als sie das allererstemal einer Senatssitzung beiwohnte. Vor Jahren hatte sie noch als Großfürstin notiert: „Man muß so regieren, daß das Volk glaubt, es habe selbst gewollt, was man ihm zu tun befiehlt.“ „Der Handel braucht eine Atempause“, erklärte sie ihrem Ministerrat und schaffte mit einem einzigen Federzug alle Monopole ab. Entsetzt über die Unkenntnis ihrer Senatoren in russischer Geographie, kaufte ihnen die Kaiserin eine Landkarte und empfahl sie ihrem „eifrigen Studium“. Sie gab eine ganze Lawine von knapp formulierten Verordnungen heraus, die sich mit dem Zustand der Straßen befaßten, mit den verworrenen Finanzen der Admiralität, mit dem Verkauf von Drogen, der Schulung von Hebammen oder mit der Überprüfung der schamlos angeschwollenen „Spesen“-Noten der Verwaltungsleute. Tag für Tag strömten neue Aufgaben auf sie ein, doch niemand sah Katharina jemals müde. Viele sahen sie allerdings oft böse. Ihr Zorn flammte dunkelrot auf bei jeder Unehrenhaftigkeit oder Unfähigkeit eines Beamten, die ihr zur Kenntnis kam. „Glauben diese Herren, meine Untertanen können eine Omelette aus faulen Eiern essen?" war ihr vernichtender Kommentar in einem solchen Fall.

Mit übertriebener Genauigkeit traf Katharina Vorbereitungen für ihre Krönung. Der mystische Akt der Salbung bedeutete ihr persönlich zwar gar nichts, aber sie wußte genau, mit welch tiefer Beredsamkeit er zu Millionen ihrer Untertanen sprach. Die Krönung bedeutete eine Belastung, die sie sich gerne erspart hätte, sie würde ihr ja viele Stunden und Tage stehlen. Aber es war eine Notwendigkeit ersten Ranges, und Katharina beschloß, die Zeremonie raschest anzusetzen. Als ein Septembertermin verkündet wurde, fielen die zuständigen Herren in Moskau vor Verzweiflung beinahe in Ohnmacht. Wie sollten sie die Stadt innerhalb von nur zwei Monaten entsprechend bereit machen, fragten sie. Aber Katharina duldete keinen Aufschub. Sie antwortete, daß es die erste Pflicht eines Herrschers sei, sich durch den heiligsten und feierlichsten aller Eide dem Dienst seines Volkes zu weihen, und sie könne das nicht früh genug tun. Triumphbögen, rote Teppiche, neu bemalte Häuser und Plätze im Flaggenschmuck — was bedeute denn das alles? Nichts. Von Bedeutung wäre einzig der große Gottesdienst in der Mariä-Himmelfahrts-Kathedrale, und dazu müßten zwei Monate zur Vorbereitung doch wohl genügen.

Katharinas Beharren auf diesen frühen Termin war eine geniale Geste. Das Band zwischen dem Volk und ihr fester zu knüpfen und das Zepter stärker und sicherer in die Hand zu bekommen, das konnte nicht durch Steuererleichterungen und andere Konzessionen erreicht werden. Der wahre Herzschlag des Volkes pulste in seinem Festhalten am geheiligten Symbol, und Katharina war bereit, ihm unmittelbare Anerkennung zu zollen.

So mußte sich denn jeder beeilen. Eine knappe Woche vor dem großen Tag stellte sich jedoch heraus, daß der bei Elisabeths Krönung verwendete Reichsapfel in der Truhe der Reichsinsignien fehlte. Jemand vermutete, Peter III. habe die märchenhaften Diamanten und Smaragde aus ihrer Fassung nehmen lassen und sie seiner Lisanka geschenkt. Es gab auch noch eine Reihe anderer Vermutungen. Die Kaiserin kümmerte sich nicht um alle diese Geschichten und gab Befehl, einen neuen Reichsapfel machen zu lassen. Die Hofgoldschmiede mußten Tag und Nacht schuften, um ihn rechtzeitig fertigzubekommen. Ein paar Monate nach der Krönung wurde der vermißte Reichsapfel in einer vergessenen Ecke des Petrowskijpalastes in Moskau in einer Kiste voller Spielsachen gefunden, die einmal Peter II. gehört hatten.

„Alles kann einmal verlegt werden", bemerkte Katharina und ließ den alten Reichsapfel zu ihren privaten Schmuckstücken legen.

Die ganze Tendenz von Katharinas Außenpolitik kann mit einem einzigen Wort charakterisiert werden: Frechheit. Das erste Land, das sich Katharina aussuchte, um ihre Lehrzeit in praktischer Diplomatie abzuschließen, war das kleine Kurland an der baltischen Küste. „Praktische Diplomatie" ist allerdings kaum der passende Ausdruck, um einen von offenen Drohungen eingeleiteten Akt nackter Piraterie zu bezeichnen.

Bekanntlich wurde das Herzogtum von Johann Biron, dem Liebhaber der Zarin Anna, regiert. Nach seinem Sturz und seiner Ausweisung stand Kurland unter der Herrschaft eines sächsischen Prinzen. Als Kaiserin Elisabeth Biron aus dem Exil befreite, setzte sie ihn nicht wieder als Herzog von Kurland ein, da sie sich in keine Verwicklung mit dem König von Sachsen einlassen wollte. Nun hatte aber Rußland, wie Katharina argumentierte, ein unbestreitbares Anrecht auf Kurland, da eine Romanowsche Prinzessin während ihres ganzen Witwenstandes dort regierende Herzogin gewesen war. Das Argument war nicht sehr stichhaltig und wurde von Sachsen zurückgewiesen. Die Kaiserin, die gar keine andere Reaktion erwartet hatte, ließ sofort ihre Soldaten einmarschieren. Es kam aber zu keinem Blutvergießen, der Sachse floh aus Mitau, und Katharina gelang es, den alten Biron wieder in sein Schloß zu setzen, das ihm aber auch schon früher nie gehört hatte — außer durch die Gunst seiner kaiserlichen Mätresse. Es gab wohl unliebsames Aufsehen bei allen deutschen Fürsten und auch anderwärts, aber die Kaiserin nahm einfach keine Notiz davon. „Jetzt hat Rußland dreihundert Meilen der baltischen Küste in der Tasche", sagte sie zu Grigorij Orlow.

Ihr nächstes Abenteuer war noch unverschämter. Beim Tod König

dem Marschall von Sachsen – Bastard

Augusts III. von Polen 1763 befürwortete Katharina die Kandidatur ihres Exliebhabers Stanislaus Poniatowski, obwohl dieser schärfstens dagegen protestierte, da er weder den Wunsch noch die Fähigkeit hatte, zu regieren. „Wie könnte ich König sein?“ schrieb er kläglich nach St. Petersburg, und die Kaiserin antwortete lakonisch: „Indem du eben lernst, es zu sein.“ Poniatowskis Nominierung und erst recht seine Wahl verschlangen phantastische Summen, aber die Kaiserin hielt das Geld für gut angelegt, sobald Poniatowski einmal die Krone Polens trug. „Nun hat Polen für viele Jahre Ruhe“, erklärte sie ihren Ministern und stürzte sich wieder in innerpolitische Angelegenheiten. Aber der erste Anhauch drohender Gefahr kam nur allzubald und berührte sie so empfindlich, daß sie den zweiten Fehler ihrer Regierungszeit beging.

Im Sommer 1764 machte Katharina Besuch bei „ihrem“ Herzog in Mitau. Im selben Sommer erschauerte Europa, als es erfuhr, daß der unglückliche, in einem Kerker von Schlüsselburg gefangene Iwan VI. „auf Befehl des weiblichen Caligula des Nordens“ ermordet worden sei. Daß der junge Mann tot war, stimmte. Doch sonst war manches ungewiß. Um so mehr Spielraum hatte die Phantasie. Es war unvermeidlich, daß auch der Geist von Ropscha aus dem Grabe stieg. Ganz Europa, vom Norden bis zum Süden, nannte Katharina eine Mörderin; besonders in England war die öffentliche Meinung aufgebracht, weil Iwan VI. dem Hause Braunschweig angehört hatte.

Katharinas persönliche Reaktion auf die Masse von Verwünschungen ist nicht bekannt. Sicher ist nur, daß sie die Schuld niemand anderem in die Schuhe schob. Die Wärter des jungen Mannes hatten den Auftrag erhalten, ihn im Falle eines Aufruhrs in der Festung Schlüsselburg zu töten. Mirowitsch, ein unbekannter Offizier der Armee, setzte mit ein paar Komplicen einen solchen „Aufruhr“ in Szene; der „namenlose Gefangene“ sollte „befreit“ werden — und wurde prompt von seinen Wärtern erstochen, noch ehe die „Aufrührer“ in den Kerker eindrangen. Die „Gerichtsverhandlung“ gegen Mirowitsch wurde so unbeholfen geführt — mit so lächerlichen Anstrengungen, das „Geheimnis“ des „namenlosen Gefangenen“ zu bewahren, dessen zerrütteter Geisteszustand es ihm ohnehin unmöglich gemacht hätte, auch nur eine Stunde lang zu regieren, und der auch keine Partei im Lande hatte und dessen Aufenthaltsort auch den meisten unbekannt war —, daß der Fall die Ausmaße einer nationalen Krise erreichte und zum brennendsten Tagesereignis wurde. Da der Geisteszustand Iwans VI. nur sehr wenigen bekannt war, verbreitete sich überall das Gerücht, Katharina wäre am Freitag des Thrones verlustig gegangen, wenn Iwan nicht am Donnerstag vorher ermordet worden wäre. Der hilflose — echte — Versuch eines unbekannten Fanatikers, Iwan aus Schlüsselburg zu befreien, wurde zu einem nationalen Aufstand gegen „die Usurpatorin" aufgebauscht. Pamphlete in drei Sprachen kursierten in Europa, die die Leiden von Iwans Brüdern und Schwestern in ihrem Gefängnis im hohen Norden schilderten. Der Tod ihrer Mutter im Kindbett 1746, der damals schon völlig in Vergessenheit geraten war, wurde nun wieder in Erinnerung gebracht, und man munkelte, es wäre ein auf Geheiß von Elisabeth ausgeführter Mord gewesen.

Zum Teil trug dazu die durch Katharinas Eingreifen in polnische und baltische Angelegenheiten angespannte und gereizte Stimmung bei. Die Kaltblütigkeit, die sie als Herrscherin zur Schau trug, wurde ihrem Mangel an Gewissen zugeschrieben. Aber die Kaiserin setzte ihre Regierungsgeschäfte nun, da kein Geist aus Braunschweig ihr mehr ins Ohr wisperte, seelenruhig fort.

Der Hof überbot sich an Glanz und Pracht — aber Katharinas Leben verlief fast nach bürgerlichem Zuschnitt. Sie stand um sechs Uhr früh auf und begab sich um zehn Uhr abends zur Ruhe. Außer bei offiziellen Anlässen war ihre Kleidung überaus einfach. Ein frugales Frühstück, bestehend aus Kaffee und Zwieback, und ein nicht weniger bescheidenes Mittagessen waren ihre einzigen Mahlzeiten. Wein trank sie niemals, ein Abendessen hielt sie für überflüssige Schwelgerei. Ihre Verschwendungssucht war zwar groß, doch gab sie dieser eine ganz andere Richtung als ihre Vorgänger und Vorgängerinnen: Sie gründete vor allem Kunstsammlungen von unermeßlichem Wert, die die ganze Nation erfreuen sollten. — Untätigkeit machte sie krank. Wenn sie die Staatsgeschäfte des Tages einmal hinter sich gebracht hatte, wandte sich die Kaiserin ihren Büchern zu und las mit schöpferischer Hingabe, die gezückte Feder immer zur

Hand. „Ideen sind wie Hasen“, sagte sie, „sie entwischen so schnell, daß man sie sofort festhalten muß.“ Alle Bände aus ihrem Besitz weisen eine Unzahl sehr interessanter Randbemerkungen auf.

Doch sogar diese Art des Lesens brachte ihr Entspannung. Immer waren die Staatsgeschäfte im Vordergrund und erfüllten manchmal sogar die Stunden der Einsamkeit. „Eine unaufgeklärte Nation ist wie eine Schafherde ohne Leithammel.“

Das Schulwesen war zwar auch schon von den ersten Romanows keineswegs vernachlässigt worden, doch hatte nur ein ganz geringer Teil der riesigen Bevölkerung daraus Nutzen gezogen, und selbst bei Katharinas Tod waren die großen Massen noch Analphabeten. Elisabeth hatte zwar die Universität von Moskau gegründet, es gab aber kaum mittlere Schulen, um die Knaben für den Besuch der Hochschule vorzubereiten. Marineangelegenheiten waren von den Nachfolgern Peters des Großen arg vernachlässigt worden; in der von ihm gegründeten Marineschule unterrichteten Herren, deren Fachwissen nicht weit über die Grundlagen der Geometrie und den Gebrauch von Globen hinausreichte. Katharina gründete Schulen en masse — Militärakademien, Handels- und Artillerieschulen, das Bergbauinstitut, „um eine raschere Erschließung der Bodenschätze des Reiches zu fördern“, und schließlich das Smolnyj-Adelscollegium, das allererste Institut für Mädchen, das 1764 mit strahlender Prunkentfaltung eröffnet wurde.

Katharina, die selbst einmal ein unbekannter Habenichts war, füllte ihre Lehranstalten aber nicht nur aus den Reihen der Aristokratie. Viele Unbemittelte, die ihr ein glücklicher Zufall in den Weg führte, wurden durch sie auf die Bahn großer Erfolge gebracht, und nicht alle von ihnen waren, wie man tratschte, ihre Liebhaber. Bjesborodko, Rumjanzew, Kutusow, Troschtschinskij, Dimitriew, um nur einige wenige zu nennen, stellten ihr Genie unter Beweis, ohne eingeladen worden zu sein, das kaiserliche Bett zu teilen.

Als Großfürstin hatte Katharina geschrieben: „Ein Herrscher ist im Unrecht, wenn sein Volk mit ihm unzufrieden ist... Alles ist tot ohne Freiheit, und diese ist das Recht, alles zu tun, was das Gesetz erlaubt ... Ich werde erwarten, daß meine Gesetze befolgt werden, aber ich werde keine Sklaverei dulden ..."

Diese Worte kamen aus einer durch das eingehende Studium von Bayle, Diderot und Montesquieu gebildeten Überzeugung. Nun, da sie Herrscherin war, sah Katharina noch viel klarer, daß die Gesetze ihres Reiches nach Reform förmlich schrien. Drei Jahre lang — ohne ihre Ideen mit irgend jemandem zu teilen — arbeitete sie an dem Entwurf eines Monumentalwerkes, betitelt „Nakas", das heißt Lehre, dessen Material hauptsächlich aus Montesquieu und Beccaria entnommen war. „Mein Buch ist nicht sehr originell", gestand sie 1767 in einem Brief an Voltaire, „aber ich glaube zuversichtlich, daß Monsieur Montesquieu, der nun im Himmel ist, das Plagiat um des Guten willen verzeihen wird, das es einem Volk von zwanzig Millionen bringen möge." Und an d'Alembert schrieb sie, sie fühle sich „wie eine Krähe, die in Pfauenfedern einherstolziert. Wenn ich Papst wäre, würde ich Montesquieu unbedingt heiligsprechen, und das ohne auf die Einflüsterungen des Advokaten des Teufels zu hören ..."

Der „Nakas" würde, wie Katharina hoffte, ein Handbuch für künftige Gesetzgeber werden. In seine Seiten hatte der edle Liberalismus ihrer Jugend Eingang gefunden. Die Kapitel über die Leibeigenschaft sind besonders aufschlußreich. Der Grundgedanke, daß Sklaverei mit christlichen Prinzipien unvereinbar sei, war Montesquieu entliehen, aber Katharina erweiterte ihn, indem sie ihn in dem Licht der in Rußland herrschenden Verhältnisse betrachtete: „Bei uns", schrieb sie, „könnte die Abschaffung nur durch eine Reihe langfristiger Maßnahmen durchgeführt werden ... Alle Bauern, die zu einem bestimmten Grundbesitz gehören, könnten ihre Freiheit durch die Übertragung des Grundbesitzes auf einen anderen Eigentümer erlangen ... Auf diese Weise würden die letzten Spuren der Leibeigenschaft innerhalb von zwei oder drei Generationen — oder sogar schon etwas früher — verschwinden ... Die Landwirtschaft ist der größte Aktivposten in Zentralrußland, doch kann sie niemals wirklich blühen, solange das Land weiter von Menschen bearbeitet wird, die weder Eigentum noch Rechte besitzen ..."

Auch über Rechtübung findet sich im „Nakas" ein beachtenswertes Kapitel: „Jeder, ungeachtet seines Ranges und Ansehens", heißt es da, „sollte vor Gericht gleiches Gehör finden ... Die Todesstrafe sollte nur in den allerschwersten Fällen angewendet werden ... Jede Art von Folter sollte abgeschafft werden, da sie den Forderungen der Zivilisation widerspricht und sie entwürdigt ..."

Als der „Nakas" 1766 erschien und in zwei oder drei Sprachen übersetzt wurde, wirkte er etwas mildernd auf die Einstellung des Westens zu dem „weiblichen Caligula des Nordens". Nur Frankreich blieb hartnäckig und verbot offiziell die Übersetzung des „Nakas" ins Französische.

Im Juli 1767 wurde die „Große Kommission" eröffnet, die zum Studium der künftigen Reformen einberufen worden war. Daß ein Bauer als Delegierter im Kreml das Wort ergriff, machte zweifellos Geschichte; daß aber anderseits alle „Anstoß erregenden" Punkte betreffend die Gleichberechtigung auf Betreiben des hohen und niederen Adels gestrichen wurden, beweist, wie unsicher Katharinas Stellung noch fünf Jahre nach ihrer Thronbesteigung war. Die 564 Delegierten, unter denen zirka 100 nichtleibeigene Bauern waren, traten zusammen und hofften auf eine Reihe von ergebnisreichen Sessionen, aber im Herbst 1768 brach der Krieg zwischen Rußland und der Türkei aus. Die „Große Kommission" wurde vertagt, und verschiedene Umstände verhinderten es, daß sie je wieder zusammentrat. Ihre Erkenntnisse waren allerdings unverlierbar.

Der Kampf mit der Türkei um einen Stützpunkt am Schwarzen Meer war der Angelpunkt von Katharinas Außenpolitik, aber sie hatte den Tag, an welchem der Krieg beginnen sollte, selbst wählen wollen. Das war ihr nun versagt. Daß Rußland in die Angelegenheiten Polens eingegriffen hatte, versetzte den Sultan in Besorgnis. Ein belangloser Vorfall an der Krimgrenze wurde geschickt in einen Casus belli verwandelt, und Katharina konnte es sich nicht leisten, die Herausforderung zu übergehen.

Noch weniger allerdings konnte sie es sich leisten, sich überhaupt in einen Krieg einzulassen. Ihre Staatskasse war Anno 1767 leer, ihre Armee erschöpft, schlecht beschuht und faktisch ohne Waffen. Im ganzen Land brachen Aufstände unter den Bauern aus, die von dem

„Nakas" und der „Großen Kommission" in Moskau gehört hatten und sich nun nach ihrer Auslegung im sofortigen und umfassenden Besitz aller Bürgerrechte wähnten. Außerdem hatte das Reich keine Flotte.

Katharinas Regierung war verzweifelt. Der Senat begann nach einem möglichen Kompromiß zu suchen, um den Konflikt zu vermeiden. Die Kaiserin sagte, sie habe für Kompromisse nicht viel übrig, und fügte hinzu, der ganze politische Kanon bestünde aus drei Wörtern: „Lage, Vorschlag und Einigung." Es ist sehr zu bezweifeln, daß ihre Senatoren sie verstanden.

Fast hat es den Anschein, als hätte sie sich — trotz allem Widrigen — mit Freude in den ersten größeren Feldzug ihrer Regierungszeit gestürzt. Sie verlor keine Zeit, trieb eine beträchtliche Anleihe aus den Niederlanden auf und stampfte ein improvisiertes Kriegsministerium aus dem Boden. Sie ahnte die geniale Begabung Rumjanzews und machte ihn zum Oberbefehlshaber. Die Schiffswerften in Petersburg, Olonez, Woronesch und Petrosawodsk arbeiteten auf Hochtouren wie unter Peter dem Großen. In weniger als einem Jahr waren drei Flottengeschwader aktionsbereit und segelten unter dem Kommando von Alexej Orlow aus der Ostsee ins Ägäische Meer. Das Heer — gut beschuht, ordentlich bewaffnet und entsprechend verproviantiert — begann nach Süden zu marschieren. Alle die ungeheuren Auslagen machten Rußland nicht bankrott. Katharina griff Possoschkows Argument auf, daß „(bei uns) ein Stück Papier dem Zweck von Gold und Silber entsprechen würde, sobald es nur von einem Herrscher herausgegeben wird und sein Bildnis aufgedruckt hat ..." Ab 1768 wurde Papiergeld, bedruckt mit dem Porträt der Kaiserin, zum gesetzlichen Zahlungsmittel in Rußland.

Nach achtzehn ereignislosen Monaten vernichteten Alexej Orlows Geschwader außerhalb der Bucht von Tschesme die gesamte türkische Flotte, und Festungen, die bis dahin für uneinnehmbar galten, wurden von den Generalen Rumjanzew und Golizyn bezwungen.

„Wir haben den Krieg noch nicht beendet", sagte Katharina. Russische Erfolge beunruhigten und irritierten Europa. In Petersburg gab es große Festlichkeiten, und die Kaiserin freute sich daran, recht viele diplomatische Empfänge zu geben, bei denen die Siege ausführlich besprochen — die Rückschläge aber niemals erwähnt wurden.

Es gab wohl Rückschläge — und der bitterste von allen war Tausende Meilen von der Front entfernt: 1773 flammte die Pugatschow-Revolte auf, eine Erhebung der wilden Mächte, die der fahnenflüchtige Kosak weder beabsichtigt hatte noch unter Kontrolle halten konnte. Die Meuterei brach an den Ufern des Uralflusses Jaik aus und flutete nach Westen und Norden, bis Pugatschows Horden bereits Moskau bedrohten. Katharina machte in ihrer Korrespondenz sarkastische Anspielungen auf „ce marquis de Pougacheff". In Wirklichkeit war diese Meuterei viel gefährlicher, als je eine Verschwörung des Hauses Braunschweig hätte sein können. Pugatschow gab sich als Peter III. aus, der „auf wunderbare Weise 1762 seinen Mördern entkommen war", aber der angemaßte Titel war kaum mehr als eine kleine Fahne für eine Revolte, die sich im Grunde wenig um die Monarchie scherte. Die Unzufriedenheit brodelte schon lange in den ungeheuren, wilden Ländereien südlich und östlich von Kasan. Alle die nomadisierenden Habenichtse, deren Leben durch bürokratische Einmischungen und Schiebungen unerträglich geworden war, schlossen sich der Revolte an. Die Kosaken, denen jede Bürokratie aus Prinzip verhaßt war, verbündeten sich auf Gedeih und Verderb mit den Horden. Der blutige Kampf dauerte zwei Jahre lang. Es war das wilde Asien im kleinen, das sich da seine Lenden gürtete gegen das erst dürftig europäisierte Rußland. Die Rebellion wurde zwar unterdrückt, aber es dauerte Jahre, bis alle durch sie geschlagenen Wunden geheilt waren.

Der Sieg über Pugatschows Horden war in gewissem Sinn ein Pyrrhussieg: er versetzte den liberalen Prinzipien Katharinas den ersten Stoß. Die „Große Kommission" wurde nie wieder einberufen, und alle versuchsweisen Pläne, allgemeine Gleichberechtigung zu schaffen, setzten auf den Regalen der Büros Staub an. Die Kaiserin war zu der Überzeugung gekommen, daß das Volk, das sie regierte, noch nicht imstande war, zwischen Freiheit und Zügellosigkeit zu unterscheiden.

Es war eine schicksalhafte Entscheidung, durch welche die Kaiserin ihre Identifizierung mit der Dynastie ihres Gatten vollzog. Seit ungefähr hundertfünfzig Jahren hatten sich die Romanows, wie groß oder klein ihre individuellen Verdienste gewesen waren, immer den unerbittlichen Geboten des Schicksals unterworfen. Es den Willen Gottes zu nennen änderte im Grunde nichts an der Sache. Pugatschows Hinrichtung auf einem Platz in Moskau stimmt mit Katharinas Abkehr von ihren liberalen Ideen überein. Zuerst waren die Beweise dieser Abkehr nicht leicht erkennbar — die letzten Flammen ihres reformatorischen Eifers verglommen erst 1789 —, aber das blutbefleckte Phantom, das 1773 erschien, verschwand vom russischen Himmel nie mehr.

Im Palast der Kaiserin lebte ein Fremder, ein Jüngling von kleinem Wuchs und wenig einnehmendem Äußeren, dessen widerspruchsvolle Persönlichkeit seinen Vertrauten ein Rätsel war. Der junge Mann, der sich abwechselnd höflich und ungezogen, intelligent und dumm, gütig und grausam, freigebig und geizig zeigte, lebte im Palast als Erster Herr des Landes, eine Würde, die in seinem Fall jeder Bedeutung beraubt war. Als Thronerbe hätte Paul, der in Nikita Panin einen sehr fähigen Lehrer hatte, eine Stimme am Ratstisch seiner Mutter haben müssen. Dies war aber nie der Fall. Seit seiner Kindheit sind er und Katharina einander fremd geblieben. Aber als Paul knapp acht Jahre alt war, hatte sie seinem Vater die Krone entrissen; damals wäre es vielleicht noch möglich gewesen, ein herzlicheres Verhältnis zum Sohn zu begründen. Sie unterließ es. Als Schüler von Nikita Panin hätte er auf Güte mit Güte reagieren müssen. So hatte er nur Angst vor seiner Mutter und nie das geringste Verständnis für sie. Alle seine guten Eigenschaften — und er hatte deren eine ganze Menge — verschwanden in ihrer Gegenwart, und was Katharina zu sehen bekam, war ein nervöser, linkischer Bub, dessen Sprache unsicher und dessen Benehmen erbärmlich ungeschliffen war. Als ihr erster Annäherungsversuch ergebnislos blieb, überließ sie den Knaben ganz der Obhut Panins.

Aber wie ungeliebt Paul auch war, er war doch Katharinas einziges legitimes Kind — er allein konnte das völlige Aussterben der Dynastie verhindern. Daher verheiratete die Kaiserin den Großfürsten, als er neunzehn wurde (1773), mit einer hessischen Prinzessin, die sie zur Großfürstin Nathalia machte. Nachdem die Hochzeitsreise absolviert war, erwartete Paul eine Einladung zu einem Ministerrat. Sie blieb aus. Statt dessen schrieb Katharina: „Komm um Rat zu mir, wenn du einen brauchst ... Ich habe beschlossen, jede Woche ein paar Stunden zu erübrigen, um dich privat zu sehen, damit du etwas lernen kannst über Staatsführung, unsere Gesetze und meine Art zu regieren ... Bist du darüber erfreut?“

Paul war darüber nicht erfreut. Er hatte die ganze Hand erhofft — man bot ihm den kleinen Finger. Seine unerfahrene und unbedachte junge Großfürstin drängte darauf, die Einladung zu übergehen, und behauptete, es wäre die Pflicht der Kaiserin, ihm eine Stimme am Ratstisch zu geben. Paul meinte das auch, aber es fehlte ihm an Mut, es seiner Mutter zu sagen.

Nathalia fand Katharina „verabscheuungswürdig“. „Schau doch ihre vielen Liebhaber an!“ rief sie. „Sie ist eine Hure, die Kaiserin Maria Theresia hat das wiederholt gesagt ...“

„Ihre Liebhaber“, antwortete Paul schwerfällig und nicht ganz aufrichtig, „machten nicht soviel aus, aber ihre ganze Politik wird das Reich eines Tages ruinieren.“

Auch hier waren die Worte des Großfürsten weit von der Wahrheit entfernt. Die gegenseitige Abneigung und das Mißtrauen zwischen Mutter und Sohn hatten eine andere Wurzel als die Politik der Kaiserin, und beide wußten das ganz genau, ohne freilich je darüber miteinander zu reden. Der nun aus Pauls Hofstaat entlassene Nikita Panin hatte seinen Schüler dazu erzogen, das Andenken des Vaters zu ehren. Also sah der Großfürst in den Orlow-Brüdern die Mörder seines Vaters und sprach von Alexej Orlow nie anders als von „diesem Schlächter“. Der Geist des Vaters stand zwischen Mutter und Sohn. Die bloße Nennung des Namens Ropscha — in Katharinas Gegenwart wurde er nie ausgesprochen — genügte, um Paul schaudern zu machen.

Was die lange Liste ihrer Liebhaber anlangt, so ist diese — mit Ausnahme von Potjomkin und Lanskoj — das fadeste Kapitel in Katharinas Biographie. Nur wenige, wenn überhaupt welche von diesen Herren en titre, waren Herren von Geburt. Irgendein glücklicher Zufall hatte sie einmal die Stufen zum Tor des Palastes hinaufgeführt und in den verwirrenden Bereich der Kaiserin geraten lassen. Diese Männer waren nicht mehr als „besondere“ Diener der Krone. Potjomkins dunkles Genie erhob ihn allerdings hoch über den Schmutz des gewohnten Trottes, und Lanskojs Herzenstakt und Geist werteten die ansonsten entwürdigende Situation ein wenig auf; er allein scheint auch gegen Ende ihres Lebens Zugang zu Katharinas Herzen gefunden zu haben. Alle anderen waren „messieurs de convenance“, aufgenommen und entlassen zum Vergnügen der Kaiserin.

Die Triumphe des 1774 mit der Türkei geschlossenen Friedensvertrages von Kütschük-Kainardschi hatten zwar viel Blut, Geld und Anstrengung gekostet, aber das kühne Programm der Kaiserin nahm rasch Gestalt an. Die Krimtataren waren von der türkischen Herrschaft befreit, russische Schiffe kreuzten ungehindert im Schwarzen Meer, das Dreieck zwischen Dnjepr und Bug und Gebiete am Kaukasus wurden an Rußland abgetreten — das, zusammen mit einer überaus lohnenden, riesigen Kriegsentschädigung, waren die Früchte von Katharinas erstem Feldzug. Die unverhüllte Verärgerung des Westens schürte nur noch ihre Eitelkeit. Sie hatte weder von Britannien noch von Frankreich eine andere Reaktion erwartet, aber sie war entschlossen, die Freundschaft Österreichs zu gewinnen.

Mitten in den Friedensfeierlichkeiten und trotz der immer mehr anwachsenden Staatsgeschäfte fand Katharina Zeit, ihre Korrespondenz zu erweitern. Ihre Briefe könnten als Vorlagen für die Reklameabteilung so manches modernen Unternehmens dienen. Sie preist alles an — von der reichen Ernte einer Provinz bis zu einer neuen Glasfabrik im Vorort ihrer Hauptstadt. Sie war unendlich stolz auf ihr Moskauer Findlingsheim, aber sie getraute sich nicht, es gegenüber einem ihrer ausländischen Freunde zu erwähnen, damit diese nicht glauben sollten, in ihrem Reiche stiege die Zahl der unehelichen Geburten an. Sonst aber diente ihr alles und jedes als Wasser auf die Mühle ihrer Politik. Sogar die Tatsache, daß sie die holländische Anleihe in Gold zurückgezahlt hatte, wurde in vielen Briefen erwähnt; und war sie nicht hocherfreut, als Voltaire sie „Cathérine la Grande“ nannte?

Nur mit Grimm, ihrem treuen souffre-douleur, teilte Katharina manche ihrer Sorgen. Vor allem jene, die ihren Sohn und ihre Schwiegertochter betrafen, die, nachdem sie zuerst „une femme d'or" gewesen war, auf das traurige Niveau einer verschwenderischen, verdrießlichen und nachlässigen Frau herabsank. „(Sie) ist immer krank, und wen würde das wundern? Sie lebt nur in Extremen ... Wenn sie spazierengeht, muß es gleich ein Marsch von zwanzig Werst sein ... Wenn sie tanzt, müssen es mindestens zwanzig Menuette sein ... Um übertriebene Hitze in ihren Zimmern zu vermeiden, gibt sie Befehl, daß überhaupt nicht geheizt wird, und verkühlt sich natürlich sofort ... In achtzehn Monaten hat sie nicht ein Wort Russisch gelernt. Sie sagt zwar, sie hätte die Absicht, es zu lernen, aber es bleibt immer nur beim Sagen ... Ihre Schulden sind schon auf das Doppelte ihrer jährlichen Apanage angewachsen, und dabei gibt es in Europa kaum eine Prinzessin, die so viel bekommt wie sie ..."

Im Frühling 1776 starb die unzulängliche Großfürstin im Kindbett nach einer Totgeburt. Noch im selben Jahr verheiratete die Kaiserin ihren Sohn wieder, und zwar mit einer württembergischen Prinzessin, die sie zur Großfürstin Maria machte. Schon im Dezember 1777 weinte Katharina, die nur selten in Tränen ausbrach, bei der Taufe ihres ersten Enkels; und als in weniger als zwei Jahren dieser Enkel einen Bruder hatte, wurde die Privatkorrespondenz der Kaiserin zu einem einzigen dankerfüllten Lobgesang. „Ich bin so glücklich und habe mehr zu tun denn je", schrieb sie an Grimm. Und sie hatte wirklich viel zu tun, weil sie ihre Enkel ganz allein aufzog.

Katharina war keine Zarin Elisabeth. Die Knaben wurden ihrer Mutter zwar nicht innerhalb weniger Minuten nach der Geburt weggenommen, und Paul und Maria hatten freien Zutritt zu den Kinderzimmern, aber es war doch Katharina, die den Rhythmus in den dürftig eingerichteten Räumen der Knaben bestimmte. Paul bezwang seinen Ärger, so gut er konnte, und Maria wagte es nicht, sich zu beklagen. — Die Kaiserin war tief beglückt durch die für sie neue, erregende Tätigkeit, und die kleinen Kerle hatten die glücklichste Kindheit aller Prinzen Europas. Ihre Erziehung bewies, was Katharina für ihren eigenen Sohn hätte tun können, wenn Elisabeth sie nicht auf so brutale Weise davon ausgeschlossen hätte. Die Früchte der Erfahrung der Kaiserin nahmen in einem Büchlein Gestalt an, das die Akademie der Wissenschaften 1782 gedruckt herausgab. Es hieß

„Eine Elementarerziehung“ und war nicht mehr als eine Sammlung zufälliger Notizen, die doch sonderbarerweise zu einer Einheit zusammengeflossen waren. „Man sollte sich niemals über ein Kind lustig machen“, hieß es da, „das ist gefährlich ... Man kann viel von seiner Vorstellungskraft erfahren, wenn man es beim Spielen beobachtet und es dabei allein läßt ... Kein Kind sollte sich vor seinen Erziehern fürchten: das ruft Feigheit hervor und Mangel an Wahrheitsliebe ... Kinder sollten geistig und körperlich ständig beschäftigt werden ... Wenn man auf die Frage eines Kindes keine Antwort weiß, sollte man nicht die Geduld verlieren, ihm aber auch nichts Falsches sagen ... Überlege sorgfältig, ehe du irgendeine Strafe verhängst ... Selbstachtung und Mitleid gegenüber anderen sollten so früh wie möglich entwickelt werden ... Ein Kind sollte erfahren, daß es nackt und bloß zur Welt kommt wie jedes andere Kind — ganz gleich, ob es ein Prinz oder ein Bauernkind ist ...“

Hier stehen wir einem Paradoxon gegenüber: Eine weise, gütige und liebevolle Großmutter auf der einen Seite — und auf der anderen das beinahe empörende Versagen Katharinas als Mutter. Bei Paul versagte sie in wirklich erschreckender Weise. Man kann nicht behaupten, daß sie auch bei ihren anderen Kindern versagte: sie bedeuteten ihr einfach gar nichts. Die anderen vier, eine Tochter von Poniatowski und ein Sohn und zwei Töchter von Grigorij Orlow, waren für sie nichts anderes als ärgerliche Unglücksfälle. Poniatowskis Tochter, die als Romanowsche Prinzessin anerkannt wurde, starb als Kleinkind, was auf ihre Mutter nicht den geringsten Eindruck machte, und Orlows Sohn, zum Grafen Bobrinskij gemacht, wurde innerhalb einer Stunde nach seiner Ankunft aus dem Palast geschmuggelt und in die Obhut eilig erwählter Zieheltern gegeben. Später wurde für ihn etwas Geld angelegt — und damit erschöpfte sich bereits die Verantwortung seiner Mutter. Als der junge Bobrinskij erwachsen war, geriet er in Schwierigkeiten. Katharina hörte davon — und lehnte es ab, ihm zu helfen. Seine beiden Schwestern wurden von einer Witwe der Gesellschaft als deren Nichten aufgezogen. Sie erschienen niemals bei Hof. Die Kaiserin stattete jede von ihnen mit einer ziemlich großzügigen Mitgift aus, dachte weiter nicht mehr an sie und erwähnt sie niemals in irgendeinem ihrer Briefe.

 Kinder

Trotzdem mangelte es ihr nicht ganz an Familiensinn. Sie war ihrem unwahrscheinlich langweiligen Vater sehr ergeben, liebte ihre unmögliche Mutter und empfand eine tiefe Zuneigung zu einem höchst unzulänglichen Bruder.

Dieser offenkundige Widerspruch läßt sich nicht anders erklären — und auch das ist nur Vermutung — als durch die Folgen eines Schocks, den Katharina nach der Geburt ihres Sohnes Paul erlitt. Es kann wohl möglich sein, daß Elisabeths Grausamkeit bei Katharina eine Abneigung gegen jede Mutterschaft hervorgerufen hat. Jedenfalls hätte sie die vier nach Paul geborenen Kinder, die „Unglücksfälle", gewiß gerne vermieden gehabt.

Beim Erscheinen ihrer Enkelkinder stieg aber eine neue Gefühlswelt in ihr auf. Vor allem konnte sie durch das Vorhandensein der beiden Prinzen einer stolzen und glorreichen Zukunft der Dynastie und des Landes entgegensehen. — Das der Ankunft der Knaben folgende Jahrzehnt stimmte wunderbar mit Katharinas Hoffnungen und Bestrebungen überein. Auf der Halbinsel Alaska wurde die erste russische Siedlung gegründet, und das Reich wurde zum bedeutendsten Pelzexporteur der Erde. Am Schwarzen Meer hatte die Zarin feste Stützpunkte ausgebaut. Wie durch ein Wunder folgte eine reichliche Ernte auf die andere. Was hier und dort im Land an Unzufriedenheit schwelte, brach nicht in Revolten aus. Alle neugegründeten Schulen blühten, die Kaufleute gelangten durch eine wohltuend lange Friedensperiode zu Wohlstand, Experten aus England und Deutschland arbeiteten in den Amethyst- und Malachitminen Sibiriens, die finanzielle tour-de-force des Jahres 1768 erleichterte die Steuerlasten und vermehrte die für Auslandsverpflichtungen erforderlichen Goldreserven.

Natürlich gab es auch viele Schatten, die das Bild der Nation verdunkelten. Das Bestechungsunwesen blühte noch immer, die Gesetzgebung hinkte arg, Gerichtsverhandlungen wurden noch immer „in camera" abgehalten, und die wahre Idee der Gerechtigkeit erfüllte die Herzen der Richter nur selten. Raub, Brandlegung, Mord und geringfügigere Verbrechen waren ebenso häufig wie bei Katharinas Thronbesteigung, obwohl ihre Reform der lokalen Regierungen im ganzen Lande den Kampf gegen die Zügellosigkeit aufgenommen hatte.

Als Katharina hoch in den Fünfzigern war, sah sie wie eine Frau von vierzig aus. „Es macht mir Freude, zu arbeiten", sagte sie einmal zu einem Freund, und ihre Freude am Dasein überhaupt war genauso stark wie in den Jugendtagen. Die Mäßigkeit beim Essen und Trinken trug ihre Früchte.

Katharinas erster Ratgeber war jetzt Bjesborodko, der früher einmal ein unbeachteter Kanzleibeamter war, doch blieb sie ihr eigener Kanzler. Die Annexion der Krim 1783 erzürnte die Großmächte natürlich, gar nicht zu reden von der Türkei, und führte zu dem ersten größeren Zusammenstoß zwischen der Kaiserin und ihrem Sohn; sie konnte es sich aber leisten, jede Kritik mit einem Achselzucken abzutun. In Mußestunden, wenn sie mit einer Stickerei oder Elfenbeinschnitzerei beschäftigt war, träumte sie davon, wie ihre Schiffe durch den Bosporus und die Dardanellen fuhren und wie sich einmal ihr zweiter Enkelsohn Konstantin unter den Kuppeln der Hagia Sophia die Krone des wiedererstandenen Byzanz aufs Haupt setzen würde. Da die Türken aus Europa verjagt waren, lag der Weg ins Mittelmeer offen — bis zu den Küsten Nordafrikas ...

Ihre Feinde hofften, daß nach der Krimaffäre ein Krieg ausbrechen würde. Aber die Türkei wagte es zunächst nicht, sich zu rühren, die russisch-österreichische Allianz stand unerschütterlich fest, und das durch seinen Anteil aus der ersten Teilung Polens befriedigte Preußen verhielt sich streng neutral. Die französische Regierung verlangte, daß das Schwarze Meer von keinem russischen Kriegsschiff befahren werden sollte. Katharina las die Note und kritzelte an Bjesborodko:

„Ich glaube, eine solche Note können wir nicht ganz unbeantwortet lassen. Machen Sie ihnen doch klar, daß wir nicht an ‚Weisungen' gewöhnt sind. Wir sind nicht irgendein kleiner italienischer Staat mit ein paar Booten und einem Dutzend Fischkuttern in unseren Gewässern."

Mit der gleichen Überlegenheit nahm sie den französischen Protest gegen die Zerstückelung Polens zur Kenntnis.

Für Katharina gab es zwei verschiedene Frankreich. Das eine war das Land Pascals, der großen Dramatiker, das Land Montesquieus, Voltaires und vieler anderer, an denen sich ihr Geist geschärft und durch die sich ihr Horizont erweitert hatte. Das andere, das politische

Frankreich, hörte nie auf, Katharinas Wut oder Verachtung zu erregen. „Ces coquins de Français — diese Schufte von Franzosen" nannte sie seine Bewohner. Sie hatte ihnen nie verziehen, daß sie ihren „Nakas" nicht gebilligt hatten, und auch niemals Choiseuls Spott über „die elenden Wracks", die 1769 an Gibraltar vorbeisegelten, vergessen. Die ersten Angriffe auf ihr Privatleben waren aus Versailles gekommen, und in ihren Augen war die Königin von Frankreich nur ein Echo „jener langweiligen und larmoyanten Heiligen Theresa" in Wien, die die Kaiserin von Rußland einmal mit der babylonischen Hure verglichen hatte.

Nachdem Katharina die Krim ganz friedlich annektiert hatte, hoffte sie auf eine längere ungestörte Aufbauarbeit im Innern — doch in weniger als vier Jahren fand sie sich an der Schwelle eines Krieges, auf den weder sie selbst noch ihr Land vorbereitet war.

Die berühmte Reise auf die Krim 1787 enthüllte wieder einmal ihren genialen Sinn für Publicity, die sich jedoch als Fehler erwies. Die großen Feste an der Küste des Schwarzen Meeres, die Flottenparade in Sewastopol und viele kleinere Provokationen brachten die Türken auf, und plötzlich versprach ihnen Frankreich Unterstützung. Die Spannung wurde nicht gerade vermindert durch eine russische Karikatur, auf der feiste, mit weiten Pumphosen bekleidete türkische Soldaten, denen das Krummschwert fast aus der Hand fiel, von dünnen französischen Offizieren mit kühnen Schnurrbärten gedrillt wurden. Kanonen, die in Sewastopol Salutschüsse abfeuerten, kündigten nach der Aussage Saint-Germains ein zweites Tschesme an, und der Sultan wußte, daß er sich auf die Hilfe Frankreichs verlassen konnte. Die Türken verloren keine Zeit mit langen Einleitungen, warfen Katharinas Gesandte in die „Sieben Türme" und schickten ein Ultimatum nach Moskau, in welchem sie die sofortige Rückgabe der Krim und das Recht der Kontrolle über die gesamte russische Schiffahrt im Schwarzen Meer verlangten.

Im September 1787 schrieb Katharinas Privatsekretär Chrapowizkij in sein Tagebuch: „Ihre Majestät geruhte zu weinen, als sie das Kriegsmanifest unterzeichnete."

Katharinas Tränen waren nicht unbegründet. Die Freundschaft mit Österreich war im Laufe der Jahre etwas fadenscheinig geworden,

Preußen war gerade noch lauwarm, England und Frankreich einhellig gegen Rußland. Sogar Bjesborodko blickte düster drein, und die anderen Minister verloren fast den Kopf „über dieses Dilemma, das nie hätte entstehen dürfen". Großfürst Paul triumphierte insgeheim, und Katharinas Befehlshaber begannen untereinander zu streiten. Potjomkin machte sich auf den Weg nach dem Süden und gab seiner Herrscherin den Rat, auf Siegesmeldungen zu verzichten. „Wir sind auf einen Krieg nicht besser vorbereitet als eine Henne in einem Hinterhof."

Die Katastrophen ließen nicht lange auf sich warten. Ein Unwetter über dem Schwarzen Meer wütete so arg, daß die versammelte Flotte alle Hoffnung auf eine rasche Seeoffensive aufgeben mußte, und zu Lande wurden die russischen Regimenter immer wieder zurückgeschlagen. Potjomkin schrieb, die Krim müsse geräumt werden. Katharina antwortete: „Niemals ... (Sie sind) mein bester Schüler ... Haben Sie vergessen, daß ein froher Mut jeden Mißerfolg überwinden kann? ... Solange man sich im Sattel halten kann, warum absteigen, um sich am Schweif des Pferdes anzuklammern? Niederlagen sollten dazu dienen, den Willen zu stärken und die Energie zu wecken ... Vorwärts und nochmals vorwärts, sage ich ..."

Dieselbe Überredungskunst wendete sie gegenüber ihren anderen Befehlshabern an. Doch die ihr nahestanden, wußten um ihre Angst. Aber außer in ihren Privatgemächern zeigte sie diese nie.

Sie wußte, daß sie ganz allein dastand und daß die Großmächte nur noch auf ihren Sturz warteten.

Er kam aber nicht, obwohl die vier Kriegsjahre einen schweren Tribut forderten. Die Siege bei Rymnik, Ismail und Otschakow waren teuer erkauft. Schließlich lief aber die Schwarzmeerflotte doch aus, und Admiral Uschakow jagte den Feind bis an den Rand des Bosporus. Eine türkische Niederlage nach der anderen kühlte den französischen Enthusiasmus merklich ab, und die bis zum äußersten erschöpften Türken baten endlich um Waffenstillstand.

Für Katharina war der Triumph über den Frieden von Jassy durch Potjomkins plötzlichen Tod verdunkelt.

Die vier schweren Jahre hatten ihr Reich zwar zu ruhmreichen Höhen getragen, bildeten aber auch den Beginn des traurigsten Kapitels in ihrem Leben. Der Sturm von 1789 vernichtete alles, was ihr an liberaler Gesinnung noch verblieben gewesen war. Sie verfolgte nach und nach alle, die es wagten, ihre Stimme gegen die Leibeigenschaft zu erheben. Mit ihren Aktionen gegen Radischtschew und Nowikow fiel endgültig der Vorhang über all die herrlichen Traumbilder ihrer Frühzeit. Katharina ließ zwar nicht die Geheimkanzlei der Kaiserin Anna wiederaufleben, aber sie hatte immerhin ihren Scheschkoskij und seine Dienststelle, deren Aufgabe es war, „jeden auszuforschen und zu bestrafen, der von dem verderblichen Giftstoff liberalen Denkens infiziert oder dessen verdächtig ist". Damit hinterließ Katharina ihren Nachfolgern ein verhängnisvolles Erbe, aus welchem die Ochrana Alexanders III. erwuchs und in weiterer Folge die Tscheka des Sowjetstaates und deren neu benannte Erben: GPU, NKWD, MGB, KGB.

Die Zarin, schon lange davon überzeugt, daß ihr Sohn zum Regieren nicht tauge, beschloß, ihren ältesten Enkel, Alexander, zum Thronerben zu ernennen. Aber eine ihr früher völlig wesensfremde Wankelmütigkeit erfaßte nun auch sie, und sie schob es immer wieder auf, das betreffende Manifest zu unterzeichnen. Im November 1796 erlitt die Kaiserin eines Morgens einen Schlaganfall. Das Bewußtsein kehrte nicht mehr zurück. Sie starb noch am Abend desselben Tages.

Ihr Regime ist zweifellos von vielen Fehlurteilen und falschen politischen Schachzügen gekennzeichnet. Sie hätte während des zweiten Feldzuges gegen die Türken sicherlich nicht so viele Rückschläge erlitten, wenn sie sich auf den genialen Paul Jones verlassen hätte, den sie ebenso schäbig wie närrisch behandelte. Durch ihren aktiven Anteil an den Teilungen Polens hinterließ Katharina ihren Nachfolgern ein Vermächtnis, um das keiner von ihnen zu beneiden war. Von den beim Tode Peters des Großen gerade erst begonnenen Reformen vollendete sie, genau besehen, nur ganz wenige.

Trotzdem war sie eine große Herrscherin. Obwohl sie dem Blute nach mit der Dynastie gar nicht verbunden war, gelang es Katharina, sich mit den Romanows zu identifizieren. Alexej wäre mit ihrem großzügigen Ausbau des Erziehungswesens sehr zufrieden gewesen,

Sophia hätte ihre Außenpolitik gelobt, und Peter den Großen hätte es gewiß in Erstaunen versetzt, daß eine Frau eine solche Energie entfalten konnte. Selbst ihre rudimentären Reformen sind bedeutend genug, um auch noch Staatsmännern eines späteren Zeitalters etwas zu sagen.

Lassen wir Katharinas eigene Worte als Epilog für sich sprechen: „Ich bin sicher, daß ich niemals etwas unternommen habe, ohne vorher überzeugt zu sein, daß es zum Guten des Reiches war. Rußland hat viel für mich getan, und ich glaube, daß alle meine in seinem Dienst eingesetzten Gaben kaum ausreichen, um dem Land meine ungeheure Schuld abzuzahlen. Denn alles, was ich für Rußland tun konnte, war nur ein Tropfen ins Meer ...“

VII

„Ein phantastisches Regime“

PAUL I., EINZIGER SOHN VON KAISER PETER III. UND SEINER GATTIN KATHARINA II.; GEBOREN IM SEPTEMBER 1754, THRONFOLGE IM NOVEMBER 1796, ERMORDET IM MÄRZ 1801

Im September 1754 brachen St. Petersburg, Moskau und andere große Städte Rußlands in großen Jubel und eine wahre Flut von Freudenfesten aus, die bis weit in das Jahr 1755 hineinreichten und erst durch die Fastenzeit beendet wurden. So feierte das Reich die Geburt eines Prinzen, dessen Ankunft den Fortbestand einer fast erloschenen Dynastie sicherte. Aber die Männer und Frauen, die zu Ehren des kleinen Paul getanzt hatten, wußten in den späteren Jahren nicht, daß das bedeutendste Kind im Lande unter höchst sonderbaren und unglücklichen Verhältnissen heranwuchs. Seine Eltern wohnten mit ihm zwar unter einem Dach, hatten aber keinen Zutritt zu ihm. Seine Großtante, Zarin Elisabeth, hatte für ihn Kinderfrauen mittleren Alters bestimmt, die mehr wegen ihrer Frömmigkeit als aus anderen Gründen erwählt worden waren. Sie lehrten ihn zwar seine Gebete herunterzuleiern, aber da alle ihre Begriffe von Unsichtbarem, Übernatürlichem in nichts anderem wurzelten als in nackter, primitiver Angst, erweckten diese Dienstboten durch ihre Erzählungen in dem bedauernswerten Kind sehr früh eine unausrottbare Furcht vor Dunkelheit, etwa vor finsteren Zimmern. Und da sie von Diät keine Ahnung hatten, ließen sie ihn essen, was er gerade wollte. Dadurch war Pauls Verdauung fast ständig in Unordnung, und nachts quälten ihn Alpträume, die seine Kinderfrauen „dem Bösen" zuschrieben. Sie versuchten sie mit ein paar Tropfen geweihten Wassers zu vertreiben, was Pauls verdorbenen Magen allerdings kaum erleichterte.

Die Kinderfrauen waren tratschsüchtig. Sie schwatzten über die

Kaiserin, über Pauls Eltern und einen unbekannten Cousin, der einmal Kaiser gewesen war und nun als „namenloser Gefangener" in einem Festungskerker schmachtete, und bevölkerten auf diese Weise Pauls Welt mit Schreckgespenstern. Die Lehrer wunderten sich später über Pauls Klugheit, waren aber nicht imstande, ihn zu beruhigen, wenn der kleine Großfürst aus einem für sie unersichtlichen Grund plötzlich bitterlich zu schluchzen begann.

Das veranlaßte schließlich die Kaiserin, Änderungen in der Hofhaltung ihres Großneffen zu treffen. Sein Benehmen war tadellos, sein Studienfortgang vielversprechend, aber seine Nervosität bestürzte und beunruhigte jeden. „Das Kind muß geheilt werden", sagte Katharina und bestellte General Nikita Panin zu Pauls erstem Haushofmeister.

Die Kinderfrauen waren zwar sicherlich unfähig und dumm, aber sie gaben dem Kind wenigstens Liebe, die es sonst nirgends finden konnte. Paul, der vor der Kaiserin panische Angst hatte und seinen Eltern ein völlig Fremder war, wurde von den Höflingen und Lehrern nach der vorgeschriebenen seelenlosen Etikette behandelt, die für Gefühle keinen Raum übrigließ. Aber für seine Kinderfrauen war Paul ein kleiner Junge mit einem liebebedürftigen Herzen, und sie überschütteten ihn mit Zärtlichkeit. Die Kaiserin entließ sie dann ziemlich plötzlich, und im Fortgehen nahmen sie Pauls Kindheit mit. Er stand damals in seinem siebenten Lebensjahr.

Die Nikita Panin zugefallene Aufgabe war nicht leicht. Elisabeth machte kein Hehl daraus, daß sie den Großfürsten Peter für unfähig hielt, zu regieren, und daß es ihr Wunsch sei, den kleinen Paul auf das Herrscheramt vorzubereiten, „aber so, daß er nichts von meinen Absichten errät", warnte sie Panin. Ihr Gesundheitszustand wurde von Monat zu Monat schlechter, und bei Hof schwärmten die Intrigen wie Bienen in einem Bienenkorb umher. Fast täglich bildeten sich neue Cliquen. Manche waren — unverständlicherweise — für Peter. Andere, besonders die Schuwalow-Clique, hofften, daß Paul Thronfolger und sie selbst Regenten werden würden. Einige erinnerten sich, daß der unglückliche Iwan VI. noch am Leben war. Und außerdem war ja auch noch die Großfürstin Katharina da. Panin hielt sich als Beobachter fern von allen diesen Gruppen, und niemand konnte seine Gedanken erraten.

Am Christtag 1761 starb die Zarin Elisabeth, ohne ein von ihr unterzeichnetes Manifest zu hinterlassen. Panin wußte genau, daß Peter III. ihm mißtraute, und erwartete seine Entlassung als Lehrer des kleinen Paul. Aber es blieb alles beim alten, nichts geschah — außer daß der Zar die für Paul festgesetzten Gelder zugunsten der Apanage seiner Mätresse kürzte. In den Zimmern des Großfürsten erschien er nur ein einziges Mal, und zwar während des Geographieunterrichts. Bevor er wieder ging, küßte Peter III. sein Söhnlein und lobte ihn wegen seiner Klugheit. Weiter geschah nichts, — aber ein Strahlen erhellte Pauls sonst so traurige Augen. Dieser Moment prägte sich ihm unauslöschlich ein. Und auch Panin, der der Szene beiwohnte, vergaß den Vorgang sein Leben lang nicht.

An einem Junimorgen des Jahres 1762 schlief der kleine Großfürst noch fest, als ein Diener in sein Zimmer kam, ihn schüttelte und rief, er müsse „sofort fliehen. Man sagt, Seine Majestät will dich noch heute töten lassen". In dieser verrückten Entstellung erreichte die Nachricht beim Anbruch des Tages die Hintertreppen des Sommerpalais, und Paul schrie auf bei dem Wort „töten — ubit".

Panin kam herein, und der Diener wurde fortgeschickt. Aber das Kind hörte nicht auf zu schreien, bis ihm der Hofmeister befahl, aufzustehen und sich anzukleiden. Panins Strenge setzte dem Schluchzen ein Ende, nicht aber der Angst. So ungestüm der Tag begonnen hatte, war auch sein Ende. Paul wurde in das Winterpalais gebracht, um dort seine Mutter zu sehen; sie hatte einen Grenadiersmantel um die Schultern, ihr Gesicht war voll Staub und das Haar zerzaust. Sie beugte sich herab, um ihn zu küssen, und nur seine gute Erziehung hielt ihn davon ab, sich ihr zu entziehen. Bald darauf verschwand sie. Dann sagte jemand zu Paul, daß sein Vater abgedankt habe und daß seine Mutter „durch den Willen des Volkes" zur Kaiserin ausgerufen worden sei.

Auch dieser schreckliche, turbulente Tag ging vorbei, der Knabe fand sich allein mit Panin und hörte, wie dieser vor sich hin murmelte: „Auf diese Weise hätte es nie geschehen dürfen . . ." Mehr sagte er nicht. Aber die für Paul unverständlichen Worte vertieften noch seine Angst. Wenige Tage später war es Panins Aufgabe, seinen Schüler vom Tod seines Vaters zu verständigen — „gestorben an einem schweren inneren Leiden“, wie Panin das Manifest zitierte. Irgendwie aber kam die Wahrheit — später — dem Sohne Peters III. doch zu Ohren. Vorläufig jedoch hielt Panin mit der Geschicklichkeit eines Diplomaten das Andenken des toten Kaisers in der Erinnerung des Knaben lebendig, bis Paul schließlich das wunderbar gemalte Bild eines Mannes vor sich sah, der sich nur dem Dienst seines Reiches gewidmet hatte, doch ständig daran gehindert worden war, Gutes zu tun, den nur wenige verstanden und dessen schrecklicher Tod die Schuld seiner Frau war. Pinselstrich um Pinselstrich, Zug um Zug arbeitete Panin an diesem wundersamen Phantasiebild. Es freute ihn, sich auf irgendeine Weise für die Enttäuschung zu entschädigen, die er im Juni 1762 empfunden hatte, als nicht, wie er gehofft hatte, Paul zum Kaiser ernannt worden war.

Katharina vernachlässigte ihren Sohn nicht gänzlich. Auf ihren Wunsch wurden manchmal Staatsmänner, Offiziere und Diplomaten eingeladen, um am Tisch des Großfürsten zu dinieren. Sie interessierte sich auch für seine Studien und Unterhaltungen und versuchte, die Jahre der Entfremdung wettzumachen, was ihr jedoch von allem Anfang an nicht gelang, so daß sie es schließlich aufgab.

Paul fühlte sich in ihrer Gegenwart sichtlich unbehaglich, und seine dauernde Verschlossenheit verwirrte und reizte sie. Von seinen Lehrern hörte sie, es sei eine reine Freude, Seine Kaiserliche Hoheit zu unterrichten, er sei so klug und fasse so rasch auf. „Wenn er als Bürgerlicher geboren worden wäre und sich ganz den mathematischen Studien hätte widmen können, hätte er ein russischer Pascal werden können ...“ Aber wann immer Katharina Paul bei sich hatte, konnte sie nicht eine Spur dieser Klugheit an ihm bemerken. Seine Nerven waren nun zwar viel ruhiger, und er schluchzte nicht mehr, seine Umgangsformen waren tadellos, aber er bewegte sich wie eine Marionette. Seine blaugrauen Augen waren völlig ausdruckslos und seine Redeweise voll eingelernter Zurückhaltung. Damals ahnte Katharina nicht, daß es ihr ungeliebter und verachteter Gatte war, der sich auf geheimnisvolle Weise durch das im Herzen seines Sohnes lebende Idealbild an ihr rächte.

In seiner Freizeit fand Paul das größte Vergnügen an „Als-ob-Spielen". Sie hatten immer militärischen Charakter. Er scheute keine Mühe, Landkarten von verschiedenen „Invasionen" zu zeichnen. Einmal, als seine Zinnsoldaten Frankreich einnahmen, sagte er zu Panin: „Ich bin jetzt der Herzog von St-Cloud. Ich bin aber auch Kaiser Friedrich II. Ich bin entschlossen, eines Tages die ganze Welt in Staunen zu versetzen. Oh, ich bin auch noch viele andere Menschen. Ich finde, es ist ein herrliches Spiel, solange man nur glaubt, daß es wirklich ist."

Solche Worte hätten Panin viel mehr beunruhigen sollen, als wenn der Großfürst manchmal nicht ganz bei der Wahrheit blieb oder zeitweise faul war. Aber Panin schien „das Spiel" nicht weiter beachtet zu haben, das mehrere Jahrhunderte umfaßte und den ganzen Erdball dazu, von Stockholm bis Konstantinopel, von Amerika bis China.

Als Paul sein zehntes Lebensjahr überschritten hatte, wurden die Anzeichen von Schizophrenie immer deutlicher, ohne daß irgendwer sie beachtet hätte. Für Millionen Untertanen seiner Mutter blieb er „unsere süße Hoffnung" und „unser goldenes Herz", wegen seines freundlichen und höflichen Wesens und seines gewinnenden Lächelns.

Die Auswirkungen des „Spiels" auf Pauls Geist waren katastrophal. Schon begann ein sonderbarer Zwiespalt in seinen Gedanken aufzutreten. Er hatte einen leidenschaftlichen Hang zum Militarismus, fürchtete und verabscheute aber den Krieg. Er beschäftigte sich stundenlang damit, seine „Eroberungen" auf der Landkarte zu verfolgen, war aber entschieden gegen die Politik seiner Mutter. Rumjanzews Triumphe forderten Pauls Spott heraus, der Sieg von Tschesme machte ihn wütend, und Panin ermutigte ihn noch zu all dieser Kritik!

Bald wurden Stimmen im Senat laut, die vorschlugen, der Großfürst solle an den Regierungsgeschäften teilnehmen dürfen, aber die Kaiserin wollte davon nichts wissen, da ihr die Abneigung ihres Sohnes gegen die Bestrebungen ihrer Politik bekannt war. Sie befaßte sich lieber mit dem viel weniger schwierigen Problem von Pauls Heirat. Im September 1773 wurde er der Gatte einer Prinzessin von Hessen-Darmstadt, die nun zur Großfürstin Nathalia gemacht wurde und noch weit ehrgeiziger war als er. Sie spornte ihn an, seiner

Mutter ein höchst sonderbares Memorandum zu unterbreiten. Nathalia stellte sich vor, daß der Inhalt dieses Schriftstückes die Kaiserin zwingen würde, Pauls „Verdienste" anzuerkennen und ihm einen Sitz in der Ratsversammlung zu gewähren. Zur bittersten Enttäuschung des Großfürsten und seiner Frau ließ die Kaiserin das Blatt unbeantwortet.

„Rußland braucht Ruhe vom Krieg", begann Pauls Memorandum. „Das ganze Land ist in einem chaotischen Zustand ... Alles sollte zentralisiert werden ... Feldmarschälle und Soldaten sollten in gleicher Weise einer strengen Disziplin unterworfen sein ... Alle Hauptstädte, Kreisstädte, Märkte und Dörfer sollten auf eine militärische Basis gestellt werden ... Alle privaten Unternehmungen sollten abgeschafft werden, da sie die Interessen des Staates verletzen ..." Von Anfang bis zum Ende war das Memorandum eine vernichtende Kritik an der liberalen Politik der Zarin. Die Vorstellung, daß „alle Erziehungsanstalten, alle Märkte und Ausstellungen und alle Arten von Privatunternehmungen unter strengste militärische Oberaufsicht" fallen sollten, ließ Katharina an ihrem Humor zweifeln, denn das Dokument las sich wie ein Witz, und trotzdem konnte sie nicht darüber lachen.

Im April 1776 starb Nathalia im Kindbett. Paul war durch den Verlust schwer getroffen, er hatte ihr Zärtlichkeit und ihre Kameradschaft liebgewonnen, und ihr Eingehen auf seine leidenschaftliche Begeisterung für Preußen war ein großer Trost für ihn gewesen. Schon Ende desselben Jahres aber hatte er eine zweite Braut, eine württembergische Prinzessin, die bald zur Großfürstin Maria wurde. Die Verlobung inspirierte Paul, noch ein Memorandum zu schreiben; seine vierzehn bleiern abgefaßten Klauseln hätten jeden Feldwebel der preußischen Armee in Entzücken versetzt. „Ich habe nicht die Absicht", hieß es da, „von Liebe zu reden ... Die Prinzessin wird sich in Geduld üben müssen, um meine Launen und Stimmungen zu ertragen ... (Sie) darf sich nicht in Staatsangelegenheiten einmischen ... Sie darf nie einen Rat von Mitgliedern des Hofstaates annehmen ... Es wird notwendig sein, daß sie ihr Verhalten so gestaltet, daß es auch die geringste Möglichkeit ausschließt, in Intrigen verwickelt zu werden ..."

Angeblich soll die Braut die vierzehn Klauseln auswendig gelernt haben. Die zukünftige Kaiserin von Rußland war verliebt, und ihre während der Verlobungszeit geschriebenen Briefe sind von erquickender Ungezwungenheit. Der Großfürst wollte zwar nicht über Liebe reden, aber wenige Monate nach der Hochzeit konnte er Maria schon gar nicht mehr entbehren. Sie wirkte beruhigend auf ihn und war klug genug, den katastrophalen inneren Zwiespalt in Pauls Seele zu erkennen, ohne davor zurückzuschrecken.

Im Laufe der Jahre wurde Maria zu seinem guten Engel. Obwohl auch sie durch den Entschluß der Kaiserin, ihre und Pauls Söhne aufzuziehen, tief gekränkt war, verstand es die Großfürstin, den Zorn des Gatten zu besänftigen. Aber selbst ihre Liebe war nicht imstande, zu verhüten, daß Paul sich immer mehr dem Punkt näherte, wo die Wirklichkeit in seinem Bewußtsein völlig von Phantasiegebilden überwuchert wurde. Am Vorabend der Abreise zu einer gemeinsamen Europatour im Herbst 1781 wurde Maria zum erstenmal von Grauen gepackt. Sämtliche Vorbereitungen waren von der Kaiserin persönlich und allein geplant und überwacht worden, und Paul schloß daraus, daß seine Mutter den geheimen und schändlichen Zweck verfolge, ihn und seine Frau aus Rußland zu entfernen. Angsterfüllt sagte er zur Großfürstin:

„Meine Mutter ist entschlossen, Alexander während unserer Abwesenheit zu ihrem Erben zu machen. Nach dem Gesetz hat sie dazu das Recht, und es wäre viel weniger peinlich, es auszuführen, während wir weg sind. Alles kann während unserer Abwesenheit geschehen. Wir haben doch nicht einmal unsere eigenen Köche selbst aufnehmen dürfen!"

Maria flehte Paul an, doch zu überlegen, was er da sage, doch Paul antwortete düster, man habe auch schon früher unerwünschte Menschen vergiftet.

Das junge Ehepaar wurde, wohin es kam, gefeiert, aber der Großfürst hielt seine Zunge nicht immer im Zaum. Er beklagte sich gegenüber Kaiser Josef II., daß ihm seine Mutter niemals erlaubte, an Ratsversammlungen teilzunehmen. In Versailles, wo Paul „ce prince adorable" genannt wurde, fragte ihn der König, ob er viele verläßliche Vertraute habe, und Paul antwortete, seine Mutter würde, wenn er nur einen treuen Hund hätte, Befehl geben, diesen zu ertränken. Alle diese „gaffes“ (Dummheiten), um Pauls Bemerkungen und Antworten nicht brutaler zu bezeichnen, erreichten mit der Zeit auch Katharina und trugen nicht dazu bei, die Beziehungen zwischen Mutter und Sohn zu verbessern.

Die Zarin wollte ihn nicht mehr in St. Petersburg haben und entfernte ihn aus der Hauptstadt. Damit gelang es ihr sogar, ihm große Freude zu bereiten. Sie schenkte ihm einen achtzig Kilometer südwestlich von Petersburg gelegenen großen Grundbesitz, Gatschina genannt, mit einem geräumigen Herrenhaus, einer Musterfarm, einem weitläufigen Park mit Seen, einigen kleinen Dörfern und mehreren Parzellen Acker- und Weideland. Dort ließ sich das großfürstliche Paar nieder, und Paul stürzte sich in „Arbeit“. Er hatte mit Gatschina seine eigenen Pläne. Er schrieb nach Paris, Wien und Berlin um Architekten und Ingenieure und um Fachleute für Ballistik und Hydraulik. Bald entstanden neben dem Schloß riesige Kasernen und Exerzierplätze. 1788 hatte Paul bereits fünf Kompanien beisammen, die sich das Bataillon Seiner Kaiserlichen Hoheit nannten und von Offizieren befehligt wurden, die aus Katharinas Heer entweder ausgestoßen oder auf andere Weise entlassen worden waren. Alles in Gatschina einschließlich der Uniformen stimmte genau mit dem Berliner Vorbild überein. Paul hatte sogar das preußische Dienstreglement ins Russische übersetzt. Die Kaiserin schüttelte über all das nur den Kopf.

„Es ist nichts dabei, wenn er seinen Vater nachäfft, wenn es ihm Spaß macht“, bemerkte sie zu ihren Vertrauten, aber im geheimen war ihr Entschluß bereits gefaßt: Paul zu enterben und seinen ältesten Sohn Alexander zum Thronfolger zu bestimmen. Katharina sagte sich, daß sie bei einer so wichtigen Maßnahme nichts übereilen dürfe — aber sie wußte nicht, daß Paul schon längst Verdacht geschöpft hatte.

In Wahrheit trugen hier Mutter und Sohn gleich große Schuld. Keiner schien sich auch nur im geringsten bemüht zu haben, die Persönlichkeit des andern gelten zu lassen. Katharina bedachte nie Pauls sonderbare Erziehung; nur allzuoft verschwand die Mutter hinter der Autokratin, die nicht gewillt war, an ihrem Ratstisch auch nur eine einzige Gegenstimme zu hören. Auf Pauls Seite blieb immer das Entsetzen über Ropscha und die Hartnäckigkeit, mit der er sich weigerte, in Katharinas Regierungsweise irgend etwas Positives zu sehen. Es war eine Atmosphäre von gegenseitigem Mißverstehen, Argwohn, Verstellung und Mangel an Einfühlungsgabe.

In Gatschina konnte Paul immerhin frei atmen, und bald hatte er dort sechs Infanteriebataillone, vier Kavallerieregimenter und zwei Batterien mit je sechsundzwanzig Kanonen beisammen. Zwischen Schloß und Kasernen stand zwar eine hohe Ziegelmauer, doch übertraf seine Anteilnahme an „Trommel und Trompete" sein Interesse an Mahlzeiten und Festlichkeiten bei weitem.

Wie wir schon erfahren haben, zerstörten die Ereignisse des Jahres 1789 die letzten Reste von Katharinas Liberalismus. Paul sah die Französische Revolution als unmittelbare Herausforderung an. Hatte es noch einen Sinn, die Türken aus Europa zu vertreiben, wenn Frankreich „durch bestialische Gewalttätigkeiten und das Gift tödlicher Ideen" zerrissen wurde? Paul bat die Kaiserin, eine Armee nach Frankreich zu entsenden, doch die Kaiserin lehnte dies mit der Begründung ab, daß „Ideen nicht durch Kanonen unterdrückt werden können". Obwohl sie zweifellos recht hatte, war eine solche Antwort nur dazu angetan, Pauls Gefühl seiner Ohnmacht zu vertiefen, bis endlich ein sonderbarer Gedanke Besitz von ihm ergriff. Er sagte zu Maria, wenn er jemals zur Macht käme, würde er es sich zur Aufgabe machen, „ewigen Frieden auf der Welt zu schaffen, indem er die siebenköpfige Hydra in Frankreich zerschlagen und allen Intrigen der Engländer für immer Einhalt gebieten würde".

„Mein Land", erklärte der Großfürst seiner Frau „wird dann zum Garanten des Friedens der ganzen Welt werden. Wenn die Wirrnisse einmal überwunden sind, werde ich trachten, mein Volk gegen das Gift aller weiteren Anfechtungen immun zu erhalten."

Nach und nach begann Paul das Reich als ein gigantisches Gebäude zu sehen, dessen Tore verriegelt und versperrt sein sollten und dessen Fenster keinerlei Aussicht gewähren durften; als einen Ort, der groß genug war, um Millionen und Abermillionen von uniformierten Automaten aufzunehmen, die alle nach dem Willen ihres Herrschers atmeten, sich bewegten und arbeiteten.

Es ist nicht leicht, die wahren Gründe zu erkennen, die Katharina dazu bewogen, ihre beiden Enkel zur militärischen Ausbildung — nach Gatschina zu senden. Damals war natürlich sowohl Alexander als auch Konstantin der Zwiespalt zwischen den beiden Höfen bereits bewußt, und es wäre möglich, daß die Kaiserin dachte, gerade die Absurditäten von Gatschina würden Alexander richtig beeinflussen. Er würde merken, was für ein Aufsehen sein Vater dauernd über solche Kleinigkeiten wie die Anzahl der Knöpfe an den Gamaschen eines Schützen oder dergleichen machte und wie gräßlich er in seinen Stimmungen schwankte, so daß er kaum imstande war, sein eigenes kleines „Potsdam" — geschweige denn ein ganzes Reich — zu regieren.

Wenn das Katharinas Beweggründe waren, so unterlag ihre Urteilskraft einer schweren Täuschung. Keiner von Pauls Söhnen fühlte sich von der düsteren Atmosphäre von Gatschina abgestoßen. Außerdem hatte ihre Ankunft den Großfürsten zumindest am Anfang derart aufgemuntert, daß er ihnen — wie seine Mätresse Nelidowa es nannte — sein „wahres Selbst" zeigte. Sie sahen ihn höflich, liebenswürdig, tolerant und großzügig. Paul sprach mit Alexander über die Ungerechtigkeiten der Teilungen Polens. Er besprach mit ihm seinen Plan eines großartigen Kreuzzuges gegen die Jakobiner und verurteilte Katharinas Expansionspolitik, wobei er ganz richtig anführte, die russischen Eroberungen der Meerengen würde in einem Konflikt mit England enden und auf diese Weise ganz Europa in einen unnötigen Krieg stürzen. Paul sagte zu seinem Sohn, daß die Säuberung des Augiasstalles eine leichte Arbeit sei im Vergleich zur Regierung des Reiches. Die Redekunst des Großfürsten wirkte auf Alexander bezwingend und überzeugend; aber die Kaiserin erfuhr davon niemals etwas.

Endlich verkündete sie ihre Absicht, Paul zu enterben, in einer Sitzung des Staatsrates. Bjesborodko stimmte als einziger dagegen.

Als die Nachricht Gatschina erreichte, war Paul beinahe entschlossen, Hals über Kopf zu fliehen, so entsetzliche Angst hatte er davor, gefangengenommen oder ermordet zu werden. Die Kaiserin unternahm aber nichts, sie starb im November 1796, und Paul wurde Kaiser.

van IV.
er Schreckliche
533–1584),
roßfürst „von
anz Rußland",
rster russischer Zar.

ar Boris Godunow
598–1605),
er mutmaßliche Mörder
Dimitrijs (Demetrius'),
es Sohnes Iwans
es Schrecklichen.

Sophia (1682–1689), Regentin für ihren schwachsinnigen Bruder Iwan V. und ihren Halb bruder Peter den Großen.

eter I. der Große (1689 bis 725), als „Czaar und Imperaor von aller Reus Land“ der rste „Kaiser“ von Rußland.

atharina I. (1725–1727), tauische Magd, dann Geliebte nd zweite Frau Peters des Großen, schließlich Kaiserin on Rußland.

Kaiserin Anna Iwanowna (1730–1740), Witwe des Herzogs von Kurland, Nichte Peter[s]
des Großen.

aiserin Elisabeth (1741–1762), Tochter eters I., Gegnerin Friedrichs des Großen.

arl Peter Ulrich von Holstein-Gottorp, als aiser von Rußland für ein halbes Jahr eter III. (1762). Begründer der Dynastie omanow-Holstein-Gottorp. Wurde bei einer on seiner Gemahlin Katharina der Gro- en inszenierten Palastrevolution ermordet.

Sophie Auguste Friederik von Anhalt-Zerbst, als Kaiserin von Rußland Katharina II. die Große (1762 b 1796), „weiseste Mutter de Vaterlandes".

Rechts:
Stanislaus Poniatowski, al Günstling Katharinas de Großen unter dem Name Stanislaus II. August letzte König von Polen (1764 bi 1795).

Rechts:
Grigorij Potjomkin (Poten kin). Fürst von Taurie einflußreichster Günstlin Katharinas der Große Schöpfer der Potjomkin schen Dörfer.

Kaiser Paul I. (1796–1801), Großmeister des Malteserordens.
Von aufständischen Offizieren ermordet.

Kaiser Alexander I. (1801–1825), der „Gesegnete", der „Retter Europas" vom Napoleonischen Joch, Vater der Heiligen Allianz.

Fürst Alexander Suworow, Feldherr unter Katharina der Großen und Paul I.

Fürst Michael Kutusow. Feldmarschall im Vaterländischen Krieg von 1812, der Besieger Napoleons.

Großfürst Konstantin, Bruder Alexanders I. und Nikolaus' I., Statthalter des Zaren in Polen.

НИКОЛАЙ I. **NICOLAS I.**

аторъ и Самодержецъ всероссійскій l'Empereur et Autocrate de toutes les R

inks:
:aiser Nikolaus I.
(825–1855), der
Gendarm Europas".

Kaiser Alexander II.
(1855–1881), der
„Zar-Befreier".

Kaiser Alexander III.
(1881–1894), der
Zar der Reaktion.

Grigorij Rasputin, sibirischer Bauer, abenteuerlicher „Freund“ der Kaiserin Alexandra

lice von Hessen-Darmstadt. Als Frau Ni-
olaus' II. Kaiserin Alexandra Fjodorowna.

Nikolaus II. (1894–1917),
Rußlands letzter Zar.

Die Familie des letzten Zaren im Jahre 1905. Nikolaus II. mit Gemahlin Alexandra und dem Zarewitsch Alexej, umgeben von den Großfürstinnen (von links nach rechts) Tatjana, Maria, Anastasia und Olga.

Die phantastischen Kurven und Windungen seines Regimes zeigen, daß die Machtübernahme Paul um den letzten Rest seines geistigen Gleichgewichtes gebracht hatte. Die Vorstellung, daß das Zepter nie in seine Hand gelangen würde, hatte ihn viele Jahre seines Lebens beherrscht. Nun war er auf einmal Zar. Er glich einem blind geborenen Menschen, dem durch ein Wunder das Augenlicht gegeben wird und der dennoch unfähig bleibt, eine Farbe von der anderen zu unterscheiden. Von nun an waren Pauls Ideen und Handlungen, ob sie nun an sich gut oder schlecht waren, von krasser Unvernunft gelenkt, oder aber sie entsprangen unsinnigen, unerwarteten und grotesken Launen.

Doch diese kurze Chronik gebietet, auch einige wenige Beweise dessen zu geben, was aus dem Mann hätte werden können, wenn er unter anderen Voraussetzungen eine entsprechende Ausbildung gehabt hätte. Manchmal zeigte sich eine Geste wahrer Vornehmheit und großer Freigebigkeit, ein Bedürfnis, Gutes zu tun um seiner selbst willen, oder das aufrichtige Verlangen, eine reinere Atmosphäre zu erkämpfen, und auch rührende Züge von kindlicher Naivität fehlten nicht. Pauls „bestes Selbst", an das seine Frau und seine Mätresse so leidenschaftlich glaubten, war nicht nur ein Phantasiegebilde zweier liebender Frauen. Doch im weiteren Verlauf der kurzen Regierungszeit regte sich dieses „beste Selbst" immer spärlicher, bis es zuletzt von einer tiefen Finsternis vollständig verschlungen wurde.

Innerhalb weniger Wochen war Rußland umgestaltet. Die Gatschina-Bataillone wurden nicht nur für die Linienregimenter tonangebend, sondern auch für die Gardebataillone; preußische Uniformen wurden „de rigueur" für alle. Sämtliche Regierungsdienststellen mußten um sechs Uhr früh mit der Arbeit beginnen. Das nur geringfügig und umständlich abgeänderte preußische Heeresreglement wurde sogar bei der Marine eingeführt, und selbst Zivilisten konnten sich der eisernen Disziplin, die den Soldaten und Matrosen auferlegt wurde, nicht entziehen. Jedem wurde vorgeschrieben, was er anziehen und was er nicht anziehen durfte. Alle Schneider, Hutmacher und Schuster wurden angewiesen, sich die zugelassenen Schnittmuster aus dem Hauptquartier in Gatschina zu besorgen. Für die Freizeitgestaltung der Zivilisten wurden strenge Vorschriften erlassen: für private Tanzveranstaltungen, Konzerte, Hochzeiten und Begräbnisse. Wollte jemand eine Gesellschaft geben, so mußte er darüber beim zuständigen Polizeikommissariat Meldung erstatten, und ein „kwartalnyj", ein uniformierter Aufpasser, mußte anwesend sein und Bericht erstatten über „die geringste Abweichung von Loyalität, Anstand und Nüchternheit". Sogar die Anzahl der Gänge bei privaten Diners wurde in die Bestimmungen aufgenommen. Eltern stand es nicht mehr frei, Schulen und Beruf ihrer Kinder zu wählen. Hoher und niedriger Adel waren nicht mehr ausgenommen von körperlicher Züchtigung. In Gatschina ausgebildete Männer wurden, unabhängig von ihren menschlichen Qualitäten und wenn sie auch keine Ahnung vom Landleben und dessen Gebräuchen hatten, sofort in die Provinzen geschickt, um Katharinas Gouverneure zu ersetzen, da nach Pauls Ansicht keinem Zivilisten die Regierung einer Provinz anvertraut werden konnte. Seine Ukase waren so zahlreich, so vielgestaltig und dringend, daß die Druckerpressen Tag und Nacht einschließlich der Sonn- und Feiertage arbeiten mußten, um mit dem immer mehr anschwellenden Strom von Manuskripten aus der Kaiserlichen Kanzlei Schritt halten zu können.

Paul befreite anderseits Kosciuszko und alle anderen polnischen Gefangenen und erklärte ihnen, wie tief er bedaure, nichts unternehmen zu können, um das große Unrecht, das ihrem Land zugefügt worden war, wiedergutzumachen. Als die Polen den Wunsch äußerten, nach Amerika auszuwandern, kam er nicht nur für ihre Reisespesen auf, sondern gab auch noch jedem Mann eine angemessene Summe für einen sorgenfreien Start in der Fremde. Er ließ auch eine Einladung an Stanislaus Poniatowski, den Exkönig von Polen, ergehen, als „sein ständiger Gast" nach Rußland zu kommen, und setzte für ihn eine generöse Pension aus. Viele während der letzten Jahre von Katharinas Regierung wegen ihres Liberalismus verurteilte Männer erhielten die Freiheit wieder und zusätzlich eine „Wiedergutmachung für ihre unverdienten Leiden". Wenn Paul von persönlichen Unglücksfällen erfuhr, kam seine Hilfe rasch und großzügig. Tausende und Abertausende seiner Untertanen stöhnten zwar unter seiner Tyrannei, aber Millionen Menschen in dem riesigen Reich glaubten, daß die harten und oft vollkommen unverständlichen, in seinem Namen erlassenen Anordnungen ohne sein Zutun durchgeführt würden. Viele Soldaten, die durch die Türkenkriege zu Krüppeln geworden waren, hatten guten Grund, das „goldene Herz" des Zaren zu segnen, und viele Kriegswitwen aus dem Bauernstand, deren Los er erleichterte, konnten sich nicht genugtun, sein Lob zu singen.

Schon am ersten Tag seiner Macht beschloß Paul, sich nicht zur Außenpolitik seiner Mutter zu bekennen. Der Krieg mit Persien wurde sofort beendet, und alle Gesandten in St. Petersburg erhielten vom Kaiser ziemlich umständlich abgefaßte Friedensversicherungen. Trotzdem standen nicht wenige unter den Diplomaten vor einem Rätsel angesichts des verwirrenden Widerspruchs zwischen Pauls friedliebenden Beteuerungen und dem kriegerischen Gepräge, das dem zivilen Alltagsleben seiner Untertanen aufgezwungen wurde, und ganz Europa war neugierig, was Katharinas Nachfolger nun in bezug auf Frankreich zu tun gedenke. Da sich Katharina standhaft geweigert hatte, der Koalition gegen die Franzosen beizutreten, hofften England und Österreich, Paul würde jetzt konsequenterweise die politische Linie seiner Mutter auch in diesem allerwichtigsten Punkt verlassen. Er weigerte sich aber, einen Standpunkt zu beziehen, und sein Debüt in Diplomatie war ein unehrenhaftes Versagen.

Zu Beginn des Jahres 1796 hatte Preußen gegenüber Frankreich eine geheime Neutralitätserklärung abgegeben, von der keine einzige andere Regierung in Europa eine Ahnung hatte. König Friedrich Wilhelm II. wußte sehr wohl, daß sein Freund entschlossen war, „eine unverbrüchliche Neutralität" zu wahren, und vertraute Paul bei dessen Machtübernahme das Geheimnis (der Neutralitätserklärung an Frankreich) an. Aber Paul war wütend über die — wie er es nannte — „Doppelzüngigkeit eines Freundes" und verriet das Geheimnis dem österreichischen Gesandten, was zur Folge hatte, daß Wien Paris verfluchte, Paris gegen Berlin tobte, Berlin auf Wien wütend war und alle drei zusammen über den Kaiser von Rußland herfielen, der in aller Ruhe erklärte, er habe König Friedrich Wilhelm nie versprochen, die Mitteilung geheimzuhalten.

Doch Paul blieb kaum zwei Jahre bei seinen pazifistischen Vorsätzen. Als im August 1798 der Großmeister des Malteserordens Malta an Frankreich abtrat, erklärte Paul, Neutralität sei zeitweise eine armselige Einstellung, und seine Reaktionen waren so wütend und fanatisch, daß der Großmeister schließlich seines Amtes enthoben wurde und eine Delegation des Kapitels der Malteserritter nach St. Petersburg kam, um den Zaren zu bitten, das Amt selbst zu übernehmen. Es war grotesk, daß ein russischer Herrscher, der — nach Satzungen aus der Mitte des 11. Jahrhunderts — von eigenen Gnaden Oberhaupt einer von Rom getrennten Kirche und noch dazu ein verheirateter Mann war, das Oberhaupt eines religiösen Ordens wurde, der dem Papst unterstand und von seinen Mitgliedern Ehelosigkeit forderte. Aber Widersinnigkeiten, wenn sie auch noch so kraß waren, machten Paul niemals Kopfzerbrechen. Er wurde nicht römisch-katholisch, trennte sich auch nicht von seiner Kaiserin, noch gab er seine Mätresse auf — und wurde aber tatsächlich Großmeister. Er brachte die Ritter in seiner Hauptstadt unter, wohnte dem Gottesdienst in ihrer Kapelle bei und kam allen seinen Verpflichtungen unter peinlichster Beobachtung jedes Details nach. Über die großartigen Gewänder, die er bei diesen Anlässen trug, freute er sich wie ein Kind.

Es folgten noch mehr Überraschungen für Europa. Noch vor Ende 1798 unterschrieb der pazifistische Zar einen Schutzpakt mit der Türkei! Zum erstenmal in der Geschichte begab sich eine russische Flotte in türkische Gewässer, wobei ihre Kanonen Salutschüsse abfeuerten. Bald darauf schlossen sich Rußland und die Türkei der Koalition an, und Suworow, der betagte Feldmarschall, wurde aus dem Exil zurückberufen, um die russischen Armeen gegen Italien anzuführen.

Die russische Zugehörigkeit zur Koalition war aber nur von kurzer Dauer. Suworow und die Österreicher lagen sich nur allzubald in den Haaren, und die Berichte des Feldmarschalls mit seinen Klagen über die armselige österreichische Hilfeleistung veranlaßten Paul, seine Alliierten „Jammerlappen" („Mokraia kuriza") zu nennen, eine Bezeichnung, die den österreichischen Gesandten in Petersburg nicht gerade erfreute.

Die Koalition hatte auch einen Feind an Pauls Hof, einen angeblich von Napoleon bezahlten Mann namens Grüber von der Gesellschaft

Jesu, der nach der Auflösung seines Ordens im Jahre 1773 von Katharina gefördert wurde. Nachdem Grüber das Vertrauen des Kaisers gewonnen hatte, begann er Schritt für Schritt eine Annäherung an Frankreich anzubahnen. Grüber versicherte, die „gottlosen revolutionären Ideen“ würden sich dort nicht mehr lange halten. Die Informationen, die er bekommen habe, bewiesen den neuen Wind, der in Frankreich wehe. Paul erwiderte, er wolle mit einem republikanischen Regime absolut nichts zu tun haben, aber Grüber versicherte ihm immer wieder, die Monarchie würde in Frankreich sehr bald wieder eingesetzt werden, und Paul schenkte ihm schließlich Glauben. Die russischen Truppen wurden daraufhin aus Italien zurückberufen.

Die britische Okkupation von Malta veranlaßte Paul, mit England zu brechen. Alle in russischen Häfen befindlichen britischen Schiffe wurden samt ihren Ladungen beschlagnahmt. Der ganze Handel mit England kam zum Stillstand, was bald zu einer schweren Beeinträchtigung der russischen Wirtschaft führte.

Nachdem sich Paul mit England und Österreich zerstritten hatte, versuchte er Skandinavien und Preußen zu umwerben, aber alle seine Bemühungen fielen auf steinigen Boden. Seine politischen Purzelbäume veranlaßten sogar die kleineren Mächte, auf der Hut zu sein. Paul schrieb seinen Mißerfolg „britischen Intrigen“ zu und überschüttete England mit Gehässigkeiten. Sein König sei ein Irrsinniger, tobte er, und das Parlament bestünde aus Narren. Englands Haltung gegen Napoleon und Napoleons Einnahme von Malta vermehrten nur noch Pauls Haß. Die tatsächliche Wurzel seiner Feindschaft muß aber anderswo gesucht werden. Die ganze Welle seiner täglichen Ukase und seine Privatkorrespondenz beweisen eine ungeheuerliche Mißachtung individueller Werte, eine unerbittliche Absage an die Menschenrechte, verbunden mit dem Vorsatz, sein Reich in so etwas wie ein Konzentrationslager des 18. Jahrhunderts zu verwandeln. Es war die von England entwickelte Idee einer konstitutionellen Monarchie, in welcher der Kaiser einen Angriff auf seine Staatsauffassung sah.

Unterdessen kam es zur Schlacht von Marengo, und Paul zeigte sich nicht im mindesten über die Niederlage seines ehemaligen Verbündeten erschüttert. Es war bekannt, daß das völlig geschlagene

Österreich einen Separatfrieden mit Napoleon in Erwägung zog. Die alten Bündnisse bröckelten wie Brotkrumen ab, die man an einem Wintermorgen den Vögeln aufstreut. Pauls Bevollmächtigte waren bereits auf dem Wege nach Paris, während in Rußland die französischen Emigranten als „unliebsame Ausländer" verhaftet wurden, und das in einem Lande, das vorher Öl und Wein auf ihre Wunden gegossen hatte. Ludwig XVIII., dem eine fürstliche Pension und ein Schloß in Kurland zur Verfügung gestellt worden waren, erhielt nun Bescheid, daß er keine weiteren Bezüge mehr zu erwarten habe, und wurde buchstäblich bei einem Schneesturm vor die Tür gesetzt. Der Kaiser von Rußland konnte die Bourbonen einfach nicht mehr brauchen. Vielmehr schrieb er eifrig seinen ersten Brief an Napoleon:

„... und ich schlage vor, daß Sie und ich zusammenkommen, um allen Nöten und Katastrophen, die jetzt Europa verwüsten, ein Ende zu setzen ... Ich bin bereit, Sie anzuhören ... Ich lade Sie ein, sich mit mir zu vereinigen, einen allgemeinen Frieden zu schaffen, der die ganze Welt beruhigen wird ..."

Diese Korrespondenz, die gegen Ende des Jahres 1800 begann, war natürlich nur von kurzer Dauer; die beiden trafen einander nie.

Als Georgien bat, unter russisches Protektorat genommen zu werden, wandte sich Pauls Interesse von Europa ab und Asien zu. Er beschloß, Indien zu erobern, und sandte genaue Instruktionen an General Orlow, den damaligen Hetman der Donkosaken. „Ich weiß, daß uns die Briten angreifen werden ... Deshalb müssen sie von einem Punkt angegriffen werden, von dem aus sie es am wenigsten erwarten ... Indien ist das beste Kampfziel. Es ist von Ihren Hauptquartieren aus ein Marsch von vier Monaten. Setzen Sie sich sofort mit allen Ihren Kanonen nach Orenburg in Bewegung ... Alle Reichtümer Indiens werden Ihr Lohn sein, und Sie und Ihre Donkosaken werden sich mit Ruhm bedecken. Ich schließe die einzige Landkarte, die ich finden konnte, hier bei." Dann folgt ein langatmiges Postskriptum: „Ich sehe, daß die Landkarte nicht weiter als bis Chiva reicht. Es wird Ihre Aufgabe sein, die notwendigen Informationen herauszufinden ... Alle Handelshäuser in Indien, die den Engländern gehören, müssen sofort bei Ihrer Ankunft übernommen und alle Eingeborenen müssen freundlich behandelt und nach Rußland gebracht werden (!), wo sie sich derselben Unabhängigkeit erfreuen werden wie unter den Briten. Bedenken Sie, daß der gesamte indische Handel nach Rußland umgeleitet werden muß . . .“

Gleich am nächsten Tag sandte der Zar noch einen Brief an die Ufer des Don: „Ich schicke Ihnen heute eine neue, ganz detaillierte Landkarte von Indien. Denken Sie immer daran, daß Ihr Vorgehen einzig und allein gegen die Engländer gerichtet ist und Sie mit allen Eingeborenen friedlich umgehen und ihnen klarmachen müssen, daß Rußland ihnen gegenüber freundlich eingestellt ist . . . Machen Sie sich gleich auf den Weg zum Indus und Ganges . . . Sehen Sie zu, daß die Chinesen nicht Buchara angreifen . . .“

Leider ist General Orlows Reaktion auf diese kaiserlichen Befehle nicht überliefert. Anfang Februar 1801, gerade an der Schwelle der tückischesten Jahreszeit, verließen 20.000 Kosaken mit 40.000 Pferden und 24 Kanonen die Ufer des Don, um die zweifellos wahnsinnigste Expedition der ganzen russischen Geschichte anzutreten. General Orlow kam nicht sehr weit. Überschwemmungen und das Ausbleiben eines entsprechenden Proviantnachschubs machten dem Abenteuer ein rasches Ende; doch nicht alle 20.000 Kosaken sahen je die heimatlichen Gefilde des Don wieder.

Obwohl der Kaiser „absolute Geheimhaltung“ befohlen hatte, sikkerte die Geschichte durch. General Orlows Streitkräfte hätten Indien nie wirklich bedrohen können, aber England war dennoch erzürnt. Die Stimmung in Skandinavien war frostig, und Österreich hatte guten Grund zu überlegen, ob ein weiteres Bündnis mit Rußland ihm nicht noch ärgeren Schaden bringen könnte. Abgesehen von dem problematischen guten Willen Napoleons und dem persönlichen Interesse Papst Pius’ VIII. an einem schismatischen Herrscher, der mit dem Projekt einer Wiedervereinigung mit Rom bereits vage zu liebäugeln begonnen hatte, konnte Rußland auf keine westliche Unterstützung mehr zählen.

Die am Hofe Pauls akkreditierten Diplomaten hielten sich in ihren Geheimberichten nun nicht länger zurück und sprachen freimütig von Pauls Wahnsinn. In Petersburg flüsterten sich Herren und Damen der Gesellschaft eine Bemerkung zu, die Pauls jüngerer Sohn Konstantin gemacht haben sollte: „Mein Vater hat dem gesunden Menschenverstand den Krieg erklärt mit dem festen Entschluß, nie wieder Frieden zu schließen."

Im Winterpalais bildeten die verlassene Gattin und die abgelegte Mätresse auf ihre Weise eine sonderbare Allianz. Früher hatten beide ihn anregen, warnen und sogar beraten können. Nun wußte Kaiserin Maria, daß er ihr nie wieder angehören würde, und auch Mademoiselle Nelidowas Sonne war gesunken, um nie wieder aufzugehen. Der Zar schenkte jetzt seine Gunst einer jüngeren, viel weniger anspruchsvollen Mätresse, doch auch der Zauber von „la belle Lopuchina" reichte nicht aus, um seine düsteren Stimmungen zu verscheuchen. So schrieb die Kaiserin traurig an eine vertraute Freundin: „Unser Leben ist nicht sehr fröhlich. Der liebe Kaiser lächelt so selten."

„Der liebe Kaiser" lächelte fast überhaupt nicht. Überall — angefangen von seiner Frau bis zum jüngsten Pagen im Winterpalais — vermutete er Verschwörungen und Anschläge auf sein Leben. Er aß und trank nichts von dem, was die Palastküchen ihm schickten. Seine Nahrung wurde ausschließlich von einem vertrauenswürdigen deutschen Koch zubereitet, und selbst eine ganz gewöhnliche Salatschüssel mußte streng bewacht werden, während sie aus der geheimen kaiserlichen Küche in den Speisesaal getragen wurde.

Ungefähr um diese Zeit gelang es Pauls Thronerben, dem Großfürsten Alexander, der längst unter dem Verdacht des Hochverrats stand, einen Brief an seinen alten Lehrer La Harpe in die Schweiz zu schmuggeln. „Mein unglückliches Land befindet sich in einem Chaos, das unbeschreiblich ist", berichtete er. „Sicherheit ist so gut wie dahin, und mir werden Pflichten auferlegt, die ebensogut jeder Feldwebel erfüllen könnte . . . Wenn ich selbst an die Reihe komme, werde ich mich ganz meinem Lande widmen müssen und nie wieder zulassen, daß es zum Spielball in den Händen eines Verrückten wird . . ."

Die im Winterpalais herrschende Stimmung geht treffend aus der Bemerkung eines Hofmannes gegenüber einem Admiral hervor, der ganz zu Unrecht das Mißfallen Pauls erregt und dafür einen Verweis erhalten hatte: „Wir alle wissen, was Sie fühlen, aber unter diesem Dach ist es unmöglich, etwas anderes als ‚Ja, mein Herr' und ‚Sehr wohl, Majestät' zu sagen."

Pauls Tagesablauf wurde immer hektischer. Er beschränkte die Stunden des Schlafs auf ein Minimum und nahm seine Mahlzeiten in größter Eile zu sich. Audienzen gewährte er immer seltener. Nie aber versäumte er seine morgendliche Fahrt durch die Straßen von St. Petersburg, bei der sich die gewöhnlichen Passanten hinter Toren und Zäunen zu verstecken pflegten, um nur ja seiner Aufmerksamkeit zu entgehen. Ansonsten verbrachte der Kaiser seine Zeit im Arbeitszimmer, dessen Tore von „verläßlichen" Männern aus den Gatschina-Bataillonen bewacht wurden.

Unmittelbar nach seinem Regierungsantritt hatte Paul seinen Vater Peter III. mit phantastischem Pomp neu bestatten lassen. Nun, da ihm die Erinnerung an Potjomkin immer verhaßter wurde, ließ er dessen Leichnam aus seiner Gruft entfernen, in einem unbeachteten Grab verscharren und das großartige Monument, das Katharina für ihren Ratgeber errichtet hatte, schleifen. Ein zufälliger Besuch in der Akademie der Wissenschaften brachte Paul auf die Idee, daß ausländische Bücher für die Moral seines Volkes nicht zuträglich seien, und er verbot der einzigen Bibliothek im Reich, sie an jemanden zu verleihen. Jede weitere Einfuhr fremder Literatur wurde wegen der „voraussichtlich schädlichen Folgen für die Moral der Nation" verboten. Bald darauf wurden alle Druckereien im Lande — mit Ausnahme der Druckerei des Heiligen Synods und der der Akademie der Wissenschaften — geschlossen. Buchhandlungen wurden unter strenge Aufsicht der Polizei gestellt und die Arbeit der Zensoren furchtbar erschwert durch eine Flut von Direktiven aus dem Winterpalais, von denen viele einander direkt widersprachen. Der Historiker Karamsin, der gerade Cicero ins Russische übersetzt hatte, erhielt eine schwere Rüge und die Weisung, doch niemals zu vergessen, daß „Cicero und viele andere auf der Verbotsliste stehen, weil sie Republikaner waren und ihre Schriften für das Reich von keinerlei Wert sein können". Jede Korrespondenz mit dem Ausland unterlag einer so strengen Zensur, daß selbst harmlose Anspielungen auf eine neue Oper in Wien oder die letzten Pariser Modeschöpfungen sofort als „Zeichen sträflicher Unzufriedenheit" gedeutet wurden. Schließlich wurden sämtliche Reisen ins Ausland untersagt.

So stand es um Rußland Anno 1800 ... Trotzdem sprach Pauls

Arzt Rogerson die Wahrheit, wenn er schrieb, daß man unmöglich dem Kaiser allein für alles, was er falsch machte, die Schuld geben könne. „Er besaß einmal eine angeborene Leidenschaft, Gutes zu tun ... und (er) wurde der Fähigkeit beraubt, zwischen Gutem und Bösem zu unterscheiden ... Alles, was er tut, (wird) bestimmt durch die Schwäche oder Gewaltsamkeit falscher Kombinationen (‚combinaisons fausses') ..." Die beiden letzten Wörter deuteten etwas an, was die Erklärung bietet für jenes Durcheinander einer Geistesverfassung, nach der Schwarz auch Weiß sein konnte, oder auch Rot, oder Grau, je nachdem ob seine Frau ein heiteres oder drohendes Gesicht machte oder ob ihm der plötzlich abgewendete Kopf seines Sohnes einen Beweis für Hochverrat bot. In gewissen Stimmungen genügte es Paul, einen Diener über einen Hof des Palais eilen zu sehen, um daraus zu schließen, der Mann werde als Bote von einem noch unentdeckten Verschwörer unter des Zaren eigenem Dach verwendet.

Doch Rußland war nicht nur das Winterpalais oder die Hauptstadt. Millionen ungebildeter Menschen machten sich ihr eigenes Bild von ihrem Herrscher, und dieses Bild war in hellen, fröhlichen Farben gemalt. Sie alle wußten, daß er die Privilegien des hohen und niederen Adels eingeschränkt hatte, er hatte bei seiner Krönung ein Manifest herausgegeben, das in einem seiner Punkte die Bauern von der Sonntagsarbeit befreite, und er hatte bei seinen Reisen in das Landesinnere Zeichen seines Wohlwollens verteilt, wohin immer er kam. Für die Massen gab es das böse Licht, das den Thron umzuckte, nicht. Kein Bauer war jemals Zeuge der Ausbrüche blinder, bestialischer Wut gewesen, vor denen Pauls Hofstaat zitterte. Die Massen waren der Meinung, alle unliebsamen Maßnahmen der Regierung würden ohne Pauls Wissen durchgeführt. Sie beteten inbrünstig für den Zaren und nannten ihn „ihr goldenes Herzchen".

Anfang 1801 verließ der Kaiser das Winterpalais, das er haßte, weil hier jedes Zimmer die Spuren des Regimes seiner Mutter trug. Er übersiedelte in das neuerbaute St.-Michaels-Schloß, dessen Grundstein 1798 gelegt worden war. Es war ein Ungetüm von einem Gebäude und ein sichtbarer Beweis für Pauls Geistesverfassung: ein plumpes Durcheinander von grauen Steinen, umgeben von einem tiefen Wassergraben, über den fünf Zugbrücken führten, die Tag und

Nacht von Posten aus dem alten Gatschina-Kontingent bewacht wurden.

Paul hatte mit größter Sorgfalt seine eigenen fünf Zimmer im ersten Stock geplant, die durch einen kurzen Korridor mit den Gemächern der Kaiserin verbunden waren. Ein schön möblierter Vorraum führte in eine Bibliothek. Links war eine Tür in ein Zimmer für die bei Tag beschäftigte Dienerschaft; bei Nacht schliefen hier ein Kammerdiener und zwei Wachtposten. Dahinter lag die Privatküche des Kaisers. Eine andere Tür der Bibliothek führte in das Schlafzimmer, wo das wundervolle Gemälde eines Engels von Guido Reni über einem Feldbett hing, das hinter einem Wandschirm — florentinische Arbeit — stand. Die Mitte des Zimmers beherrschte Pauls Schreibtisch aus kostbarem ostindischem Holz mit eingelegten Elfenbeinornamenten. Allerlei Kleinigkeiten aus Jaspis, Bergkristall und Malachit, Pauls Tintenfaß, Federhalter, Löschwiege und dergleichen waren mit äußerster Pedanterie auf der Schreibtischplatte aufgestellt. Auch ein wuchtiger rechteckiger Malachitbriefbeschwerer lag dort, der in die Geschichte eingehen sollte.

Alle Türen hatten eigens angefertigte, außerordentlich komplizierte Schlösser. Eine Geheimtreppe führte vom Domestikenzimmer nach oben.

Pauls privates Refugium wäre fast vollkommen gewesen, wäre an den Wänden nicht allzubald der Schimmelpilz aufgetaucht. Das St.-Michaels-Schloß war ein elender, protziger Bau, dessen Mauern gegen die aus dem umgebenden Wassergraben aufsteigende Feuchtigkeit nicht ausreichend geschützt waren. Paul ließ sich aber durch diesen Übelstand nicht im mindesten stören und erklärte seiner „belle Lopuchina", er fühle sich in seinem neuen Heim „wundervoll sicher".

Gegen Ende des Jahres 1800 hatte sich eine Verschwörung gebildet, an deren Spitze Graf Pahlen stand, der damalige Generalgouverneur von St. Petersburg. Ihr Ziel war offenbar, die Abdankung des Kaisers zugunsten des Großfürsten Alexander zu erwirken.

Pahlens Karriere war bis dahin ein ständiges Auf und Ab gewesen. Als Sohn einer baltischen Adelsfamilie hatte er bis 1798 eigentlich keine besonders hohe Position erreicht. Dann aber faßte er schnell und tief Wurzel. Durch seine Stellung trug er eine schwere Verantwortung, unter anderem auch für die Sicherheit des Kaisers. Pahlens administrative Methoden fanden bald Pauls vollste Zustimmung. Die Kriminalität im Reich sank spürbar, die Disziplin innerhalb der Polizei ließ nichts zu wünschen übrig, und alle die endlosen Vorschriften, die das Privatleben der Bürger regelten, schienen genau nach dem Wortlaut befolgt zu werden. „Auf Sie kann ich mich absolut verlassen", sagte der Kaiser zu Pahlen.

Der Generalgouverneur war ein Mann von unvergleichlicher Klugheit und Vernunft. „Ganz Hirn und kein Herz", sagten seine Feinde hinter sorgsam versperrten Türen. Pahlen fiel die Aufgabe zu, Alexander, den Thronerben, mit dem „Abdankungsplan" bekanntzumachen, und er führte so großartige Argumente ins Treffen, daß es ihm ein leichtes war, den Großfürsten davon zu überzeugen, daß das Wohl des Landes ein möglichst rasches Ende der Regierung des Kaisers verlange. „Aber das Leben meines Vaters darf nicht gefährdet werden", erklärte der Großfürst. „Können Sie schwören, daß es so sein wird?" Und Pahlen leistete einen feierlichen Eid, daß für Pauls Leben keinerlei Gefahr bestünde.

Mit größter Vorsicht begann der Gouverneur die Verschwörer um sich zu scharen — ausschließlich Offiziere aus dem Semjonowskij-Garderegiment, das dem Großfürsten Alexander treu ergeben war. Allen Verschwörern erklärte Pahlen der Reihe nach — beginnend mit General Talyzin, dem Kommandanten des Regiments —, daß es ihr Ziel sei, Pauls sofortige Abdankung zu erreichen. Er versäumte nicht, hinzuzufügen, daß er einen feierlichen Eid geleistet habe, das Leben des Kaisers zu schonen.

Trotz aller Vorsichtsmaßnahmen kam doch ein Gerücht dem Kaiser zu Ohren. Er stellte Pahlen zur Rede — und obwohl der Generalgouverneur völlig überrascht war, bewahrte er Fassung und antwortete ruhig, er wisse von der Verschwörung und sei ihr sogar selbst beigetreten, um auf diese Weise alle Fäden in der Hand zu haben und die geheiligte Person des Kaisers um so besser gegen jede Gefahr schützen zu können. Paul verlangte mit leichenblassem Gesicht und zitternden Händen sämtliche Namen der Verschwörer, und Pahlen versprach ihm die Liste, so bald er nur könne. Dann schrie der Kaiser: „Verlieren Sie keine Zeit! Mein Vater wurde 1762 ermordet!“

Pahlen erwiderte mit unerschütterlicher Ruhe, man könne doch 1762 nicht mit 1801 vergleichen. Peter III. habe Rußland und sein Volk gehaßt, Paul aber liebe sein Land, und die Bauern vergötterten ihn. Peter III. sei niemals gekrönt worden, die Massen hätten ihn kaum gekannt — 1801 hingegen segneten sie den Namen des Zaren für alle Wohltaten, die er ihnen erwiesen habe. Peter III. sei religiösen Pflichten ständig ausgewichen, Paul aber halte sie alle mit größter Andacht ein, Pahlen hätte wohl auch noch hinzufügen können, daß die Kaiserin Maria keine Katharina sei, aber er war klug genug, es nicht zu tun. Er verließ die Privatgemächer des Kaisers in der Überzeugung, daß keine Zeit mehr verloren werden dürfe.

Der 10. März dieses Jahres fiel auf einen Sonntag. Am Abend teilte Pahlen dem Kaiser mit, er würde die Namen der Verschwörer am folgenden Dienstag bekommen. Nachdem er das gesagt hatte, verließ der Gouverneur das St.-Michaels-Schloß und ging in das Haus der Madame Sherebzowa, wo die Verschwörer auf ihn warteten. Alle privaten Zusammenkünfte unterlagen ja strenger Polizeiaufsicht, aber es stand der Polizei nicht zu, ein Haus zu überwachen, das vom Generalgouverneur besucht wurde, und so konnten sich die Verschwörer vollkommen sicher fühlen. Pahlen erklärte ihnen, daß es zu seinen Obliegenheiten gehöre, die jeweilige Wache des St.-Michaels-Schlosses einzuteilen, und er habe beschlossen, am folgenden Abend Männer des Semjonowskij-Garderegiments hinzuschicken. Dann gab Pahlen so leichthin, als ob er über das Wetter plaudern würde, seine letzten Anweisungen. Alle Verschwörer sollten sich zum Abendessen im Hause des Generals Talyzin treffen; er, Pahlen, und ein paar andere würden dann in die Semjonowskij-Kaserne gehen und ein Bataillon zum St.-Michaels-Schloß mitnehmen. Dann nannte er sieben Männer, die allein ins Schloß gehen und in die Zimmer des Kaisers eindringen sollten: Platon Subow, Bennigsen, Fürst Jaschwil, Fürst Wjasemskij, Skariatin, Gordanow und Tatarinow. Als jemand fragte, was sie beim Betreten des Zimmers denn sagen sollten, gab Pahlen keine Antwort. Er sagte nur, das Regime müsse am nächsten Abend zu Ende sein und der Kaiser unter strenger Bewachung in die

St.-Peter-und-Pauls-Festung am nördlichen Newaufer gebracht werden. Gordanow fragte, was sie tun sollten, wenn der Kaiser Widerstand leiste. Darauf erwiderte Pahlen nichts.

Am Montag abend saßen im St.-Michaels-Schloß neunzehn Personen beim Abendessen. Zu Beginn des Mahls war die Stimmung des Kaisers fast heiter. Er lenkte jedermanns Aufmerksamkeit auf das neue Speiseservice aus Kopenhagener Porzellan, dessen Teller und Schüsseln mit Ansichten seines neuen Schlosses bemalt waren. Er bemerkte, daß sein ältester Sohn kaum das Essen berührte, und riet dem Großfürsten, noch am selben Abend seinen Arzt aufzusuchen. Auch mit seinen Schwiegertöchtern sprach er sehr freundlich.

Aber die Stimmung hielt nicht an. Sobald das Essen vorbei war, kam der kommandierende Offizier der Garde mit seinem üblichen Rapport und bemerkte, daß das Gesicht des Kaisers wutverzerrt war. Er schrie, er wisse genau, daß die Männer des Semjonowskij-Garderegiments alle im Innersten Revolutionäre wären, und der Generalgouverneur habe kein Recht, sie ins St.-Michaels-Schloß zu beordern. „Ich habe eben den Befehl unterzeichnet, daß Sie die Hauptstadt verlassen! Sehen Sie zu, daß Sie sich um sechs Uhr früh in Marsch setzen und die Garde hier um vier Uhr abgelöst wird."

Dann zog sich Paul in seine Privatgemächer zurück und läutete dem Kammerdiener.

Inzwischen endete in General Talyzins Haus ein gewöhnliches Abendessen mit einer durchaus ungewöhnlichen Orgie. Der von Pahlen schon vorher instruierte Gastgeber ließ es nicht an Wein fehlen. Am Ende war eine ganze Anzahl von Verschwörern viel zu betrunken, um ihren Anführern noch von Nutzen sein zu können. Das störte aber Pahlen nicht im geringsten. Als die Uhr elf schlug, gingen er und einige andere in die Semjonowskij-Kaserne, um das erste Bataillon zum St.-Michaels-Schloß zu bringen. Kurz danach brachen die von Pahlen namhaft gemachten sieben Männer zum Schloß auf. Fürst Jaschwil, Fürst Wjasemskij und Skariatin waren so betrunken, daß Bennigsen und Subow beim Überschreiten der ersten Zugbrücke beschlossen, die drei Männer zusammen mit Gordanow und Tatarinow in einiger Entfernung vom Haupthof des Schlosses warten zu lassen. Subow und Bennigsen machten sich allein auf den Weg zur Geheimtreppe, die zu den Zimmern des Zaren führte. Die zwei Wachtposten und der Kammerdiener wurden ohne viele Mühe überwältigt, nur Subow mußte einen der Männer mit dem flachen Degen niederstrecken. Dann gingen sie durch die Bibliothek und öffneten die Tür zum Schlafzimmer.

Paul befand sich außerhalb seines Bettes, mit bloßen Füßen, einer Flanelljacke über dem Nachthemd und einer baumwollenen Nachtmütze auf dem Kopf. Die Kerzen in der Bibliothek brannten hell genug, so daß alle Eindringlinge sein Gesicht deutlich sehen konnten. Seine Augen waren glasig vor Schreck.

Bennigsen trat vor und sagte, er — Paul — wäre im Auftrag Kaiser Alexanders gefangen, und falls er sich nicht zur Wehr setze, würde ihm kein Leid widerfahren. Von Abdankung erwähnte Bennigsen nichts. Paul verstand nicht das geringste, und wie sollte er auch, da sie von seinem Sohn als einem Kaiser redeten, da er selbst doch noch lebte? Er stand nur da und starrte sie an. In diesem Augenblick wurde von unten irgendein Geräusch hörbar, und Subow stürzte aus dem Zimmer. Bennigsen blieb und gab noch weiter einige Phrasen von sich. Der Kaiser verhielt sich ganz still. Gerade hinter ihm führte eine Tür in einen Korridor zu den Gemächern der Kaiserin. Er rührte sich aber nicht von der Stelle. Zwei Degen hingen in Reichweite, aber er versuchte nicht, sich zu wehren. Er stand da, als ob er wüßte: Nun ist der Alptraum, der mich so viele Jahre verfolgt hat, Wirklichkeit geworden, und nichts ist mehr wichtig.

Subow kehrte nicht mehr zurück. Nach einer unerträglichen Pause stürzten die anderen fünf, von Fürst Jaschwil angeführt, ins Zimmer. Einer von ihnen stieß die Laterne um, die Subow bei der Tür stehengelassen hatte. Nur das blasse Flackern des Kerzenlichtes aus der Bibliothek erhellte den Raum, als die fünf Männer über Paul herfielen. Bennigsen schlüpfte sofort hinaus, um, wie er sagte, eine Kerze zu holen.

Paul gelang es, dem Ansturm zu entgehen, und er begann rund um den Schreibtisch zu laufen, bis er über etwas stolperte und niederfiel. Jemandes Hände tasteten herum und fanden einen auf dem Boden liegenden Seidenschal. Sie begannen daraus eine Schlinge zu knüpfen. Paul stieß mühsam einige Worte auf französisch hervor: „Meine

Herren, um Himmels willen verschont mich ... Gebt mir Zeit, meine Gebete zu sprechen.“

Das waren seine letzten Worte. Die fünf Männer gewährten ihm keine Zeit, sondern vollbrachten in tölpelhafter Trunkenheit und Hast höchst stümperhaft ihr Geschäft. Der Seidenschal zerfranste sich kläglich und riß entzwei. Dann begannen jemandes Hände ungeschickt auf dem Schreibtisch herumzutappen. Schließlich wurde der Briefbeschwerer aus Malachit entdeckt, jemand beugte sich nieder und drückte ihn immer fester und fester gegen Pauls Kehle. Erst als das letzte Zucken und Röcheln vorbei war, kam Bennigsen mit einer brennenden Kerze in der Hand herein. Er sah, was geschehen war, und wandte die Augen ab.

Die anderen eilten aus dem Zimmer.

Es war Pahlens Aufgabe, Alexander die Nachricht zu überbringen. Bald darauf kam die Gattin des jungen Kaisers, um ihn zu trösten. Nach und nach dämmerte der Morgen über der Hauptstadt, und das Volk erfuhr, daß Zar Paul im siebenundvierzigsten Jahre seines Lebens und im fünften seiner Regierung einem Schlaganfall erlegen sei. Diese Fiktion wurde in Rußland durch mehr als ein Jahrhundert aufrechterhalten!

Sicherlich mußte das Land von der Tyrannei befreit werden. Aber die Mittel, die angewendet wurden, um dies zu erreichen, bleiben für immer widerlich und unverzeihlich. Erstens war das angegebene Ziel der Verschwörung von allem Anfang an ein Schwindel; Pahlen mußte gewußt haben — besser als jeder andere —, daß Paul niemals abdanken würde. Es gibt nicht die Spur eines Beweises, daß das erforderliche Dokument auch nur entworfen, geschweige denn abgefaßt wurde.

Außerdem lassen die eigenen Berichte der Verschwörer über diese Nacht erkennen, daß sie, trotz aller getroffenen Vorsichtsmaßregeln, eigentlich nicht viel zu befürchten gehabt hatten. Pahlen hatte als Oberhaupt sämtlicher Polizeistreitkräfte dafür gesorgt, daß der Weg frei war. Sie waren keine Helden, die damals, in jener Märznacht des Jahres 1801, in das St.-Michaels-Schloß eindrangen. Sie machten sich alle mit dem gleichen festen Entschluß auf den Weg, und deshalb war ihre Tat gemeiner, feiger Mord: fünf betrunkene Riesen gegen einen kleinen, unbewaffneten, in die Enge getriebenen Mann — und einer dieser fünf trug gar den alten, bis dahin ehrenwerten Namen Wjasemskij.

Man kann Alexanders Anteil an der Schuld nicht leugnen. Er hatte wohl ein Gelöbnis, das Leben seines Vaters zu schonen, verlangt, und Pahlen hatte es ihm auch gegeben. Aber wieviel Aufrichtigkeit war denn in diesem Verlangen — und um wieviel weniger im Geben des Versprechens? Sowohl der Großfürst als auch Pahlen wußten ganz genau, daß Paul aus eigenem nie abdanken würde, und was hätte man mit einem entthronten Monarchen anfangen sollen? Paul war kein Iwan VI., den man für den Rest seines Lebens in irgendeinen Kerker stecken konnte. Das hätte möglicherweise im ganzen Land eine Revolte größeren Ausmaßes hervorrufen können, denn die Bauern wären bereit gewesen, ihr „goldenes Herzchen" mit Heugabeln, Äxten und Beilen zu verteidigen. Und daß ihm irgendein fremdes Land Zuflucht gewährt hätte, ist mehr als zweifelhaft.

Auch Katharina hat indirekt Anteil an der Schuld. Es wäre zwar unrichtig, zu behaupten, sie allein sei verantwortlich für Pauls Unfähigkeit als Herrscher; zu viele komplizierte Ursachen trafen hier zusammen, weshalb der Anteil der Verantwortung einer Einzelperson auch nicht annähernd genau bestimmt werden könnte. Aber Katharina erklärte gegenüber mehreren ihrer Vertrauten, sie sei entschlossen, die Thronfolge ihres Sohnes zu verhindern. Gesetzlich hätte sie, wie schon gesagt, das Recht gehabt, Alexander zum Erben zu ernennen. Aber unglücklicherweise spielte ihre Unentschlossenheit dem Schicksal in die Hände: sie starb, ohne ihre Absicht in einem Manifest zum Ausdruck gebracht zu haben. Es ist sehr wahrscheinlich, daß Paul im März 1801 nicht hätte sterben müssen, wenn Alexander im November 1796 Kaiser geworden wäre.

Ein düsteres, beklagenswertes Kapitel der russischen Geschichte. Doch läßt auch dieses hie und da etwas Versöhnliches durchblitzen. Paul kann als der erste Romanow angesehen werden, der den Volksmassen — trotz seiner verrückten Ukase und aller übrigen Fehler — tatsächlich Beachtung schenkte. Die offizielle Darstellung seines Todes beweist, daß sich die damalige Regierung — wie erleichtert sie auch war, dem Joch entronnen zu sein — sehr wohl der Reaktion bewußt war, die unter dem Volk ausgebrochen wäre, wenn es die Wahrheit erfahren hätte.

Während der ganzen Zeit dieses kurzen Regimes lag die erbarmungslose Hand des Schicksals auf dem Leben der Dynastie. In Gatschina, dessen Geist so völlig dem Wesen und Bestreben des Volkes widersprach, schien die dornige Vergangenheit sich mit einer noch viel dornigeren Zukunft gepaart zu haben.

VIII

Alexander der Gesegnete

ALEXANDER I., ÄLTESTER SOHN KAISER PAULS I. UND SEINER GATTIN MARIA, GEBORENE PRINZESSIN SOPHIA AUGUSTE DOROTHEA VON WÜRTTEMBERG; GEBOREN IM DEZEMBER 1777, THRONFOLGE IM MÄRZ 1801, GESTORBEN IM NOVEMBER 1825

Im 18. Jahrhundert hatten nur wenige Knaben königlichen Geblüts eine so glückliche Kindheit wie Alexander. Aufgezogen von Kaiserin Katharina, die sich, obwohl sie als Mutter versagt hatte, als vorbildliche Großmutter erwies, und unter die Obhut einer verständigen Engländerin gestellt, wurde er früh an eine regelmäßige Zeiteinteilung gewöhnt. Sein Wissensdrang wurde befriedigt, seine Interessen geweckt, ob sie nun antike Kameen oder die moderne Papiererzeugung betrafen. Was hätten ihm die Jahre des Heranwachsens noch Günstigeres bieten können? Alexanders herzliches Wesen, seine angeborene Zuvorkommenheit und seine mehr als durchschnittliche Intelligenz waren für die Zukunft vielversprechend. Auch war seine Kindheit keineswegs einsam: er hatte einen Spielkameraden, seinen im Jahre 1779 geborenen Bruder Konstantin.

Trotzdem trugen diese anscheinend sorglosen ersten Lebensjahre bereits den Keim künftigen schweren Leids in sich. Wir wissen nicht, in welchem Alter Alexander zuerst von dem Zwiespalt zwischen seiner Großmutter und seinen Eltern erfuhr. Die englische Kinderfrau war zwar klug und diskret und hatte die Oberaufsicht in den Kinderzimmern, doch konnte sie es nicht ganz verhindern, daß ihre zahlreichen russischen Untergebenen den Hintertreppenklatsch weitergaben.

1784 wurde Alexanders Erziehung La Harpe anvertraut, einem hervorragenden Schweizer Gelehrten von unverhohlen republikanischer Gesinnung. Seine Ernennung hatte am Hof der Kaiserin beträchtliches Aufsehen und die Mißbilligung des Großfürsten Paul erregt, aber 1784 hatte sich Katharina vom Liberalismus noch nicht ganz abgekehrt. La Harpe war ihr von Melchior Grimm, einem ihrer besten Freunde, empfohlen worden, dessen Urteil sie vertraute, und ungeachtet der Einwände ihres Sohnes stand Katharina fest zu ihrer Wahl des Hofmeisters.

Es gelang La Harpe, seinem Schüler beizubringen, daß im Grunde alle Staatsformen vor dem Auge des Humanisten bestehen konnten und daß sogar eine Autokratie geeignet sein könne, das Gute in einem Volk zu fördern, solange sie nicht auf das Niveau der Tyrannei herabsinke, bei der die Forderungen und Triebe eines hemmungslosen Einzelwesens alles übrige beherrschten. La Harpes Unterrichtsstunden wirkten tief auf Alexanders Bewußtsein und ließen ihn noch in späteren Jahren empfinden, wieviel er seinem Hofmeister verdankte: „Je vous dois tout hormis le jour."

Aber La Harpe konnte nichts tun, um die erstickende und düstere Atmosphäre des familiären Hintergrunds aufzulockern. Eine direkte Einflußnahme war für einen Mann in seiner Stellung natürlich unmöglich. Als Mensch von fleckenloser Rechtschaffenheit war er der Ansicht, sein Schüler schulde sowohl der Großmutter als auch den Eltern „Liebe und Gehorsam", und versuchte, diese Haltung auch Alexander einzuprägen. Ihre Weiterentwicklung führte allerdings zu Konsequenzen, die La Harpe nicht voraussehen konnte.

Als Katharina 1790 an Grimm schrieb, ihr Enkel sei „ein Bündel von Widersprüchen", wußte sie selbst nicht, wie sehr sie damit den Nagel auf den Kopf traf. Alexander wohnte zwar im Winterpalais und in Zarskoje Selo, der Sommerresidenz der Kaiserin, aber weder ihm noch seinem Bruder war es verboten, gelegentlich Besuch in Gatschina zu machen. In St. Petersburg und Zarskoje nahmen sich die Mitglieder des Hofstaats kein Blatt vor den Mund, um sich über die „preußischen Extravaganzen des Großfürsten" lustig zu machen, freilich nie in Gegenwart der Kaiserin. In Gatschina wiederum nahm sich niemand die geringste Mühe, seine Mißbilligung der Person Katharinas, ihrer Außenpolitik, ihrer Reformen und ihres Privatlebens zu verbergen. Alexander begriff früh genug, daß es am klügsten war, die Meinungen an beiden Höfen stillschweigend hinzunehmen. Um das fertigzubringen, legte er eine Maske an, was er in so jungen Jahren nie hätte tun dürfen. Ihm war der Hof seiner Großmutter lieber als Gatschina, wo niemand ihn lobte. In St. Petersburg war er geradezu eine Sensation. Der Hof konnte sich nicht genugtun, sein hübsches Äußeres, seinen Charme und seine Anmut zu loben. Nach seinem fünfzehnten Geburtstag wurden Garderobefragen seine Hauptsorge, und er war bald der eleganteste Stutzer der Hauptstadt. Zu La Harpes Leidwesen begann sein Schüler seine Studien zu vernachlässigen, und gleichzeitig traten einige unerfreuliche Eigenschaften in den Vordergrund — Eitelkeit, Schläue und die Bereitschaft, alles Unangeenehme beiseite zu schieben.

Katharina hätte keinen besseren Erzieher als La Harpe finden können; aber leider war es ihm nicht vergönnt, seine Aufgabe zu Ende zu bringen und seinen Schüler in der Staatskunst vollkommen auszubilden. Die Kaiserin, die längst entschlossen war, Alexander zum Thronfolger zu machen, begann schon allzu früh, dynastische Zukunftsfragen in Erwägung zu ziehen. Im Herbst 1792, als der Großfürst noch nicht fünfzehn war, ließ sie zwei badische Prinzessinnen „zur Ansicht" nach St. Petersburg kommen. „Ich gefiel (ihm) nicht: er schaute mich sehr feindselig an", berichtete Prinzessin Louise nach ihrer ersten Begegnung. Trotzdem wurden die jungen Leute im Mai 1793 in aller Form verlobt, und die Kaiserin bemerkte zärtlich: „Die lieben Kinder sahen so glücklich wie Engel aus." Daß sich Alexander zu diesem Zeitpunkt bereits hingezogen fühlte zu der reizenden jungen Großfürstin Elisabeth — wie Louise nach ihrer Aufnahme in die orthodoxe Kirche genannt wurde —, sei nicht bezweifelt, aber die Übereiltheit der Zarin wirkte sich für ihren Enkel doch recht ungünstig aus. Alexander, der vor seinem sechzehnten Geburtstag verheiratet war, litt schwer unter dem vorzeitigen Abbruch seiner Studien. La Harpe hatte ihm viel gegeben und war bereit, ihm noch mehr zu geben, aber das Eheleben und die gesellschaftlichen Verpflichtungen ließen kaum noch Zeit für einen regelmäßigen Unterricht. Er setzte seine Lektionen zwar noch eine Weile fort, aber leider nur ganz sporadisch.

Alexanders weitere Bildung vollzog sich auf ganz andere Weise. Er hatte eine Anzahl von Freunden, von denen einige etwas älter als er waren. Fürst Alexander Golizyn, Kotschubej, Nowossilzow,

Stroganow und die Brüder Czartoryski waren seine engsten Vertrauten. Sie alle waren leidenschaftlich von liberaler Gesinnung beseelt. Während der letzten Jahre von Katharinas Regime war es allerdings kaum ratsam, über die Freiheit der Gedanken, des Wortes und des Glaubens öffentlich zu diskutieren; trotzdem standen diese Themen dem Herzen und dem Geist der jungen Menschen am nächsten, und Alexander konnte sich diesem Einfluß nicht entziehen.

Noch bevor er sein siebzehntes Lebensjahr vollendet hatte, hörte er auf, das Bild einer wohlwollenden, liebevollen Großmutter und einer weisen Herrscherin in seinem Herzen zu hegen. Katharina war zu einer Despotin geworden, durch deren Außenpolitik die Nation erschöpft und verarmt war. Das war Alexanders Überzeugung, die er aber nur seiner jungen Frau und seinen Vertrauten mitteilte. Manchmal überkam ihn eine Stimmung, in der er mit dem Gedanken spielte, auf alle seine Rechte zu verzichten und als Bürgerlicher irgendwo im Ausland inkognito unterzutauchen.

Weder damals noch später vermutete die Kaiserin einen solchen Wandel in ihrem Lieblingsenkel; zu gut hatte er es gelernt, eine Maske zu tragen. „Das Bündel von Widersprüchen“ trat in verschiedenen Ichs in Erscheinung, von denen manche einander ergänzten, andere aber einander bekriegten. Der Familienzwiespalt, der in seiner Kindheit zu so viel Unaufrichtigkeit geführt hatte, wurde nun als Dauerzustand hingenommen. Aber die Art, wie Alexander ihn hinnahm, hätte Menschen, die sich brüsteten, ihn gut zu kennen, stören müssen. Sonderbarerweise war dies nicht der Fall.

Im Winterpalais blieb er weiter der liebevolle, wohlerzogene Enkel. Bei seinen Besuchen in Gatschina erwies er sich als gehorsamer Sohn. Er war den wenigen, die ihm nahestanden, ein guter Freund, war ein liebender Gatte und ein in der Hauptstadt und deren Umgebung vielbewunderter Stutzer, dessen Charme und unaufdringliche Höflichkeit jeden schon nach kurzem Gespräch für ihn einnahmen. Und doch hätte kein Zeitgenosse ahnen können, daß der siebzehnjährige Jüngling bereits ein vollendeter Diplomat war, dessen wahre Gefühle und Reaktionen nur ihm selbst bekannt waren.

Alexanders Übersiedlung nach Gatschina Ende 1794, die auf ausdrücklichen Wunsch seiner Großmutter erfolgte, bedeutete für ihn viel mehr als nur eine Einführung in das Heereswesen, obwohl seine Vorliebe für die „soldatesque“ tatsächlich auf diese Zeit zurückgeht. Vor allem begann er seine Eltern in einem ganz anderen Licht zu sehen und geriet nach und nach unter den Einfluß seiner Mutter, der sein ganzes Leben lang andauern sollte. Seine bis dahin streng objektive Kritik an Katharinas Persönlichkeit und Regierungsweise wich nun einer ganz subjektiven Feindseligkeit. Auch entdeckte Alexander vorher nie wahrgenommene Eigenschaften an Paul, die ihn tief berührten. Als der Vater sich mit feuriger Beredsamkeit über das schändliche Unrecht der Teilungen Polens ereiferte, war es für den Sohn eine freudige Überraschung, bei Paul Ansichten wiederzufinden, die seiner eigenen innersten Überzeugung entsprachen. Die Vorstellung „eines gekreuzigten Polen“ und der dem Vater wie dem Sohn lächerlich erscheinenden territorialen Expansionspolitik des Reiches schlang um beide ein starkes Band. Auch zeigte sich Paul anfangs freundlich, herzlich und tolerant. Sein Gespräch war anregend. Seine Auffassung hinsichtlich verschiedener Staatsprobleme schien überzeugend und originell. Alexander fand es empörend, daß ein solcher Mann nie in Katharinas Ratsversammlung mitreden durfte. Bald begann sich in die Liebe zum Vater das Mitleid mit einem jahrelang zur Untätigkeit verdammten Großfürsten zu mischen. Aber Alexander war ein so vollendeter Schauspieler, daß Katharina die Änderung in seiner Einstellung niemals bemerken konnte, wenn er aus Gatschina auf einen kurzen Besuch nach St. Petersburg oder Zarskoje Selo kam.

Das erfreuliche Intermezzo dauerte aber nicht lange. Gatschina war nicht ein Schloß, wo interessante Diskussionen ohne störende Beeinträchtigungen von außen gemütlich geführt werden konnten. Gatschina war vor allem eine Kaserne, wo die beiden Brüder die Kriegskunst erlernen sollten. Der Tagesablauf erfüllte Konstantin, sobald die Ferien vorüber waren, vollkommen. Auch Alexander war davon betroffen, doch auf andere Weise. Seine Empfindsamkeit schreckte davor zurück, die Rücksichtslosigkeit seines Vaters täglich auf dem Exerzierplatz miterleben zu müssen. Im Dienst kannte Paul keinen Unterschied zwischen seinen Söhnen und irgendeinem Söldner. Es kam wiederholt vor, daß ein Kanonier, den Paul zum Oberst befördert hatte, als Prellbock zwischen einem wütenden Vater und einem verschreckten Sohn diente. Der Name des Kanoniers war Araktschejew, und Alexander geriet ihm gegenüber in eine Dankesschuld, die er niemals vergaß.

Alexanders Vertraute wurden nach Gatschina nicht eingeladen. Der streng militärisch eingeteilte Tag ließ keine Freizeit für Studien, und der Entschluß, auf alle seine Rechte zu verzichten, reifte und vertiefte sich in Alexander. Die Großfürstin Elisabeth, die sich bei ihren Schwiegereltern auch nicht sonderlich glücklich fühlte, teilte sein Geheimnis und billigte seinen Entschluß vollkommen. Sie erklärte ihm, es gäbe viele entlegene Winkel in deutschen Fürstentümern und in der Schweiz, wo sie, wenn sie ihre Ansprüche auf ein Minimum einschränkten, unter dem Dach eines bescheidenen Häuschens das Leben Bürgerlicher führen könnten. „Wir brauchen keine Dienerschaft", sagte Elisabeth. „Ich könnte ganz leicht lernen, selbst zu kochen und mich zu frisieren. Es müssen nur viele Bücherregale in dem Häuschen sein. Auch einen kleinen Garten könnten wir selbst betreuen." Dieses liebevoll ausgeschmückte Idyll wurde zum rosaroten Streif am sonst düster-grauen Horizont.

An einem Oktobertag des Jahres 1796 wurde Alexander in das Winterpalais gerufen. Die Kaiserin hielt mit ihm mehrere Stunden lang eine vertrauliche Besprechung ab, und der liebevolle Enkel zollte ihr seine vollste Aufmerksamkeit. Niemand anderer war in Katharinas Arbeitszimmer anwesend. Aber aus einem Brief, den Alexander kurz darauf schrieb, geht eindeutig hervor, daß in einer überaus wichtigen Angelegenheit seine Zustimmung erbeten und erteilt wurde.

Einen knappen Monat später war Katharina tot; binnen weniger Tage herrschte Kasernenatmosphäre bei Hof, und der Geist von Gatschina breitete sich auch in der Hauptstadt aus. Ungeachtet ihres Offiziersranges wurden Alexander und Konstantin praktisch zu Feldwebeln degradiert. Die ganze aufreizende, seelenmordende Bedeutungslosigkeit von Wachzimmer und Exerzierplatz erfüllte ihre Tage vom Morgengrauen bis Mitternacht. Woche um Woche, Monat um Monat verging, und Verzweiflung erfüllte Alexanders Herz. Es ist zwar wahr, daß er und seine Frau während dieser Jahre von Pauls Herrschaft einander alles bedeuteten, aber sie konnten nur sehr wenig Zeit miteinander verbringen, da Alexanders Pflichten ihn oft sogar Nächte über in Anspruch nahmen. Schließlich wurde der durch all diese Auswüchse einer verrückten Autokratie gequälte und verwirrte Großfürst ein Opfer der Schlaflosigkeit.

Die Lage wurde um nichts leichter durch den Verdacht des Vaters, sein Sohn sei der Initiator von Verschwörungen. Einer nach dem anderen von Alexanders Freunden verschwand vom Hof. Manche wurden in ländliche Exile geschickt, andere flüchteten ins Ausland. Sogar Araktschejew fiel in Ungnade, weil er versuchte, für den Großfürsten einzutreten. — Alexander hatte nun keine Zeit mehr, an Sitzungen des Senats oder des Staatsrates teilzunehmen. Herabgewürdigt zu einem bloßen Rädchen in der riesigen Staatsmaschinerie, wagte der Thronerbe, der Gesandte in Audienz empfangen sollte, nicht einmal ein paar Worte mit Diplomaten zu wechseln, die er zufällig bei Hof traf: durch Pauls Anwesenheit war Alexander vor Angst wie gelähmt.

Das alles belastete ihn furchtbar, doch machte es ihn auch reifer. Seine ersehnte Zukunft war nun nicht mehr das anspruchslose Leben eines Bürgerlichen; solche Träume waren für immer vorbei. Ende 1797 war Alexander überzeugt, daß es seine Pflicht wäre, das Staatsschiff in ruhigere Gewässer zu steuern, sobald er einmal dazu berufen würde.

Die Masse des Volkes liebte ihn. Aber seine von ihm durchaus nicht angestrebte Popularität brachte ihn noch zusätzlich in Gefahr, denn der Zar wollte nicht glauben, daß sein Sohn nichts unternahm, um sich beliebt zu machen. Unglücklicherweise wurde er auch von den Garderegimentern fast verehrt, unter denen sich ein immer heftiger wütender Groll gegen den „Abschaum von Gatschina" ausbreitete, je mehr Demütigungen Katharinas „jungen Adlern" durch die sonderbaren Launen von Katharinas Sohn zugefügt wurden.

Wie unheilvoll sich auf einen Charakter wie Alexander eine Atmosphäre auswirken mußte, in welcher der bloße Anflug eines Verdachtes für eine brutale Anklage genügte, kann man kaum ermessen. Seine Worte zu Pahlen „Ich bin damit einverstanden, die Abdankung meines Vaters durchzusetzen, aber nur unter der Bedingung, daß sein Leben geschont wird" konnten nur von einem Mann gesprochen werden, der durch eine momentane Umnachtung seiner Urteilskraft nicht imstande war, zwischen Wahrheit und Fiktion zu unterscheiden. Als in dieser verhängnisvollen Nacht im März 1801 Pahlen zu ihm kam, um ihm anzukündigen, daß er, Alexander, jetzt Kaiser war, brach er zusammen und gestand seiner Gattin Elisabeth, daß er sich unfähig fühle, zu regieren. Und einzig ihre Ruhe, ihre Charakterstärke und ihr Mut bewahrten Alexander vor dem Abgrund. Doch bewies Elisabeth ihr traurig-prophetisches Gemüt, als sie an ihre Mutter schrieb, „(seine) Seele wird für immer verwundet bleiben ..."

Die Zarenmörder, deren Namen Alexander alle kannte, gingen straffrei aus.

Während der folgenden Monate standen die beiden Gatten einander näher als je zuvor, und viel des Ruhmes, den Rußland während Alexanders Herrschaft erlangen sollte, verdankte es der hingebenden Liebe und Treue einer zwanzigjährigen Frau, die dem Gatten seine Last tragen half und damit leichter machte. Nach kaum einer Woche war der junge Kaiser schon ganz bei der Arbeit. Sämtliche Ukase Pauls, die die persönliche Freiheit des Individuums in so grotesker Weise eingeschränkt hatten, wurden ab sofort aufgehoben; „die Sonne schien hell über St. Petersburg", berichtete ein Zeitgenosse. In einer Versammlung des Staatsrates wurde ein Gesetz verabschiedet, das den Verkauf von Leibeigenen verbot, wenn diese nicht gleichzeitig mit dem nötigen Landbesitz versorgt wurden. „Wie es Eurer Majestät beliebt", bemerkte Bejsborodko. Alexander antwortete: „Ja, ich bin ein Autokrat, aber Autokratie widerspricht nicht dem Recht."

Die von Zar Paul verbannten Männer wurden zurückberufen, unter ihnen auch Vizekanzler Panin und Araktschejew, aber Alexander hatte zu Panin kein Vertrauen, und Araktschejew war kein Staatsmann; der Kaiser sah sich daher außerstande, größere Veränderungen in der Regierung vorzunehmen, und mußte sich mit den Männern zufriedengeben, die schon Katharina gedient hatten. Alexanders Jugendfreunde kamen alle zurück: Kotschubej und Nowossilzow eilten vom Ausland in die Heimat, und die anderen verließen ihr unfreiwilliges Exil auf dem Lande.

Nach und nach erfaßten Wunschbilder und ein fieberhafter Schaffensdrang den jungen Kaiser, aber es fehlte ihm an einem klaren Programm und an erfahrenen Männern, die seine Ansichten teilten und ihn hätten beraten können. Die Wunden des Volkes waren zahlreich, und der Widerruf der die Freiheit einschränkenden Verordnungen allein konnte sie nicht heilen; doch Alexander wußte keine aufbauenden Heilmittel zu finden. Reformen waren eine unbedingte Notwendigkeit, aber wo sollte er beginnen? Außerdem vermischten sich diese Stimmungen der Mutlosigkeit mit quälenden Gewissensbissen wegen seiner Mitschuld beim Mord an seinem Vater.

Wenn man diese Umstände und Alexanders Geistesverfassung bedenkt, ist es geradezu ein Wunder, daß während der ersten Monate seiner Herrschaft überhaupt etwas erreicht werden konnte. Im Mai 1801 berief der Zar ein „Geheimes Komitee" („Neglasnyj Komitet") ein, das aus vier jungen Männern von hervorragender Intelligenz bestand: Fürst Adam Czartoryski, Graf Kotschubej, Graf Stroganow und Nowossilzow. Die Bildung eines solchen Komitees allein war schon eine erregende Neuerung in der Geschichte der russischen Regierung. Seine Richtlinien legten den Mitgliedern keinerlei Schranken auf. Alle verfügbaren Unterlagen über die Mißstände im Lande sollten gesammelt, und bei den von Alexander einberufenen Sitzungen sollte über die einzelnen Berichte diskutiert werden. Man traf sich ganz ohne Formalitäten im Winterpalais, dinierte mit dem Kaiser und der Kaiserin und zog sich dann in ein Nebenzimmer, in welches der Gastgeber ein wenig später nachfolgte, zur Beratung zurück.

Das Komitee richtete aber nicht sehr viel aus. Das Problem der Leibeigenschaft war das dringendste und wurde zuallererst besprochen, doch nach einigen Sitzungen gelangte die Diskussion an einen toten Punkt zwischen der Szylla der Privilegien der Grundbesitzer und der Charybdis der Rechte der Bauern, die diesen zustünden, sobald sie aus dem Joch der Leibeigenschaft befreit sein würden. Die Bauern konnten ohne Land nicht freigegeben werden, da dieses ja fast zur Gänze ihren Lebensunterhalt lieferte, — aber woher sollte das nährende Land kommen, wenn nicht aus dem privaten Besitz gerade jener Menschen, die die wirtschaftliche Auswirkung der Emanzipation am empfindlichsten zu spüren bekämen? Das Gesetz von 1803, das den Grundbesitzern das Recht gab, ihre Leibeigenen freizulassen, war mehr oder weniger undurchführbar, weil es in einem Wust von Papierkrieg erstickte. Trotzdem blieb das Gesetz die erste konkrete Auswirkung eines von den besten Geistern der Zeit gehegten Traumes, und die Erkenntnisse des Komitees sollten sechzig Jahre später in die Tat umgesetzt werden.

Bei Alexanders Thronbesteigung glich die russische Außenpolitik einem steuerlos vom Strom hin und her getriebenen Schiff. In ganz Europa gab es mit Ausnahme von Frankreich kein einziges Land, das bereit gewesen wäre, eine nähere Verbindung mit Rußland einzugehen. Doch der von Napoleon ausgesandte Durocq berichtete nur, Frankreich könne sich auf nichts festlegen, da der junge Kaiser von Angelegenheiten des Innern vollkommen in Anspruch genommen wäre. Der in sein Amt als Vizekanzler wiedereingesetzte Panin riet zu einer Annäherung an Großbritannien, aber Alexander wollte mit keinem Land irgendeine übereilte Allianz eingehen. „Das führt gewöhnlich zu Mißverständnissen, die mit einem offenen Konflikt enden. Wir brauchen Frieden. Weitere Eroberungen sind für das Reich nicht vonnöten."

Aber trotz dieser Worte schloß er nach kaum zwei Jahren eine Allianz mit Preußen. 1804 brach Rußland nach der Ermordung des Herzogs d'Enghien seine Beziehungen zu Frankreich ab.

Es muß hier festgehalten werden, daß der Keim von so manchem, was zu dem trüben Ende von Alexanders Regime führte, gleich in den Anfängen seiner Herrschaft gelegt wurde. Seine aufreizend sentimentale Haltung gegenüber Preußen und seine oft unbegreifliche Behandlung der polnischen Angelegenheiten sind dafür ein gutes Beispiel.

Nicht umsonst wurde Gatschina „das kleine Potsdam" genannt; Pauls Verehrung für Friedrich den Großen und seine wortwörtliche Übertragung des Berliner Evangeliums ins Russische waren eine allen sichtbare Huldigung für die Manen Peters III. Und Alexanders Freundschaft mit König Friedrich Wilhelm III., seine Schwäche für die Königin Louise und die Nachsicht, die er mehreren Treuebrüchen Preußens gegenüber an den Tag legte, waren im Grunde nichts anderes als Bemühungen, dem Andenken seines Vaters Paul I. genugzutun, für dessen Ermordung sich Alexander bis an sein Ende verantwortlich fühlte. Diese Bemühungen waren selten mit dem Wohl Rußlands in Einklang zu bringen, aber das schien für Alexander von geringerem Gewicht als die Schuld, die er durch nichts tilgen konnte, und die nie endenden Qualen seiner Gewissensbisse. Doch bestand zwischen der Borussomanie des Vaters und der des Sohnes ein Unterschied: Paul konnte das Andenken Peters III. hochhalten, ohne daß Schuldgefühle seine Huldigung verfinsterten — Alexander war von dieser Last niemals frei.

Was Polen betrifft, so hörte Paul nie auf, seine Zerstückelung leidenschaftlich zu verurteilen; das färbte auch auf Alexanders Haltung gegenüber diesem Land ab, was sein eigenes Volk immer wieder verwirrte und befremdete.

Im Frühling 1805 hatte sich Rußland bereits eindeutig gegen Napoleon gestellt. Fürst Adam Czartoryski wurde von Alexander zum Sekretär des Außenamtes ernannt — sehr zum Mißfallen aller, da die Russen nie einem Polen trauten. Außerdem wurde eine ebenso schöne wie unverschämte Polin, deren Benehmen ihre fürstliche Abstammung Lügen strafte, die Mätresse des Kaisers. Als das beunruhigende Gerücht sich als wahr erwies, wurde Alexanders Popularität etwas erschüttert. Das wäre allerdings in noch viel höherem Maße der Fall gewesen, wenn die junge Kaiserin im Volk besser bekannt gewesen wäre. Elisabeth aber zog es vor, ihre kaiserliche Schwiegermutter im Vordergrund zu belassen, und führte ein so zurückgezogenes Leben, daß nur wenige ihre Qualitäten kannten und kaum jemand ermessen konnte, wie tief die Wunde war, die ihr der Gatte da zugefügt hatte.

Die eilig geschlossenen politischen Bündnisse vermehrten noch die allgemeine Enttäuschung. Was könnte man von Schweden und Österreich denn Gutes erwarten, fragten sich die Menschen. Die plötzliche Hinneigung des Kaisers zu Preußen versprach nichts anderes als unglückselige und kostspielige Verwicklungen in preußische Konflikte.

So befand sich Alexanders Reich unmittelbar vor einem Krieg, den es weder wollte noch erwartet hatte und den es sich auch gar nicht leisten konnte. Die Schuld daran wurde dem Sekretär des Außenamtes, der Königin Louise von Preußen und der Mätresse des Kaisers gegeben. Kutusows Armeen wurden nach Mähren geschickt, um Kaiser Franz I. zu Hilfe zu kommen. Die Russen hatten für die Österreicher gar nichts übrig; zu viele Veteranen konnten sich noch an Suworows Italienfeldzug und den durch die Unfähigkeit der Verbündeten verursachten ergebnislosen Ausgang erinnern. „Die Jammerlappen werden uns wieder im Stich lassen", brummten die Männer, „sonst sind sie ja zu nichts gut."

Kutusow sah, daß seine Soldaten von einem anstrengenden Marsch erschöpft waren, und wollte sie ausruhen lassen. Kaiser Franz aber erwiderte, jetzt wäre keine Zeit zu rasten, die Katastrophe von Ulm müsse sofort gerächt werden. Kutusow meldete es Alexander, und als er zu seinem Herrscher gerufen wurde, erklärte er, er sei ein treuer Diener seines Zaren und erwarte dessen Befehle. Alexander gab sie auch unverzüglich, und sie erwiesen sich als katastrophal. Der Tag von Austerlitz lieferte einen furchtbaren Beweis dafür, daß Mangel an Zusammenwirken gleichbedeutend mit Selbstmord ist.

Der erste Fehler entstand durch ein unerwartetes Vorgehen der österreichischen Kavallerie, die der vordringenden russischen Infanterie einfach den Weg abschnitt. Die Schlacht dauerte zwei Stunden. Sie endete mit einer kompletten Niederlage der Verbündeten, und beide Kaiser konnten ihr Leben nur durch eilige Flucht retten. Aber die russischen Regimenter mußten sich nicht einmal auf der Flucht ihres Eides schämen: sie waren in eine Schlacht geworfen worden, die — nach den Gesetzen jeder Strategie — niemals an diesem Ort und zu diesem Zeitpunkt hätte stattfinden dürfen.

Auf dem Schlachtfeld von Austerlitz endete Alexanders Jugend. An diesem Abend vergoß er wahrhaft aufrichtige Tränen. Er fühlte sich allein schuldig an dem sinnlosen Blutbad und der entsetzlichen Niederlage. Er hätte auf den Rat Kutusows und nicht auf die Überredungskunst des Kaisers Franz hören sollen. In dieser Nacht lag Alexander, von Fieber geschüttelt, in einer Bauernhütte, und seine Ärzte waren besorgt. Aber die körperlichen Qualen waren nicht die ärgsten, unter denen der Kaiser litt.

Seine Freunde in Berlin erklärten sich nicht bereit, zu helfen. Kurz nach Austerlitz schloß König Friedrich Wilhelm ein Bündnis mit Napoleon. Die Situation hatte keinen Präzedenzfall in der Geschichte: Preußen war gleichzeitig mit Frankreich gegen Rußland verbündet und mit Rußland gegen Frankreich. Es gab keinerlei Sinn — wie immer man zur Diplomatie stand. Alexanders Familie und Regierung beschworen ihn, alle Beziehungen zu Berlin abzubrechen, aber Alexander hörte auf niemanden. „König Friedrich Wilhelm ist mein Freund", wiederholte er immer wieder.

Die Situation wurde durch König Friedrich Wilhelms Überheblichkeit und Dummheit gelöst. Da er Napoleons Beistand nicht recht traute, der Freundschaft Alexanders aber sicher war, sandte er ein sinnloses Ultimatum an Frankreich, in dem er den sofortigen Abzug der französischen Truppen aus Preußen verlangte. Napoleon konnte es sich leisten, ihn beim Wort zu nehmen. Bei Jena und Auerstädt wurden die Preußen buchstäblich aufgerieben. In Rußland stieg jedermanns Hoffnung, daß der Bruch mit Preußen nun endlich erfolgen würde, aber der Zar dachte nicht daran und betrieb die Hilfeleistung so energisch, als wäre sein eigenes Reich in Gefahr. Zum zweitenmal maßen sich seine Truppen mit dem französischen Heer. Diesmal war nicht Kutusow der Befehlshaber, sondern Bennigsen, dessen fremde Abkunft und zweifelhafte Reputation die Soldaten nur wenig anfeuern konnte. Nach Preußisch-Eylau und Friedland war ganz Preußen in Napoleons Hand. Auf den Schlachtfeldern konnte nun nichts mehr ausgerichtet werden, und die Generale zogen sich zurück, um den Diplomaten Platz zu machen.

Der nun folgende Friedensvertrag von Tilsit 1807 brachte eine Komödie in Gang, deren Inszenierung der rurikidischen Vorfahren ihrer Hauptdarsteller würdig gewesen wäre ... Alexander schrieb an seine Schwester, die Großfürstin Katharina, daß Gott sie alle errettet habe und sie nun Zeit gewonnen hätten. „Aber stelle Dir einmal mich vor, alle diese Tage in Gesellschaft Bonapartes zu verbringen ... stundenlang tête-à-tête mit ihm ... Der Mann ist wirklich sehr von sich eingenommen ..." — Alexanders politisches Hasardspiel bei diesem Friedensschluß verärgerte und reizte sein Volk, dem der Sinn nicht nach Komödien stand. Der von Napoleon nach Petersburg entsandte Savary fand gesellschaftlich alle Türen verschlossen. Kaum sechs Jahre nach Alexanders Thronbesteigung begann man bereits von seinem Nachfolger zu sprechen, dessen Person allerdings völlig unbekannt war. Der von seiner Gattin verlassene Großfürst Konstantin lebte ganz öffentlich mit einer Mätresse, die niemals gekrönte Kaiserin werden konnte, und Alexanders jüngere Brüder Nikolaus und Michael drückten noch die Schulbank. Manche dachten an seine Lieblingsschwester, die Großfürstin Katharina, aber das waren nichts als Hirngespinste.

Diese Mißstimmung in Rußland ist verständlich, wenn man sich vor Augen hält, daß das Land seit Generationen nur Expansionskriege gekannt hatte. Das einzige Abweichen vom gewohnten Kurs — Suworows Italienfeldzug unter Paul I. — hatte in einem Fiasko geendet. Das Volk Alexanders war der Ansicht, Rußland sollte sich nicht mehr in europäische Angelegenheiten einmischen. Alle die verlorenen Schlachten wurden als kostspielige und sinnlose Opfer für einen im ganzen Lande unbeliebten und verachteten Verbündeten angesehen. Man könnte mit gutem Recht behaupten, Alexanders Beharrlichkeit, mit der er an dem schwanken Rohr Preußen festhielt, hätte ihm zweifellos die Krone gekostet, wenn ein geeigneter Nachfolger vorhanden gewesen wäre. Hof und Gesellschaft spotteten über einen Krieg „fait pour le roi de Prusse". Unzufriedenheit brütete im Heer, und die Massen trotzten in ratlosem Schweigen. Die Lehrzeit des Kaisers in Außenpolitik war sicherlich teuer erkauft. Er konnte es sich nicht leisten, mit seinen Ministern so offen zu reden wie mit seiner Schwester. Und Tilsit von seinem eigenen Standpunkt zu erklären wäre gleichbedeutend gewesen mit dem Eingeständnis, daß er sich großen Entscheidungen nicht gewachsen fühlte.

Und dann kam noch etwas hinzu: Was in Tilsit geschah, geschah Preußens wegen, und in Sachen Preußen zog Alexander niemanden ins Vertrauen.

So war nun die Lage zu Beginn des Jahres 1808. Das Volk, das Reformen erwartet hatte, war verdrossen. Es hatte beglückende Veränderungen erhofft, nun gab es keinerlei Anzeichen, die das Herz der Menschen hätten erfreuen können. Nur wenige wußten, daß die Erkenntnisse des im Jahre 1803 aufgelösten „Geheimen Komitees“ keineswegs Totgeburten waren und daß Männer wie Kisseljow und Malinowskij bereits begonnen hatten, einen Entwurf zur Aufhebung der Leibeigenschaft auszuarbeiten. Was das Volk sehen konnte, waren nur die traurigen Auswirkungen der unglückseligen Allianzen. Jeder haßte Bonaparte, aber König Friedrich Wilhelm wurde nicht weniger verabscheut. „Wir können den Kaiser einfach nicht verstehen“, sagte einer zum anderen.

Und wer konnte es denn überhaupt? Weder seine Zeitgenossen noch die, die nach ihm kamen, waren imstande, Alexanders Charakter zu begreifen. Selbst sein Privatleben bot zu viele verwirrende Beweise eines inneren Zwiespaltes in Herz und Geist. Da war seine Gattin, der er aufs engste verbunden war, eine Frau, die ihm geholfen hatte, den Alptraum seines väterlichen Regimes zu ertragen, und die ihn während all der schwierigen Anfänge seiner eigenen Herrschaft angeregt und ermutigt hatte. Trotzdem war Alexander schon zwei Jahre nach seiner Thronbesteigung fähig, der Kaiserin eine Frau wie Maria Naryschkina vorzuziehen, die zwar schön, aber ebenso vulgär war und deren Horizont über die Freuden von Tisch und Bett nicht hinausreichte, die ihren kaiserlichen Liebhaber von allem Anfang an betrog und die imstande war, sich bei Hof in Gegenwart der Gattin des Geliebten mit ihrer Schwangerschaft zu brüsten. Aber Alexander blieb seiner Mätresse verfallen, bis ihn endlich unbestreitbare Beweise ihrer Treulosigkeit erreichten.

Wäre „la belle Naryschkina“ keine geborene polnische Prinzessin gewesen, dann hätte die allgemeine Stimmung gegen sie nicht ein solches Ausmaß an Verbitterung erreicht. So aber fand das Volk geradezu eine Befriedigung darin, seiner Mißbilligung Luft zu machen — eine Freiheit, die sich zu Pauls Zeiten niemand auch nur im Traum hätte einfallen lassen.

Obwohl die Außenpolitik den Kaiser sehr in Anspruch nahm, kamen doch die innenpolitischen Dinge keineswegs zum Stillstand. Vor allem gewannen zwei Männer rasch hervorragende Stellungen in der Regierung: Araktschejew und Speranskij, die einander spinnefeind, aber beide dem Herrscher unentbehrlich waren. Araktschejew wurde mit der Reorganisation der Armee betraut, Speranskij erhielt den Auftrag, einen detaillierten Bericht über die notwendigen Reformen im Verwaltungs- und Gerichtswesen zu unterbreiten. Nach und nach erlangte Speranskij die Oberaufsicht über die Arbeit sämtlicher Ministerien mit Ausnahme des Kriegsministeriums. Zur Ausarbeitung des Berichtes brauchte Speranskij mehr als zwei Jahre, und seine Stellungnahme deckte sich fast in allem mit den Ideen des Kaisers, insbesondere seine Einstellung zur Autokratie.

„Die absolute Macht in Händen eines einzelnen widerspricht der Wohlfahrt des Staates ... Keine Regierung sollte anerkannt werden, außer die Anerkennung entspricht dem Willen des ganzen Volkes ... Die Macht der Regierung sollte ihr Gegengewicht in der Macht des Volkes haben ... Im heutigen Rußland gibt es nur zwei Stände: die Sklaven der Krone und die Sklaven der Grundbesitzer, und die ersteren sind nur frei im Verhältnis zu den letzteren ... In Wirklichkeit ist niemand frei mit Ausnahme der Landstreicher ... (und) alle Energien der Nation werden durch die Wechselbeziehung der beiden Stände verpufft ... Die Gleichberechtigung ist eine sehr schwierige Aufgabe, aber das öffentliche Gewissen sollte zur Kenntnis nehmen ... daß Leibeigenschaft ein Zustand ist, der gegen den gesunden Menschenverstand verstößt — um es gelinde auszudrücken."

Der Bericht wurde zwar niemals veröffentlicht, aber Speranskijs „Allmacht" wurde bald eine hochwillkommene Waffe in den Händen seiner Feinde. Seine unverhohlene Billigung der französischen Politik und seine persönliche, positive Einstellung zu Napoleon führten schließlich seinen Sturz herbei. Im März 1812 wurde Speranskij aller seiner Ämter enthoben und ins Exil geschickt. Der Kaiser war darüber tief betroffen, aber die Öffentlichkeit begrüßte diesen Sturz als ersten Sieg über die Franzosen.

Der Friede von Tilsit war ein unbehagliches Gebilde und hatte als solches auch nur eine kurze Lebensdauer. Der auf Napoleons Betreiben unternommene Krieg Alexanders gegen Schweden, der 1809 die Annexion Finnlands zur Folge hatte, hinterließ bei den Russen einen unangenehmen Geschmack im Mund. „Es hat doch geheißen: keine weiteren Eroberungen", murrte das Volk, „und jetzt haben wir

Finnland dem Reich einverleibt! Schickt es sich für einen Zaren, nach der Pfeife Bonapartes zu tanzen?"

Das Großherzogtum Warschau wurde vom König von Sachsen, einem unangenehmen Speichellecker, regiert, der nicht einmal den Mut hatte, Napoleon bei der Auswahl der Speisen zu widersprechen. Napoleons Invasion auf der Iberischen Halbinsel war ein neuerlicher Schock. Als Frankreich sich immer mehr in polnische Angelegenheiten einzumischen begann, beschloß Alexander, Napoleon noch einmal zu treffen; aber die Atmosphäre in Erfurt 1808 hatte nichts gemein mit Tilsit. Napoleon geriet in Wut, aber der ernüchterte Alexander blieb während der überaus schwierigen Verhandlungen vollkommen gefaßt. „Wir werden seinen Sturz ganz ruhig mit ansehen", schrieb er aus Erfurt an die Großfürstin Katharina.

Die beiden Herrscher trennten sich in dem Bewußtsein, daß die Stunde der gespielten Freundschaft weit hinter ihnen lag. Die Invasion in den Niederlanden und Napoleons Inbesitznahme des Herzogtums Oldenburg bedeuteten schon fast einen Wendepunkt. Niemand wußte zwar, wo, wann und wie das Feuer ausbrechen würde, aber jeder war überzeugt, daß es zum Brand kommen müsse. Araktschejew erhielt entsprechende Weisungen, und ganz Rußland arbeitete Tag und Nacht fieberhaft an seiner Aufrüstung. Ende 1811 konnte man auf dem Markt in St. Petersburg den schäbigsten Budenbesitzer beim Auswiegen seiner Äpfel und Karotten sagen hören: „Der Zar ist jetzt wieder im richtigen Fahrwasser, Gott sei's gedankt! Unsere Burschen werden den französischen Kröten eine Lektion erteilen, die sie so bald nicht vergessen werden."

1812 bedeutete für Millionen Menschen tausenderlei. Doch an erster Stelle bedeutete dieses Jahr für alle die leidenschaftlich wiedergeborene Loyalität und Liebe zu ihrem Zaren als Mensch und als Herrscher.

Araktschejew hatte Hervorragendes geleistet; das militärische Potential des Landes war groß genug, um dem Feind wirksam begegnen zu können — aber nicht einmal der routinierteste Geheimagent hätte Napoleons nächste Pläne erraten können. Allgemein wurde angenommen, er würde durch Preußen marschieren oder die baltischen Provinzen angreifen oder aber die französische Einmischung in polnische Angelegenheiten so weit treiben, daß Alexander nichts anderes übrigbliebe, als selbst anzugreifen. Zu Beginn des Jahres 1812 konnte sich niemand vorstellen, daß eine französische Invasion in Rußland selbst möglich wäre. Die Armee sah den Dingen völlig gefaßt entgegen. Das einzige, was diese Fassung bedrohen konnte, war die Vorstellung, daß Rußland am Ende wieder Seite an Seite mit diesen „österreichischen Jammerlappen" kämpfen müßte. — Der Kampfgeist wurde aber auch nicht gerade erhöht, als bekannt wurde, daß General Barclay zum Oberbefehlshaber ernannt worden war. Barclay, ein Deutscher aus den baltischen Provinzen, war zwar ein hervorragender Kriegsminister, hatte aber kein Talent zum Heerführer. Es war eine höchst unglückliche Wahl, aber der Kaiser sah keine andere Alternative. Es wäre wohl noch Feldmarschall Kutusow dagewesen, aber gegen den hatte Alexander eine ausgesprochene Abneigung.

Gegen Ende des Frühlings 1812 befand sich das kaiserliche Hauptquartier in Wilna. Man wußte, daß Napoleon mit einer Armee in Sachsen stand, deren Größe alle menschlichen Begriffe überstieg.

An einem Junimorgen schlug die Nachricht, daß die „Grande Armée" den Njemen überschritten habe, buchstäblich wie eine Bombe ein. Der Tumult im Hauptquartier war unbeschreiblich: Niemand hatte erwartet, daß Bonaparte in Rußland einmarschieren würde. Alexander bewahrte trotz seiner Sorge vollste Ruhe. Er sandte General Balaschow mit dem vornehmsten und würdigsten Brief, den je ein Romanow geschrieben hat, zu Bonaparte. Darin brachte er das Überschreiten der Grenze mit einem belanglosen diplomatischen Mißverständnis in Zusammenhang und versprach, den Vorfall als erledigt zu betrachten, sobald die französischen Truppen russisches Territorium wieder verlassen hätten. „Es hängt nun ganz von Eurer Majestät ab, das Unheil eines weiteren Krieges zu vermeiden."

Bonaparte erteilte eine schroffe abschlägige Antwort. Der Vormarsch der Grande Armée erfolgte so schnell, daß Wilna evakuiert und das Hauptquartier weiter nach Norden verlegt werden mußte. Der Kaiser hatte gehofft, bei der Armee bleiben zu können, aber jetzt wurde er überredet, es sei seine Pflicht, nach Moskau zu reisen und dem Volk klarzumachen, daß ein nationaler Krieg ausgebrochen sei.

Alexander machte sich schweren Herzens auf den Weg. Aber die Glocken von Moskau, die alle läuteten, setzten seiner düsteren Stimmung sofort ein Ende. Die Glocken läuteten nicht, um ein Unheil anzukündigen, sondern um den Bewohnern den Stolz und die Freude der Stadt zu melden, daß er — der Zar — zu ihr gekommen war. Diese Tage in Moskau ließen den Kaiser erkennen, daß er und sein Volk Schulter an Schulter in diesem Kampf standen. Es war Alexanders erster Höhepunkt, und er war ihm gewachsen. Vom Hocharistokraten bis hinunter zum zerlumptesten Bauern gewann er sie alle — durch seine würdige Beredsamkeit, durch seine Ruhe und die feste Entschlossenheit, nicht nachzugeben, und durch seinen Glauben daran, daß das Unheil, das sie befallen hatte, sie nicht zerschmettern würde. Sie nannten ihn „Blagoslowennyj", den „Gesegneten", in der festen Überzeugung, daß er der Mann sei, der sie zu einem in ihrer Geschichte noch nie dagewesenen Triumph führen würde.

Die Nachrichten aus dem Westen brachten allerdings wenig Trost. Barclay wich immer weiter zurück, und der Feind drang immer tiefer und tiefer in das Herz Rußlands ein. Witebsk fiel. Nach der Kapitulation von Smolensk forderte das Volk den Rücktritt Barclays. Es wollte Kutusow haben.

Der Kaiser war wieder in Petersburg. Von seiner Armee getrennt, verblaßte der Auftrieb des Moskauer Erlebnisses in seiner Erinnerung immer mehr und ließ ihn in Reue, Zweifel und böse Zukunftsahnungen verfallen. Er mochte den alten Feldmarschall nicht, dessen bloßer Name ihn an eine Vergangenheit erinnerte, die er vergessen wollte. Für ihn war Kutusow, der sich schon in Katharinas Türkenkriegen so glanzvoll bewährt hatte, der allerletzte Mann, dem er die Führung eines nationalen Krieges anvertrauen wollte.

Damals war Kutusow fast siebzig. Die Armee nannte ihn „Rodimyj" (etwa: „unser Lieber, Guter", „der Unsere"), wegen jener undefinierbaren Eigenschaft, die zwischen ihm und den Männern, die er anführte, eine vollkommene Einheit schuf. Der dicke alte Mann, der nie einen Atemzug an eine flammende Rede vergeudete, der nie die Gefahr suchte noch je vor ihr zurückschreckte, verkörperte für die Soldaten ein Ideal, das sie verehrten und nicht weiter bezeichnen konnten. Kutusow lachte über patriotische Phrasen und wäre grob geworden, wenn man ihm gesagt hätte, er verkörpere Rußland Anno 1812.

Er übernahm den Oberbefehl und hatte die innere Größe, in die Fußstapfen seines Vorgängers zu treten. Die Grande Armée drang immer tiefer und tiefer in das Landesinnere ein, und Kutusow zog sich immer weiter zurück; seine geniale Voraussicht ließ ihn viel weiter sehen als alle, die sich von dem augenscheinlich so beschämenden Anzeichen eines Rückzuges irritieren ließen. Am 5. September 1812 hatten seine 200.000 Mann auf den Feldern in der Nähe von vier unbedeutenden kleinen Dörfern, deren eines Borodino hieß, ihr Lager aufgeschlagen. Im Morgengrauen des 7. September standen sie den weit überlegenen französischen Streitkräften von Angesicht zu Angesicht gegenüber, die Schlacht begann und dauerte den ganzen Tag.

Borodino wurde später von Malern, Komponisten, Romanschriftstellern und Lyrikern romantisch verherrlicht. In Wirklichkeit war es ein grauenhaftes Blutbad. Bei Sonnenuntergang lagen 58.000 tote Russen auf den Feldern, unter ihnen General Bagration, Kutusows genialster Schüler. 700 Russen wurden gefangengenommen. Aber Borodino kostete auch Napoleon über 50.000 Soldaten, unter ihnen 47 seiner besten Generale. Jede Seite beanspruchte den Sieg für sich. In Wahrheit endete die Schlacht mit einem Patt, und niemand begriff damals, daß Borodino bereits der Anfang jener Linie war, die von Paris über Elba nach Waterloo und St. Helena führte. Nach einem stürmischen Kriegsrat bei Fili, einem mehrere Kilometer nördlich von Borodino gelegenen Dorf, zog sich Kutusow wieder zurück. Er führte seine Armee direkt durch Moskau hindurch, wandte sich dann südöstlich gegen Rjasan und ging dort schließlich — seinen eigenen Herrscher und den Kaiser Napoleon verfluchend — in Ruhestellung.

Die Nachricht von diesem Rückzug und dem Brand Moskaus war für Alexander zunächst niederschmetternd. Dann aber faßte er wieder Mut, und sein Entschluß blieb unerschütterlich: „Napoleon oder ich — wir können nicht gemeinsam regieren. Ich kenne ihn jetzt. Mich soll er nicht wieder betrügen. Mein Volk und ich stehen zusammen." Das waren große Worte, aber Alexander hatte sich das Recht erworben, sie auszusprechen.

Kutusows Armee ruhte aus. Der alte Mann wußte genau, was geschehen würde. Gegen Ende November 1812 hatte die Grande Armée aufgehört zu bestehen, und nur ein paar tausend verhungerte, zerlumpte und verstörte Franzosen überschritten den Njemen in Richtung Heimat. Alexanders Gelöbnis hatte sich genau nach dem Buchstaben erfüllt — nicht ein einziger Feind blieb auf russischem Boden. Als Kutusow den Kaiser bei Wilna traf, war er der Meinung, der Krieg sei zu Ende.

„Die Friedensbedingungen“, gab ihm Alexander zur Antwort, „sollen in Paris diktiert werden.“

Es war gerade mitten in einem der furchtbarsten Winter seit Menschengedenken. Das Land hatte tiefe Wunden empfangen, und viele Provinzen hatten keine Ernte gehabt. Eine Reihe von Städten und zahllose Dörfer waren vollkommen ausgebrannt, von Smolensk war nicht mehr als ein Haufen angeschwärzter Ruinen übriggeblieben. Das Volk war bis zum äußersten erschöpft, und auch die Männer, die dem Zaren am nächsten standen, erklärten jedes Weiterkämpfen für sinnlos. Spätere Historiker schlossen sich dieser Meinung an und gaben Alexander die Schuld an „einem unnötigen Krieg, der nur geführt wurde, um Preußen zu helfen“ — ein Urteil, das ebenso oberflächlich wie falsch ist.

Kein Romanow vor oder nach Alexander war je auf einer solchen Höhe gestanden. Er wußte, der Frieden mußte in Paris diktiert werden, und nicht nur um eines beruhigten Europa willen. Er war ein überaus eifriger Verfechter russischer Interessen und der Ehre seines Landes und gab sich keinen Illusionen hin, was Napoleon betraf, dessen Versuch, Rußland zu unterjochen, um einen gigantischen Preis vereitelt wurde. Nun war eine weitere titanische Anstrengung notwendig, um zu beweisen, daß Alexanders Land das Recht erworben hatte — und nicht nur durch seinen militärischen Sieg —, eine Stimme im Völkerkonzert Europas zu haben. Die Schlachten von 1813/14 können kaum in einem anderen Licht gesehen werden. Die Russen kämpften zwar bei Waterloo nicht mit, aber es war die Schlacht bei Leipzig, die den Weg nach Waterloo öffnete.

Alexander stand damals eigentlich allein. Großbritannien hatte zwar eine hohe Anleihe in Aussicht gestellt, aber Gold war nicht genug, und was für Alliierte hatte er denn außer einem ausgeplünderten, wankelmütigen Preußen und dem geschwächten, ebenso unzuverlässigen Österreich? Die Grande Armée war zwar vernichtet, aber der Name Napoleons hatte seinen Zauber noch immer nicht verloren. Er war wieder in Frankreich, und der Ruf „Vive l'Empereur!" verkündete seine Macht über das Volk mit unheilvoller Deutlichkeit.

„Der Frieden muß in Paris geschlossen werden." Es war ein verzweifeltes Hasardspiel und zugleich ein Akt absoluten Vertrauens. Alexander machte sich keine falschen Vorstellungen vom möglichen Endergebnis und wußte genau, daß ein Versagen ihm den Thron kosten und sein Land in ein Chaos stürzen würde. „Also darf ich nicht versagen", schrieb er an seine Mutter.

Doch war er im ersten Stadium des Feldzugs nicht weit von einer Niederlage entfernt. Die Kritik an Alexanders Entschluß, den Krieg fortzusetzen, erreichte ihren Höhepunkt, als frisch gesammelte Streitkräfte Napoleons die Alliierten im April 1813 bei Lützen in die Flucht schlugen. Die österreichischen Befehlshaber forderten einen Waffenstillstand. Der König von Preußen brach in Tränen aus und schrieb: „Herrgott im Himmel! Soll das heißen, daß ich nach Memel zurückkehren muß?"

„Ich bitte Sie, zu bedenken, daß wir Paris näher sind, als wir es vor einem Monat waren", gab Alexander seinen entmutigten Verbündeten zur Antwort.

Und er behielt recht. Lützen war für Napoleon ein Pyrrhussieg. Er, der immer gut über die bitteren Meinungsverschiedenheiten im alliierten Lager unterrichtet war, glaubte, den Sommer in Untätigkeit verbringen zu dürfen. Im Herbst warf er dann seine gesamten Streitkräfte in die Schlacht bei Leipzig, die drei Tage lang wütete.

Ihr Beginn war für die Alliierten nicht sehr vielversprechend. Schon am ersten Tag durchbrach eine heftige französische Attacke die österreichischen Linien. In diesem Augenblick zeigte sich Alexanders Genie. Er befahl seinen Kosaken, den französischen Ansturm aufzuhalten, und wies Barclay an, sämtliche Artilleriereserven einzusetzen. Nachdem er seine Befehle erteilt hatte, verließ er Friedrich Wilhelm und Franz I., die einander klagten, wie verzweifelt sie wären, und stürzte sich im Galopp mitten in das dichteste Kampfgewühl, wo seine Gegenwart wirksamer war als der Einsatz von hundert Batterien.

Zwei Tage später befanden sich die Streitkräfte Napoleons in wilder Flucht, und Alexander ritt in Leipzig ein. Als der letzte Franzose jenseits des Rhein war, meinten der Kaiser von Österreich und der König von Preußen, nun wäre ja nichts mehr vorhanden, um das weitergekämpft werden müßte. Aber Alexander erklärte: „Der Frieden muß in Paris unterzeichnet und Bonaparte muß gestürzt werden!" Im Januar 1814 überschritten seine Soldaten die französische Grenze.

Häßliche diplomatische Reaktionen aus dem Hinterhalt vergifteten Alexander diese herrlichen Stunden. Die preußischen Intrigen machten ihm zwar wenig aus, wenn ihn der Undank Preußens auch tief kränkte, aber Metternichs Schliche, um Österreichs Anteil an der Schlacht herauszustreichen, blieben nicht ohne Wirkung; so berichtete Castlereagh an Lord Liverpool, daß „nichts so gefährlich für die Zukunft zu sein scheine wie die Tapferkeit des russischen Kaisers". Castlereagh bezweifelte, daß man Alexanders wiederholten Beteuerungen, er wünsche nichts für sein eigenes Land, Glauben schenken könnte. War es nicht ein Mäntelchen, das dem russischen Hunger nach territorialer Ausdehnung umgeworfen wurde? Obwohl diese Worte in bezug auf Alexander ungerecht waren, hatte Lord Castlereagh doch guten Grund, so zu denken. Der Ruf der früheren Romanows, besonders der Ruf Katharinas der Großen, war in Europa nur allzu gut bekannt. Und wie sollte Castlereagh wissen, daß Alexander die Außenpolitik seiner Großmutter ablehnte? Der Zar hatte alles erreicht, was er wollte, hatte den Krieg bis an die Tore von Paris getragen, und Paris würde ihm als Befreier zujubeln. Für einen Politiker von Castlereaghs Art war das Grund genug, mißtrauisch zu sein. Aber weder er noch Metternich begriffen, daß der Kaiser von Rußland eigentlich nur in der Zukunft lebte. Die Vergangenheit hatte für ihn keine andere Bedeutung als eine gewisse Nacht im März 1801. Beim geringsten Anzeichen von Mißtrauen oder Ablehnung fand er sich von seinem Gewissen bedroht, das die Grenzen der Logik übersprang und ihn in jene Stunde zurückversetzte, in der ihm bewußt wurde, daß er den Tod seines Vaters verschuldet hatte.

Doch in diese Bereiche konnten Diplomaten oder Soldaten kaum eindringen.

Der Krieg in Frankreich dauerte ungefähr zwei Monate. Am 31. März 1814 hielt der Kaiser seinen Einzug in Paris — doch nicht als Eroberer, sondern „als rettender Engel". Das eine Ziel war mit Napoleons Abdankung erreicht. Nun blieb noch die Aufgabe, „die Nationen in einem Schloß immerwährender Eintracht, fern von den schmutzigen Wassern der Politik, zu vereinen". Für Alexander war alles auf einmal so einfach und zugleich erschreckend: der Wille Gottes für Europa in diesem besonderen Augenblick. Und in Wien war er dann eindeutig der Retter des Abendlandes, obwohl es dem Kongreß nicht gelang, den Wünschen aller Beteiligten gerecht zu werden. Preußen beklagte sich, weil Sachsen ihm nicht überlassen wurde, und Österreich verzettelte die Zeit so mancher Sitzung mit der Erörterung seiner eigenen Sorgen. Talleyrand sah seine Pflicht darin, soviel Zwietracht wie nur möglich zu säen. Die dem russischen Polen gewährte Verfassung fand keinerlei Zustimmung bei Alexanders eigenem Volk. Doch trotz alledem bestätigte die Haltung des Zaren in weitgehendem Maße Madame de Staëls Worte, er sei der einzige von allen damaligen Herrschern, der seinen Weg „dans le sens de la postérité" ginge.

Die Grundidee der „Heiligen Allianz" war nicht neu. Das Reich Karls des Großen — um keine späteren Beispiele anzuführen — beruhte bei seiner Gründung auf dem gleichen Konzept. Was 1815 neuartig erschien, war Alexanders leidenschaftliche Überzeugung, daß die Idee und der Augenblick miteinander wie nie zuvor in Einklang standen und daß sich Europa, da Napoleon nun fort war, bereit zeigte, eine föderalistische Einheit zu werden, deren Politik auf gegenseitigem Vertrauen und Gerechtigkeit beruhte. Was außerdem noch neuartig war, lag in Alexanders Versuch, Belange des Gewissens in das Regierungsgeschäft einzuführen. Er forderte die Staatsoberhäupter auf, „ihren festen Entschluß zu verkünden, daß sie die Gebote der heiligen Religion, der Gerechtigkeit, der christlichen Nächstenliebe und des Friedens als einzige Richtschnur anerkennen würden ... Eine solche Erklärung muß unfehlbar einen gewaltigen Einfluß auf die zu Rate sitzenden Fürsten ausüben".

Der Kaiser verfaßte selbst den Akt der Heiligen Allianz. Überflüssig zu sagen, daß das Dokument ein unerreichbares Ideal aufrichtete. Der Zeitpunkt war nicht mehr oder weniger günstig als jeder andere in der Geschichte. Zwar waren die Kanonen nach mehreren Jahren unaufhörlichen Dröhnens zum Schweigen gebracht worden, aber der Keim zu weiteren Kriegen lag bereits in der furchtbar zerrütteten allgemeinen wirtschaftlichen Lage und vielen anderen Problemen. Außerdem bedeuteten die Uneinigkeiten innerhalb des Christentums, die Alexander nichts sagten, den andern sehr viel; „heilige Religion“ war für Preußen etwas ganz anderes als für Österreich.

Schließlich anerkannte nur Preußen den Akt rückhaltlos und unterzeichnete ihn. Metternichs Einwilligung war ein Hohn, und Großbritannien ignorierte den Akt vollständig. Erst Ende 1815 wurde ein formeller Allianzvertrag unterzeichnet, wobei jede Anspielung auf Alexanders Dokument ängstlich vermieden wurde.

Trotz all der Ironie, auf die der Akt bei seiner Veröffentlichung stieß, bleibt er eine der schönsten Denkwürdigkeiten aus Alexanders Regierung. Es ist kein Satz darin, der nicht seinen Edelmut, seine Bescheidenheit und seinen Sinn für Gerechtigkeit spiegelt. Um Sorel zu zitieren, „en 1815 Alexandre vit de haut, il vit clair, il vit loin, et il agit avec autant de simplicité et de droiture que d'energie et d'habilité“.

Wer aber hätte geglaubt, daß die Ereignisse von 1815 für den Retter Europas zugleich den höchsten Triumph wie auch sein Grabgeläute bedeuten würden?

Als der Kaiser 1816 nach Petersburg zurückgekehrt war, schrieb er seinem Gesandten in London einen Brief. Darin nimmt er in erschreckender Weise Bezug auf „den Geist des Bösen ... (der nun) neuerlich versucht, das Gute zu vernichten ...“ Damals waren es bis zum Beginn der Zeit, die gewöhnlich Alexanders „Trübsinn“ genannt wird, noch zwei Jahre, aber der seit langem schlummernde Samen begann sich bereits zu regen.

Das Ende der Napoleonischen Kriege eröffnete dem europäischen Bewußtsein weite und neue Horizonte. Der Liberalismus wurde zum geistigen Tempel vieler Menschen, deren Generation in einem langen

Golgathaweg herangereift war. Die Verfechter der bürgerlichen Freiheitsrechte kümmerten sich wenig um die Vergangenheit, sondern schauten unbeirrt in eine Zukunft, in welcher die Stimme des Volkes als die einzige gebietende Macht anerkannt werden würde. Das Volk würde über die Geschicke der Nationen bestimmen, nicht mehr die Launen von ein paar einzelnen, deren Autorität entweder ererbt oder durch den Willen eines einzigen Menschen verliehen war. 1789 war erst die Schwelle gewesen, die zu riesigen Hallen führte, deren Tore aber noch verschlossen waren. Ein neuer, mächtiger Atem bewegte ganz Europa und erfüllte Tausende von Alexanders Offizieren, deren Weltblick sich durch ihre Erfahrungen im Ausland erweitert hatte und sie nun befähigte, zwischen den Verhältnissen im Westen und denen in ihrem eigenen Land Vergleiche zu ziehen. Sie kehrten in die Heimat mit einem leidenschaftlichen Verlangen nach Reformen zurück, die vor allem der geistigen und körperlichen Versklavung ein Ende setzen sollten; die ungeduldigsten unter ihnen bildeten geheime Gesellschaften, von denen die eine, im Norden, von konstitutioneller Monarchie, eine andere, im Süden, gar von Republik träumte.

Der Kaiser begriff keine von ihnen. Der unerbittlich drängende Strom der Geschichte schien ihm nach dem Wiener Kongreß nichts mehr zu sagen. Seine eigenen Träume von einem nationalen Liberalismus waren begraben, und er weigerte sich, der unwiderruflich veränderten europäischen Lebensauffassung irgendwelche Zugeständnisse zu machen. Jedes neue Anzeichen eines sich regenden Liberalismus war für ihn nichts als eine neuerliche Manifestation „des Bösen". Seine Gemütsverfassung schwankte zwischen den höchsten Höhen des Enthusiasmus und den tiefsten Abgründen der Melancholie und sah als einzigen Ausweg nur noch den gefährlichen Sprung in die mystischen Gewässer des Überirdischen, um sein eigenes zerrüttetes Gewissen zu beruhigen.

Ein solcher Sprung aber hätte eine lange und außerordentlich gründliche Vorbereitung und eine völlige Hingabe erfordert. Jene fehlte Alexander jedoch vollkommen, und Hingabe war für ihn unmöglich, da er mit zu vielen Staatsgeschäften belastet war. Es gab niemanden, der ihm klargemacht hätte, daß der echte Geist des Bösen gerade solche unvorbereiteten Seelen wie die Alexanders suchte, um sich ihrer für seine Zwecke zu bedienen. Und so stürmte der Zar bald als unerfahrener Neuling blind einen Pfad entlang, auf dem jeder Schritt hätte wohl überlegt werden müssen. Die fanatische Religiosität seines Freundes Fürst Alexander Golizyn, ein fieberhaftes Bibelstudium, die nun durch die Brille eines Pseudomystizismus gesehenen Ereignisse von 1812, der flüchtige, aber trotzdem verderbliche Einfluß der Baronin Krüdener, die apokalyptische Raserei des Mönchs Photius — das alles übte auf Alexander einen verheerenden Einfluß aus, bis endlich im Jahre 1819 sein „Trübsinn" ausbrach. Auf den Kongressen der Heiligen Allianz in Aachen, Troppau und Verona war „der Retter Europas" kaum mehr als eine Marionette. Allmählich kam es so weit, daß alle seine Äußerungen vollkommen mit Metternichs Ansichten übereinstimmten. Für den österreichischen Staatsmann bedeutete „der Geist des Bösen" kaum mehr als eine Phrase, und es ist fraglich, ob er sich je um Gewissensangelegenheiten Sorgen machte; aber sein Kampf gegen den Liberalismus und sein unermüdliches Eintreten für die reaktionäre politische Linie paßten nur allzu gut zu den eigenen Ansichten des Zaren.

Der plötzliche Tod von Alexanders Lieblingsschwester, der Großfürstin Katharina, das nie endende Problem der Thronfolge — das durch die Ehe des Großfürsten Konstantin mit einer Bürgerlichen nur noch akuter geworden war — und sein eigener sehnlicher Wunsch, alle monarchischen Bürden abzuwerfen, das alles waren nur einige von Alexanders Qualen. Seine Untertanen waren fast am Ende ihrer Geduld; die so lang hinausgeschobenen Reformen waren gänzlich in Vergessenheit geraten, und Araktschejews eiserne Hand lag auf dem gesamten Verwaltungsapparat. Aber Alexander schien für nichts mehr Interesse zu haben. Mit zweiundvierzig sah er bereits wie ein alter Mann aus; seine Schwerhörigkeit hatte zugenommen, sein durch einen Reitunfall verletztes Bein machte ihm arge Beschwerden, und seine Augen waren die Augen eines Mannes, der den eigenen Wahngebilden weder bei Tageslicht noch im Dunkeln entrinnen konnte.

Beim Kongreß in Troppau 1820 waren die ursprünglichen Ziele der Heiligen Allianz bereits vollkommen vergessen. Die Revolution in Neapel veranlaßte Alexander, alle ihm noch verbliebenen Energien auf einen Kampf zu verwenden, der ebenso aussichtslos wie traurig war. Es hatte den Anschein, als ob er, der selbst einmal ein Komplize des Satans gewesen war, es nun für seine erste Pflicht hielt, „das Böse“, wo immer er es vermutete, zu bekämpfen. Der Plan, ein europäisches Polizeikorps zu gründen, fand keinerlei Zustimmung, aber in einem seiner eigenen Garderegimenter brach dafür eine Meuterei aus, die Alexander mit einer Grausamkeit bestrafte, die an die Tage Pauls I. erinnerte. Sein Denken war so krank, daß er glaubte, „der Geist des Bösen“ sei in einem Korporal, der sich weigerte, irgendeinen belanglosen Befehl auszuführen, „mächtiger und gefährlicher als in der Tyrannei Napoleons“.

Als Alexander 1821 den Griechen seinen Beistand in ihrem Freiheitskampf gegen die Türken verweigerte und Frankreich beschuldigte, es habe Griechenland aufgehetzt, „gegen die rechtmäßige Autorität zu rebellieren“, fühlten die besten Männer in Rußland, daß die nationale Würde kaum noch tiefer sinken könne; der Kaiser aber hielt sich für „ein unwürdiges Werkzeug des Allmächtigen“.

Von Monat zu Monat wurden die Schatten um ihn dichter. Nicht mehr fähig, sich auf die Probleme des Tages zu konzentrieren, lauschte Alexander den dunklen Prophezeiungen des Mönchs Photius, ließ sich durch Araktschejews Versicherungen, daß im Lande alles in bester Ordnung sei, beschwichtigen, bediente sich unehrenhafter Marionetten vom Schlage Magnizkijs, um jede Meinungsfreiheit zu unterdrücken, und lebte so unter den ständigen Qualen seiner sinnlosen Gewissensbisse.

Nur wenige Lichtblicke durchbrachen das Dunkel dieser letzten Jahre: die Versöhnung des Zaren mit seiner Gattin, sein Heroismus während des schrecklichen Hochwassers in St. Petersburg Ende 1824 und seine Antwort auf General Wassiltschikows Meldung von den Plänen der geheimen Gesellschaften, eine konstitutionelle Monarchie oder gar eine Republik zu errichten. Der Kaiser hörte die Meldung an, und tiefe Trauer senkte sich in seine Augen. Dann sagte er sehr langsam: „Mein lieber General, ich pflegte in meiner Jugend genau dieselben Ideen zu teilen und zu fördern, und es ist nicht meine Sache, diese Männer zu bestrafen.“

Im Sommer 1825 verschlechterte sich der Gesundheitszustand der

Kaiserin, und die Ärzte rieten ihr zu einem langen Aufenthalt im wärmeren Klima des Südens. Der Kaiser beschloß sofort, sie zu begleiten. Etwa zwei Jahre vorher hatte er ein Manifest unterzeichnet, das seinen jüngeren Bruder, den Großfürsten Nikolaus, zu seinem Nachfolger bestimmte. Nur sehr wenige kannten den Inhalt des Dokuments. Die Papiere wurden von Alexander versiegelt und mit dem eigenhändigen Vermerk „Sofort nach meinem Tode zu öffnen" versehen. Das Manifest wurde absolut geheimgehalten; aber der Zar hatte so oft über seine beabsichtigte Abdankung gesprochen, daß die absurdesten Gerüchte aufgetaucht waren, lange bevor er die Hauptstadt verlassen hatte, um nach dem Süden zu reisen.

Er dankte aber niemals offiziell ab.

Wieder zu Liebenden vereint, erreichten der Kaiser und die Kaiserin Taganrog an der Küste des Asowschen Meeres. Elisabeths Gesundheitszustand besserte sich ein wenig, aber Alexander erkrankte und starb Ende November 1825. Das Volk, das von seinem „Trübsinn" nichts wußte, trauerte um ihn, den „Gesegneten", mit dem es Not und Triumph geteilt hatte. Taganrog lag sehr abgesondert vom übrigen Reich, und die Kuriere mußten über endlose Steppen reisen, um die Nachricht vom Tod Alexanders in bewohnte Gebiete zu bringen. Viele weigerten sich, zu glauben, daß der Zar tot sei. Viele Jahre später wurde von einem in Sibirien wohnenden mysteriösen Eremiten behauptet, er sei „der Gesegnete". Die Legende von Fjodor Kusmitsch — so hieß der Einsiedler — drang tief in das Volksbewußtsein ein, doch kann die Geschichtsforschung aus legendären Berichten keine gültigen Schlüsse ziehen ...

Die umdüsterten Jahre können aus Alexanders Geschichte nicht weggelassen werden; doch nicht dieser traurigen Zeit wegen bleibt der Zar eine unvergeßliche Erscheinung, sondern durch den Glanz und die Kraft, die er zwischen 1812 und 1815 ausstrahlte. Vier Jahre brachten sein Land auf eine nur selten erreichte Höhe des Ruhms und wiegen so manche Untat der Dynastie auf.

IX

Der gekrönte Gendarm

NIKOLAUS I., DRITTER SOHN KAISER PAULS I.;
GEBOREN 1796, THRONFOLGE 1825, GESTORBEN 1855

Aus Nikolaus' frühester Kindheit gibt es wenig zu berichten. Zur Zeit der Ermordung seines Vaters war er ein Knabe von noch nicht fünf Jahren, der ganz in der Obhut seiner Mutter verblieb. An seinem um etwa zwei Jahre jüngeren Bruder Michael hatte er einen Spielgefährten. Er war ein lärmendes und zugleich schwerfälliges Kind, das leicht in Tränen ausbrach, wenig Mut besaß und zu häßlichen Wutausbrüchen neigte. Sein blasses Bild gewinnt auch nicht mehr an Farbe, wenn man den Blick auf das Schulkind richtet. Die Kaiserinwitwe fragte niemanden um Rat, als sie den Haushofmeister ihrer beiden jüngeren Söhne bestimmte, und sie hätte kaum eine unglücklichere Wahl treffen können. General Lamsdorff war ein leidenschaftlich überzeugter Militarist. Er bildete die kleinen Großfürsten für die Kaserne, den Exerzierplatz und das Manövergelände aus und machte aus Nikolaus zweifellos einen hervorragenden Reiter. Es wurden zwar noch andere Lehrer bestellt, um unter Lamsdorffs Leitung den Unterricht zu führen, aber abgesehen von Sprachen war Nikolaus' geistige Ausbildung mit fünfzehn dürftiger als die eines Achtjährigen.

Fast zwanzig Jahre lagen zwischen ihm und seinem ältesten Bruder, Alexander I. Der präsumtive Erbe, Großfürst Konstantin, hatte damals schon längst versucht, eine Scheidung von seiner Gattin, der Großfürstin Anna, zu erwirken, die ihn bald nach der Ermordung Pauls I. verlassen hatte. Da der Kaiser keine Kinder hatte und Konstantins verwickelte Eheprobleme voraussichtlich ein Hindernis für seine Thronfolge bilden würden — ganz abgesehen von seinem Entschluß, niemals zu regieren —, kam niemand anderer als Nikolaus für den Thron in Frage. Trotzdem schien aber niemand daran gedacht zu haben, dem Knaben auch nur die Grundbegriffe der Staatskunst beizubringen.

Man schickte ihn auf eine Auslandsreise, die seine Bildung fördern sollte. Er reiste durch die deutschen Fürstentümer, die Schweiz und ganz Ostfrankreich. Doch weder die Menschen noch die Landschaft und schon gar nicht historische Denkmäler machten auch nur den geringsten Eindruck auf den jungen Großfürsten. Paraden, Manöver, ausländische Uniformen, Disziplin und Reitkunst — das war alles, was ihn fesselte. Sein Vater hätte sich darüber wohl gefreut, aber sogar General Lamsdorff, der gewiß ein begeisterter Soldat war, wunderte sich ein wenig.

Nikolaus' Heimreise nach Rußland war durch ein kurzes romantisches Zwischenspiel unterbrochen: Er wurde in Potsdam mit der schönen Prinzessin Charlotte von Preußen, der Tochter der Königin Louise, verlobt; Kaiser Alexander hatte die Verbindung unter wärmster Zustimmung der Kaiserinwitwe in die Wege geleitet. Trotz der Umstände, die zu dem Verlöbnis geführt hatten, entstand hier eine echte „Liebe auf den ersten Blick". Charlotte war von Nikolaus' Schönheit hingerissen.

„Der hübscheste Prinz von ganz Europa", sagte man in Preußen, und es war keine Schmeichelei. Nikolaus war zweifellos der schönste Romanow seiner Generation und sollte diese Eigenschaft auch allen männlichen Nachkommen der Dynastie vererben. Im Familienkreis zeigte er sich von seiner besten Seite, immer fröhlich, gemütvoll und zuvorkommend wie ein Franzose am Hof Ludwigs XV. „Mon chevalier si bien aimé", nannte ihn seine entzückte Braut. Aber sobald der Großfürst den vertrauten Kreis verließ, wurde er ein anderer Mensch; kein Licht oder Lachen war mehr in seinen blaugrauen Augen, die „kalt und bleiern" blickten, sein Mund wurde verkniffen, sein Betragen schroff und arrogant.

Es war allgemein bekannt, daß ihn alle unter seinem Kommando stehenden Offiziere und Soldaten wegen seiner Härte, Strenge, Grausamkeit und Knausrigkeit haßten. Wie gut auch Nikolaus in der Kriegskunst ausgebildet war, so unterliefen ihm doch gelegentlich Fehler, aber niemals stand er für diese ein, immer mußte irgendein untergebener Offizier dafür herhalten. Der Großfürst, dem das vollkommen bewußt war, nahm das alles kommentarlos hin. Seine eigene Mutter hatte einmal gesagt, sie hoffe, das Militär würde ihren Lieblingssohn, „meinen schönen Niki", nicht brutal oder hart machen. Die Hoffnungen der Kaiserinwitwe erfüllten sich nicht. Wenn Nikolaus im Dienst war, war er Zoll für Zoll der Sohn seines Vaters. Er hatte niemals den Charme Alexanders, und auch der bissige Humor seines Bruders Konstantin fehlte ihm ganz. Nikolaus soll einen Witz nicht einmal dann verstanden haben, wenn man ihm die Pointe zweimal erklärte.

Schon 1817 bezeichneten ihn die Leute in Rußland und im Ausland als den zukünftigen Herrscher des Reiches. Sein eigener Schwager und vertrautester Freund, Prinz Friedrich Wilhelm von Preußen, scheint von Alexanders Plänen bezüglich der Thronfolge gewußt zu haben. Im Frühling 1818 schrieb die Großfürstin Alexandra, wie Prinzessin Charlotte nach ihrer Hochzeit genannt wurde, anläßlich der Geburt ihres ersten Kindes in ihr Tagebuch: „Wie traurig zu denken, daß dieses hilflose Baby eines Tages Kaiser von Rußland sein wird..." 1819 brachte Alexander I. gegenüber Nikolaus und dessen Frau die Möglichkeit seiner Abdankung zur Sprache und äußerte, daß er seinen jüngeren Bruder zu seinem Nachfolger bestimmen wolle. Als aber nach weniger als zwei Jahren die Ehe des Großfürsten Konstantin und der Großfürstin Anna geschieden wurde und der Großfürst seine polnische Mätresse heiratete, war es jedem mit den russischen Verhältnissen nur halbwegs Vertrauten klar, daß Konstantin niemals an die Regierung kommen würde. Das offizielle Manifest, das Nikolaus zum Erben bestimmte, wurde, wie schon erwähnt, streng geheimgehalten, doch wußten alle, die Alexander nahestanden, einschließlich seiner Mutter und seiner Frau, über seine Absichten genau Bescheid. In einem Brief an die Markgräfin von Baden schrieb Kaiserin Elisabeth von ihrem Schwager Nikolaus, er habe nichts anderes im Kopf „que de régner — als zu regieren".

Als aber der entscheidende Augenblick gekommen war, benahm sich Nikolaus, als hätte er von Alexanders Absichten keine Ahnung gehabt. Zwei Gründe könnte man gelten lassen, die das ansonsten unbegreifliche Verhalten erklären. Erstens schmeichelte es seiner Eitelkeit, „von der ehrenvollsten Handlung meines Lebens“ zu sprechen, als er sich weigerte, Konstantins „Zurückweisung“ der Krone anzuerkennen. Zweitens, und das erscheint noch plausibler, dürfte Nikolaus' Angst, daß es möglicherweise zu feindseligen Reaktionen kommen könnte, stark mitgewirkt haben. Trotz all seiner Beschränktheit war er durchaus kein Dummkopf. 1825 kannte ihn die Masse des Volkes so gut wie gar nicht. Die Armee aber kannte ihn nur zu gut und haßte ihn, Konstantin hingegen war in militärischen Kreisen außerordentlich beliebt.

Während all dieser kritischen Tage im Dezember 1825 war die von Nikolaus geduldig zur Schau getragene Zurückhaltung nur vorsichtigste Berechnung, wobei er die Stimmung in der Armee scharf im Auge behielt. Damals schien er von den beiden Geheimgesellschaften tatsächlich nichts gewußt zu haben. Er hatte überhaupt keine Ahnung von den im Inneren des Reiches herrschenden Verhältnissen. Nach Vollendung seines neunundzwanzigsten Lebensjahres war seine Welt noch immer nur auf die Familie und seine militärischen Verpflichtungen beschränkt.

Alles war in der Kapelle des Winterpalais versammelt, als der Kurier die Nachricht von Alexanders Tod in Taganrog überbrachte. Kaiserin Maria wurde ohnmächtig. Nikolaus verlor vollkommen den Kopf. Er überließ Mutter und Gattin deren Damen, stürzte die Altarstufen hinauf, ließ von einem Priester ein Kreuz und ein Exemplar des Neuen Testaments bringen und legte an Ort und Stelle sofort seinen Treueid auf Konstantin ab, wobei er alle anwesenden Männer zwang, dasselbe zu tun. Aber seine Mutter erholte sich ziemlich rasch aus ihrer Ohnmacht, und ihre ersten Worte verliehen dem Augenblick fast ein groteskes Gepräge: „Aber Niki, was hast du getan? Du wußtest doch, daß *du* der Erbe unseres Engels bist...“

Nun aber, da der heiligste aller Eide geschworen war, schien es Nikolaus zu spät, um die Wahrheit zu sagen, und er nahm seine Zuflucht zu einem Schwall von Ausreden: Er habe von Alexanders Absichten keine klare Vorstellung gehabt, und es wäre ja auch öffentlich gar nichts bekanntgegeben worden. Nikolaus wiederholte immer wieder, die Krone gehöre Konstantin, „außer mein Bruder zieht es vor, abzudanken“, welche edelmütige Feststellung jedoch bald durch einen Brief Konstantins nach St. Petersburg entkräftet wurde, in welchem dieser erklärte, Abdankung käme nicht in Frage, da er ja niemals Zar gewesen sei.

Nachdem Nikolaus bereits angeordnet hatte, daß alle Verwaltungskörperschaften seinem Bruder den Treueid schwören sollten, erklärte er nun, daß „alle anderen Angelegenheiten“ bis zur Rückkehr seines Bruders aus Warschau zu warten hätten. „Ich erwarte, daß er Polen sofort verläßt.“ Konstantin hatte aber in Petersburg nichts zu holen und dachte gar nicht daran, Warschau zu verlassen. Wieder gab Nikolaus fieberhaft Befehle, alle Staatspapiere, deren versiegelte Umschläge an „Seine Kaiserliche Majestät“ adressiert waren, nach Warschau zu senden — aber die Kuriere kehrten mit den ungeöffneten Paketen zurück. Der Klerus in der Hauptstadt erhielt eilig gedruckte Blätter mit den liturgischen Veränderungen in den Gebeten für den „rechtmäßigen Obersten Herrn und Kaiser Konstantin“ — aber der „rechtmäßige Oberste Herr“ beteuerte nur immer wieder, die Krone könne niemals ihm gehören. Inzwischen bewahrten die wenigen, die von Alexanders Absichten gewußt hatten, Stillschweigen und wußten wohl selbst am besten, warum.

Konstantins Briefe an seine Mutter und an Nikolaus sind sehr interessant zu lesen, denn sie sind das einzige Vernünftige, das es aus diesen drei undurchsichtigen Wochen gibt. Die Briefe waren kurz, ehrlich und streng sachlich. Seine Scheidung und die darauffolgende Ehe mit einer Bürgerlichen entrückten das Zepter für immer seiner Hand, erklärte er; die Pläne seines verstorbenen Bruders seien ganz eindeutig gewesen. „Verlassen wir doch die Wege der Phantasie und kommen wir zu den gegebenen Tatsachen“, schrieb er; aber Nikolaus war nicht bereit, Tatsachen anzuerkennen, wie unbestreitbar sie auch waren. Seine Antworten nahmen einen beinahe hysterischen Charakter an. Um ihm aber Gerechtigkeit widerfahren zu lassen, muß festgestellt werden, daß es Nikolaus damals nicht bewußt sein konnte, was er mit seinem Benehmen im Lande entfesselte.

Das tragische Durcheinander, das durch ihn hervorgerufen wurde, dauerte drei Wochen. Die Schrecken des Dekabristenaufstandes (von „dekabr“ = Dezember) können zwar nicht zur Gänze Nikolaus zur Last gelegt werden, doch trifft ihn trotzdem ein Großteil der Schuld.

Während Kuriere mühselig zwischen Petersburg und Warschau hin und zurück galoppierten, tauchten in der Hauptstadt die phantastischsten Gerüchte auf. Alexander I. sei gar nicht tot, sagten die einen, er habe nur abgedankt oder sei von den Türken entführt worden. Andere wieder glaubten, Alexander sei tot und Konstantin sei vergiftet worden. Die erregte Stimmung verbreitete sich über die ganze Stadt, bis die Petersburger Heringsverkäuferinnen und Hausierer behaupteten, es gäbe keinen Zaren in Rußland, und das Ende der Welt stünde bevor.

Schließlich ging Nikolaus nach einem völlig überflüssigen Interregnum von drei Wochen zu einer Versammlung des Staatsrates. Mit trüben, bleiernen Augen und tonloser, kalter Stimme erklärte er, er sei „gezwungen", die Krone anzunehmen, da sein Bruder sie so beharrlich zurückgewiesen habe.

Am Ende der dritten Woche des Interregnums hatte Nikolaus von „einer schwerwiegenden Verschwörung" erfahren und kam zu der Überzeugung — und das nicht ohne Grund —, daß sein Leben in Gefahr sei. Noch im Lauf desselben Tages wandte sich Nikolaus mit folgenden Worten an eine Versammlung von Gardeoffizieren: „Sollte ich nur eine Stunde lang Kaiser sein, werde ich mich der Ehre würdig erweisen" — Worte, die unter den gegebenen Umständen eher die Eitelkeit eines Prahlers verrieten, als daß sie den Stolz des Hauses Romanow offenbarten. Am Morgen des 14. Dezember leisteten ihm der Senat und alle Verwaltungskörperschaften den Treueid, und Nikolaus schrieb an eine seiner Schwestern, er betrachte sich als „ein Opfer des Willens Gottes und Konstantins. Er hat den Treueid, den ich ihm schulde, zurückgewiesen, so muß ich, da ich sein Untertan bin, gehorchen" — und fügte so noch eine Lüge zu all den übrigen hinzu, da Konstantin ja nicht einmal für die Dauer einer halben Stunde sein Herrscher gewesen war.

Während dieser ganzen Zeit waren die Mitglieder der Geheimgesellschaft des Nordens nicht müßig gewesen, obwohl ihren Unternehmungen der rechte Zusammenhalt fehlte. Im allgemeinen verließen sie sich darauf, daß Nikolaus bei der Armee unbeliebt war, und wollten eine konstitutionelle Monarchie zustande bringen. Die zumeist jugendlichen Verschwörer waren sämtlich Fanatiker und zu allem entschlossen. Ihr angestrebtes Ziel war in der Tat großartig, aber leider fehlte ihnen jede umsichtige Führung, und außerdem hatten sie bereits den Mittag im Auge, lange bevor noch der Morgen graute ... Nur einige von ihnen wußten, daß sie sehr wenig Aussicht auf Erfolg hatten. Rylejew, der Dichter, schloß die letzte Versammlung mit den Worten: „Wenn wir scheitern, so wird selbst unser Scheitern die, die nach uns kommen, noch anfeuern."

Der Aufstand brach am Morgen des 14. Dezember aus. Einige in der Hauptstadt stationierte Regimenter weigerten sich, Nikolaus den Treueid zu leisten, und schrien tobend nach Konstantin.

Nun aber bewies Nikolaus seinen Mut. Sein Gesicht spiegelte einen schwerwiegenden Wendepunkt; „seine Augen waren kälter als Eis", als er das Winterpalais verließ und sich auf den Weg zum Senatsplatz machte, wo er sich einer ungeheuren Menge von Soldaten und Zivilisten gegenüberfand. Ohne Eile gab er den loyal gebliebenen Regimentern Befehl zum Aufmarsch und wandte sich dann der Menge zu, die er immer wieder aufforderte, sich zu zerstreuen und den Aufrührern kein Gehör zu schenken. Die Leute hörten ihm in verbissenem Stillschweigen zu, zerstreuten sich aber nicht.

General Miloradowitsch, einer der Helden von 1812, war von den Aufständischen bereits getötet worden, und auch Nikolaus' Leben schwebte zweifellos in Gefahr. Diese Stunden auf dem Senatsplatz, als er so unbekümmert auf und ab ritt wie auf einem Exerzierfeld, verwandelten die oben zitierten Worte eines Prahlers in Wahrheit aus dem Munde eines stolzen Mannes. Wäre er an diesem Morgen getötet worden, hätte ihn der Tod als Mann von unbefleckter Ehre ereilt.

Der Schuß, der General Miloradowitsch niedergestreckt hatte, war ein verfrühter und vereinzelter Vorfall gewesen. Erst als sich der kurze Wintertag schon seinem Ende zuneigte, befahl Nikolaus der kaisertreuen Artillerie, einzugreifen. Schon die ersten Schüsse schlugen sämtliche Rebellen und Zuschauer in die Flucht, zwei Einheiten Kavallerie jagten sie bis über die Newa. Die Sonne ging als rotglühender Ball über einer verstörten Stadt unter — die genaue Anzahl der Opfer wurde nie bekannt. Der 14. Dezember 1825 war ein Markstein in der russischen Geschichte: Zum erstenmal hatte ein Zar dem Geist der Revolution Auge in Auge gegenübergestanden.

Noch immer scheinbar unberührt, wendete der Kaiser sein Pferd und ritt zurück in sein Winterpalais. Nur wer ihn sehr gut kannte, konnte bemerken, daß ihn die auf dem Senatsplatz zur Schau getragene steinerne Ruhe nicht bis nach Hause begleitete. Ruckartige Bewegungen, nervöse Sprache, jähes Aufflammen von Zorn, wenn einer seiner Befehle nicht sofort begriffen wurde, ein Zucken im Augenlid — das alles zeugte von Angst. Etwa zwei Stunden lang ähnelte Nikolaus seinem Vater Paul I. Er sagte auch zu jedem immer wieder, daß die Gefahr noch nicht gebannt sei und daß es seine Aufgabe wäre, sie vollkommen aus der Welt zu schaffen.

Am selben Abend noch schritt er ans weitere Werk. Die Bitten seiner Frau konnten ihn nicht bewegen, zu Bett zu gehen. Nikolaus verbrachte die ganze Nacht damit, die auf seinen Befehl in das Winterpalais gebrachten Gefangenen persönlich zu verhören. Seine Stimmung schwankte zwischen Ruhe und Wut, Neugier und Verachtung, väterlichem Wohlwollen und der Grausamkeit eines Kerkermeisters. Nikolaus erkannte nicht, daß er damit den ersten schweren Fehler seiner Regierung beging — ein solches Verhör hätte niemals vom Monarchen selbst durchgeführt werden dürfen.

Da er aber damit begonnen hatte, konnte er nicht aufhören und war mehrere Wochen von dieser Beschäftigung in Anspruch genommen. Sie hinterließ in seinem Gemüt einen niederschmetternden Eindruck. Die Mehrzahl der ihm vorgeführten Männer, die alle in zerfetzten Kleidern und gefesselt waren und schon deutliche Anzeichen von Mißhandlungen durch das Militär trugen, entstammten den höchsten Familien des Landes. Die von Nikolaus während der Verhöre angewendete Methode führte zu einer Spaltung zwischen ihm und der einzigen ihm vertrauteren Gesellschaftsschicht, und diese Spaltung sollte sich während seiner ganzen Regierungszeit unheilvoll und quälend auswirken. Nichts konnte ihm 1825 auch nur ein Fünkchen Gewißheit geben, daß er in absehbarer Frist zum Liebling der Volksmassen werden würde, die er so gut wie gar nicht kannte.

Erst im Juni 1826 fällte ein eigens einberufenes Militärgericht nach einem schändlich übereilten Prozeß die Urteile. Über fünf der Verschwörer wurde die Todesstrafe verhängt. Die übrigen, deren Anzahl in die Hunderte ging, wurden zu lebenslänglicher Zwangsarbeit nach Sibirien verschickt. Damals gab es in Rußland gerade keinen Henker, so daß man einen aus dem Ausland holen mußte. Der Mann kam aus Schweden. Seine russischen Gehilfen hatten keine Zeit, ihr Handwerk zu lernen: die Seile rissen, und die Martern der Opfer wurden in grausamster Weise verlängert.

Die Urteile erschütterten das ganze Reich und empörten den Westen. Trotzdem muß man Nikolaus im letzten von der Anklage *böswilliger* Unmenschlichkeit freisprechen. Ausländische Zeitungen verglichen ihn zwar mit Caligula, Nero, Ludwig XI. und Iwan dem Schrecklichen, aber was für eine andere Wahl hätte Nikolaus denn gehabt? Keiner der Dekabristen hätte das Reich zur Freiheit führen können. Die Ideale, an die sie glaubten, stützten sich nur auf das, was sie nach 1812 im Westen gesehen hatten, und auf rein akademische Studien. Mit solchen Idealen hätten aber die leibeigenen Bauern nichts anzufangen gewußt, wie sehr sie auch durch die harte Mühsal im Einerlei des Jahresablaufs für Rebellion anfällig waren. Sie wollten aus einem jahrhundertealten Mißtrauen und aus Haß gegen jede uniformierte Obrigkeit um ihre Rechte kämpfen, auch wenn sie nicht die geringste Spur einer Vorstellung von diesen Rechten hatten. Die Dekabristen hatten zwar eine große Anhängerschaft beim Militär, doch versuchten sie es nie, sich an die Volksmassen zu wenden.

Hätte sich dieser Aufstand bis in das weite Land hinaus ausgebreitet, so wären seine Folgen wohl den Schrecken der Pugatschow-Revolte im 18. Jahrhundert gleichgekommen oder hätten diese vielleicht gar noch übertroffen.

Die Bauern hatten den „Gesegneten“ fast verehrt. Seinen jüngeren Bruder kannten 1825 viele von ihnen nicht einmal dem Namen nach.

Nikolaus war ein zärtlicher Sohn, ein liebender Gatte und Vater, ein gewissenhafter Soldat. Von den Schwierigkeiten des Regierens wußte er nichts. Er bestieg den Thron unter nicht sehr günstigen Voraussetzungen. Um so mehr nimmt es wunder, daß seine allerersten Verwaltungsmaßnahmen das Volk bereits zuversichtlich auf glücklichere Tage hoffen ließen.

Diese Hoffnung war tatsächlich nicht ganz unbegründet. Die fristlose Entlassung des „Tyrannen Araktschejew“ und die daraufhin erfolgte Schließung seiner Konzentrationslager, damals „Militärlager“ genannt, ermutigte alle liberal Gesinnten im Reich und beunruhigte die Reaktionäre. Auch Männer wie Magnizkij und Runitsch, deren „Reformen“ des Schulwesens zu einer geistigen Stagnation in Schulen und Universitäten geführt hatten, wurden ihrer Ämter enthoben. Speranskij wurde aus seiner dreizehnjährigen Verbannung zurückgerufen, und der junge Kaiser eröffnete ihm, daß die juristischen Reformen die dringendste Aufgabe des Tages wären. Auch Puschkins Exil wurde aufgehoben. „Ich brauche Sie“, sagte Nikolaus zu ihm, „ein Dichter ist der beste Gesandte des Reiches, und ich bitte Sie, sich über die Zensur keine Sorgen zu machen. Ich, Ihr Zar, werde Ihr Zensor sein.“

Es schien wirklich eine vielversprechende Morgenröte aufzudämmern, und Nikolaus’ persönlicher Einsatz für seine Aufgabe ließ für die Zukunft das Beste hoffen. Er war manchmal schon vor Morgengrauen auf und verbrachte den geschlagenen Tag damit, seine Regierungsgeschäfte zu meistern. Die bei Hof akkreditierten Diplomaten waren entzückt von seiner liebenswürdigen und schlichten Art und seinem sichtlichen Wunsch, sich mit den Großmächten gut zu stellen. Sein Familienleben war über jeden Tadel erhaben; nach achtjähriger Ehe liebten er und seine Frau einander noch immer wie Bräutigam und Braut. Das Volk freilich war der jungen Kaiserin nicht ganz so zugetan. Alexandra war kühl und hochmütig und blieb, trotz all ihrer Bemühungen, die Landessprache zu erlernen, eine verschlossene, zugeknöpfte Deutsche, und kein Russe hatte für irgend jemanden aus Preußen sehr viel übrig. Aber es war immerhin bekannt, daß sie eine gute Gattin und Mutter war, und das herzliche Verhältnis zwischen ihr und der Kaiserinwitwe wurde mit Freuden vermerkt.

Aber selbst in dieser ersten anscheinend ungetrübten Periode war Nikolaus nicht imstande, den Despoten in sich zu verbergen. Durch seine erschreckend mangelhafte Bildung und seine geistige Beschränktheit konnte er Autokratie nur im wortwörtlichen Sinn verstehen: „Ich kann niemandem gestatten, sich meinen Wünschen, wenn sie einmal bekanntgegeben sind, zu widersetzen“, war einer seiner schon früh getanen Aussprüche bei einer Sitzung des Staatsrates. „Da ich Autokrat (samodjershez) bin, ist mein Wille Gesetz", erklärte er bei einer anderen Gelegenheit, ohne sich bewußt zu werden, daß er damit nur Worte wiederholte, die schon sein Vater einmal gesprochen hatte.

Bald sollte das Land noch andere Beweise seiner Ähnlichkeit mit Paul I. bekommen, und zwar in Gestalt von offiziellen Dokumenten, die unendliche Verärgerung in der gesamten bürokratischen Stufenleiter zur Folge hatten. Der Kaiser erklärte, es sei sein Wunsch, daß alle Staatsbeamten, Professoren und Hochschüler „von der Obrigkeit entworfene Uniformen" trügen. Alle Staatsbeamten, egal in welchem Rang sie waren, mußten glattrasiert sein. Nur Geistliche, Kaufleute und Bauern durften Bärte haben. Die Armee erhielt Befehl: alle Soldaten haben sich das Kinn zu rasieren und Schnurrbärte wachsen zu lassen, die außerdem schwarz zu sein haben — nötigenfalls gefärbt. Das und noch anderes verärgerte viele Menschen und gab Anlaß zu mancherlei Spott. „Ich habe mich entschlossen, ein Schuhgeschäft auf dem Newskij-Prospekt zu eröffnen", lachte ein Universitätsprofessor, „um meinen Bart zu retten." Die kleineren Beamten im Staatsdienst machten sich Sorgen, wie sie die Kosten der neuen vorschriftsmäßigen Uniformen von ihren dürftigen Gehältern bestreiten sollten. „Der Rock muß einen Samtkragen haben", klagten sie, „und Samt kann man nicht um ein paar Kopeken kaufen." Dann aber erinnerten sie sich an den unversiegbaren Born der Schmiergelder und faßten wieder Mut.

Unterschlagungen blühten und verbreiteten sich schneller als Unkraut in einem verwahrlosten Garten. Die Regierung bekämpfte sie nur sehr lax, zu tief schon waren alle Arten von Korruption im ganzen Verwaltungsapparat verwurzelt. Der Kaiser vernachlässigte den Staatsdienst zwar nicht völlig, aber sein Hauptinteresse galt doch der Armee. Viele Stunden seiner täglichen Arbeit wurden dem Studium der Berichte aus dem Kriegsministerium und der Befehlshaber der Regimenter gewidmet. Das war eine klare und dankbare Aufgabe für Nikolaus, die in ihrer Eindeutigkeit an seine geistigen Fähigkeiten keine zu großen Anforderungen stellte. Hier wurden Befehle erteilt und ausgeführt, mehr gab es da nicht. Der Obrigkeit durch sofortigen Gehorsam zu folgen bedeutete menschliche Vollkommenheit. Auch Truppenübungen und Manöver bereiteten Nikolaus viel

Vergnügen und schmeichelten seiner Eitelkeit. Er wußte, daß er zu Pferde am besten aussah, und er wußte auch, daß sein „bestes Aussehen" unübertrefflich war.

Es gab Gelegenheiten, wo irgendein Instinkt Nikolaus zu sagen schien, daß er seine Eitelkeit im Zaum halten müsse. Aber Bescheidenheit erwies sich als eine sehr schwer zu erreichende Tugend, und so ließ er nur allzuoft seiner Eitelkeit die Zügel schießen.

„Ich muß dem Beispiel Peters des Großen folgen", pflegte er zu seinen Ministern und den Diplomaten zu sagen, die solche kaiserliche Bemerkungen nicht mit höhnischem Gelächter beantworten durften.

Mitten auf dem Senatsplatz ritt der erste „Kaiser" der Dynastie Romanow auf seinem riesenhaften Bronzepferd. Dieses gigantische Denkmal, das die zweite Katharina dem ersten Peter errichtet hatte (die kurze Inschrift lautete: „Petro Primo — Caterina Secunda"), erfüllte Nikolaus mit Begeisterung und Angst zugleich. Peter war kein Beispiel, dem man auch nur nacheifern konnte, noch viel weniger konnte man ihn übertreffen, es sei denn, man war ein noch größerer Riese. „Aber ich *muß* ihn übertreffen, und ich *kann* es auch", redete sich Nikolaus ein. Vom Fenster seines Studierzimmers konnte er das herrliche Hafengebiet mit seiner Einfassung aus finnischem Granit überblicken. Der erste Peter hatte seine Hauptstadt aus einem düsteren Sumpf erstehen lassen und hatte schwer arbeiten müssen, um einen Weg zum Meer zu gewinnen. Die Freiheit des Baltischen und des Schwarzen Meeres hatte Rußland erreicht, aber die Sperre des Schwarzen Meeres, den Bosporus, konnte selbst Katharina die Große nicht für Rußland erobern. Wenn Nikolaus an ihre türkischen Feldzüge dachte, spornte ihn immer wieder ein großer Name an, der Name der Bucht von Tschesme, wo an jenem Sommertag des Jahres 1770 die Sonne über einer völlig vernichteten türkischen Flotte unterging.

„Und wie steht es mit meinen Schiffen?" fragte sich der Kaiser.

Was die Flotte betraf, gab es herzlich wenig, worüber er sich da freuen konnte. Seit Jahren waren die Angelegenheiten der Marine vernachlässigt worden. Nikolaus gab nun Befehl zu erhöhter Tätigkeit in den Schiffswerften. Es wurden so viele Schiffe auf Kiel gelegt, daß Europa guten Grund hatte, beunruhigt zu sein. Was für Pläne mochte der junge Kaiser haben? Er war zweifellos kein Träumer, wie es sein älterer Bruder gewesen war. Traf er Vorbereitungen, um in die Fußstapfen seiner Großmutter zu treten und die Türkei zu bedrohen? Wollte er sich den Weg durch die Meerengen bahnen und so Katharinas unerfüllte Hoffnungen erfüllen? — Niemand konnte es sagen, und der junge Zar versicherte den Diplomaten zuvorkommender denn je, er habe die Absicht, seinem Land einen dauernden Frieden zu sichern.

Im Anfang seiner Herrschaft waren Nikolaus' Beteuerungen sicherlich aufrichtig. Aber Umstände, die er nicht beeinflussen konnte, machten solche Absichten leider bald zunichte. Die persische Invasion im Kaukasus 1826 brachte seiner Regierung den ersten militärischen Konflikt. Dieser Krieg hätte aber niemals ein ganzes Jahr gedauert, wenn das russische Militär nicht an einem so unglaublichen Mangel an taktischem Zusammenwirken gelitten hätte. Außerdem hätten alle Schwierigkeiten und Rückschläge dieses Feldzugs — auch wenn er letzten Endes für das Reich vorteilhaft ausging — dem Zaren zum Beweis dienen müssen, daß der Kampfgeist, der einst einen Napoleon zurückgeschlagen hatte, jetzt fast nur mehr in der Erinnerung lebendig war. Aber im Gegenteil: der glückliche Ausgang des persischen Abenteuers spornte ihn nur noch an, und als sich die Regierung des Sultans in verschiedenen strittigen Fällen unnachgiebig zeigte, schickte Nikolaus als Antwort einfach seine Truppen aus, um die Donaufürstentümer zu besetzen. Trotz stockender Verpflegung, Seuchen und dauerndem Zwiespalt unter den Generalen drangen die Russen immer weiter vor, erreichten Varna, nahmen es ein und belagerten Adrianopel. Als dieses fiel, war der Weg nach Konstantinopel frei. Die Türkei bat um Waffenruhe, und Nikolaus willigte sehr zum Leidwesen seiner Generale ein. „Ich trage kein Verlangen nach weiteren Eroberungen", erklärte er dem Gesandten König Georgs von England.

Den ganzen Winter 1829/30 hindurch trat der Frohsinn in Rußland in seine Rechte. Bälle, große Abendgesellschaften und Konzerte folgten in den beiden Großstädten einander auf dem Fuß. Sogar tief im Landesinnern verbrachten die Bauern ihre spärliche Freizeit bei fröhlichen Festen, so glücklich war jeder, daß der Krieg, der leicht mit einer Katastrophe hätte enden können, einen solchen Triumph gebracht hatte. „Ich freue mich, wenn sich mein Volk unterhält", bemerkte der Zar. „Das hält es jedenfalls davon ab, Unfug zu treiben." Er machte eine oder zwei Reisen in das Landesinnere und wurde überall mit begeistertem Jubel empfangen. „Was für ein glückliches Volk!" bemerkte Nikolaus wohlwollend zu einem Oberstallmeister.

Die öffentliche Meinung teilte ganz seine Voraussicht, daß nun eine ruhigere Zukunft zu erwarten sei. Eine gefährliche Verschwörung war unterdrückt worden, zwei Kriege waren siegreich beendet, Männer wie Speranskij arbeiteten an dringenden Reformen, und der verhaßte Araktschejew verdunkelte nicht mehr den Horizont der Nation. Großfürst Konstantin war noch immer Vizekönig im russischen Teil Polens und sorgte für politische Ruhe in Warschau, wo jedermann mit den von Alexander I. gewährten Privilegien zufrieden schien: mit dem Sejm (poln. Reichstag), mit der konstitutionellen Verfassung, dem Heer und allem übrigen. So tanzten St. Petersburg und Moskau weiter, bis die Fastenzeit des Jahres 1830 aller Lustbarkeit ihr gewohntes Ende setzte. Weder der Kaiser noch seine Regierung und schon gar nicht die breite Öffentlichkeit wußten aber Bescheid über die tatsächlichen Verhältnisse im russischen Polen. Sie wußten nicht, daß der Vizekönig völlig — unter Ausschluß sämtlicher anderer Probleme — von Heeresangelegenheiten in Anspruch genommen war. Die vielgerühmte, von Alexander I. gewährte Konstitution wurde kaum eingehalten. Die Tätigkeit des Sejm wurde durch zahllose Beschränkungen, besonders auf dem Gebiet des Schulwesens, eingeengt. Bei den seltenen Anlässen, da Großfürst Konstantin sich der Existenz des Sejm erinnerte, machte er sich über sein „Posieren" dort lustig. Wallfahrten zu nationalen Heiligtümern waren entweder gänzlich untersagt oder einer strengen Polizeiaufsicht unterworfen. Das bloße Auftreten eines russischen Funktionärs in einem polnischen Dorf bewirkte zuweilen, daß die Bewohner wie gejagt in die umliegenden Wälder flüchteten. Die Steuerlasten verwandelten Wohlhabende in Bettler.

Als General Benckendorff dem Kaiser einen Bericht über diese Zustände sandte, weigerte sich Nikolaus, ihm zu glauben. „Mein

Bruder erzählt mir nichts von solchen Dingen, und ich glaube ihm." Sein eigenes Gefühl gegenüber den Polen war das einer tiefen Verachtung. Die Polen haben alles Unheil, das in der Vergangenheit über sie hereingebrochen ist, selbst verschuldet, behauptete er und distanzierte sich damit von seinen beiden Vorgängern.

Die Polizei war wachsam, doch keineswegs wachsam genug. Keiner in der Reichsverwaltung wußte etwas von den langsam wachsenden Reihen der „Patrioten". Die liberale Julirevolution von 1830 in Frankreich, die nach der bourbonischen Restauration den „Bürgerkönig" Louis Philippe auf den Thron brachte, bestärkte — wenn auch nicht ganz berechtigt — ihr Vertrauen, demnächst alle verwirkten Freiheiten wieder zurückzugewinnen.

Über die Thronfolge Louis Philippes war Nikolaus empört. „Ich verstehe, daß die Franzosen Karl X. loswerden wollten, aber der Duc de Bordeaux hätte Thronfolger seines Vaters werden müssen. Frankreich hat das Prinzip der Dynastie verletzt", sagte er immer wieder. Bald sollte Europa zum erstenmal erkennen, daß Nikolaus das Wesen eines „Gendarmen" hatte. Als der erste Ansturm einer Revolte die Niederlande erreicht hatte, beauftragte er den Großfürsten Konstantin, in Polen sofort eine Zwangsaushebung zu organisieren und die Rekruten nach Holland zu entsenden, um dort die Rebellion unterdrücken zu helfen. Augenblicklich erhoben sich die „Patrioten" in Warschau und erklärten, sie weigerten sich, die Freiheit anderer mit Füßen zu treten, und schon nach wenigen Tagen mußte der Vizekönig sich verstecken. Nachdem die „Patrioten" eine Anzahl der verhaßtesten russischen Funktionäre getötet hatten, begannen sie im ganzen Land Anhänger zu werben. Anfang Oktober 1830 stand bereits das ganze russische Polen in Waffen gegen das Reich; und der Vizekönig war unbekannten Aufenthaltes.

Nach außen hin blieb der Zar ruhig und gelassen. Aber die Befehle an General Diebitsch verraten das Ausmaß seiner Bestürzung. Diebitsch erhielt den Auftrag, Warschau zu belagern, „selbst wenn die Rebellen nicht dort sein sollten ... Lassen Sie Hungersnot ihre Wirkung tun ..." Über die Streitkräfte der Aufständischen gab es keine genauen Informationen, aber 80.000 Mann sollten nach Polen geschickt werden. Im Dezember erklärte der Sejm Nikolaus zum

„Usurpator der polnischen Krone", proklamierte die Unabhängigkeit und errichtete eine Republik mit Fürst Adam Czartoryski als Präsidenten. Jeder neue Bericht versetzte Nikolaus in immer größere Unruhe, und Diebitschs Taktik erwies sich als beklagenswert unentschlossen. Erst 1831 überschritt er die polnische Grenze, nachdem er seinem Herrscher immer wieder versichert hatte, „die Bereinigung der Angelegenheit würde nicht mehr als einige Wochen dauern".

Er hatte tatsächlich 80.000 Mann unter sich. Die Patrioten aber, die kaum 50.000 zählten, kämpften nicht bloß im Auftrag ihrer Befehlshaber, sondern mit der ganzen Kraft ihrer Herzen. Diebitschs Armee wurde immer wieder zurückgeschlagen, bis ihn mitten im Hochsommer die Cholera auf seinem Rückzug hinwegraffte und die Rebellion ärger als je zuvor im Lande wütete. Auch der Großfürst Konstantin starb in einer Bauernhütte, von allen — außer seiner Frau — verlassen, an der Cholera.

Nikolaus war über den Tod des in Ungnade gefallenen Diebitsch nicht sonderlich erschüttert. Der Großfürst wurde zum „Märtyrer für die heilige Sache der Autorität", obwohl Konstantins Anteil an der Unterdrückung der Revolte nicht sehr erheblich war. Seine Flucht aus Warschau wurde offiziell als „vorteilhafte Maßnahme" erklärt und General Paskjewitsch beauftragt, die demoralisierten russischen Streitkräfte wieder zu sammeln.

Alles in allem war es ein langwieriges, blutiges Geschäft, bei dem Recht und Unrecht so verworren waren, daß kein Außenstehender sich mehr zurechtfand. Europa beobachtete die Vorgänge eingedenk der Dezembertage des Jahres 1825 voll Mißtrauen. England war ziemlich entrüstet, und angeblich wurden französische Geldbeträge in das Lager der Rebellen geschmuggelt. Nur Österreich und Preußen billigten Nikolaus' Politik — aus Angst um ihre eigenen polnischen Besitzungen.

Zum Unglück für Polen mangelte es den Führern der „Patrioten" an Solidarität; Menschen und Mittel wurden mutwillig vergeudet, Pläne wurden gefaßt und im nächsten Augenblick wieder verworfen, und die große Masse der Aufständischen begann den Mut sinken zu lassen. So konnte Paskjewitsch bis Warschau vorstürmen und nahm es im Dezember 1831 ein.

Nikolaus' Rache fiel gleichermaßen auf Schuldige wie Unschuldige nieder. Noch selten, wenn überhaupt je zuvor, war nach der Meinung Europas ein Sieger gegen den Besiegten so unmenschlich vorgegangen. Innerhalb zweier Monate waren nicht nur alle Privilegien aufgehoben, sondern auch die letzten Spuren eines nationalen polnischen Eigenlebens ausgetilgt. Paskjewitsch und die ihm untergeordneten anderen Befehlshaber saßen gar nicht zu Gericht: sie fällten einfach Urteile, und der Galgen wurde in Polen zum vertrauten täglichen Anblick. Männer- und Frauenklöster, Schulen und Universitäten wurden geschlossen, der Gebrauch der polnischen Sprache verboten, der unbedeutendste Posten im Staatsdienst durch einen Russen besetzt. Tausende von Polen, deren Leben verschont geblieben war, wanderten als Arbeiter in die sibirischen Bergwerke.

Doch Nikolaus' Rache erwies sich als Bumerang. Eine große Anzahl von Polen, die dem Henker und Sibirien entkommen waren, fand im Ausland Zuflucht, Trost und Unterstützung. Von nun an pflegte der Kaiser diese Emigranten für jede Schlappe, die seine Politik erlitt, verantwortlich zu machen. Das von Paskjewitsch so reichlich vergossene Blut entfremdete ihm England und Frankreich. Über die europäische Reaktion erbost, behauptete Nikolaus, er werde verkannt, weil die Menschen nichts von Geschichte verstünden. Er hätte sich aber an die Ansichten seines eigenen Vaters über den Frevel der Teilungen Polens erinnern sollen; auch verlor seine Klage, das Ausland verstünde nichts von russischer Geschichte, vollkommen an Gewicht, wenn Nikolaus immerfort wiederholte, Litauen sei schon von jeher „ein unveräußerlicher Besitz Rußlands" gewesen.

Der Tumult war vorüber. Da Nikolaus' Gewissen von nichts mehr geplagt wurde, beschloß er, sich wieder mehr mit inneren Angelegenheiten zu beschäftigen.

Trägheit war ihm seit jeher fremd gewesen. Im Winterpalais, umgeben von der orientalischen Pracht der Prunkräume, pflegte er schon frühmorgens sein Strohlager mit dem Lederpolster zu verlassen, ein kaltes Bad zu nehmen, und setzte sich dann an seinen Schreibtisch, lange bevor sich noch irgend jemand sonst im Hause regte. Krankheit nannte er „eine Verwöhnung, die man am besten den Frauen überlassen sollte", und eine bloße Unpäßlichkeit hielt er einfach für Unsinn. Im Essen und Trinken war Nikolaus äußerst enthaltsam und vergeudete niemals viel Zeit bei Tisch. Zur Entspannung machte er gerne überraschende Besuche in verschiedenen Ministerien und Ämtern, wo ein unrasiertes Kinn, ein falscher Kragenschnitt oder unordentlich verstreute Papiere auf einem Pult den kaiserlichen Zorn über das Haupt des Missetäters hereinbrechen ließen.

Trotz alledem aber hatte „der Nero des Nordens" auch Momente von Warmherzigkeit; so bezahlte er einmal die Schulden einer Witwe, schenkte der Tochter eines Priesters eine Mitgift oder ermöglichte es einem unbekannten kleinen Staatsbeamten, sein Lungenleiden in einem deutschen Kurort behandeln zu lassen. Ein verarmter Grundbesitzer schrieb einmal ein Bittgesuch um einen kostenlosen Schulplatz für seinen Sohn. Der Mann, der sein ganzes Leben nur in Wäldern und Feldern verbracht und keine Ahnung hatte, wie man ein solches Gesuch einleitete, hatte gehört, der Zar werde mit „Augustus Imperator" tituliert, und so begann er denn sein Schriftstück, da er es im Herbst abfaßte, mit der Anrede „September Imperator". Nikolaus machte dazu die Randbemerkung: „Der Knabe soll in die Artillerieschule aufgenommen werden, sonst wird er ein ebensolcher Dummkopf wie sein Vater."

1833 wurde ein polnischer Rebell verhaftet, nachdem er sich zwei Jahre lang verborgen gehalten hatte. Die Gattin richtete ein Gnadengesuch an den Zaren, das dieser mit drei knappen Worten, die er daruntersetzte, erledigte: „Pardon unmöglich, hinrichten" („Prostit njelsja, kasnit"), wobei er jedoch das Komma an die falsche Stelle setzte. Als der Justizminister Nikolaus darauf aufmerksam machte, schaute dieser das Blatt an und seufzte: „Ja, ich meinte, der Mann solle gehängt werden. Aber der Fehler liegt bei mir, und ich muß dabei bleiben. Laßt ihn laufen."

Nach den Mühen eines Tages fand er ein Festessen oder sonstige Veranstaltungen anstrengend. Er zog es vor, sich abends seiner Familie zu widmen, und zeigte sich dann auch immer von seiner besten Seite. In einem Lehnstuhl im Salon seiner Gattin entspannte er sich und war bereit, Musik zu hören oder mit seinen Kindern darüber zu plaudern, wie sie den Tag verbracht hatten, oder sogar die Stikkerei der Kaiserin zu bewundern. Sie, die ihn vergötterte, blieb ihr ganzes Leben lang eine preußische Prinzessin. Niemals vergaß sie die Demütigungen, die sie in ihrer Jugend von seiten der Franzosen hatte erdulden müssen, und erlaubte nie, daß deren Sprache in ihrer Gegenwart gesprochen wurde. Den Massen blieb sie eigentlich ihr Lebtag unbekannt. Das wenige, was sie an Persönlichkeit besessen haben mag, ging völlig in der ihres Gatten unter. Wenn Nikolaus ihr gesagt hätte, zwei und zwei seien fünf, hätte es Alexandra nicht bezweifelt. In ihren Augen war er „ein Ritter ohne Furcht und Tadel". Jeder seiner Entschlüsse wurde von ihr sofort gebilligt. In ihrem Heimatland Preußen rauchten die meisten Männer ununterbrochen Pfeife. Da Nikolaus aber Tabak nicht leiden konnte, war das Rauchen nicht nur im Winterpalais, sondern sogar überall in den Straßen verboten. „Es ist eine so schmutzige Gewohnheit und riecht so abscheulich", pflegte Alexandra zu sagen und schürzte ihre Oberlippe, „und es ist ein Laster der unteren Schichten." Niemand hätte sie daran zu erinnern gewagt, daß sich ihr eigener königlicher Vater sein ganzes Leben lang dieser „schmutzigen Gewohnheit" hingegeben hatte.

Nie mischte sich die Kaiserin in Staatsangelegenheiten. Sie gebar sieben Kinder und war ihnen eine gute Mutter. Schön und hoheitsvoll erfüllte sie getreulich ihre Pflichten im Bereich des Hofes. Sie lernte nie sehr viel über das von ihrem Gatten beherrschte riesige Reich, und er erwartete es auch nicht von ihr. Nikolaus war ihr aufrichtig zugetan und liebte das getreue Echo, das aus ihr geworden war. Mit seinen Töchtern war Nikolaus nachsichtig, mit seinen Söhnen dagegen streng. Ein Mensch wie er konnte auch im Familienkreis den Despotismus nicht restlos abschütteln, und den Soldaten in sich konnte er nie ganz ausschalten.

Angesichts des ziellosen, wenig erfreulichen Verlaufes seiner Regierungszeit mutet es fast wie ein Wunder an, daß der Kaiser beim Volk so beliebt war. Seine schöne Erscheinung, seine Stimme, sein Auftreten — das alles übte auf die Massen geradezu einen Zauber aus. Sein Mut gab ihnen das Gefühl, er schütze sie wie ein Felsen. Als in Petersburg eine Choleraepidemie wütete, brach ein Aufstand aus. In dem Wahn, daß die Ärzte und Krankenschwestern an der Ausbreitung der Seuche schuld waren, stürmte der Pöbel das Obuchow-Spital, ermordete einige von den Ärzten und Pflegerinnen und zerstörte mehrere Apotheken, weil die Magister „ihre Opfer mit ihrem Teufelsgebräu vergiftet" hätten. Sofort befahl Nikolaus seinem Kutscher, ihn ohne die geringste Eskorte in einem offenen Wagen zu dem großen Sennaja-Platz zu fahren, wo eine rasende Menge gerade im Begriff war, ein anderes Spital zu stürmen. Im Wagen stehend, richtete der Kaiser einige Worte an die aufgeregten Menschen, ohne viel Zeit mit einer langen Rede zu verlieren. Seine kurze Zurechtweisung brachte sie zur Vernunft, und in wenigen Augenblicken war aus einem rasenden Pöbel eine in Ehrfurcht kniende Masse geworden.

Auch außerhalb der Hauptstadt gab es viele Gelegenheiten, wo sich das Volk sowohl von dem Menschen als auch von allem, wofür er stand, magisch angezogen fühlte. Er konnte die Ängste der Menschen verscheuchen, indem er ihnen sagte, alles würde in Ordnung kommen, wenn sie nur machten, was er ihnen sage. Er hatte die Macht, sie zu überzeugen, daß er, ihr Zar, und sie zusammengehörten innerhalb einer allumfassenden nationalen Idee. Er stieß zwar auch oft auf Haß und Verachtung, doch wurden ihm solche Gefühle niemals aus der breiten Masse des Volkes entgegengebracht.

Inzwischen schwirrten in Petersburg so manche Gerüchte umher über „Affären" des Kaisers. Es gab unzählige Geschichten, und manchen wurde auch einiger Glauben geschenkt, denn die Kaiserin galt als „kalt". Nikolaus' Überraschungsbesuche in Mädchenpensionaten und in der Kaiserlichen Ballettschule boten den Klatschbasen immer wieder willkommenen Stoff, aber der Zar war weder ein Alexander I. noch ein Paul I. und gewährte niemandem Einblick in seine Abenteuer. Seine Persönlichkeit war nicht nur aus Marmor und Eis gebildet, und es ist durchaus möglich, daß er Liebesverhältnisse hatte, von denen nichts bekannt wurde. Zwei weibliche Namen allerdings werden eindeutig mit dem seinen in Zusammenhang gebracht. Alles übrige jedoch war vermutlich bloßes Gerede, um so mehr, als Nikolaus für müßige Tändeleien ja kaum Zeit hatte.

Wenn er Europa betrachtete, kam ihm zum Bewußtsein, daß außer Preußen und Österreich kein anderes Land seine Ansichten teilte, und oft kam es vor, daß er mit seiner eigenen Diplomatie in Verlegenheit geriet. Er erlernte die Staatskunst niemals vollkommen, und seine lückenhafte Bildung machte sich bis zum Schluß seines Lebens bemerkbar. Nach Nikolaus' Ansicht war alles, was nicht leicht faßlich gemacht werden konnte, ipso facto staatsgefährdend und für ihn wie für sein Reich ungeeignet. Hier erwies sich seine Eitelkeit als Katastrophe: Er hielt sein eigenes Urteil für unfehlbar und konnte bis ans Ende seiner Tage das wahre Wesen einer Auseinandersetzung nicht erfassen. Auch begriff er nie, daß er, der Autokrat „von Gottes Gnaden“, in Wirklichkeit als logische Folge der absoluten Macht der bedauernswerte Sklave der russischen Bürokratie war.

Diese Bürokratie war unter seiner Herrschaft durch und durch korrupt. Saltykows Satiren übertrieben durchaus nicht die dunklen Zustände der provinziellen Verwaltung, wo Protektion und Bestechung weit eher als Tüchtigkeit zur Beförderung führten, und Beförderung war schon der erste Schritt zur Tyrannei. In den niedrigeren Stellungen des Verwaltungsdienstes waren die Gehälter dürftig, und der unbedeutendste Beamte lernte bald, seine Stellung nur als Eingangspforte in den köstlichen Garten der Bestechung anzusehen. Selbst Urteile der Gerichte wurden durch diskret präsentierte Schmiergelder beeinflußt.

Nikolaus kannte das üble Korruptionsnetz nicht weniger genau, als seine Vorgänger es kannten. Nicht weniger als sie bekämpfte er es während seiner ganzen Regierungszeit. Da er aber viel engstirniger war als etwa Peter der Große oder Katharina, wollte er nicht einsehen, daß sein Kampf vergeblich war, und nicht einmal Speranskij durfte sich den Luxus gestatten, ihn gelegentlich zu ernüchtern. Überdies waren Speranskij, Kankrin und Bludow die einzigen unter allen Ministern des Zaren, denen man Verstand und Weitblick zuschreiben konnte. Alle übrigen waren farblose, unbedeutende Menschen, die nur den Willen eines unbedeutenden Monarchen ausführten.

Unter Alexander I. wurde der Versuch unternommen, einen Weg zur Befreiung der Leibeigenen zu finden. Auch Nikolaus begann 1833, als die Bauernaufstände ein beunruhigendes Ausmaß annahmen, mit Versuchen, die Leibeigenschaft zu beenden. Er beauftragte Graf Kisseljow, der sich offen zum Liberalismus bekannte, den Entwurf eines Gleichberechtigungsstatuts vorzubereiten; die Arbeit dauerte neun Jahre. Da aber in mindestens drei Fällen die Unterstützung der Grundbesitzer fehlte, geriet die Angelegenheit in eine Sackgasse, so daß der Kaiser den Mut verlor. Er redete sich darauf aus, das Land sei zu einem solchen Schritt noch nicht reif, aber einem oder zwei Vertrauten gegenüber gab er seine Niederlage „wegen widriger Umstände“ zu. Offen gesagt, hatten sich eben Aristokratie und Bürokratie gegenüber dem Willen des Herrschers als die Stärkeren erwiesen.

Obwohl des Kaisers Kanzler Nesselrode ein Mann des Friedens war, verfolgte Nikolaus nicht selten einen anderen politischen Kurs. Schon zu Beginn seiner Herrschaft soll er zu einem Gesandten einmal gesagt haben, er hege keinerlei Absicht, sich in Spanien oder Portugal einzumengen, aber die Türkei sei ganz entschieden seine Angelegenheit, denn sie bilde, behauptete Nikolaus, einen Teil seiner Erbländer. Die ersten Schritte des Zaren in dieser Richtung waren aber so klug und besonnen, daß sie Europa in Staunen versetzten. Er hielt den Vormarsch seiner Armee nach Konstantinopel auf und erklärte, er beabsichtige nicht, die Donaufürstentümer dem Reich einzuverleiben, und die Türkei war trotz ihrer Niederlage glücklich und zufrieden. Der Kaiser ging sogar noch weiter. Als 1833 der Krieg zwischen der Türkei und Ägypten ausbrach, eilte er dem Sultan auf dessen Verlangen sofort zu Hilfe. Nach und nach entspann sich ein so herzliches Einvernehmen zwischen den beiden Erzfeinden, daß nach einem Ausspruch Nikolaus’ das Schwarze Meer „einer unserer Seen“ wurde, eine etwas unvorsichtige Bemerkung, die weder London noch Paris besonders erfreute.

Der Kaiser war überzeugt, daß jede Feindseligkeit des Westens von polnischen Emigranten inspiriert und inszeniert wurde. Außerdem verblaßten in seiner Erinnerung alte Feindseligkeiten nie. Einmal bereitete es ihm besonderes Vergnügen, den Jahrestag von Borodino durch die Herausgabe eines höchst provokanten Manifestes zu feiern, worin von dem Triumph „über die frechen Feindeshorden“ die Rede war. Nikolaus schien die Worte seines Bruders vergessen zu haben, daß der Kampf nur Napoleon allein gegolten habe und nicht der französischen Nation. Dieses gelegentliche Verfallen in burleske Ungezogenheit erinnerte ziemlich peinlich an die Tage Peters III. und Pauls I.

Auch erwies sich Nikolaus leider als ziemlich inkonsequent. Er provozierte ein Land nach dem anderen und warb dann abwechselnd wieder um deren Freundschaft. Er brauchte für einen Plan, der ihn seit seiner Thronbesteigung beschäftigte, Verbündete, doch welche Verbündete hatte er denn? Preußen stand er durch frühere Verträge und Familienbande nahe, aber Preußen war schwach und lau, seine Politik recht oft enttäuschend. Dann war da noch Österreich, mit dem sich eine Art Einverständnis entwickelte, aber selbst Nikolaus' geringe Staatskunst genügte, um ihn erkennen zu lassen, daß Metternichs Vorstellungen von Verträgen solcherart waren, daß die aus einer Unterschrift gezogenen Vorteile große Ähnlichkeit mit einem geschälten Apfel hatten, wobei Österreich die ganze Frucht, dem Verbündeten aber nur die Schale als Anteil zufiel. „Ich muß immer an Pech und Schwefel denken, wenn ich mit Metternich zu tun habe", sagte Nikolaus einmal zu seiner Frau.

Und dann blieb noch England zu umwerben. 1839 sandte Nikolaus seinen ältesten Sohn hin, wodurch er sich Wiens schärfste Mißbilligung zuzog. Der Plan einer Zerstückelung der Türkei hatte aus Petersburger Geheimberichten allmählich durchzusickern begonnen. „Die Oberhoheit über den Bosporus soll mir gehören, und die Dardanellen sollen am besten britisch sein", beschloß der Kaiser. Aber die von seinem Kabinett notgedrungen angenommene Idee konnte ein Land wie England kaum entzücken, wo die öffentliche Meinung Rußland gegenüber absolut feindselig blieb.

Also fuhr der Kaiser 1844 selbst nach England. Gesellschaftlich hatte er dort großen Erfolg. Die Londoner Salons waren hingerissen von seinem Äußeren, seiner Höflichkeit, seiner Galanterie. Nicht so Königin Victoria, die in ihren Briefen an den König der Belgier ihre Erleichterung bei der Abreise des Kaisers schilderte. „Der Ausdruck seiner Augen ist furchtbar ... Er bietet das Bild eines Mannes, der nicht glücklich ist und auf dem die Last seiner Macht ... schwer und qualvoll liegt ... Er lächelt selten ..." Melbourne hob die Bedeutung des Besuchs hervor, aber Nikolaus' Anspielungen auf den „bevorstehenden Tod der Türkei“ wurden nur ganz unverbindlich beantwortet. Da das Gespräch mit den Ministern der Königin unbefriedigend war, erörterte Nikolaus seinen „Plan“ mit den Führern der Opposition, die untereinander einig waren, daß dies alles nur „Humbug“ sei.

Vier Jahre später, als der Donner der Revolution über alle Himmel Europas fegte, fand sich der Zar in einem Ausmaße isoliert, wie er es kaum erwartet hatte. Die österreichische Allianz bot nur einen fadenscheinigen Halt. König Friedrich Wilhelm IV. von Preußen hatte sich durch sein Liebäugeln mit konstitutionellem Gedankengut dem Zaren völlig entfremdet, und Nikolaus' Stellungnahme zu den Ereignissen in Europa vertiefte noch das allgemeine Mißtrauen gegen seine Politik. Schonungslos erklärte er, die Regierungen hätten sich ihre Schwierigkeiten selbst zuzuschreiben, weil sie mit liberalen Ideen liebäugelten. „Diese Gefahr wird bei mir nie eintreten.“

In Wirklichkeit versetzten die ersten Zusammenstöße von 1848 den Kaiser in furchtbare Angst, und die von ihm sofort erlassenen Maßnahmen verraten das ganze Ausmaß seines Schreckens. Im April 1848 wurde in St. Petersburg eine Oberste Zensurbehörde errichtet, und alle Schulen und Universitäten wurden durch die eiserne Faust einer rigorosen Polizeiaufsicht niedergehalten. Professoren verloren ihre Lehrstühle — und manchmal auch ihre Freiheit —, weil sie verbotene Bücher gelesen oder über „umstürzlerische“ Themen, zu denen auch Philosophie zählte, Vorträge gehalten hatten. Die Werke Puschkins, Lermontows, Gogols und Turgenjews verschwanden aus den Buchläden, und Auslandsreisen wurden für jedermann verboten. Am Ende des Petraschewskij-Prozesses wurden einundzwanzig Menschen, darunter auch Dostojewskij, zum Tode verurteilt und erst unter dem Galgen begnadigt — eine der makabren Gesten, an denen Nikolaus zuweilen Gefallen fand. Die Schuld der Männer hatte darin bestanden, Saint-Simon, Schelling und eine verbotene Streitschrift des Kritikers Belinskij gelesen und darüber diskutiert zu haben. Die Begnadigung bedeutete aber nicht Freilassung, sondern die einundzwanzig wurden zu lebenslänglicher Zwangsarbeit in die sibirischen Bergwerke verschickt und blieben dort, bis ihnen Nikolaus' Nachfolger 1855 Amnestie gewährte.

Halsstarrigkeit und Dummheit hinderten den Kaiser daran, zu erkennen, wie gewaltig sich sein Reich seit 1825 verändert hatte. Rußlands Arbeiterklasse hatte sich fast verdreifacht. Es besaß einige Eisenbahnlinien und ein ganz erhebliches Straßennetz. Es war immer tiefer und tiefer nach Zentralasien vorgedrungen und unterhielt blühende Handelsbeziehungen mit China. Seine von Kankrin sehr geschickt gelenkten Finanzen standen besser als je zuvor. Und was schließlich am wichtigsten war, die besten Köpfe Rußlands hatten im Westen Gleichgesinnte getroffen und sich von den Ideen und Hoffnungen genährt, die damals das tägliche Brot Europas waren. Das veraltete System des offiziell anerkannten Schulunterrichts war längst nicht mehr ausreichend. Doch Nikolaus verstand von alledem nichts.

Trotz der verschärften Zensur, trotz Benckendorff und dem Würgegriff der „Dritten Abteilung"* — die die Zeit von Kaiserin Anna in so abscheulicher Weise wieder heraufbeschworen — war ein neues Rußland entstanden, wo eine immer größer werdende Zahl von Menschen davon überzeugt war, daß ein unabhängiges Denken ebenso lebensnotwendig ist wie freies Atmen. Wundervolle Beweise dieses neuen, kraftvollen Lebens waren im Überfluß vorhanden, aber Nikolaus sah sie alle nur durch eine sonderbar gefärbte Brille. Sein Regime erlebte die Geburt der großen russischen Musik und die Blütezeit der nationalen Literatur. Die Moskauer Universität war trotz des hemmenden Lehrplans des Ministeriums führend in vielversprechenden geisteswissenschaftlichen Forschungen. Die Knebelung durch die Zensur und das Verbot von Auslandsreisen waren verspätete und sinnlose Maßnahmen. Der Geist der Nation sollte niemals wieder in jenen tiefen Schlaf von einst versinken. Aber für Nikolaus waren die Hochschüler „widerlicher Abschaum"; denn er, der selbst stillstand, konnte nicht einsehen, daß irgend jemand das Verlangen habe, vorwärtszuschreiten, geschweige denn vorwärtszustürmen.

Und Europa war für ihn nichts als eine politische Landkarte voll Allianzen und Gegenallianzen. Es gab aber auch „Kindergärten" und „Schulzimmer", wo Bücher gelesen und Gedichte gemacht und Musik-

* Der „Dritten Abteilung" der kaiserlichen Kanzlei unterstand die gefürchtete Geheimpolizei. Ihr Chef war General Benckendorff.

werke geschrieben wurden und wo die Menschen über Themen sprachen, die mit Politik und Krieg nichts zu tun hatten. Dieses Europa war für den Zaren von Rußland ohne jede Bedeutung.

Das Aufflammen diverser Revolutionen veranlaßte ihn nicht, einzugreifen — bis er erfuhr, daß Polen den ungarischen Aufstand gegen die Herrschaft der Habsburger unterstützte. Da schickte er den General Paskjewitsch Österreich zu Hilfe, und im Herbst 1849 war der Aufstand niedergeschlagen.

Eine ganze Menge kleinerer kirchlicher Unstimmigkeiten bildeten den ziemlich nebulosen Hintergrund des Krimkrieges, in den sich Rußland alsbald verwickelt sah, doch Nikolaus behauptete steif und fest, die Intrigen der polnischen Emigranten seien bis ins Heilige Land vorgedrungen. Tatsächlich kamen die konfessionellen Streitigkeiten bei der Betreuung der heiligen Stätten in Palästina seinen eigenen politischen Absichten gegenüber der Türkei sehr gelegen. — Bis 1852 hatte ein Wunschtraum von Nikolaus bereits völlig Besitz ergriffen. Teilweise war er aus dem Streben geboren, es Katharina der Großen gleichzutun, teilweise erinnerte er an die sonderbar verworrene Außenpolitik Pauls I. In diesem Traum redete sich Nikolaus ein, er werde nicht von irgendwelchen egoistischen Beweggründen angetrieben. In diesem Traum wurde daher die Unabhängigkeit der Balkanhalbinsel — streng geschieden von russischen Interessen — zu einer Conditio sine qua non für das europäische Gleichgewicht. Jeder Angehörige des christlichen Glaubens sollte vom mohammedanischen Joch befreit werden. Das letzte Ziel von allem lag in Nikolaus' Plan beschlossen, den Namen der souveränen Türkei von der Karte Europas auszuradieren. Andeutungen eines solchen Projektes wurden den Großmächten unterbreitet, fanden aber nirgends Anklang. 1853 wurde Fürst Menschikow als Sonderbotschafter zum Sultan geschickt. Obwohl er von Nikolaus den Auftrag erhalten hatte, den Sultan faktisch vor ein Ultimatum zu stellen, verließ er die Türkei unverrichteterdinge. Einige Monate später, während Nikolaus den Gesandten der Königin Victoria immer wieder seiner unbedingt friedlichen Absichten versicherte, gab der Zar seinen Truppen Befehl, die Fürstentümer Moldau und Walachei zu besetzen. Als die Türkei darauf die sofortige Räumung der Fürstentümer verlangte, erklärte der Kaiser ziemlich verspätet den Krieg. Im November wurde eine türkische Schwadron bei Sinope aufgerieben, worauf Großbritannien und Frankreich dem Sultan zu Hilfe eilten. „Palmerston — dieses perfide Schwein von einem Menschen!“ schrie Nikolaus.

Nun stand er vollkommen allein da. Weder Preußen noch Österreich gewährten ihm auch nur die geringste Hilfe. Schließlich schloß sich sogar Sardinien den Alliierten an. Eine Niederlage nach der anderen wurde nach St. Petersburg gemeldet, und Nikolaus konnte nicht und nicht begreifen, warum denn ganz Europa geschlossen gegen seinen Kampf „zur Vernichtung der Ungläubigen“ Stellung nahm. Keiner in seiner unmittelbaren Umgebung hatte den Mut, ihm zu sagen, daß seine lauten Beteuerungen, er wolle nur die Balkanländer befreien, selbst von den nicht ausgesprochen liberal eingestellten westlichen Staatsmännern als blankes Täuschungsmanöver angesehen wurden, da sie alle der Ansicht waren, eine vollständige Niederlage der Türkei würde nichts anderes bedeuten, als die russische Expansion über das Marmarameer und die Dardanellen hinaus zu erweitern.

„Ich habe den Krieg eigentlich nicht begonnen. Er wurde durch britische und polnische Intrigen provoziert“, erklärte der Kaiser.

Ende 1854 fuhr er ganz allein nach Gatschina, um dort einige Wochen in sinnlosem Grübeln zu verbringen. Die düstere Atmosphäre des Schlosses und des Parks entsprach ganz seiner Stimmung. Die Welt, an die er einmal geglaubt hatte, erschien ihm nun als Trugbild. Wahnvorstellungen entstiegen dem Dunkel, und ihre Einflüsterungen vermehrten noch sein Unbehagen. Der Herrscher aller Reußen war wie ein in einem fremden, dunklen Zimmer verlorenes und verlassenes Kind. In Gatschina drang die Außenwelt nicht im mindesten in seine Einsamkeit, denn die Diener und Lakaien erfüllten ihre Pflicht wie Automaten. Dort hätte Nikolaus sein wahres Selbst wohl erkennen können, doch diese Erkenntnis hätte seine Verzweiflung nur vertieft. Die konventionelle Frömmigkeit verbot ihm Selbstmord. Wiedererwachtes Pflichtbewußtsein ließ ihn nach St. Petersburg und zu den bitteren Wermutstropfen der täglichen Kriegsberichte von der Krim zurückkehren.

Eines Februartags im Jahre 1855 erfuhr die Hauptstadt, die nichts von irgendeinem Leiden des Kaisers gewußt hatte, seinen Tod. War es Krankheit gewesen? Oder doch Selbstmord? Oder Gift? . . . Die Ärzte erklärten, das Ende wäre durch ein schweres Lungenleiden herbeigeführt worden. Vielleicht hatten die Ärzte recht . . .

„Warum weinst du denn so?" soll die Kaiserin Alexandra die Großfürstin Maria gefragt haben. „Gott hat deinen Vater zu sich genommen und ihm eine schreckliche Zukunft erspart."

Nikolaus' I. Regime hatte mit einem hysterischen Ausbruch begonnen und endete in Verzweiflung. — Überlieferungen werden aus vielen, einander sehr widersprechenden Fäden gesponnen. Der Mann selbst war in all seiner Beschränktheit so etwas wie ein Paradoxon: Daß er Gutes tun wollte, hat er durch seine Bemühungen, die Leibeigenschaft aufzuheben, bewiesen; aber der Wille, auch etwas bleibendes Gutes zu schaffen, war durch eine angeborene Unfähigkeit, Widerständen die Stirn zu bieten, gehemmt. Vielleicht auch durch eine Art moralischer Feigheit und schließlich — am Ende seines Lebens — durch ein völliges geistiges Versagen. Berauscht von dem starken Wein der Macht, mit einer bis ins Phantastische gesteigerten Vorstellung von seinen eigenen Fähigkeiten, ehrlich und falsch, großzügig und kleinlich zugleich, würde Nikolaus eigentlich unser Mitleid verdienen, wenn er nicht durch seine unaufhörlichen Phantastereien — um seinen Launen keinen grausameren Namen zu geben — so viele Menschen auf so lange Zeit ins Unheil gestürzt hätte. Alles in allem war Nikolaus eigentlich ein zu unbedeutender Mann, um den kaiserlichen Purpur zu tragen. Als Bürgerlicher wäre er wohl seinen Nachbarn auf die Nerven gegangen — und weiter nichts. Daß Alexander I. kein Sohn beschieden gewesen, war für die Dynastie Romanow ein Schicksalsschlag von außergewöhnlicher Härte.

X

Der Befreier

ALEXANDER II., ÄLTESTER SOHN VON KAISER NIKOLAUS I.;
GEBOREN IM APRIL 1818, THRONFOLGE IM FEBRUAR 1855,
ERMORDET IM MÄRZ 1881

Es galt allen Beteiligten als eine besonders glückliche Vorbedeutung, daß bei der Geburt Alexanders in der Osterwoche 1818 im Kreml zu Moskau auch zwei Dichter, Shukowskij und Tjutschew, den neuen Erdenbürger willkommen hießen. Die Eltern waren überglücklich, wenn auch die sentimentale preußische Mama über ihren Erstgeborenen jene melancholischen Zeilen in ihr Tagebuch schrieb: es sei betrüblich, zu denken, daß „ein so winziges, hilfloses Geschöpf" eines Tages den Zarenthron besteigen müsse. 1818 war zwar noch Großfürst Konstantin präsumtiver Erbe, aber er war damals schon längst entschlossen, seine polnische Mätresse zu heiraten, und alle dem Hause Romanow nahestehenden Menschen wußten genau, daß er niemals regieren würde.

Das bedeutendste Kind im Reich, dem sich bald ein jüngerer Bruder zugesellte, wuchs nach ganz spartanischen Regeln auf. Erdbeeren zum Nachtisch waren ein Luxus, und schon im zartesten Alter mußte sich Alexander sein Bett selbst machen. Als Kind erschien er niemals bei Hof. Als der französische Gesandte fragte, ob er in den großfürstlichen Gemächern im Winterpalais seine Aufwartung machen dürfe, erwiderte der Zar, er würde die Kinder sicherlich im Park antreffen, wenn er nach Zarskoje Selo eingeladen werde. Nikolaus bewies seinen gesunden Menschenverstand auch bei der Wahl des ersten Hofmeisters für Alexander. Oberst Merder war gütig und streng, wo es erforderlich war, und verpackte Unannehmlichkeiten nicht in Watte. In einem seiner ersten Berichte schreibt er, daß sein Schüler „wohlerzogen und selbstlos ... und von rascher Auffassung" sei, „aber seine Kaiserliche Hoheit neigt zum Faulenzen, bricht leicht in Tränen aus und läßt sich von Schwierigkeiten allzu schnell ins Bockshorn jagen ..."

Oberst Merder war ein außerordentlich rechtschaffener Mann, aber als Erzieher waren ihm Grenzen gesetzt. Die Kaiserin Alexandra verfolgte hohe Ziele. Eines hatte sie erreicht, als sie 1825 Kaiserin wurde. Ihr Erstgeborener sollte nun die beste Erziehung genießen, die das Land zu bieten hatte. Die junge Kaiserin kannte Rußland gar nicht gut, aber sie hatte das Glück, in der Landessprache von einem Dichter unterrichtet zu werden. Sie konnte zwar die Gedichte, die Shukowskij schrieb, nicht immer verstehen, aber sie war vom ersten Augenblick an begeistert von seiner Persönlichkeit, seinem Genie, seiner Bescheidenheit und Sanftmut und seinen geistigen Fähigkeiten, und sie bat ihren Gatten, daß der Dichter zum Haupterzieher ihres Sohnes bestellt werde. Alexandra erklärte, es gebe keinen besseren Mann im Lande, um Alexander für den Thron vorzubereiten, und es ist eigentlich sonderbar, daß sie diese Einsicht hatte. Sie war nicht klug, aber in diesem Fall war sie mehr als gescheit. Ansonsten hinterließ sie nur einen blassen Schimmer auf dem Bild der Romanow-Dynastie. Sie war sentimental und dennoch kühl; sie lebte nur für ihren Gatten und ihre Kinder, und weitgreifende nationale Probleme sagten ihr nichts. Einer ihrer hervorstechendsten Züge war, wie schon erzählt, ihr Haß gegen Frankreich und alles Französische, und sie ärgerte sich, daß ihre Kinder Französisch lernen mußten. Daß Französisch die Sprache der Diplomatie war, verdroß sie, und ihre Unkenntnis der französischen Geschichte und Literatur war kaum zu unterbieten. Aber mit der Wahl Shukowskijs als Lehrer Alexanders wog die Kaiserin fast alle ihre zahlreichen Absonderlichkeiten wieder auf.

Der Dichter hatte viele Jahre bei Hof gelebt, hatte sich dort aber nicht beliebt gemacht, weil er sich keiner der bestehenden Parteien anschließen wollte. Seine Ernennung erregte viel Mißbilligung und Eifersucht, die bald von erschrockenem Staunen abgelöst wurden: Shukowskij griff nämlich nicht begeistert zu, als ihm das ehrenvolle hohe Amt angeboten wurde, sondern zögerte. Schließlich schrieb er an den Zaren, er fühle sich mit Gottes Hilfe wohl in der Lage, den jungen Großfürsten für den Thron, nicht aber für die Armee vorzubereiten. Nikolaus ließ den Brief unbeantwortet und machte seiner Frau Vorwürfe, einen „so unüberlegten Schritt" veranlaßt zu haben. „Unser ältester Sohn muß ein Soldat werden", behauptete er. Alexandra erwiderte, für diesen Teil der Erziehung verblieben dem Knaben ja noch immer Oberst Merder und dessen Assistenten. Der Kaiser schwankte noch, und Shukowskij wurde darauf aufmerksam gemacht, „Seine Majestät lege ganz besonderen Wert auf die militärische Erziehung und habe längst bemerkt, daß dem Großfürsten für Heeresangelegenheiten das Interesse fehle..." Shukowskij reagierte auf diese Warnung nicht, sondern fuhr ins Ausland, um dort Nikolaus' endgültige Entscheidung abzuwarten. Am Ende stimmte der Kaiser der Ernennung zu.

Die Worte über Alexanders mangelndes Interesse für militärische Angelegenheiten entsprachen den Tatsachen, und Nikolaus war in großer Sorge. Von frühester Kindheit an verursachte die Kriegswissenschaft bei Alexander abwechselnd Langeweile oder Schrecken. Uniformen, Disziplin, Exerzieren, die Kunst der Strategie, Paraden und Manöver, die ganze Welt des Soldatentums, die den Vater so entzückte, ihn aufrechterhielt und inspirierte, bedeutete dem Sohn absolut nichts. Sein Großvater, Paul I., wäre über ihn verzweifelt gewesen. „Die Menschen ziehen in den Krieg, um zu töten", erklärte der Knabe, „und Töten ist Mord. Wir sind Christen, und uns ist es verboten, zu morden."

Einmal, in Zarskoje Selo, weinte der kleine Großfürst bitterlich über einen versetzten Baum, der sich an seinen neuen Standort nicht gewöhnen konnte und verkümmerte. Alexander konnte es nicht klar ausdrücken, aber er fühlte, alles Leben — in Mensch, Tier, Vogel, Baum und Blume — sei kostbar, ein heiliges Mysterium. Der Krieg schnitt quer durch das Herz dieses Mysteriums und zerstörte es. Deshalb mußte der Krieg etwas Böses sein. Ein Manöver war nur eine Vorstufe zu einer Schlacht, wo das Leben, dieses kostbarste Geschenk Gottes, durch einen Säbelhieb, eine Kugel oder Kanonenfeuer zerstört werden konnte. Oberst Merder, der seine Erfahrungen zum Teil in den Napoleonischen Kriegen gesammelt hatte, konnte seinem Schüler nicht recht beikommen. „Manche Kriege sind unvermeidlich", sagte er etwas stockend. „Warum denn?" beharrte Alexander. „Wir glauben doch an Christus und nicht an Mars."

Shukowskij wieder, der aus tiefster Seele ein Mann des Friedens war, betrachtete den Krieg als ein barbarisches Geschäft, das nur rückständigen Völkern angemessen sei; er war aber klug genug, bei Hof nicht allzuviel von diesen Ansichten verlauten zu lassen. Doch waren sie allgemein bekannt, und Nikolaus' Bedenken gegen seine Ernennung sind sehr begreiflich.

Aber der Kaiser gab schließlich nach, was zu einem vielversprechenden Ergebnis führte. Kein anderer Romanow — nicht einmal Alexander I. — war für den Thron so gut vorbereitet wie Alexander II. Sein Onkel hatte einen Humanisten zum Lehrer gehabt, aber La Harpe war daneben auch noch ein begeisterter Republikaner gewesen. Shukowskij hingegen war Humanist ohne jeglichen politischen Sauerteig. Der Dichter bereitete seinen Schüler für den Thron vor, indem er Alexanders Zukunft nicht einzig und allein als die eines Herrschers ins Auge faßte, sondern er setzte es sich zu seiner höchsten Aufgabe, den Großfürsten zu einem Menschen heranzubilden, der imstande sein würde, seine Verpflichtungen gegenüber den Mitmenschen zu erfüllen.

Nikolaus, der für sein hohes Amt völlig unvorbereitet gewesen war, klagte dauernd über die gleichgültige Haltung seines Sohnes gegenüber militärischen Verpflichtungen. Die Kaiserin wieder trat mit einer Energie für Shukowskij ein, die ihr niemand zugetraut hätte. Aber der Dichter hatte es nicht leicht, und die endlosen Intrigen der Speichellecker bei Hof, die Shukowskij zeitweise völlig der Gunst des Kaisers beraubten, machten seine Stellung immer schwieriger. Er blieb jedoch auf seinem Posten und verlor nie die Geduld und seinen guten Glauben. Alexander war nicht leicht zu behandeln, da er immer wieder gegen Anwandlungen von Faulheit und Mangel an Selbstvertrauen ankämpfen mußte. Eine von den vielen Bemerkungen des Dichters, die er noch während der Unterrichtsjahre des Großfürsten niederschrieb, geben Aufschluß über Shukowskijs Ideen zur Erziehung eines Prinzen:

„Sie werden eines Tages in die Geschichte eingehen. Das ist unvermeidlich durch den Zufall der Geburt. Die Geschichte wird ihr Urteil über Sie vor der ganzen Welt fällen ... und (es) wird bestehen bleiben, wenn Sie und ich die Erde längst verlassen haben werden ... Von seinen Zeitgenossen geachtet zu werden ist die schwierigste und dennoch wesentlichste Aufgabe jedes Menschen ... Sie müssen diese Achtung zu gewinnen trachten, solange Sie noch ein Knabe sind ...“

Nach und nach überwand Alexander seine Faulheit, doch ein gewisser Mangel an Selbstvertrauen blieb ihm. Mit neunzehn hätte er mit Leichtigkeit die anspruchsvollsten Universitäten Europas absolvieren können, doch ob er sich auf einem Schlachtfeld ausgezeichnet hätte, war zweifelhaft. Der Kaiser stimmte darin mit Shukowskij überein, daß der Großfürst sein Land kennenlernen sollte, und beschloß, Alexander auf eine Reise durch das ganze Reich einschließlich Sibiriens zu schicken. Nikolaus stellte das Programm der Reise persönlich zusammen; es war für einen jungen Menschen geistig — aber auch körperlich — kaum zu bewältigen, da dreißig Provinzen in genau sieben Monaten besucht werden sollten. Jede Etappe wurde von Nikolaus in allen Einzelheiten ausgearbeitet. Es war ein Wirbelsturm von einer Reise. Eine Provinz wetteiferte mit der anderen in der Pracht der Festlichkeiten. Sämtliche Fabriken, Spitäler, Gefängnisse, Kasernen, Rathäuser, Kathedralen und Klöster mußten von dem Zarewitsch besucht werden. „Er kann unmöglich in einer solchen Eile viel von Rußland gesehen haben“, klagte der selbst erschöpfte Shukowskij in einem Brief an einen Freund. „Stundenlange Besichtigungen fast jeden Tag ... Und obendrein noch all diese Bankette und endlosen Reden ...“

Aber diese atemberaubende, ermüdende Reise sollte in den kommenden Jahren reiche Früchte tragen. Zum erstenmal lernte Alexander das Volk, das er regieren sollte, kennen. Manchmal warf er das vorgeschriebene kaiserliche Programm über den Haufen und verließ kurzerhand die Hauptstraße, um zu Fuß irgendein obskures Dorf aufzusuchen, dessen verfallene Dächer er aus der Ferne erblickt hatte. Shukowskij war begeistert, und die Kutscher fühlten sich erleichtert. Das Gefolge des Großfürsten wagte nicht, sich zu widersetzen. Auf diese Weise verbrachte Alexander einen Teil der Zeit, die er einem Empfang bei einem Generalgouverneur hätte widmen sollen, damit, das harte Los der Bauern wenigstens ein bißchen kennenzulernen. In diesen entlegenen Gehöften war nichts, gar nichts zu seinem Empfang hergerichtet worden; hier konnte er Beweise von Not, Schmutz und Krankheit finden, und Alexander sammelte Erfahrungen, die damals sobald keiner mit ihm teilte; der feinfühlige Shukowskij ahnte wohl, daß das Mitleid seines Schülers bis in die tiefsten Tiefen der Seele erregt wurde.

Als der Zarewitsch nach dem Norden zurückkehrte, kamen seine Eltern überein, daß es nun an der Zeit wäre, ihn zu verheiraten. Sie sandten ihn deshalb ins Ausland und ließen ihm freie Wahl, vorausgesetzt, daß das Mädchen von königlichem Geblüt und nicht römisch-katholisch war. Der Kaiser und seine Gattin hofften, die Wahl ihres Sohnes würde auf eine badische Prinzessin fallen. Sie wurden enttäuscht. Der Zufall führte den Großfürsten nach Darmstadt, wo er die Prinzessin Maria von Hessen-Darmstadt kennenlernte und sich in sie verliebte. Shukowskij war entzückt — die Eltern waren dagegen. Zum erstenmal behauptete sich Alexander. Er erklärte, er würde Junggeselle bleiben, falls er Maria nicht zum Altar führen dürfte. Es wären ja noch seine drei Brüder, Konstantin, Nikolaus und Michael, da, um die Dynastie fortzusetzen. Alexander siegte schließlich und erfreute sich einiger idyllischer Jahre mit seiner jungen Gattin, die, als sie russische Großfürstin wurde, ihren Vornamen nicht änderte. Sie erwies sich als große Helferin ihres Gatten.

Shukowskij tat sein möglichstes, um aus seinem Schüler einen guten Staatsmann zu machen, aber die Bücher, die Alexander gelesen hatte, und seine Freundschaften führten dazu, ihn seinem Vater nach und nach zu entfremden. Die Zustände im Lande ließen den Großfürsten daran zweifeln, daß ein solcher Augiasstall jemals gesäubert werden könne. An der Spitze der langen Liste von Übelständen stand die Leibeigenschaft. Die diesbezüglichen Bemühungen des Zaren waren teils am Widerstand des Adels, teils an seiner eigenen Unzulänglichkeit zunichte geworden; aber der von einem leidenschaftlichen Humanisten erzogene Großfürst ließ kein Hindernis gelten, wo es um Reformen ging, durch die allein das Reich auf das Niveau eines zivilisierten Landes gehoben werden konnte. Die Würde des Individuums, wie immer seine Vergangenheit und Abkunft sein mochte, war der Eckpfeiler einer gesunden Gesellschaft; diese Würde aber wurde in den Kot gezerrt durch Grausamkeit, Mißachtung und eine Gerichtsbarkeit, deren Maschinerie nur allzuoft durch die ewigen, leidigen Schmiergelder gelenkt wurde.

Solche Dinge konnte Alexander mit seinem Vater nicht offen besprechen, aber seine junge Frau teilte seine Ansichten voll und ganz und bestärkte ihn in allem. Bei vielen Gelegenheiten, wenn Alexander von Verzweiflung ergriffen war, gestand er ihr, er wisse nicht, was er tun sollte, wenn er einmal Zar wäre.

„Natürlich weißt du's!" erwiderte Maria, und auf seine Frage, wie man denn „etwas Unmögliches" erreichen könne, sagte sie: „Indem man an Gott glaubt und an den Menschen, denn Gott hat den Menschen erschaffen."

Als Turgenjews „Aufzeichnungen eines Jägers" im „Sowremennik" („Der Zeitgenosse") zu erscheinen begannen, lasen sie Alexander und seine Frau gemeinsam und diskutierten darüber bis tief in die Nacht hinein. Was für reiche Schätze lagen doch im Wesen der Bauern verborgen, sagten sie zueinander; welche innere Freiheit, die ihnen die Kraft gab, alle Mühsal gleich Stoikern zu ertragen; wie erquickend das Fehlen jeder süßlichen Sentimentalität. Sie konnten zartfühlend sein, aber auch bestialisch grausam wie die unmenschlichen Grundbesitzer und Steuereintreiber während der nur allzu häufigen Bauernaufstände. „Aber sie wären nicht, was sie sind, wenn ihnen nicht manchmal die Geduld risse", fügte der Großfürst hinzu.

Bedenkt man Alexanders angeborene Güte und seinen leidenschaftlichen Liberalismus, so steht man angesichts des Wandels, der 1848 in Alexander vorging, vor einem schmerzlichen Rätsel. Damals lebte Shukowskij als alter, kranker Mann im Ausland. Er hatte einige Exzesse der Revolutionäre miterlebt und sich daraufhin der Reaktion zugewendet; doch kann diese traurige Metamorphose allein den Wandel in der Gesinnung des Großfürsten nicht erklären. Shukowskijs Briefe hatten Alexander noch gar nicht erreicht, als dieser ins Lager der Reaktionäre hinüberwechselte, was sogar so weit ging, daß er die ungarischen Rebellen „einen Haufen gottloser Verbrecher" nannte und dem Entschluß des Zaren Beifall zollte, Paskjewitsch nach Ungarn zu schicken, um Kaiser Franz Josephs Heer bei der Unterdrückung des Aufstands zu unterstützen. Der Großfürst las nun nicht mehr Turgenjew oder Gogol; er billigte alle vom Zaren befohlenen Unterdrückungsmaßnahmen und schrieb sogar an seine preußischen Verwandten, man sollte alle Universitäten der deutschen Staaten schließen, weil sie zu „Brutstätten der Volksaufwiegelung" geworden seien.

Eine so krasse Gesinnungsänderung kann nur durch eine gewisse Halbheit in Alexanders Charakter erklärt werden, die auch schon in seiner Kindheit erkennbar war. Seine 1848 angenommene Haltung dauerte zwar nicht lange, aber sie hinterließ einen ziemlich traurigen Eindruck.

Die phantastische Außenpolitik des Kaisers trug dazu bei, Alexanders besseres Selbst wiederzuerwecken. Er kritisierte offen den Optimismus seines Vaters hinsichtlich der britischen Neutralität und erhob, soweit es in seiner Macht stand, Einspruch gegen den Krieg auf der Krim. Als Nikolaus' Erbe ließ er es allerdings nach außen hin, wenn er mit den Gesandten am Hof des Kaisers sprach, nicht an loyalen Äußerungen fehlen. Nur die Großfürstin Maria und einige wenige Vertraute wußten, daß Alexander die russische Besetzung der Donaufürstentümer als den ersten Schritt in den Abgrund ansah. Einige Tage vor dem Tod des Zaren ersetzte der Großfürst — kraft der ihm bei Nikolaus' Abreise nach Gatschina verliehenen Vollmachten — den unfähigen Menschikow durch einen anderen, weniger unschlüssigen Oberbefehlshaber. Später verbreiteten sich in der Hauptstadt Gerüchte, daß es gerade Menschikows Entlassung gewesen sei, die den Tod des Kaisers verursacht habe, da er so in Wut geraten sei, daß ihm sein schwaches Herz den Dienst versagte. Die Wahrheit dieser Geschichte konnte aber nie bewiesen werden.

Die Belagerung von Sewastopol dauerte bereits den fünften Monat, als Alexander Kaiser wurde. Er hatte das sinnlose Blutbad im Süden nicht begonnen, aber er war auch nicht imstande, es zu beenden. Als er im September 1855 nach dem Süden reiste, um die Armee zu besuchen, brachten ihn die Zustände dort zur Verzweiflung. Die Soldaten waren erschöpft. Ihre jedoch ungebrochene Moral beschämte ihn um so mehr, als er sah, daß beim Verpflegungsnachschub chaotische Zustände herrschten. Ordonnanzen der Sanitätstruppe stahlen den Verwundeten und Toten ihre Taufkreuze. Ärzte beklagten sich, daß Verbandmaterial, Arzneien und chirurgische Instrumente aus Petersburg oder Moskau entweder verspätet oder nie eintrafen. Das Gift der Korruption durchsetzte alles. Staatsbeamte trieben eifrig Handel mit Heeresstiefeln, während Tausende von Rekruten nur Bastsandalen ausgefolgt erhielten. Aber die Soldaten klagten nicht, und ihr Kampfgeist, wie sehr er den jungen Kaiser mit Scham erfüllte, war doch auch wieder sein einziger Trost. Wahrscheinlich war er der einzige Mensch in ganz Rußland, der Gott für den Frieden von Paris aus ganzem Herzen dankte.

Aber trotz der Schatten des Krimkrieges hatte Alexanders Regime mit vielversprechendem Sonnenschein begonnen. Wildfremde Menschen sprachen einander auf der Straße an und dankten dem Himmel „für die Befreiung von der eisernen Knute". Das Verbot von Auslandsreisen wurde sofort aufgehoben, die Zensur gelockert und das Treiben der gefürchteten Dritten Abteilung erheblich eingeschränkt. Professoren, denen man ihre Lehrstühle entzogen hatte, erhielten wieder Berufungen an die Universitäten. Trotz all der traurigen Berichte aus dem Süden fing das Volk an, auf die Ausdauer der Verteidiger von Sewastopol stolz zu sein. Ideen und Hoffnungen, die so viele Jahre hindurch geschlummert hatten, begannen nun wieder zu erwachen, und jeder beglückwünschte den jungen Zaren zu dem gigantischen Vorhaben, das er schon in den allerersten Wochen seiner Herrschaft erwähnte, nämlich die vollkommene Abschaffung der Leibeigenschaft.

Es gab wohl schon mehrere Entwürfe zu der großen Reform, aber die ordnungsgemäße Durchführung ließ noch lange auf sich warten, und der Krimkrieg war nicht die einzige Ursache dieser Verzögerung. Alexander fehlte es nicht an Einsicht, auch nicht an Energie und Glauben; aber zu Anfang fand er Unterstützung nur bei seiner Frau, seinem Bruder Konstantin und seiner Tante, der Großfürstin Jelena, Witwe des Großfürsten Michael. Unter den Staatsmännern war außer Kisseljow keiner, der den Erwartungen des Herrschers entsprach.

Bis dahin hatten die Minister immer nur in blindem Gehorsam den Willen des Monarchen ausgeführt. Nikolaus' Diener hatten sich fast in bürokratische Roboter verwandelt; nun war es eine von Alexanders ersten Aufgaben, Männer zu suchen, die imstande waren, seine Wünsche auszuführen, sich aber auch nicht scheuten, ihm zu widersprechen. Er hatte einige solche Männer mit Hilfe seines Bruders und seiner Tante gefunden; die Tante, obwohl Großfürstin, war eine Frau, die niemanden von „echtem Verdienst" von ihrem Hofe ausschloß. Bereits im Sommer 1855 begannen die reaktionär gesinnten Mitglieder des Staatsdienstes und der Gesellschaft von den dem Throne nahestehenden „Emporkömmlingen" zu munkeln.

Jakob Rostowzew wurde dazu bestimmt, alle Vorarbeiten zur Aufhebung der Leibeigenschaft zu leisten. Lanskoj, ein anderer „Neuling", wurde an Stelle einer der Marionetten des vorigen Zaren zum Innenminister ernannt, und es gab noch manch anderen, dessen Name die Liberalen erfreute. Im März 1856 fuhr der Zar nach Moskau, um dort zu einer Versammlung des hohen und niederen Adels zu sprechen: „Die Leibeigenschaft muß von oben, nicht von unten her abgeschafft werden ..." Er betonte seinen festen Entschluß, das Übel so schnell wie möglich zu beseitigen, informierte seine Zuhörer über die bereits getroffenen Maßnahmen und bat um ihre Mitarbeit. „Ich bitte Sie, meine Worte gründlich zu überlegen und sie mit hinaus aufs Land zu tragen." (Es soll hier daran erinnert werden, daß die gleichartigen Bemühungen von Alexanders Vater vor allem deshalb Schiffbruch erlitten hatten, weil er fürchtete, daß die Halsstarrigkeit der hohen Adeligen in der Öffentlichkeit eine Einbuße seiner autokratischen Macht bewirken könnte.) Die große Versammlung hörte Alexanders Rede mit ehrerbietigem Schweigen an. Selbst Vorschläge zu unterbreiten oder gar einem Zaren zu widersprechen war ihrer Mentalität vollkommen fremd. Aber der junge Kaiser war sich des Widerstands, den die Anwesenden nicht auszudrücken wagten, durchaus bewußt.

Bei seiner Rückkehr nach Petersburg sagte er zu seinem Bruder Konstantin: „Ich konnte mich des Gefühls nicht erwehren, daß sie alle gegen mich waren." „Aber viel mehr sind für dich", erwiderte der Großfürst.

Im August 1856 kam der Kaiser wieder nach Moskau, diesmal zu seiner Krönung. Alle Schmach und Verzweiflung des Krimkrieges waren längst vergessen. Die Pracht des Ereignisses war unüberbietbar, aber nur wenige wußten, daß die durch die Kriegskosten und Kriegsentschädigungen arg entblößte Staatskasse nichts von alledem bestreiten mußte, sondern alles bis hinunter zu den Gratismahlzeiten und dem Freibier für die Moskauer Bevölkerung aus der Privatschatulle des Kaisers gedeckt wurde.

Das Krönungsgebet — „... erleuchte und führe mich in dem hohen und schweren Dienst..." — und das übliche Manifest standen in glücklichstem Einklang. In mehr als dreißig Fällen erließ das Manifest Amnestien, sämtliche Dekabristen und anderen „politischen Gefangenen", die zusammen mit den Polen zu lebenslänglicher Zwangsarbeit in sibirischen Bergwerken verurteilt waren, wurden freigelassen. Nachdem die lange, ermüdende Zeremonie in der Mariä-Himmelfahrts-Kathedrale zu Ende war, konnte der Zar kaum zum Kreml, zu seiner Familie und dem Festmahl, gelangen, so dicht wurde er von den ungeheuren Menschenmengen auf dem Roten Platz umringt. Sie weinten, lachten, klatschten in die Hände, jubelten und sangen. Sie fielen auf die Knie und die Ellbogen, küßten ihm die Hände und den Purpurmantel und nannten ihn „unsere Sonne", „unser Väterchen" und „unser Eigener" — denn er war in Moskau geboren worden. Er war für sie alle ein Symbol: ein Mensch mit Herz, von dem sie erwarteten, er würde sie nun bald von allen Ängsten und Nöten befreien.

Zeitgenossen berichten, daß Alexander weinte, als er endlich die Granowitaja Palata, den Facettenpalast, erreichte, um dort das traditionelle Krönungsmahl — allein mit seiner Kaiserin — einzunehmen.

Das Krönungsmanifest schlug bei den Reaktionären wie eine Bombe ein. „Der Kaiser hat der völligen Gesetzlosigkeit Tür und Tor geöffnet", flüsterte es von allen Seiten. „Die Dekabristen werden gewiß seinen Sturz planen. Haben sie nicht schon 1825 die Republik verlangt? Und auch von den anderen ‚Politischen' weiß man, daß sie gegen die Monarchie sind. Der Kaiser hat das Todesurteil für die Dynastie unterschrieben ..." Die den Polen gewährte Amnestie ließ die verschiedensten Befürchtungen aufkommen: „Sie werden ins Ausland fahren und den Westen gegen Rußland aufwiegeln. Wer konnte den Kaiser nur so beraten?“ Viele Reaktionäre, die noch immer hohe Stellungen bei Hof und im Verwaltungsdienst bekleideten, scheuten nicht davor zurück, ihre Bedenken den vornehmen Ausländern mitzuteilen, die zur Krönung nach Rußland gereist waren, und der Westen kam zu dem Schluß: die von dem jungen Kaiser geplanten Reformen — insbesondere die Aufhebung der Leibeigenschaft — werden der Revolution den Weg bereiten.

Damals war Preußen — „das schwächste der schwachen“ — so ziemlich das einzige mit Rußland befreundete westliche Land. Die traditionelle Russophobie der Engländer verstärkte sich durch Rußlands Erfolge im Kaukasus und sein Vordringen nach Zentralasien. Und der Friede von Paris hatte den Sultan wahrlich nicht in einen Freund verwandelt. Es gab in Europa keine Regierung, die geglaubt hätte, Rußland habe in Alexander II. einen Herrscher, der den Krieg als solchen verabscheue, sich ganz den gigantischen Vorhaben im Innern widme und der zudem ein Ehrenmann sei. Sie alle sahen in ihm zuallererst einen Romanow, und die Expansionspolitik dieser Dynastie war im Westen nur allzu gut bekannt.

Alexander war sich dieses Mißtrauens wohl bewußt, aber er schob es einfach beiseite. Es gab im Innern so viel zu tun, und an der Spitze aller Aufgaben stand die Befreiung von der Leibeigenschaft; es dauerte mehr als vier Jahre, sie durchzusetzen. Der erste Appell des Kaisers an den hohen und niederen Adel blieb völlig ergebnislos; Alexander hätte seine Rede ebensogut in einer Wüste halten können. Daran waren die Grundbesitzer allerdings nicht allein schuld. Die Emanzipation war ihnen zum Ziel gesetzt worden, doch waren keinerlei Wegweiser errichtet, die es ihnen ermöglicht hätten, dieses Ziel zu erreichen. Es gab wohl eine Anzahl von Entwürfen, aber es bestand noch kein bestimmter Plan, der hätte befolgt werden können; erst im Januar 1857 unterbreitete Rostowzew einen solchen. Bis dahin hatte das Murren der Reaktionäre bereits den Kaiser erreicht. „Laßt lieber einige von ihnen an dem Programm mitarbeiten, anstatt zu klagen“, sagte er und berief einen Sonderausschuß ein, der fast zur Gänze aus Stockreaktionären bestand, die mit dem Vorsatz an die Arbeit gingen, eine Sitzung nach der anderen mit sinnlosem Diskutieren zu verzetteln. „Wenn der Stall dem Grundbesitzer gehört und das Schwein, das dort untergebracht ist, dem Bauern, wer hat dann das Anrecht auf den Wurf?“ Sie standen dem Dreiecksproblem Grundbesitzer-Bauern-Land gegenüber und konnten es nicht lösen; denn ihrer Meinung nach mußte es unbedingt zum Ruin des Landes führen, wenn dem Adel irgendwelcher Grundbesitz entzogen wurde.

Bald darauf aber schlossen sich der Großfürst Konstantin, Lanskoj und Miljutin dem Komitee an, um Rostowzew zu unterstützen. Sie brachten viel frischen Wind, eine Menge Energie und auch gelegentlich Ärger in die Sitzungen. Die Antireformisten setzten aber ihren eigenen Kampf fort und waren froh, in der orthodoxen Hierarchie einen Verbündeten zu finden — nicht wenige der vierzig Millionen Leibeigenen gehörten der Kirche.

Schließlich riß Alexander die Geduld, und er beschloß Anfang 1858, die Angelegenheit aufs Land zu verlegen. In allen Provinzen begannen Emanzipationskomitees zu arbeiten. In London schrieb Herzen in seiner „Glocke“: „(Alexanders Name) gehört nun der Geschichte an. Es würde nichts ausmachen, wenn seine Herrschaft morgen zu Ende wäre. Das Werk der Befreiung hat ernstlich begonnen . . .“

Im Januar 1861 wurde das Reformgesetz dem Staatsrat unterbreitet, und der Kaiser erklärte, die Sache müsse in zwei Wochen erledigt sein. Als Vorsitzender erlangte er damals „Unsterblichkeit“ durch eine aufsehenerregende Rede. Ohne sich auf die geringsten Notizen zu stützen, stellte er in großen Zügen die jahrhundertelange Entwicklung der Leibeigenschaft dar, sprach von ihrem entsetzlichen Einfluß auf den Geist der Nation und dem Greuel einer solchen völligen Verleugnung der Menschenwürde. Jeder Satz der Rede war von tiefem Gefühl beseelt. Selbst unter den Antireformisten mußten manche zugeben, daß die Argumente des Kaisers nicht leicht zu widerlegen waren.

„Als wir zuhörten“, schrieb einer der Anwesenden an seine Frau, „erkannten wir, daß der Zar schon viele Jahre lang mit brennenden Schmerzen darum gerungen haben muß, der Sklaverei ein Ende zu setzen. Es war weit mehr als eine administrative Maßnahme. Alles, was er sagte, ließ echte Freiheitsliebe erkennen ..."

Am ersten Sonntag im März 1861 wurde das Manifest im ganzen Reich verlesen; die Bewohner jedes Gehöftes wurden angewiesen, sich in das nächstgelegene Dorf zu begeben, um dabeizusein, wenn der Pfarrer den Text der Gemeinde vorlas.

Die Leibeigenschaft starb einen juristischen Tod. Die Worte des Kaisers an seine Tochter bei seiner Rückkehr nach dem feierlichen Tedeum in der Kasan-Kathedrale in St. Petersburg waren nur allzu wahr: „Das ist der glücklichste Tag meines Lebens." Die Bekanntmachung des Manifestes aber führte zu Auswirkungen, über die die Antireformisten frohlockten. Die Emanzipationskomitees auf dem Lande hatten ihre Tätigkeit in unvorstellbar nachlässiger Weise verrichtet. Von allen Provinzen war Kaluga die einzige, wo die Behörden die bäuerliche Bevölkerung wirklich mit Umsicht auf die große Veränderung vorbereitet hatten. Überall sonst wurden die verschiedenen Klauseln, in denen die Bedingungen erklärt wurden, unter welchen der Grundbesitz auf die Bauern übergehen sollte, von diesen vollkommen mißverstanden. „Der Zar hat uns die Freiheit zusammen mit dem Land gegeben ... Es ist also klar, daß wir ein Stück Land haben müssen, oder wir verhungern ... Und jetzt wollen uns die Beamten des Zaren ausrauben ..." Es folgten unzählige Ausbrüche von Gewalttätigkeiten und Brandstiftungen. In einer Provinz erreichte das Chaos ein solches Ausmaß, daß der Gouverneur Militär zu Hilfe rufen mußte.

Das in so strahlendem Glanz begonnene Jahr 1861 endete düster.

Niemanden traf es schmerzlicher als den Kaiser. Er wollte sich aber keineswegs der Verzweiflung hingeben, sondern setzte sein Reformwerk fort, obwohl Rostowzew damals bereits tot war. Ungeheure Veränderungen wurden auf dem Gebiet der Gerichtsbarkeit vollzogen, wo zum erstenmal der Grundsatz der Verteidigung und das Geschworenengericht eingeführt wurden. Nach den Worten Alexanders sollte die Rechtsprechung „rasch, barmherzig und für alle gleich" sein, wie es in den Instruktionen an den Minister Bludow hieß. Die Verwendung des Wortes „gleich" bedeutete eine revolutionäre Neuerung, und die große Heeresreform, die einige Jahre später durchgeführt wurde, war vom gleichen Geist erfüllt. Diese Reform wenigstens war ein einzigartiger Triumph über die Reaktionäre und wurde zum schönsten Denkmal für den Zaren. Der Militärdienst, dessen häßlicher Beigeschmack von Strafe für immer beseitigt war, wurde nun für alle „gleich". Früher hatten die Grundbesitzer das Recht, ihre Leibeigenen zur Strafe einrücken zu lassen, während ihre eigenen Söhne fast schon bei ihrer Geburt als Offiziere in die besten Regimenter aufgenommen wurden. Nun machte der Militärdienst keinen Unterschied mehr nach Stand und Vermögen, sondern erfaßte alle jungen Männer, die das achtzehnte Lebensjahr erreicht hatten, mit Ausnahme jener, die einzige Söhne waren. Nun mußte der Sohn eines Fürsten ebenso wie der eines Hafenarbeiters von der Pike auf dienen. Diese Reform Alexanders war der erste Einbruch in die bis dahin unantastbare Festung der Privilegien. Körperliche Züchtigung wurde beim Militär abgeschafft und die Dienstzeit von fünfundzwanzig auf sieben Jahre herabgesetzt.

Das Reformwerk wurde fortgesetzt, aber der wolkenlose Morgen des Regimes war vorbei. Die ständige Arbeit begann Alexanders Energien aufzubrauchen. Sein Asthmaleiden verschlimmerte sich. Sein Kampf gegen die Unbelehrbaren, die noch immer an den archaischen Prinzipien festhielten, führte oft zu Wutausbrüchen. Schließlich begannen auch seine Beziehungen zur Kaiserin Maria den üblichen Verlauf aller Romanowschen Ehen zu nehmen; beide Gatten nahmen es mit der Treue nicht sehr genau. Auch erschütterte es den Zaren zutiefst, daß unausgesetzt und von allen Seiten des Reiches Klagen zu ihm drangen. Nur die wenigsten seiner Untertanen schienen mit dem Ergebnis der Reformen zufrieden zu sein.

Zweifel begannen im Gemüt des Kaisers aufzusteigen. Wie konnte aus Gutem Böses kommen? fragte er sich. Trotzdem schien es offenbar, daß die wirtschaftlichen Folgen der Abschaffung der Leibeigenschaft — besonders für die Bauern — sehr ungünstig waren. Die Schulreformen hatten zwar Volksschulbildung in die Dörfer gebracht und mit der Polizeiaufsicht über die Universitäten aufgeräumt, aber Unruhe brütete unter den Studenten. In Moskau und an anderen

Orten gab es Zusammenstöße mit der Polizei, und immer wieder kam es zu Gewalttätigkeiten, so daß der Kaiser seine Zustimmung zu Maßnahmen erteilen mußte, deren Härte gar nicht im Einklang mit seinem Wesen stand.

Was er nicht begreifen konnte, war, daß alle die verschiedenen von ihm gebilligten und angeregten kleineren Freiheiten unweigerlich zu einem Durst nach absoluter Freiheit geführt hatten, daß neue Ideen die Phantasie ergriffen hatten und sie zu Taten aufriefen, die ganz von denen abwichen, die die Beamtenschaft durchzuführen versuchte. „Konstitution" war nun nicht mehr ein Wunschtraum, sie war in allen geistigen Menschen zu einer absoluten Forderung geworden. Manche, die sich nach Konstitution sehnten, blieben passiv. Aber viele lehrten und predigten ihre verschiedenen eigenen Evangelien, riefen nach engerem Kontakt mit den Massen, wollten das allgemeine Wahlrecht erkämpfen, um eine Stimme in einer Volksvertretung zu erlangen, die frei von jeder bürokratischen Oberaufsicht war. Der Kaiser versuchte immer wieder, sein Kabinett umzugruppieren und neu zu besetzen; er tadelte Provinzgouverneure wegen ihrer Grausamkeit und unterschrieb dennoch selbst Vollstreckungsbefehle, die Exil und Zwangsarbeit bedeuteten; aber die Jugend wollte mit der Vergangenheit nichts mehr zu tun haben, jede neue Idee war Wasser auf ihre Mühlen, und die vom Tisch der Sozialisten im Westen aufgelesenen Brosamen bestärkten sie in ihren Bestrebungen. „Verbotene" Bücher zu lesen und Wunschträumen nachzuhängen befriedigte sie nun nicht mehr. „Gruppen" wurden gebildet und immer wieder von der Polizei aufgespürt. Ihre Anführer wanderten ins Exil, und immer neue „Zellen" schossen aus dem Boden der Nation. Ihre Zielsetzungen waren oft kindisch, hauptsächlich weil die sogenannten Gebildeten das Volk gar nicht kannten. Doch war es zu allen diesen Bewegungen einfach zwangsläufig gekommen.

Der polnische Aufstand unter Alexander II. war der blutigste Ausbruch einer uralten Völkerfehde, geboren aus einem nie wirklich getilgten Verlangen in den Herzen jener, die mit dem Gebet aufwuchsen, es erleben zu dürfen, daß ihr Land wieder zu seiner Vergangenheit zurückkehrte: „Polen vom Baltischen bis zum Schwarzen Meer, die Königin unter den Slawen.“ Die Teilungen des 18. Jahrhunderts hatten ein solches Gebet in den Bereich der Phantasie gerückt, denn selbst ein polnischer Sieg im russischen Polen hätte nie zur Wiedererstehung des ganzen Landes geführt, da weder Preußen noch Österreich auf ihre polnischen Besitzungen verzichtet hätten und die „Weißen-Adler-Patrioten“ niemals imstande gewesen wären, eine so starke Streitmacht aufzubringen, daß sie allen drei Großmächten zugleich eine Niederlage hätten bereiten können.

Was Polen betraf, so trat Alexander zunächst nicht in die Fußstapfen seines Vaters. Er bestimmte den Großfürsten Konstantin zum Vizekönig und ermächtigte ihn, viele 1831 eingebüßte Privilegien wiedereinzuführen. Auch hatte er alle nach Sibirien verbannten Polen in seine Krönungsamnestie eingeschlossen. Aber er hatte im Grunde für das polnische Problem ebensowenig Verständnis wie Nikolaus, und seine Worte „Wir sind alle Slawen und Brüder“ stimmten mit dem, was die Geschichte gelehrt hatte, nicht überein: Der gegenseitige Haß zwischen Russen und Polen währte schon jahrhundertelang, und alles Reden von „Bruderschaft“ war für beide nur ein Hohn.

Der Aufstand brach zu Beginn des Jahres 1863 aus und dauerte fünfzehn Monate. Die Sache Polens wurde, mit Ausnahme von Berlin und Wien, im Westen mit großer Sympathie aufgenommen. Recht und Unrecht der Angelegenheit war der breiten Masse weder in Polen noch in Rußland ganz klar, aber die Unterdrückung des Aufstandes durch Berg und Murawjow und die Grausamkeiten, die die Besiegten dabei erleiden mußten, hatten zur Folge, daß sich England und Frankreich eindeutig auf die Seite Polens stellten. Dadurch hatte der Aufstand eine sehr traurige Auswirkung: Alexander geriet in dasselbe Fahrwasser wie einst Nikolaus I., und der Zar machte von nun ab alle diese Tausende Polen, die dem Galgen oder dem Gefängnis entronnen waren und in England, Frankreich oder der Schweiz Zuflucht gefunden hatten, für jeden Rückschlag der russischen Außenpolitik und für jedes Aufkommen von Unruhen im Inland verantwortlich. Dieser Beziehungswahn wurde noch genährt durch Alexanders angegriffene Gesundheit, durch den frühen Tod seines Erben, des Großfürsten Nikolaus, und — vor allem — durch das Attentat Karakosows in Petersburg. Damals entging Alexander nur wie durch ein Wunder dem Tod. Ein Bauer, der hinter Karakosow stand, ergriff gerade noch im richtigen Augenblick dessen Ellbogen. Der Bauer wurde geadelt, der Attentäter hingerichtet.

Dieser Schuß, wie der Dichter Tjutschew sagte, „bedeckte uns alle mit Schmach und Schande". Der Bericht des amerikanischen Botschafters Clay, der die Szenen beschrieb, ist ein Beweis für die starke Bindung zwischen dem Herrscher und seinem Volk. „Tausende versammelten sich vor dem Winterpalais und jubelten Seiner Majestät dem Kaiser zu, der sich immer wieder auf dem Balkon zeigte... (dann) kampierten sie dort die ganze Nacht und den nächsten Tag über..."

Alexander war zwar dem Tode entronnen, aber das Land litt schwer unter den Folgen des Attentats. Zensur und Polizeiaufsicht wurden sofort verschärft, Männer, deren liberale Gesinnung bekannt war, ihrer Posten enthoben, und Charaktere von Dimitrij Tolstojs Kaliber bekleideten Ministerämter. Ein Zeitgenosse schrieb traurig in sein Tagebuch: „Unsere ärgsten Feinde sind weder die Nihilisten noch die Polen, sondern die sogenannten Staatsmänner, die die Menschen in Nihilisten und Unzufriedene verwandeln (und) versuchen, die Gerechtigkeit zu untergraben."

Der Kaiser unterschrieb eine Zwangsmaßnahme nach der anderen und hob dadurch die schönen Ergebnisse seiner Reformen zum Teil wieder auf. „Die Rechtsprechung muß für alle gleich sein und darf nicht im geheimen erfolgen, sondern öffentlich, so daß unser Volk erfahren möge, wie in seinem Lande Gerechtigkeit geübt wird." Nun aber wurden allen „politischen Häftlingen" Verhandlungen vor einem Geschworenengericht verweigert, und gegen ein über sie verhängtes Gerichtsurteil durfte kein Einspruch erhoben werden. Viele „staatsgefährliche" Keimzellen wurden auf die „sträfliche Fahrlässigkeit der lokalen Gouvernementregierungen" zurückgeführt, die daraufhin wieder einmal dem eisernen Zwang der Bürokratie unterstellt wurden. Russische Studenten, die an ausländischen Universitäten arbeiteten, erhielten die Weisung, in die Heimat zurückzukehren, eine Maßnahme, die sich ganz besonders tragisch auswirkte: Die jungen Burschen und Mädchen, die zu Füßen der westlichen Sozialisten gesessen hatten, kamen nun mit keiner anderen Absicht zurück, als alles, was sie gelernt hatten, in der Heimat zu verbreiten. Für jede ausgerottete „staatsgefährliche" Zelle schossen fünf neue aus dem Boden.

Die Reaktionäre, eingedenk ihres vergeblichen Einspruchs zu Beginn des Regimes, triumphierten; war doch alles, was sie sagten, nur die natürliche Auswirkung der Nachgiebigkeit des Zaren. Es bereitete ihnen große Freude, ihre Zuhörer daran zu erinnern, daß das Land mehr als ein Jahrhundert brauchen würde, um sich den Geist der Reformen richtig einzuverleiben. Sie zitierten so manches abgegriffene Sprichwort, wie „Allzu früh ist ungesund", und gaben zu verstehen, der Kaiser habe es sich nicht genug überlegt, bevor er sich in den gefährlichen Strom der Reformen gestürzt hatte.

Diese Menschen begriffen jedoch den Ursprung von Alexanders Beweggründen nicht. Gefühl, nicht Vernunft beherrschte alle seine Handlungen. Sein Charakter ließ ihn kaum jemals den ebenen Weg der Vernunft beschreiten — er erklomm entweder den Gipfel eines Berges oder stürzte in einen Abgrund. Wenn das letztere der Fall war, dann gewannen alle seine schlechten Eigenschaften die Oberhand: ein Anflug von Härte, Wankelmut, die Unfähigkeit, mit Widerständen fertig zu werden, und eine sonderbar geartete Verbitterung, die sich tief in ihn hineinfraß und ihn nicht zur Ruhe kommen ließ, solange er ihr nicht einen Ausgleich verschafft hatte durch Handlungen, die sein besseres Selbst nie gebilligt hätte.

Gerade damals stieg eine zweite Morgenröte über dem Privatleben des Kaisers auf. Er hatte zu Beginn seiner Ehe zwar eine tiefe Zuneigung zu seiner Gattin verspürt, aber die idyllische Atmosphäre überdauerte den Tag seiner Thronbesteigung nicht lange. Marias immer anfälligerer Gesundheitszustand, ihre wiederholten Aufenthalte im Ausland, dauernde Betteleien um Anteilnahme und ein früher nicht bemerkbarer Hang zum Nörgeln, das und vieles andere trug zur Entfremdung bei. Anfangs war die Ehe seine Wonne und sein ganzes Entzücken gewesen, nun sah der Zar in ihr eine Gewohnheit, die er abschütteln wollte, und sein schlechtestes Selbst zeigte sich in vielen lieblosen und egoistischen Handlungen. Zu ihrem Unglück hörte die Kaiserin niemals auf, ihn zu lieben.

Alexander hatte einige oberflächliche Affären, die seine körperlichen Begierden zwar befriedigten, sein Herz aber völlig unberührt ließen. In der Mitte der sechziger Jahre wurde ein Mädchen seine Mätresse, die bis zu seinem Ende bei ihm bleiben sollte: Katharina Dolgorukaja. Sie war achtzehn, er sechsundvierzig.

Die Verbindung bewirkte einen peinlichen Zwiespalt innerhalb der Familie. Alexanders Tochter und einer seiner jüngeren Söhne, der Großfürst Alexej, verhielten sich neutral. Alle anderen Söhne aber, besonders Großfürst Alexander, der Thronerbe, verhehlten nicht ihre Entrüstung, die sie um so tiefer empfanden, als ihr Vater einige peinliche Fehler beging. Der Kaiser hätte seiner Geliebten nie einen Ehrenplatz bei Hof einräumen dürfen, da dies zu unaufhörlichen Demütigungen für die Kaiserin führte. Als Alexander später sogar beschloß, Katharina eine Wohnung im Winterpalais einzurichten, bewies er damit einen unverzeihlichen Mangel an Geschmack, gar nicht zu reden von der Grausamkeit gegenüber seiner Gattin, deren Würde es eher entsprochen hätte, ganz ins Ausland zu übersiedeln. Sie blieb aber weiterhin in Rußland.

Doch diese Entwicklung der Dinge war 1866 noch in weiter Ferne. Vorderhand blieb Katharina Dolgorukaja, die der Kaiser heftig umworben und schwer errungen hatte, diskret im Hintergrund und erwies sich als guter Engel ihres Liebhabers. Die Reaktionäre waren erzürnt, weil sie den Zaren dazu angeregt hatte, eine Verfügung herauszugeben, die alle Fabriksbesitzer anwies, für ihre Arbeiter Spitäler und Erste-Hilfe-Stationen zu errichten. „Den Pöbel verwöhnen“, brummten die Erzreaktionäre, „nächstens wird es heißen: Spielzimmer für ihre Kinder“, und sie ärgerten sich, daß sie der neuerwählten „dame de la cœur“ keinen einzigen Fehltritt nachweisen konnten. Katharina bemühte sich unendlich, jedes Aufsehen zu vermeiden. Nach einigen Monaten erwarb sie sich sogar die Achtung von Freund und Feind, weil sie den Entschluß gefaßt hatte, sich vom Kaiser zu trennen, und auf den Rat eines Verwandten hin ins Ausland reiste. Alexander erhob keinen Einspruch; dennoch lebte er in einer qualvollen Verzweiflung, von der er in seinen Briefen an Katharina allerdings nichts erwähnte. Nach Ablauf eines Jahres konnte er die Trennung nicht mehr länger ertragen. Sie verließ ihre Zufluchtsstätte in Italien und kehrte zu ihm zurück, um für immer bei ihm zu bleiben.

Sie scheint in einem wichtigen Punkt Erfolg gehabt zu haben: sie flößte ihrem Liebhaber Achtung vor den Frauen ein, ein wahres Wunder bei einem Mann aus dem Hause Romanow. Die Einstellung seiner Vorgänger und Vorfahren gegenüber Frauen hatte immer einen gewissen orientalischen Anstrich. Manche hatten ihre Bräute anfangs wirklich geliebt. Peter II. soll für seine Verlobte eine tiefe Zuneigung empfunden haben. Paul I. und zwei seiner Söhne sollen ihre Frauen eine Zeitlang „angebetet" haben. Die Beziehung zwischen Zar Alexander II. und Katharina Dolgorukaja war von ganz anderer Prägung. Beide waren nicht nur Liebende, sondern auch Freunde. Ihr Gefühl für ihre drei Kinder war von einer Art, wie man es im Haushalt eines jeden Bürgerlichen, nicht aber in einem Palast hätte finden können. Sie achteten einer im anderen auch dessen Schwächen und Fehler. Die Wertschätzung, die Alexander für Katharina hegte, war um so bemerkenswerter, als sie nie den Herrscher in ihm vergaß. Sie hat ihn vielleicht auch manchmal privat beraten, aber sie war jedenfalls keine Maria Naryschkina, die ihre Liaison mit Alexander I. in allen Salons der Hauptstadt einschließlich dem des Winterpalais offen zur Schau trug. Katharina Dolgorukaja, die zur Fürstin Jurewskaja erhoben wurde, hielt sich so bescheiden im Hintergrund, daß sie bei gesellschaftlichen Ereignissen niemals in Erscheinung trat, außer der Kaiser wünschte es ausdrücklich. Sie duldete auch nicht, daß irgendwelche Speichellecker sie dazu mißbrauchten, durch sie zu den Stufen des Thrones zu gelangen.

Seelisch war sie für den Zaren ein Segen.

Preußen blieb für Alexanders Land das einzige offene Tor zum Westen. Die Vergeltungsmaßnahmen nach dem polnischen Aufstand, Fehlbesetzungen in Ministerien, nicht enden wollende Berichte über Freiheitsbeschränkungen, die Verfolgung von Hochschülern — das alles konnte nur dazu beitragen, die Russophobie in England und

Deshalb ab 1871 wieder Schwarzmeerflotte

Frankreich zu steigern. Man hatte zwar Alexanders Neutralität im französisch-preußischen Krieg von 1870 erwartet, aber nur wenige wußten, daß diese Neutralität der Preis war, den Bismarck für die Wiederherstellung der durch den Frieden von Paris verwirkten russischen Schiffahrtsrechte im Schwarzen Meer verlangt hatte. Der preußische Sieg über das „Mutterland der Volksverhetzung und des Sozialismus“ wurde von allen Reaktionären Rußlands leidenschaftlich begrüßt. Bismarcks Schaffung eines neuen Kaiserreiches wurde in der russischen Presse als „erster Schritt zum Ausgleich des Kräfteverhältnisses in Europa — nicht nur für unsere Generation, sondern für alle Ewigkeit“ willkommen geheißen. Der von Bismarck ins Leben gerufene Dreikaiserbund, durch den sich Alexander, Wilhelm I. und Franz Joseph verpflichteten, einander durch „die engsten Bande der Freundschaft und des Vertrauens“ beizustehen, wurde als stolze Antwort auf die britische Feindseligkeit ausgelegt.

Bismarck beobachtete gelassen den russischen Vormarsch nach Zentralasien und meinte gleichgültig: „Wenn der russische Bär den britischen Löwen ärgern will — was kümmert es uns?“ In den Jahren zwischen 1866 und 1873 hatte der russische Bär Turkestan, Buchara und Chiwa erworben.

Doch der deutsche Kanzler kannte den Zaren nicht gründlich genug. Er hatte mit Alexanders Einverständnis „in allen wichtigen politischen Angelegenheiten“ gerechnet, doch innerhalb der nächsten vier Jahre änderte sich die Atmosphäre in Rußland gänzlich, und die russisch-deutschen Beziehungen traten in eine beunruhigende neue Phase ein.

In Petersburg war noch immer der bejahrte Gortschakow im Außenamt am Ruder, obwohl er einen Fehler nach dem anderen begangen hatte. Er paßte zu Bismarck etwa wie ein Schoßhund zu einem Tiger, aber er hängte sich verbissen an den Staatsmann und hörte nicht auf, den von diesem geschaffenen Dreikaiserbund zu preisen. Um so mehr beunruhigte ihn der Wandel in der Einstellung seines Herrschers gegenüber dem neuen Reich. Der alte Mann wurde nicht müde, immer wieder zu beteuern, daß ein starkes und geeintes Deutschland die Sicherheit des europäischen Friedens gewährleiste, aber Alexander antwortete darauf: „Sie mögen recht haben, solange es nicht zum Angreifer wird. Heute ist es ja mit Österreich ziemlich befreundet, aber Königgrätz wird doch nicht ganz vergessen werden. Ich weiß nicht, ob mein Onkel mit dem Rat seines Kanzlers immer einverstanden ist. Bismarck ist skrupellos, mein Freund."

Dem deutschen Kanzler war nicht recht behaglich zumute angesichts der Möglichkeit einer anglo-russischen Annäherung durch die Heirat des Duke of Edinburgh mit Alexanders einziger Tochter. In Bismarcks Augen war zwar die deutsche Politik einzig und allein Deutschlands Angelegenheit, aber er sah es nicht gerne, wenn Rußland und Österreich außerhalb des Bereichs des Dreikaiserbundes Freundschaften schlossen.

Brennend wurde die Krise 1875, als Berlin heftigen Einspruch gegen gewisse Maßnahmen erhob, die die französische Regierung ergriffen hatte, um ihr Militärpotential zu erhöhen. Die deutsche Note an Frankreich war so drohend, daß der Ausbruch einer Explosion zu befürchten war.

Alexander hörte weder auf Gortschakows Flehen, sich da nicht einzumischen, noch schrieb er Briefe nach Berlin, sondern er fuhr persönlich zu seinem alten Onkel und verschwendete keine Zeit mit höflichen Floskeln: „Ich dulde nicht, daß Frankreich angegriffen wird", erklärte er Kaiser Wilhelm I. „Deutschland könnte keinen Schritt unternehmen, wenn wir nicht neutral bleiben, und ich habe nicht die Absicht, abseits zu stehen, wenn der Unglücksfall eintreten sollte."

„Er ist ein Verräter, Majestät", sagte Bismarck dem alten Kaiser, der trotz seiner Ängstlichkeit den Mut hatte, zu erwidern, er wisse genau, daß sein Neffe recht habe.

Es war einer der bedeutendsten Augenblicke in Alexanders Leben. Bismarck zog zurück. Queen Victoria und ihre Regierung priesen den russischen Kaiser, „den Frieden Europas erhalten zu haben". Das als Dreikaiserbund bekannte zerbrechliche Gebilde löste sich auf, worüber Alexander nicht sehr böse war. Aus seinem Zusammenstoß mit Bismarck war er siegreich hervorgegangen, und Europa war bereit, auf ihn zu hören. Nach seiner Rückkehr aus Deutschland ging er sofort in das Haus auf dem Palais-Kai, wo Katharina und ihre Kinder wohnten, und wurde dort durch ihre Anerkennung für die

Anstrengungen und Sorgen der letzten Wochen reichlich belohnt. „Du hättest dich gar nicht anders verhalten können. Du hast das Allerbeste getan, was man tun konnte, ich bin sehr stolz auf dich.“

Zwanzig Jahre lang hatte Alexanders Reich mit Europa in Frieden gelebt. Der Ehrgeiz Katharinas der Großen und Nikolaus' I. — die uralte Sehnsucht der Zaren, die Meerengen zu beherrschen — war in den Augen ihres Nachfolgers nicht mehr als ein Grabstein in einem vergessenen Friedhof. Die russische Fahne hatte wieder einmal freie Schiffahrt auf dem Schwarzen Meer, und mehr verlangte Alexander nicht. Er hegte wohl auch Expansionsgedanken, aber seine Pläne waren nach Osten, nicht nach Süden gerichtet, da seine Politik vorwiegend von wirtschaftlichen Erwägungen bestimmt wurde. Der Handel mit China und Indien war eine Notwendigkeit für Rußlands Wohlstand, und das Vordringen in Zentralasien ließ diesen Wohlstand von Jahr zu Jahr mehr ansteigen. Im europäischen Rußland wurden immer mehr Eisenbahnlinien gebaut, und der Export nahm ständig zu.

Der zum größten Teil von Südslawen besiedelte Balkan stand noch immer unter türkischer Herrschaft. Wenn Alexander je Träume von einer großartigen slawischen Verbrüderung gehegt hätte, wären diese durch den polnischen Aufstand schwer erschüttert worden. Das unglückselige Schicksal der Südslawen erregte wohl sein Mitgefühl, doch trieb es ihn nicht dazu, einen Kreuzzug zu ihrer Befreiung vom türkischen Joch in Erwägung zu ziehen.

Der Vulkan Balkan begann sich 1875 zu regen, als auf der ganzen Halbinsel schwere Mißernten auftraten und die Türken keine Erleichterung der Steuerlasten gewährten. In Bosnien und der Herzegowina kam es zu Aufständen, die auf die grausamste Weise niedergeschlagen wurden. Serbien und Montenegro begannen ihre Streitkräfte einzuberufen. Die Türken wurden herausgefordert, und innerhalb weniger Monate stand der Balkan in Flammen.

Alexander reiste im Frühling dieses Jahres ins Ausland. In Darmstadt erklärte er der Prinzessin Alice: „Ich bin absolut gegen den Krieg. Es wäre reiner Wahnsinn für mich, an Konstantinopel zu denken. Bitte, sagen Sie das Ihrer Mutter." Die Prinzessin zitierte diese Worte in einem Brief an Königin Victoria, aber in England hielten nur wenige den Zaren für aufrichtig.

Und tatsächlich hatte der Westen nicht so ganz unrecht. Während der Zar immer wieder beteuerte, er wolle sich aus dem Aufstand heraushalten, verfiel sein Land geradezu in eine Hysterie. Freiwillige eilten zu Tausenden nach dem Süden. Es gab keine Stadt im Reich, die nicht Unterstützungsgelder für den Balkan einhob. Als die Regierung — ziemlich verspätet — jedes offizielle Eingreifen verbot, begann das Gold aus privaten Quellen zu fließen. Und während ihr Gatte allen Gesandten der Reihe nach versicherte, er wolle sich dem Krieg fernhalten, sandte die Kaiserin Sanitätszüge auf den Balkan und bezahlte die russischen Ärzte und Ordonnanzen und die Medikamente aus eigener Tasche. Im ganzen Land verbanden sich die westlich Gesinnten mit den Slawophilen, um den „Beginn des heiligen Kreuzzugs" durchzusetzen. Die gesamte russische Presse setzte sich dafür ein, Rußland möge sich dem „heiligen Krieg zur Befreiung unserer Brüder und zur Ehre des Kreuzes" anschließen. Es gab wohl auch einige besonnene Geister, aber was immer sie sagten, ging in dem hysterischen Tumult unter. Der alte Fürst Peter Wjasemskij, der Dichter, schrieb traurig an einen Freund über „diesen Taifun hohler Sentimentalität ... Unser echtes russisches Blut ist fast ganz verdrängt ... Die Slawomanie beherrscht die Szene ... Die Einheit des Glaubens kann doch nicht alles bedeuten ... Weit, weit besser, eine geschwächte Türkei zum Nachbarn zu haben als ... ein streitsüchtiges Südslawien, (dem) unser Land doch nur eine Melkkuh ist ... Es wird nie Frieden auf dem Balkan geben ... noch werden sie sich dankbar erweisen, falls wir verrückt genug sind, ihnen beizustehen ..."

Inzwischen versuchte der Kaiser ein Mittel nach dem anderen, um dem Blutbad ein Ende zu setzen, aber der fiebrige Wahnsinn seines eigenen Volkes machte alle seine Anstrengungen zunichte. In England stieg die Russophobie wieder an. Schuwalow, der russische Gesandte in St. James, versicherte der britischen Regierung, daß sein Herrscher nur friedliche und keine anderen Absichten hege, aber der Staatssekretär des Auswärtigen, Lord Derby, erwiderte darauf, daß zwar „jeder wisse, daß Seine Majestät gegen jede kriegerische Politik sei, doch geschehe in Rußland unglücklicherweise vieles, was nicht im Einklang mit der Meinung des Kaisers stehe“. Lord Derby hätte noch hinzufügen können, daß des Zaren eigene Söhne für den Krieg plädierten, obwohl der Finanzminister Reutern erklärt hatte, das Reich könne sich keinen Krieg leisten: „Majestät, wir würden in Not geraten, selbst wenn wir siegreich wären, und erhöhte Steuern wären nur Wasser auf die Mühlen der Revolutionäre.“

Alle waren gegen Alexander. Deutschland sandte eine Warnung, er solle keinerlei Hilfe erwarten, falls er in den Krieg eintrete. Er hatte nicht die Absicht, in den Krieg einzutreten, und wollte die Hoffnung auf eine friedliche Lösung nicht aufgeben. Doch schließlich mißglückte alles. Im März 1877 erfuhr ein kranker, desillusionierter Mann, die Türkei habe die von den Großmächten erhobene Forderung nach inneren Reformen abgelehnt. Ganz Rußland triumphierte, doch der Zar war gebrochen.

„Endlich!“ rief die Kaiserin. „Es ist ein heiliger Krieg.“

„Das ist Blasphemie“, schrie er. „Jeder Krieg ist Sünde wider Gott und die Menschen!“

Der Westen sagte: „Nun wird er also doch kämpfen ... Was für eine Falschheit!“ Es war aber keine Falschheit, sondern nur Schwäche. Der Kaiser hätte einige seiner Minister entlassen und scharfe Maßnahmen ergreifen sollen, um die nationale Hysterie zu beschwichtigen. Mit Hilfe der Zensur hätte das Erscheinen einiger besonders provokanter Artikel in der Presse verhindert werden können, und der Strom von Freiwilligen, Material und Geld nach dem Balkan hätte aufgehalten werden müssen.

Dieser blutigste aller russisch-türkischen Feldzüge dauerte neun Monate. Obwohl er für die Russen unter den ungünstigsten Vorbedingungen begonnen hatte, standen Alexanders Armeen am Ende nur einen Tagesmarsch vor Konstantinopel. Der Frieden von San Stefano sicherte die Unabhängigkeit der Balkanländer für alle Zeiten. Trotzdem bewahrheitete sich die Prophezeiung des alten Fürsten Wjasemskij: Das streitsüchtige Südslawien konnte nicht in Frieden leben, selbst nachdem es vom türkischen Joch befreit war. Die Serben und Montenegriner waren auf die Bulgaren eifersüchtig. Diese wieder beklagten sich über ihre ungerecht gezogenen Grenzen. Sobald die Westmächte der Halbinsel, ihren Streitigkeiten und ihren Sorgen den Rücken gekehrt hatten, erinnerten sie sich wieder an alle früheren russischen Träume von Expansion. Die veränderte Landkarte von Zentralasien ließ sie vermuten, daß Rußland auch westlich der Meerengen ähnliche Pläne verfolge.

Alexander war wütend, aber die Sorge der Großmächte war nicht ganz unbegründet. Der Krimkrieg und die verräterische Politik Nikolaus' I. waren noch in allzu frischer Erinnerung. Noch viel ältere ehrgeizige Pläne der Romanows kamen dem Westen wieder einmal zum Bewußtsein, und Gortschakows Gehässigkeit war der russischen Sache beim Berliner Kongreß 1878 nicht gerade förderlich. Am Ende blieb nicht viel von den Bestimmungen von San Stefano übrig. Das Manifest, das den Berliner Friedensvertrag mit ziemlicher Verspätung veröffentlichte, erklärte in einer bombastischen Einleitung, daß Rußland nicht aus materiellen Erwägungen in den Krieg gezogen sei. Das traf zwar auf Alexander persönlich zu, und das Volk nahm das Manifest stillschweigend zur Kenntnis, war aber von Zorn und Scham erfüllt. Die Stille war auch nur von kurzer Dauer. Warum, fragte man, hatte Österreich Bosnien und die Herzegowina bekommen? Warum blieb das südbulgarische Ostrumelien unter türkischer Verwaltung, stand aber unter westlicher Oberaufsicht? Ein wenig später, als bekannt wurde, daß die Türkei Zypern an England abgetreten hatte, flammte die nationale Entrüstung noch stärker auf. „Die Engländerin hat uns wieder hineingelegt" („Anglitschanka opjat nam nagadila"), murrte man im ganzen Land.

Die allgemeine Unzufriedenheit wurde dem Kaiser nicht verhehlt, was ihn aber am schmerzlichsten traf, war die Haltung ebenderselben Länder, die er aus der türkischen Unterdrückung befreit hatte. Wjasemskijs Prophezeiung erfüllte sich wortwörtlich: Das junge, heißblütige, unvernünftige Südslawien hatte keinen Sinn für Dankbarkeit. Kaum aus dem einen Joch befreit, geriet es unter ein neues, nämlich unter das der gegenseitigen Mißgunst.

Das Jahr 1878 erwies sich als das dunkelste in Alexanders Regime. Obwohl nach außen hin Frieden herrschte, glich das Reich im Innern einem Schlachtfeld, dessen eine Front Regierung, Polizei und Bürokratie bildeten, an dessen anderer Front aber Nihilisten, Anarchisten und Sozialrevolutionäre standen. Alle politischen Morde dieses Jahres hatten zur Folge, daß der kränkelnde und erschöpfte Zar wieder in die Stimmung des Jahres 1848 zurückfiel. Er schenkte Männern, die nie ein Amt hätten bekleiden dürfen, wie Timaschew, Dimitrij Tolstoj und Giers, grenzenloses Vertrauen. Er sanktionierte Unterdrückungsmaßnahmen und billigte Strafen, die ihn zu Beginn seiner Herrschaft empört hätten. Doch was immer man heute von einer solchen Politik halten mag, man muß zugeben, daß Alexander II. nicht ganz unrecht hatte, in jeder Art von „Umsturz" eine Bedrohung der gesunden Fundamente der Nation zu sehen. Die Ideologen seiner Zeit wußten sehr wenig von der breiten Masse. Sie alle dachten nur vom Standpunkt ihres besonderen politischen Evangeliums aus. Die nationalen Erfordernisse als solche standen nicht auf ihrem Programm. Die Befreiung, die sie herbeiführen wollten, war — genau besehen — kaum mehr als der Austausch einer Autokratie gegen eine andere.

Der Kaiser erkannte aber nicht, daß sein eigenes Kabinett und noch mehr die niedrigeren Verwaltungsbeamten viel dazu beitrugen, die Atmosphäre zu schaffen, in der „umstürzlerische" Ideen wachsen und die Intelligenz gewinnen mußten.

Mitte der siebziger Jahre hatte sich die Untergrundbewegung („podpolnaja rabota") vom Land in die Städte verlegt, und in den meisten bedeutenden Stadtzentren bildeten sich revolutionäre Keimzellen verschiedener Prägung. Brutale Morde hatten noch brutalere Repressalien zur Folge, die ihrerseits wieder zu immer mehr Gewalttätigkeiten führten. 1878 stieg der Terror ins Unermeßliche. Anfang 1879 bildete die sozialrevolutionäre Organisation eine kleine Geheimzelle, deren Name ihr Ziel verriet — „Liga der Zarenmörder". In den ersten Monaten des Jahres gab es zwei erfolglose Attentate auf das Leben des Kaisers. Die Regierung geriet in panische Angst. Eine von Alexanders überlieferten Äußerungen war: „Bin ich denn ein wildes Tier, daß man mich zu Tode hetzen will?"

Kurz darauf wurde ein drittes Attentat unter seinem eigenen Dach verübt. Die Explosion im Winterpalais kostete zehn Bediensteten und etwa zwanzig Mann des finnischen Garderegiments, das dort Wache hielt, das Leben. Der Kaiser, seine Familie und die Gäste kamen nur dadurch heil davon, daß der Monarch das Festmahl wegen der Ankunft eines Besuchers verschoben hatte. Die Katastrophe war ein erschütternder Beweis für die Unfähigkeit der diensthabenden Stellen.

Waluew, Makow und Konsorten sprachen immer von dem „furchtbaren Feind", den sie bekämpfen mußten. Die Revolutionäre waren aber alles eher als furchtbar. Ihre Zahl war klein, ihr Einfluß — außer in Fabriken — unbedeutend, und überdies war die Solidarität innerhalb der verschiedenen Gruppen gering. Sie verbargen sich in den Städten, weil auf dem Lande niemand etwas von ihnen wissen wollte. In nicht weniger als zehn Provinzen steckten die Bauern, als sie von einem politischen Mord in der Stadt ihres Sprengels hörten, die Häuser der „Intelligenzler", die unter dem Verdacht „roter" Gesinnung standen, in Brand. Die Stärke der Revolutionäre beruhte einerseits auf der Hilflosigkeit und Brutalität der Regierung, anderseits auf der schmählichen Gleichgültigkeit der Minorität der Gebildeten. Auf dem Lande strahlte der Name des Kaisers so hell wie nur je zuvor. Die Einstellung der Majorität der ganzen Bevölkerung sollte sich jedoch erst in dem Schmerz und Entsetzen nach seiner Ermordung spiegeln.

Die Katastrophe im Winterpalais ermöglichte es einem armenischen General, der bis dahin nur wegen seiner genialen militärischen Begabung bekannt war, ein Machthaber im kleinen zu werden. Innerhalb von sechs Monaten gelang es Loris-Melikow, jede gesetzliche Maßnahme zu mobilisieren, um den Aufruhr zu bekämpfen, die Zensur zu lockern, die Presse zur Mitarbeit einzuladen, die Unabhängigkeit der Bezirksgouvernements erneut zu sichern und das Vertrauen jedes aufgeklärten Untertanen des Kaisers zu gewinnen. Immer seltener wurden Pakete mit Dynamit und geladenen Gewehren in den Städten gefunden. Man hörte auch nicht mehr von Zugsentgleisungen durch Explosionsanschläge und konnte wieder durch die Straßen gehen, ohne befürchten zu müssen, daß plötzlich hinter irgendeiner Ecke ein Schuß fiel.

Auch nachdem Loris-Melikow das alles erreicht hatte, verblieb er auf seinem Posten. Er machte Alexander darauf aufmerksam, daß es nun, da der Terror ausgerottet war, an der Zeit sei, eine Volksvertretung einzuführen. Er stellte sich vor, daß die Reform mit einer Reorganisation des Staatsrates beginnen müsse, an dem alle Klassen — unabhängig von Rang und Vermögen — teilnehmen sollten. Der Kaiser war mit dem Plan einverstanden, und im Herbst 1880 begann Loris-Melikow mit den Vorarbeiten zum Entwurf der Reform.

Das Land schien ruhig. Trotzdem hielt Loris-Melikow immer noch seinen Finger auf dem „umstürzlerischen Puls". Dessen Schläge wurden zwar immer schwächer und schwächer, aber der General war noch immer nicht ganz zufrieden. Ein Rest von Terroristen hatte sich bis jetzt noch der Verhaftung entzogen. Sie wurden von einem gewissen Sheljabow und dessen Geliebter Perowskaja angeführt, deren beider Aufenthaltsort unbekannt war. Am Ende des Sommers reiste der Zar auf die Krim. Einige Tage vor seiner Rückkehr nach dem Norden wurden auf der ständigen Route, nicht weit von Moskau, Pakete mit Dynamit entdeckt, und gleichzeitig berichteten Loris-Melikows Agenten von deutlichen Anzeichen einer Untergrundbewegung in Petersburg. Der General beschwor Alexander, sich nach Zarskoje Selo oder Gatschina zu begeben, aber Alexander erklärte, er sei zu alt, um eine neue Lektion zu lernen — nämlich die, vor einer Gefahr zu fliehen.

Der Winter 1880/81 brachte keine neuen Schrecken. Kein einziger Ausbruch von Gewalttätigkeiten störte die Ruhe. Alexander war glücklich. Katharina, die nach dem Tode der Kaiserin im Sommer dieses Jahres seine Gattin geworden war, lebte gemeinsam mit ihm und den Kindern im Winterpalais. Loris-Melikow näherte sich dem Ende seines Werkes: Sheljabow konnte plötzlich verhaftet werden. Nun war von allen Rädelsführern nur noch die Perowskaja auf freiem Fuß.

Im Februar 1881 beendete Loris-Melikow seinen Entwurf einer Verfassung, und der Kaiser billigte ihn. Ende des Monats wurde das offizielle Manifest entworfen. Loris-Melikow sollte am Abend des 1. März in Audienz empfangen werden. „Dann werden Sie sehen, wie ich das Dokument unterschreibe", sagte Alexander. Die Veröffentlichung des Manifests war für den 2. März festgesetzt.

In jenem Jahr fiel der 1. März auf einen Sonntag. Allen, die den Kaiser an diesem Morgen trafen, fiel seine gute Laune auf. Die Last von Jahren schien von seinen Schultern gefallen. Am frühen Nachmittag machte er seiner Lieblingscousine, der Großfürstin Katharina, einen Besuch. Auf dem Rückweg zum Winterpalais wurde eine Bombe auf Alexander geworfen. Sie zerschmetterte die Kutsche vollkommen, er selbst blieb unverletzt. Zwei Kosaken der Eskorte, ein vorbeigehender Laufbursche und einige Pferde wurden getötet, einige andere Leute verletzt. Alexander hatte nach den Verwundeten gesehen und wollte eben die Kutsche seines Gefolges besteigen, als ein junger Mann aus der Menge eine zweite Bombe nach ihm schleuderte. Als die Rauchwolke verflogen war, lagen etwa zwanzig Menschen blutüberströmt im Schnee, unter ihnen der Zar. Er war bewußtlos. Man brachte ihn in das Winterpalais, wo er einige Stunden später starb.

XI

Der verhinderte Titan

ALEXANDER III., ZWEITER SOHN DES KAISERS ALEXANDER II.;
GEBOREN IM MÄRZ 1845, THRONFOLGE IM MÄRZ 1881,
GESTORBEN IM NOVEMBER 1894

Der „Zar-Befreier" — so wurde Alexander II. im Volk genannt — hatte viele Tugenden, doch die eines idealen Gatten und eines klugen Vaters besaß er nicht. Zusammen mit den meisten seiner Vorgänger setzte er die Romanowsche Tradition fort, nach der die Pflichten, Anforderungen und Freuden des Familienlebens selten in den Vordergrund treten durften. Von seinen sechs Söhnen erhielt nur Nikolaus, der älteste, als Thronfolger eine seiner Zukunft einigermaßen angemessene Erziehung. Die anderen fünf — Alexander, Wladimir, Alexej, Sergej und Paul — hatten nach ihrer Studienzeit die Wahl zwischen zwei Möglichkeiten des Waffendienstes. Vier von den jungen Großfürsten traten in die Armee ein, Alexej entschied sich für die Marine.

Ein Regime wie das Alexanders II. — erschüttert von Reformen und Aufständen und erregt durch Stürme neuer, der russischen Mentalität völlig fremder Ideen — hätte, so würde man glauben, den stumpfesten Intellekt aus Phlegma und Gleichgültigkeit reißen müssen. Auch gab es die Belastungen eines tragischen Krieges und schwere Spannungen innerhalb der Familie. Trotzdem ließ Alexander, der eines Tages der dritte Zar dieses Namens werden sollte, bis zum Tode seines älteren Bruders 1865 auch nicht im geringsten erkennen, daß er sich irgendwelcher Spannungen und Probleme bewußt wäre. Da er von massivem Körperbau und dementsprechender Unbeholfenheit war, hatte er in der Familie den Spitznamen „bytschok" (junger Stier). Pobedonoszew war sein Hofmeister, eine unglückliche Wahl von seiten Alexanders II., da der Mann ein eifriger Anhänger jeder reaktionären Strömung war. Der kleine „bytschok“ wurde aber nur für eine militärische Laufbahn vorbereitet, und selbst das oberflächlichste Studium der Staatskunst wurde für überflüssig angesehen. Pobedonoszew vermochte es jedoch, im jungen Großfürsten einen Patriotismus zu erwecken, der an puren Chauvinismus grenzte. Schon als Knabe wiederholte er immer wieder mit wahrer Wonne: „Rußland gehört den Russen!“ Dieser tödliche Slogan, der die großartige Vielfalt der Völker, Glaubensbekenntnisse und Sprachen des riesigen Reiches glattweg leugnete, drang ganz früh in Alexanders Bewußtsein ein und verschwand daraus nie wieder.

Eine ziemlich oberflächliche „Allgemeinbildung“ und gründliche Kenntnisse in drei Fremdsprachen waren alles, was Alexander mitbekam. Französisch, Englisch und Deutsch waren für einen Großfürsten eine unbedingte Notwendigkeit, um am Hof des Vaters oder bei Besuchen der zahlreichen ausländischen Verwandten nicht den Stummen spielen zu müssen. Er galt als mittelmäßiger Soldat, vor allem, weil er Paraden nicht mochte und ein reichlich schlechter Reiter war.

Die Lehrer bemerkten bald einen gewissen Hang zur Selbstgefälligkeit und eine Abneigung gegen Aufgaben, die größere geistige Anforderungen stellten. Alexanders Gehaben stand in vollkommenem Einklang mit seinem Äußeren. „Er stierte mehr, als er schaute, und hatte die Gewohnheit, den Kopf drohend vorzurecken, wenn ihm etwas nicht paßte“, schrieb ein Offizier des großfürstlichen Regiments. Alles in allem erinnerten seine Größe und sein schwerfälliger Körperbau zusammen mit dem völligen Mangel an Anmut in Bewegung und Betragen an einen geheimnisvoll belebten Monolithen. Trotz seines Spitznamens in der Familie sah Alexander eher einem Bären als einem Stier ähnlich und erinnerte in seiner Bärenhaftigkeit irgendwie an Gogols Sobakjewitsch in den „Toten Seelen“.

Er besaß aber zwei Eigenschaften, die schon in seinen frühesten Jahren hervorleuchteten: ein großes Herz und eine leidenschaftliche Wahrheitsliebe, die viele Mitglieder des Hofstaates seines Vaters und später seines eigenen nur allzuoft in Verlegenheit brachte. Selbst eine harmlose Notlüge, auf die er stieß, konnte ihm oft den glücklichsten Augenblick seines Lebens verderben und ihn in Wut versetzen.

„Konventionelle Förmlichkeiten", bemerkte er einmal, „dürfen nicht auf Kosten der Wahrheitsliebe eingehalten werden."

Seine Tanzkünste hätte man mit den Bewegungen — eines Tanzbären vergleichen können. Als ihm einmal auf einem Ball in Wiesbaden eine deutsche Cousine, die sich streng an die Etikette hielt, „für das große Vergnügen des Tanzes" dankte, entgegnete er barsch: „Warum können Sie nicht ehrlich sein? Es war doch nur eine Pflicht, der sich keiner von uns beiden entziehen konnte. Ich habe Ihre Tanzschuhe ruiniert, und mir ist von dem Parfüm, das Sie verwenden, übel geworden. Außerdem hat Ihr Handschuh einen Fleck auf meinem Ärmel hinterlassen. Lassen Sie Ihre Handschuhe mit Kreide oder mit Mehl reinigen?"

Solche ruppige Bemerkungen lassen vermuten, daß „bytschok" kaum Freunde haben konnte. Dem war aber nicht so. Seine Mutter, sein ältester Bruder Nikolaus, Pobedonoszew und viele andere waren ihm gut. Wenn „bytschok" in ihrer Gesellschaft war, wich die schroffe Unhöflichkeit einer fast unglaublichen Sanftmut. Seine Freunde hatten das Gefühl, daß ihm viel an ihnen lag. Es gab auch noch andere Quellen des Glücks in „bytschoks" Jugend; so besonders seine Tischlerhobelbank, wo seine riesigen Hände außerordentlich geschickt mit dem Werkzeug umgingen und er seine Uniform gegen eine viel bequemere Kretonbluse und Leinenhosen vertauschen konnte. Oder er machte Besuch in den Palastküchen, um sich einen Teller Kohlsuppe oder eine ausgiebige Portion „gretscha"-Brei zu holen, die Nationalspeise der Bauern — aus einer Art Buchweizen hergestellt —, die die Hofköche gelernt hatten für den Großfürsten zuzubereiten und die er mit Vorliebe heimlich in den Hinterräumen des Palastes verspeiste. „Die feinen Gerichte bei Tisch wurden von den verdammten Franzosen erfunden. Ein russischer Magen braucht eine richtige Nahrung, nicht dumme Leckerbissen, die nur für ein Kätzchen zum Knabbern passen", sagte er einmal. Wenn er auf die Jagd ging, hatte er einen Ranzen über der rechten Schulter hängen. Der Ranzen enthielt dicke Schnitten Schwarzbrot, zwei harte Eier oder einen geräucherten Hering und ein Papiertütchen mit Salz — die übliche Tagesration jedes Kutschers in der Stadt.

Noch eine Besonderheit muß von ihm berichtet werden. Seine

Frömmigkeit war niemals übertrieben und führte ihn in keine mystischen Regionen. Er faßte seine Religion absolut wortgetreu auf, ganz wie er es von Pobedonoszew beigebracht bekommen hatte. Und so unglaublich es im Falle eines Romanow scheinen mag, Liebesverhältnisse außerhalb der Ehe bedeuteten für Alexander eine schwere Sünde. Selbst den eifrigsten Sankt-Petersburger und Moskauer Klatschbasen gelang es nicht, ihm irgendwelche „Vergnügungen“ nachzuweisen, auch nicht die geringste Spur eines Skandals.

Alexander „erwachte“ erst richtig im Jahre 1865, als sein älterer Bruder Nikolaus an der Schwindsucht starb und er plötzlich Thronfolger und zugleich Bräutigam der Prinzessin Dagmar von Dänemark wurde, die vorher schon mit Nikolaus verlobt gewesen war. Sie trat der russischen Kirche bei, erhielt als Großfürstin den Namen Maria und heiratete Alexander 1866. Er war damals zweiundzwanzig. Man könnte sagen, mit seiner Ehe trat er erst eigentlich ins wirkliche Leben ein. Eine vollkommene eheliche Harmonie, die dauernde Kameradschaft mit einer jungen Frau, die genug Verstand besaß, ihrem jungen Gatten dabei zu helfen, sich auf seine künftige Stellung bewußt einzustellen, ein Glück, das er nie zu erhoffen gewagt hatte — das alles bewirkte eine große Wandlung in Alexander. Seine stumpfe Teilnahmslosigkeit begann zu schwinden, und die Vitalität eines Riesen brach aus ihm hervor.

Im Winterpalais hatte es für ihn nicht viel Glück gegeben, doch nun hatte er sein eigenes Heim. Das Anitschkow-Palais auf dem Newskij-Prospekt wurde nach und nach ein Zentrum für das Hof- und Gesellschaftsleben. Die Großfürstin Maria, die weitaus gebildeter als die meisten Prinzessinnen ihrer Zeit war, half ihrem Gatten in jeder Hinsicht. Sie konnte zwar Alexanders Sitz im Reitersattel nicht beeinflussen und auch seinen Chauvinismus nicht ausrotten, aber sie ermutigte ihn, so manche seiner Bildungslücken zu schließen. Unter ihrem Einfluß beschäftigte sich der Großfürst mit Geschichte und anderen Disziplinen. Das war eine schwere Aufgabe für ihn, denn sein Geist war an konzentriertes Studium nicht gewöhnt und bewegte sich nur im Schneckentempo vorwärts. Zuerst war es eine Qual für ihn, „ein schweres Buch" zu lesen, aber von seiner jungen Gattin immer wieder ermutigt, wollte Alexander einfach nicht aufgeben und lernte Schritt für Schritt mit großer Mühe, die Literatur der zeitgenössischen Welt zu entziffern.

Nur ein einziges Gebiet überließ die Großfürstin Maria ihm ganz allein: das Geschäft des Regierens. Sie war klug genug, zu erkennen, daß sich die Gattin eines Herrschers in derlei Dinge nicht einmengen sollte.

So rückte der Großfürst nach und nach in den Vordergrund und wurde auch außerhalb des engen Hofzirkels beachtet. Seine Wohltätigkeit konnte nicht unbemerkt bleiben, seine Bediensteten posaunten sie in der ganzen Stadt aus. Obwohl Alexanders Zivilliste sehr bedeutend war, gab er nicht eine Kopeke für persönlichen Luxus aus. Er unterstützte Spitäler, in Not geratene Privatschulen und Armenhäuser und half vielen Menschen, die durch unvorhergesehene Umstände verarmt waren. Der Großfürst gab rückhaltlos, doch verstand er es auch, abzulehnen — mit erfundenen Geschichten von Not und Elend kam man bei ihm nicht an.

Bald wurde Alexanders ausgeprägte, gelegentlich groteske Antipathie gegen Ausländer, insbesondere gegen die Deutschen, bekannt. Seine Großfürstin trug zwar nicht die Nationaltracht, und die Möbel und die sonstige Ausstattung der Räume im Anitschkow waren auch nicht in dem etwas übertriebenen „moskowitischen Stil" gehalten, der damals in Mode kam, wo Bastsandalen der Bauern an den Wänden hingen und bemalte Holzlöffel überall als Schmuck dienten. Doch hatte jeder Raum im Anitschkow-Palais ausgesprochen nationales Gepräge. Wenn keine „Ausländer" zugegen waren, wurde russisch, nicht französisch gesprochen. Zur Unterhaltung wurden russische Dichtung und Musik geboten, Hasardspiele waren verpönt, und Feinschmecker gaben einander den Rat, „den inneren Menschen zuerst zu befriedigen", ehe man sich zu einem Mahl ins Anitschkow begab: die großfürstlichen Mahlzeiten waren Muster an Genügsamkeit sowohl ihrer Qualität als auch ihrer Quantität nach.

Es ist eine sonderbare Tatsache, daß dieser Schüler Pobedonoszews in seiner Jugend Anhänger des Liberalismus war; die Reformen seines Vaters hatten den noch halbwüchsigen Alexander nachhaltig begeistert. Aber nach 1866 entfremdeten sich Vater und Sohn immer mehr. Schuld daran trugen unter anderem die Liaison des Kaisers mit Katharina Dolgorukaja, die ungeschickte Wahl seiner Minister und der ganze Trend seiner Außenpolitik, die zu sehr mit Berlin und Wien sympathisierte. „Österreich", sagte der Thronfolger, „war für uns nie mehr als ein schwankendes Rohr, Preußen will uns als Leiter gebrauchen, um selbst an die Spitze zu klettern, und der Himmel möge Europa helfen, wenn es je dahin gelangen sollte."

Die Kluft zwischen den beiden Alexandern wurde während des preußisch-französischen Krieges von 1870/71 erschreckend tief. Der Großfürst und seine Gattin haßten Preußen und liebten auch Frankreich nicht sonderlich, aber das von seinem Vater angeordnete Tedeum, um Moltkes Sieg zu feiern, widerte den jungen Mann an. Er mußte wohl dabei sein, da es ihm seine Prinzipien nie erlaubten, sich einer Verpflichtung zu entziehen, aber seine Reaktion im privaten Kreis läßt seine tiefe Empörung, wenn nicht gar Scham erkennen. „Mein Vater will nicht einsehen, daß Berlin eine drohende Gefahr ist", sagte er. „Er und ich betrachten beide jeden Krieg als verwerflich. Dieser Krieg aber war ein Verbrechen." Das erklärte er in einem seiner Salons im Anitschkow in Gegenwart von Freunden und einigen Menschen, die seine Freundschaft gewinnen wollten.

Die Worte waren unüberlegt, denn sie verstimmten die deutschen Verwandten. Aber das störte den „bytschok" nicht sonderlich.

„Es heißt zwar, daß wir in einem zivilisierten Zeitalter leben, aber die wilde Bestie ist in uns noch immer lebendig", sagte er. „So ziehen wir in den Krieg und schnappen einem Nachbarn sein Territorium weg und bemänteln hernach alles mit Ausreden, die wir nicht einmal einem Schulbuben angehen ließen. Die Welt ist in einer großen Verwirrung. Jedes Land sollte sich nur um seine eigenen Angelegenheiten kümmern."

So sprach der Großfürst 1871. (Seine Ansichten sollten sich jedoch bis 1877 grundlegend ändern.)

Alle aufgeklärten Geister im Lande faßten durch die Beweise von Alexanders liberaler Gesinnung Mut. Er wurde wütend vor Ungeduld über die schleppende Durchführung der Reformen und über das Einsetzen der Reaktion nach dem Karakosow-Attentat.

„Und schaut euch nur die Ministerien an“, sagte er düster. „Tolstoj allein wird die Uhr um Jahrzehnte zurückdrehen.“

Alexander nannte jeden Krieg verwerflich und sinnlos, aber sein Fanatismus für das Slawentum stieß seine Friedensliebe einfach um und machte ihn 1876 zum Anführer der Kriegspartei. Er bekehrte einen seiner Brüder, den Großfürsten Wladimir, und beide waren überglücklich, daß auch ihre Mutter ihre Gesinnung teilte. Wladimir war durch und durch Soldat, Alexander hingegen sah das Balkanproblem als streng rassische Frage. 1877 zog Alexander ganz im Geist eines fanatischen Kreuzritters nach dem Süden. Er zeichnete sich im Kriegsdienst zwar nicht sonderlich aus, aber im Hauptquartier hieß es, der Thronfolger sei der einzige Kommandant, der ihnen niemals irgendwelche Schwierigkeiten bereite. 1878 kam er tief enttäuscht zu seiner Gattin zurück. Der Feldzug hatte in ihm einen wiedererwachten und noch tieferen Abscheu gegen den Krieg und einen verschärften Widerwillen gegen das Unwesen der Korruption hinterlassen. Die Kriegführung des Zaren ließ der Veruntreuung viel Spielraum. Den Soldaten mangelte es an Stiefeln, Verpflegung, Waffen, während sich Spekulanten jeglicher Art Marmorvillen auf der Krim bauen ließen und ihren Freundinnen Diamanten und Rubine kauften. Von diesem Krebsschaden wurden Gesellschaftskreise befallen, denen man es nicht zugetraut hätte. Es wurde bekannt, daß Alexanders eigener Onkel, der Großfürst Nikolaus, mit solchen Verrätern jeder nationalen Rechtschaffenheit unter einer Decke steckte. Der Thronfolger verlangte daraufhin seine Entlassung. „Entzieh ihm den Oberbefehl“, bat er den Vater, „er ist seiner nicht würdig.“ Aber Alexander II. erwiderte, er könne unmöglich die Dynastie verunglimpfen, indem er die Untaten seines eigenen Bruders enthülle.

Es heißt, daß der Thronfolger niemals mehr ein Wort mit seinem Onkel gesprochen haben soll. Der Skandal kam zwar nie wirklich ans Tageslicht, aber die gewaltig gesteigerten Einnahmen des Großfürsten Nikolaus waren „eine Goldgrube“ für jede Klatschbase bei Hof.

Nun schrieb man 1878. Knapp drei Jahre später bestieg der Großfürst den Thron. In der Rückschau schienen diese letzten drei Jahre der Herrschaft seines Vaters wie Jahrhunderte. Der Terror, der das

Land beherrschte, die Regierung, die von einem Fehler in den anderen taumelte, und er selbst, der zwar einen Sitz in der Ratsversammlung hatte, aber nie eine unabhängige Entscheidung treffen konnte — das alles war für den Großfürsten Gift gewesen. Schließlich kam noch die Kränkung darüber hinzu, daß die Mätresse seines Vaters unter demselben Dach wie dessen Gattin, seine innigst geliebte Mutter, wohnte. Obwohl der Großfürst Streit und Zwietracht verabscheute, konnte er doch eine schwere Spaltung zwischen sich und einigen seiner nächsten Angehörigen nicht vermeiden. Sein Onkel, der Großfürst Michael, meinte dazu: „Die Privatangelegenheiten eines Autokraten dürfen von niemandem kritisiert werden, am wenigsten von seinen eigenen Kindern."

„Die Privatangelegenheiten eines Autokraten sollten aber auch über jede Kritik erhaben sein", erwiderte Alexander.

Seine Prinzipien waren ebenso verletzt wie seine Gefühle. Als Großfürst Michael bemerkte, es wäre wohl am besten, das Richteramt dem Allmächtigen zu überlassen, entgegnete der Neffe scharf, es sei seine Pflicht, sich seiner Mutter anzunehmen.

Alle diese Mißstände hätten ihn leicht entmutigen können, wäre ihm nicht sein Heim zu einem Hort der Geborgenheit geworden. Die Großfürstin Maria war Gattin, Mutter und Herrin im Anitschkow-Palais. Sie war auch die letzte in der langen Reihe der ausländischen Prinzessinnen, die die Angelegenheiten der Romanows zu ihren eigenen gemacht hatten. Jahr für Jahr stickte sie mit unermüdlichem Eifer an dem Familiengobelin der Dynastie. Durch die vielen Krankheiten und Auslandsreisen der Kaiserin Maria war sie als Schwiegertochter häufig dazu gezwungen, die Aufgaben der Ersten Dame bei Hof zu übernehmen. Die Gattin Kaiser Pauls I. hatte im ganzen Reich unzählige Schulen und Wohltätigkeitsinstitute gegründet und bis zu ihrem Tod persönlichen Anteil an deren Entwicklung genommen. Nun arbeitete Maria unermüdlich daran, dieses weite Feld zu pflegen, und es war die Freude und der Stolz Alexanders, zu sehen, daß ihre Popularität von Jahr zu Jahr wuchs.

Sonst gab es in diesen letzten Jahren vor Antritt seiner Thronfolge wenig, worüber er sich freuen konnte. Über das Ergebnis des Berliner Kongresses war er zutiefst entrüstet und machte seinem Vater Vorwürfe, Gortschakow als Repräsentanten Rußlands hingeschickt zu haben. Die Abneigung gegen Deutschland wuchs sich zu einem fast pathologischen Haß aus. Die weitaus besten Bäcker in St. Petersburg waren Deutsche; Alexander gab den Auftrag, daß für seinen Privathaushalt kein einziger Laib Brot bei ihnen gekauft werden dürfe.

Da der Großfürst seine Zunge nur allzuoft nicht im Zaum halten konnte und seine Ansichten frei heraussagte, legten einige Minister dem Kaiser nahe, er möge dem Thronfolger jede Teilnahme an Regierungsgeschäften untersagen. So lebte Alexander im Anitschkow-Palais oder in Gatschina, kam seinen nicht allzu beschwerlichen Verpflichtungen beim Regiment nach, erfüllte gesellschaftliche Funktionen, denen er sich nicht entziehen konnte, setzte seine Studien fort und hing mehr denn je an seiner Mutter, deren Tod im Frühjahr 1880 der zweite große Kummer seines Lebens war.

Kaiserin Maria war im Mai 1880 gestorben. Nach weniger als zwei Monaten, während welcher der Großfürst und seine Gattin zu Besuch bei ihren Verwandten in Dänemark weilten, heiratete Alexander II. die Fürstin Jurewskaja. Nun, da sie nicht mehr Mätresse, sondern Gattin war, bedeutete jeder Besuch im Winterpalais eine schwere Prüfung für den Thronfolger. Die Situation war um so unerträglicher, als er mit seiner ablehnenden Haltung innerhalb der Romanowschen Verwandtschaft so gut wie allein dastand. Seine Onkel, ganz besonders der Großfürst Michael, erlaubten sich keinerlei Kritik am Zaren. Die jüngeren Familienmitglieder aber waren von der Fürstin Jurewskaja entzückt. Für sie alle war die verstorbene Kaiserin kaum mehr gewesen als ein blasses, dauernd kränkelndes Schattenwesen, eine Frau, die „dumm genug" war, ihren Gatten beständig weiter zu lieben, obwohl dieser nichts mehr für sie übrig hatte. Für den Großfürsten Alexander und seine Brüder aber war sie eine schwer gekränkte Mutter gewesen. Der Thronfolger vergaß nie, wie gütig sie zu ihrer Schwiegertochter, seiner Frau, gewesen war, die Alexander II. wegen ihrer antideutschen Einstellung nicht mochte. Alles in allem war Maria ihm eine innere Stütze und ein Hort der Wärme gewesen, und er empfand die übereilte zweite Hochzeit seines Vaters als Entehrung ihres Andenkens.

Alle diese Familienschwierigkeiten fanden an jenem Märznachmittag des Jahres 1881 ein plötzliches Ende, als der dritte Alexander den Thron bestieg.

Rußland und Europa warteten auf die ersten kaiserlichen Erklärungen, die denn auch bald kamen. Sie waren knapp und unzweideutig und so grobschlächtig wie der Körper des neuen Zaren, und sie bewiesen, daß die Jahre des Terrors jede Spur liberaler Gesinnung aus ihm getilgt hatten. Er sprach von seinem festen Glauben „an die Kraft und Gerechtigkeit der autokratischen Macht" und erklärte, daß sich seine Außenpolitik der Erhaltung des Friedens widmen würde. Das konstitutionelle Manifest, das Alexander II. am Abend des Tages seiner Ermordung unterschreiben wollte, war jetzt nur noch ein Stück Papier, um das sich niemand mehr scherte. Sein Verfasser erkannte, daß er unter der neuen Herrschaft nichts mehr verloren hatte, und setzte sich rechtzeitig ins Ausland ab. Ein vom Komitee der Sozialrevolutionären Partei dem neuen Herrscher vorschnell übersandtes Ultimatum hatte wahrhaft tragische Folgen. Die Revolutionäre versprachen darin, von weiteren Gewalttätigkeiten Abstand zu nehmen, falls — ohne Aufschub — eine Nationalversammlung einberufen würde und die gesamte Nation die vollen konstitutionellen Rechte erhielte. Das Schriftstück erreichte Alexander III. noch einige Tage vor dem Begräbnis seines Vaters. Ungeschickt und eilig aufgesetzt, schloß es mit den Worten: „Nun liegt es ganz bei Ihnen, zu wählen, welchen der beiden Wege Sie einschlagen wollen."

Die Sozialrevolutionäre hätten keinen größeren Fehler begehen können. Der Tod des Kaisers von Mörderhand, der in Alexanders Augen alle Schwächen seines Vaters aufgewogen hatte, erfüllte die ganze Nation mit Schmerz und erregte im Westen allgemeines Entsetzen. Der Wortlaut des Ultimatums zeigte deutlich, daß seinen Verfassern weit mehr ihre eigene Ideologie als die nationalen Gefühle und unmittelbaren Interessen des Landes am Herzen lagen. Die Forderung, die erbliche Autokratie abzuschaffen, tarnte nur dürftig den Wunsch, eine neugebildete Autokratie aufzurichten. Die Forderung, unverzüglich eine Nationalversammlung ins Leben zu rufen, enthüllte die bodenlose Unkenntnis der Verfasser, die keine Ahnung hatten, unter welchen Voraussetzungen ein solcher Vorgang hätte eingeleitet werden müssen.

Es wäre kaum übertrieben, zu behaupten, das zur Unzeit abgefaßte Dokument trage zum Großteil die Schuld an so manchen düsteren Augenblicken während der dreizehnjährigen Regierungszeit Alexanders III.: an dem verstärkten Einsatz der Geheimpolizei, der verschärften Zensur, den schweren bürokratischen Fesseln in allen Erziehungsinstituten und dem brutalen Krieg gegen jedes sogenannte „subversive" Denken, Sprechen und Handeln. Die europäische Presse wetterte gegen die „unmenschlichen Verfolgungen" und das „Terrorregime", aber Alexander III. wußte um die Empörung des Volkes über die Ermordung seines Vaters und fand durch sie sein Vorgehen vollauf gerechtfertigt. Er konnte grausam sein und war es vor allem gegen jene Minorität, deren Politik dem Volk und dessen Bedürfnissen völlig verständnislos und fremd gegenüberstand. Auf diese Art erwies sich das „Regime des Terrors" für Millionen und Abermillionen in Rußland als eine überaus fruchtbringende, friedliche Zeit.

Es gab für ihn, was die Sozialrevolutionäre betraf, keine andere Alternative, als die Linie weiter zu verfolgen, die er in dem Manifest bei seiner Machtübernahme festgelegt hatte: „... (deshalb) rufen Wir alle unsere getreuen Untertanen auf, Uns und dem Staat aufrichtig und gerecht zu dienen und (Uns zu helfen) die furchtbare Volksverhetzung, die gegenwärtig unser russisches Land entehrt auszurotten ... im Vertrauen auf die Kraft und Gerechtigkeit der autokratischen Macht, die Uns Gott verliehen hat ... (derselben Macht), der es schon mehr als einmal gelungen ist, schwere Schicksalsschläge, die über unser Land hereingebrochen sind, zu überwinden ... und (unter welcher) Rußland reich an Kraft und Ruhm geworden ist ..."

Diese Worte wurden an ein Volk gerichtet, das noch halb gelähmt war vor Schreck über die Ermordung des „Zar-Befreiers". Für eine Minorität hatte das monarchistische Prinzip zwar seit einiger Zeit seinen Zauber verloren, aber ein Herrscher kann es sich nicht leisten, in seinem Denken und Planen den Standpunkt einer Minorität zu vertreten.

Für die breiten Volksmassen war das rein *persönliche* Wesen des Zaren von keinerlei Bedeutung. Das *Amt* des Zaren jedoch, wie schwach und unvollkommen es auch ausgeübt wurde, war für das Volk ein Symbol, das es unbedingt brauchte.

Dieses erste Manifest des neuen Regimes soll Pobedonoszew aufgesetzt haben, aber Alexander überarbeitete und erweiterte es selbst. Seine Auffassung von Autokratie war erschreckend einfach: Das Wort bedeutete ihm, was es sagte, nicht mehr und nicht weniger. Giers wurde Alexanders Außenminister, aber Giers' Amt wurde bald der wenn auch geringen Selbständigkeit entkleidet, deren sich ein Nesselrode oder ein Gortschakow erfreute. Der neue Kaiser zog es vor, sein eigener Kanzler zu sein. Er verlor keine Zeit, Dimitrij Tolstoj, Timaschew und einige andere zu entlassen. Als Bunge, der damalige Finanzminister, seine Demission einreichen wollte, wurde er in den Palast beordert, um dort von seinem Herrscher zu erfahren: „Sie scheinen zu vergessen, daß in meinem Lande Minister ernannt oder entlassen werden, sie demissionieren nicht."

Diese eiserne Strenge lockerte sich mit den Jahren etwas. Im übrigen zeigte der Romanowsche „bytschok" eine erstaunliche Fähigkeit, Charakter und Verdienst einzuschätzen. Das bewies er bei Witte und auch bei Richter, dem Privatsekretär des Kaisers. Pobedonoszew verblieb, zum Leidwesen vieler, in seiner Stellung als Prokurator des Heiligen Synod, da Alexander sich aus persönlichen Gründen zu ihm hingezogen fühlte, hatte er doch von diesem unbeholfenen und linkischen Mann den ersten Grundsatz seines persönlichen Glaubensbekenntnisses gelernt: „Rußland gehört den Russen."

Schon am ersten Tag seiner Regierung stürzte sich der Kaiser in die Arbeit. Die Festlichkeiten bei Hof mußten natürlich abgehalten werden, aber nur wenn es im Staatsinteresse lag, und der Kaiser trug Sorge, daß diese Anlässe viel spärlicher wurden als unter seinen Vorgängern. Er beschloß, das Winterpalais nur für offizielle Staatsfeierlichkeiten zu öffnen, und auch für das Alexander-Palais in Zarskoje Selo hatte er nicht viel übrig. War er in Petersburg, zog er das einfache Familienleben im Anitschkow allem anderen vor oder die noch weniger formelle Atmosphäre von Gatschina, wo er es sich leisten konnte, eine Bauernbluse und Kniehosen zu tragen und seine Mahlzeiten in der Art eines nicht allzu wohlhabenden Staatsbeamten oder Kaufmanns einzunehmen. Witte, der ein ziemlich übertriebener Liebhaber der „haute cuisine" war, beklagte sich, daß an der Tafel des Kaisers manchmal Gerichte serviert wurden, die angeblich nicht zu essen waren. Ein Herr des Hofstaates bemerkte, die Minister könnten von Glück sagen, daß sie nicht die Lieblingsspeise des Zaren, nämlich Kohlsuppe und Hirse- oder „gretscha"-Brei, vorgesetzt bekamen.

Alle die verschiedenen kaiserlichen Haushalte von St. Petersburg bis hinunter nach Livadia auf der Krim waren über die vom Kaiser angeordneten Sparmaßnahmen verblüfft. Die Bücher der Haushofmeister der diversen Paläste, die zur Kontrolle nach Gatschina geschickt werden mußten, kamen mit strengen Randbemerkungen in roter Tinte versehen zurück: Tischtücher sollten nicht täglich gewechselt werden, Seife und Kerzen durften nicht weggeworfen werden, bevor sie nicht aufgebraucht waren, die Lichter in leeren Räumen sollte man nicht brennen lassen. Einer dieser Haushofmeister erhielt die Rüge, es sei nicht nötig, hundert Eier für eine Omelette zu verwenden, wenn nur zwanzig Leute bei Tische seien.

Das alles scheinen belanglose Knausereien, aber es folgten noch viel bedeutsamere Sparmaßnahmen, besonders auf dem Gebiet der Verwaltung, wo vor allem die Bezirksgouverneure den Befehl erhielten, ihre Ausgaben für Repräsentationszwecke einzuschränken. Alexander III. war zwar kein Dickensscher Scrooge, aber er wußte besser als so mancher andere, daß die Finanzen des Reiches seit 1877 ziemlich im argen lagen, und hielt es für seine Pflicht, ein Exempel zu statuieren. „Keiner kannte den Wert einer Kopeke besser als er", erinnerte sich Witte.

Nachdem Alexander alle seine Haushalte mit dem eisernen Besen der Sparsamkeit durchgekehrt hatte, ging er daran, seine eigene Zivilliste um 18 Millionen Rubel im Jahr zu kürzen. Dieser Maßnahme folgte eine durchgreifende Neuorganisierung sämtlicher Herrensitze und Ländereien der Krone, so daß sich deren Einkünfte schon bis 1884 mehr als verdoppelt hatten.

Diese Besitzungen, die unter dem Namen „udjely" bekannt sind, verdankten die Romanows der finanziellen Klugheit Katharinas der Großen, die sie mit den Geldern aus ihrer Privatschatulle erworben hatte, um der Dynastie für die Zukunft eine Einnahmsquelle zu sichern. Sehr viele dieser „udjely“ befanden sich auf der Krim. Aus diesen Grundbesitzungen floß das Einkommen sämtlicher Mitglieder der Familie Romanow, deren Anzahl seit dem Ende des 18. Jahrhunderts erheblich angestiegen war. Nikolaus I. hatte vier Söhne gehabt, die alle verheiratet waren und Kinder hatten. Innerhalb der nächsten zehn oder zwanzig Jahre würde sich nach Alexanders III. Berechnung die Anzahl der persönlichen Apanagen verdoppeln. Er gab daher ein Familienstatut heraus, nach welchem nur Kinder und Enkelkinder eines Herrschers den Titel eines Großfürsten oder einer Großfürstin führen durften. Alle anderen sollten Fürsten und Fürstinnen sein und als solche mit „Hoheit“ angeredet werden und natürlich eine entsprechend niedrigere Zuwendung erhalten.*

Alexanders Sparmaßnahmen für seine eigene Person waren nicht weniger streng. Er pflegte seine Alltagskleider so lange zu tragen, bis sie nicht mehr reparaturfähig waren, und von allen Romanows war er wahrscheinlich der einzige, der es nicht verschmähte, gesohlte Stiefel zu tragen. Wenn ausländische Verwandte nach Gatschina kamen, waren sie immer ganz überrascht über die spartanische Ausstattung seiner Privatzimmer. Er konnte aber auch großzügig sein. Einmal wurde ein kleinerer Staatsbeamter wegen einer Veruntreuung

* Im Jahre 1917 waren fünfzehn Großfürsten und zehn Großfürstinnen am Leben. Ein Großfürst hatte seinen dauernden Wohnsitz in England, sieben flüchteten und sieben wurden von der Sowjetregierung ermordet. Fünf Großfürstinnen — Elisabeth, die Schwester der Kaiserin Alexandra, und vier Töchter des Kaisers — wurden ebenfalls ermordet. Von den sieben Großfürsten, die entkamen, waren zwei — die Großfürsten Dimitrij und Boris — unverheiratet und kinderlos. Alle sieben waren Enkel von Herrschern: Kyrill, Boris, Andrej und Dimitrij waren Enkel Alexanders II., Alexander, Nikolaus und Peter Enkel Nikolaus' I. Heute sind keine russischen Großfürsten mehr am Leben. Die Großfürsten Kyrill und Peter hinterließen je einen Sohn, aber weder Fürst Wladimir noch Fürst Roman dürfen nach dem Familienstatut Alexanders III. den Titel eines Großfürsten führen. Die einzigen heute noch lebenden anderen männlichen Romanows sind die Söhne und Enkel des Großfürsten Alexander und der einzige überlebende Sohn des Großfürsten Konstantin, Fürst Gabriel. Die allerletzte Großfürstin von Rußland war Olga, die jüngere Tochter Alexanders III., die 1961 in Kanada starb.

verurteilt und schrieb ein Gnadengesuch an den Kaiser. Alexander wollte nicht gleich einen Entschluß fassen, weil ihn der Wortlaut des Gesuches irgendwie berührte. „Der Mann ist weder kriecherisch noch unterwürfig; sonderbar, daß er so tief gefallen sein sollte." Er ließ nähere Erkundigungen einholen. „Eine Frau, eine Mutter und acht Kinder, und nicht ein Wort über die Familie in dem Gesuch." Und als er das Gehalt des Beamten erfuhr, geriet der Zar in Wut. „Ein solcher Hungerlohn ist ja geradezu eine Aufforderung zum Diebstahl!" Er setzte die Strafe beträchtlich herab, da er das Gefühl hatte, er könnte ihn nicht vollkommen straflos ausgehen lassen, versorgte aber die Familie aus seiner Privatschatulle und ordnete eine Erhöhung der Gehälter für ungezählte Tausende von kleinen Beamten an, verschärfte aber zugleich die Strafen für Bestechung.

„Ich kämpfe gegen drei Feinde zu Hause", erklärte er den Verwandten seiner Frau in Dänemark, „Aufruhr, Verschwendung und Veruntreuung. Ansonsten bin ich ein Mann des Friedens."

Das private Glaubensbekenntnis des Kaisers bestand aus drei Artikeln: Orthodoxie, Autokratie und Nationalismus. Auf dem Gebiet des letzteren zeigte sich sein Regime von der dunkelsten Seite. Nationale Einheitlichkeit hätte vielleicht ein Fürst von Kiew im 10. Jahrhundert innerhalb seines Stammes anstreben können — in Alexanders Tagen war sie bereits eine absurde Forderung, die zu beklagenswerten Exzessen führte.

Der Zar war Herrscher über Sibirien, dessen Bevölkerung sich aus vielen Stämmen zusammensetzte, er war der Herr des Kaukasus und weiter Gebiete Zentralasiens, er war der Herr über Finnland und Polen, über die baltischen Provinzen und die Krim. Seine Untertanen sprachen Hunderte von Dialekten. Er hatte über fünf Millionen Juden in seinem Herrschaftsgebiet. In seinem Volk gab es Orthodoxe, Katholiken, Lutheraner, Calvinisten, Baptisten, Methodisten, Buddhisten und Mohammedaner. Es gab aber auch noch zahlreiche Abarten einheimischer Nonkonformisten, gar nicht zu reden von den kaum bekannten Sekten, deren Anhänger sich aus den zahllosen Völkerstämmen Sibiriens und anderer Gegenden rekrutierten.

Aber die Parole des Kaisers war: „Rußland gehört den Russen." Seine ethnologischen Kenntnisse waren sehr gering, man konnte ihm nicht begreiflich machen, daß „die reine russische Rasse" nur in der Phantasie eines Fanatikers existierte. Da es dem Reich also an Homogenität fehlte, hielt er es für seine Pflicht, diese zu erzwingen.

Es wäre unfair, Alexander III. zu beschuldigen, er habe den Antisemitismus in Rußland aufgebracht. Den gab es dort schon lange vorher. Ebenso unfair wäre es aber auch, zu leugnen, daß während seines Regimes Judenhaß und Judenverfolgung in schandbarer Weise öffentlich gebilligt wurden.

Im allgemeinen kann man sagen, daß das jüdische Problem in Rußland vor den Teilungen Polens kaum existierte. Tatsächlich wurden sehr viele Juden in den westlichen Provinzen des Reiches angesiedelt. Sie waren bei ihren nichtjüdischen Nachbarn zwar nie sehr beliebt, aber erst in der zweiten Hälfte des 18. Jahrhunderts wurden Gesetze erlassen, die ihre Lebensweise behinderten und sie für Vergehen, die ihnen in die Schuhe geschoben wurden, bestraften. Die alte russische Abneigung gegen die Juden hatte ihren Ursprung in der Einstellung der Bauern, die jeden, der keine Landarbeit verrichtete, ablehnten. Außerdem empfanden die Russen, befangen in ihren mehr als verschwommenen Vorstellungen von Wirtschaftlichkeit und Sparsamkeit, Mißtrauen und Haß gegen ein ihnen blut- und glaubensmäßig fremdes Volk, das die geniale Begabung zeigte, sich durch schwere Arbeit und gesunde Haushaltung einen Platz an der Sonne zu erringen.

Die ersten antisemitischen Gewalttätigkeiten machten sich im 19. Jahrhundert besonders unter Nikolaus I. bemerkbar. Unter Alexander III. aber nahmen sie furchtbar überhand.

Der Zar hatte die Juden schon seit seiner Kindheit gehaßt, als er noch ganz unter dem Einfluß seines Lehrers Pobedonoszew stand. Als Erwachsener wiederholte Alexander gerne das zynische russische Sprichwort: „Shid krestschonnyj kak wor prostschonnyi", das heißt: „Ein getaufter Jid ist wie ein pardonierter Dieb." Der heilige Synod versuchte unermüdlich, Juden, Buddhisten, Mohammedaner und nichtorthodoxe Christen zu bekehren. Obwohl sich der Kaiser pflichtgemäß auch zu dieser Politik bekannte, sah er in dem Versuch, Juden zum Christentum zu bekehren, nichts als ein Zeichen von Erbärmlichkeit. „Sie werden nie echte orthodoxe Christen aus ihnen machen", sagte er einmal zu einem Bischof. „Der jüdische Sauerteig ist unausrottbar." Selbst in offiziellen Schriftstücken pflegte er manchmal die verächtliche Bezeichnung „Shid" (Jid) statt „Jewrej" (Jude) zu verwenden. Er hielt jede falsche Anschuldigung gegen sie unbedingt für wahr und war der Überzeugung, daß das internationale Judentum ein gigantisches Komplott organisiere, um die bestehende Gesellschaftsordnung zu unterminieren und am Ende zu zerstören. Wenn jemand es wagte, zu behaupten, Meldungen über ein solches Komplott seien völlig aus der Luft gegriffen, geriet Alexander in Wut: „Aus der Luft gegriffen? Schauen Sie doch unser eigenes Land an!"

Unglücklicherweise hielt er an der leider sehr verbreiteten Meinung fest, die Juden seien an der Ermordung seines Vaters beteiligt gewesen und finanzierten auch weiterhin die noch bestehenden „subversiven Zellen". Niemals fiel ihm ein, daß der Nihilismus der frühen sechziger Jahre ja doch russischen Ursprungs war. Er beschuldigte andere Regierungen, der „Gefahr" gegenüber blind zu sein, und soll die Königin Victoria „eine alte Närrin" genannt haben, weil sie Disraeli schätzte.

Diese pathologische Einstellung war weder rassisch noch politisch und schon gar nicht religiös bedingt. Sie scheint zumindest der Autorin dieses Buches aus einem unbewußten Neid entstanden zu sein. Da er selbst ein ehrenwerter und hingebungsvoller Familienvater war, konnte der Kaiser nicht umhin, den tiefen moralischen Standard seiner „echtgeborenen" Russen zu beklagen. In weiten Gesellschaftsschichten galt das Sechste Gebot für so veraltet wie die Kleider aus Großmutters Mottenkiste. In seinen eigenen Kreisen kam eine Scheidung zwar nicht in Frage, aber Alexander wußte, daß manche seiner Cousins und zumindest einer seiner Brüder eine Geliebte hatten und aus ihren galanten Affären gar kein Geheimnis machten. Er wetterte zwar dauernd gegen sie, und sie nahmen seine Vorwürfe zur Kenntnis, aber mehr erreichte er nicht. Sie ihrer Zivilliste zu berauben hätte unweigerlich zu einem Skandal geführt, den er sich nicht leisten konnte, da zumindest nach außen hin die Ehre der Romanows sakrosankt bleiben mußte.

Und da waren nun, um ihn um so tiefer zu demütigen, diese fünf Millionen Juden, deren Familienleben über jeden diesbezüglichen Verdacht erhaben war; wo Ehegelöbnis und Blutsverwandtschaft hochgehalten und die Eltern von den Kindern absolut geachtet wurden. Auf wirtschaftlichem Gebiet bemühte sich der Kaiser zwar ungemein, Unfähigkeit zu bekämpfen und Sparsamkeit zu fördern, aber der leichtfertigen, in seinen Augen unehrenhaften Einstellung der „echtgeborenen" Russen (die Tolstoj in seiner „Anna Karenina" so großartig schildert), jener Männer, die Schulden von mehr als einer Million Rubel hatten und trotzdem so lebten, als schuldeten sie niemandem auch nur eine Kopeke, stand Alexander machtlos gegenüber. Die Juden hingegen lehnten es stets ab, Schulden zu machen, sie verabscheuten jede Verschwendungssucht und kamen nur allzuoft ihren leichtsinnigen nichtjüdischen Brüdern zu Hilfe.

Und noch etwas kam hinzu. Als gläubiger orthodoxer Christ, der die Ehre seiner Nationalkirche eifersüchtig hütete, war der Kaiser durch manche Berichte über die Landgeistlichen zutiefst entsetzt. Viele Dorfpriester waren völlig ungebildet, faul und unmoralisch, lebten selbst in Armut und waren auf die keineswegs immer freiwilligen Spenden ihrer Pfarrkinder angewiesen. Sogar für Beichten wurden Gebühren erpreßt. Und auf der anderen Seite standen die Rabbis, die zwar meistenteils auch arm, aber alle hochgelehrt und von äußerster Sittenstrenge waren und einen beneidenswert großen Einfluß auf ihre Gemeinde ausübten.

Wir können nicht sagen, ob die Pogrome, die innerhalb weniger Monate nach Alexanders Machtübernahme einsetzten, ihren Ursprung in irgendeiner Maßnahme der Regierung hatten, da alle Aufzeichnungen darüber sicherlich sofort vernichtet worden wären. Aber zweifellos wurde die Atmosphäre, die diese Pogrome möglich machte, von der Regierung vorbereitet. In Jelisawetgrad, Kiew, Charkow, Witebsk, Smolensk und anderen Städten wurden die jüdischen Viertel vom Pöbel überfallen, und selbst Frauen und Kinder stimmten in den schändlichen Chor „Bej Shidow! — Schlagt die Juden nieder!" ein. Geschäfte wurden geplündert, Häuser niedergebrannt, viele Juden getötet, und Greuel, die an die Tage der Tataren erinnern, wurden an Frauen und Kindern verübt. Die wahrhaft christliche Oberin eines russischen Klosters in Kiew öffnete ihre Klostertore und gewährte einigen jüdischen Frauen mit ihren Säuglingen eine Zufluchtsstätte. Für diese Geste der Barmherzigkeit erhielt sie dann eine strenge Rüge des Bischofs. Es wäre nicht die Aufgabe einer Nonne, „sich einzumischen", erklärte er, sie hätte das den zuständigen Behörden überlassen sollen. Alle diese Städte standen zwar unter strenger Polizeibewachung, aber in jedem dieser Fälle behauptete die Polizei, „der Pöbel sei nicht zu halten gewesen".

Untersuchungskommissionen wurden ziemlich verspätet eingesetzt, aber die Toten konnten nicht mehr zum Leben erweckt werden, und die von der Staatskasse sparsam verteilten Wiedergutmachungen waren kläglich unzureichend, so daß es den ausländischen Juden zufiel, ihren verfolgten Glaubensgenossen in Rußland zu helfen.

In offiziellen Äußerungen wurde zwar das Bedauern über die Pogrome ausgesprochen, doch wurden ihre verheerenden Auswirkungen stets viel geringfügiger dargestellt. Der Kaiser aber sagte zu seinem Innenminister, dem Grafen Ignatjew, der ein ebenso fanatischer Antisemit wie er selbst war: „Die Jiden haben sich alles selber zuzuschreiben. Sie wollen sich an unserem Volk mästen. Oh, fast jeder Jid ist ein Wucherer."

Die sogenannten Ignatjew-Gesetze traten 1882 in Kraft. Sie trugen den Namen des Ministers, aber auch der Zar und Pobedonoszew hatten wesentlich daran mitgearbeitet. Das Recht auf Ansiedlung wurde rigoros eingeschränkt; doch umfaßten die Ignatjew-Gesetze einen noch viel weiteren Lebensbereich der Juden als die Gesetze der Vorgänger Alexanders. Kein Jude durfte auch nur den geringsten Verwaltungsposten bekleiden. Militärdienst und verschiedene Professionen waren für sie gesperrt. Ein Jude durfte wohl als Rechtsanwalt praktizieren, doch war ihm eine höhere juristische Laufbahn verwehrt. Er durfte kein Land besitzen. Wenn er eine Pfandleihanstalt besaß, mußte diese unter ständiger Polizeiaufsicht arbeiten. Wenn er Handel trieb, durfte er den Sabbat nicht halten. Er durfte keine Ehe mit einer Christin eingehen, außer er sagte sich von seiner Religion los. Hebräische Bücher durften nicht gedruckt werden, und sämtliche jüdischen Schulen wurden geschlossen. Nur die Rabbis hatten die Erlaubnis, Kinder unter bestimmten Bedingungen zu unterrichten.

Nur unter besonderen Umständen erhielt ein Jude die Genehmigung, den umgrenzten Siedlungsraum zu verlassen, doch durfte es außerhalb dieses Bezirks keine jüdischen Fleischhauer und Bäcker geben. Der Jude verlor das Recht, gegen ein Gerichtsurteil Einspruch zu erheben, und es wurde ihm sehr schwer gemacht, Christen gerichtlich zu belangen, wenn diese ihm Geld schuldig blieben. Schließlich durften jüdische Kinder nur bestimmte Schulen besuchen, die ihnen von den Behörden vorgeschrieben wurden. Außerdem mußten Juden höhere Steuern zahlen als Nichtjuden.

Es muß leider hinzugefügt werden, daß die Ignatjew-Gesetze von einer überwältigenden Mehrheit gutgeheißen worden wären, hätte man eine allgemeine Volksbefragung über sie veranstaltet.

Die unmittelbare Folge der neuen Gesetze war ein Exodus der Juden aus dem Reich Alexanders. Sie wanderten nach England und Frankreich aus, nach Kleinasien und Nordafrika und nach den Vereinigten Staaten. Die russischen Behörden legten ihnen nichts in den Weg, solange ihre Steuern, Geldstrafen und sonstigen Abgaben gezahlt waren. „Laßt sie ihr Gift hintragen, wohin sie wollen", sagte Alexander, „Rußland gehört den Russen."

Gleichzeitig trug er seine chauvinistischen Waffen nach Finnland, ohne zu bedenken, was für ein böses Vermächtnis er damit seinem Sohn bereitete. Alexander III. war der Schöpfer des sogenannten „finnischen Problems", das den letzten Romanow während seiner ganzen Herrschaft beunruhigen und quälen sollte.

Finnland, das jahrhundertelang unter schwedischer Oberhoheit gestanden hatte und von Peter dem Großen teilweise erobert worden war, wurde dem russischen Reich unter Alexander I. einverleibt, der seinen schwedischen Feldzug von 1807 auf Vorschlag Napoleons unternommen hatte. Aber weder der „Gesegnete" selbst wurde seines Sieges froh noch Rußland, das sich schämte, daß sein Zar „nach der Pfeife Bonapartes getanzt hatte". Um sein Gewissen zu beruhigen und sein Volk zu erfreuen, gab Alexander I. Finnland eine Autonomie, ein Parlament und eine freie Presse, die nicht der russischen Zensur unterstand. Nicht einmal Nikolaus' sture Politik wagte die finnischen Privilegien anzutasten. Der Landtag in Borgö tagte weiter in schwedischer und finnischer Sprache, die Landesverwaltung setzte ihre

Finnland

Tätigkeit fort, ohne durch Weisungen von St. Petersburg behindert zu werden, und das finnische Garderegiment war eine der verläßlichsten Einheiten der Romanowschen Armee.

Das alles aber widersprach der Vorstellung, die Alexander III. davon hatte, wie ein Kaiserreich beschaffen sein sollte, und viele staatsbürgerliche Privilegien der Finnen wurden mit einem einzigen kaiserlichen Federstrich aus der Welt geschafft oder verwässert. Das Parlament wurde abgeschafft, die Zensur eingeführt und Russisch in allen Schulen und an allen Universitäten zum Pflichtgegenstand gemacht. Schließlich wurde in Helsingfors eine orthodoxe Kathedrale erbaut, das ganze Großfürstentum zu einem Erzbistum „erhoben" und ein Erzbischof nach Helsingfors geschickt „als Vertreter der nationalen Kirche", von der das finnische Volk ungefähr eine so klare Vorstellung hatte wie von der Rückseite des Mondes. Nachdem Alexander III. auf diese Weise den Samen für künftige Aufstände in dem gesetzestreuesten Teil seines Herrschaftsgebietes gesät hatte, wandte er seine Aufmerksamkeit der baltischen Küste zu.

Dort artete seine Leidenschaft der Russifizierung zum Wahnsinn aus. Man hätte die drei Provinzen mit drei Gänsen vergleichen können, die für das Reich goldene Eier legten. Sie erfreuten sich einer gewissen Autonomie, und ihr blühender Wohlstand hatte sogar Bismarcks Neid erregt. Die Staatskasse in Petersburg mußte hier niemals hilfreich eingreifen. Die Provinzen bestritten die Milchwirtschaft des europäischen Rußland. Ihr Export an Holz, Erz und Fischen blühte selbst in Zeiten, in denen der russische Ausfuhrhandel wenig eintrug. Ihre Häfen, deren Vergangenheit sie mit den stolzen Tagen des hanseatischen Bundes verband, galten als Juwelen im Diadem des Zaren.

Aber Alexander in seiner Russomanie erklärte: „Die historischen Rechte der baltischen Provinzen müssen den Erfordernissen des russischen Staates weichen." Bald danach schlich sich das heimtückische Gift der russischen Bürokratie auch in den bis dahin gesunden Verwaltungsapparat der Provinzen ein. Steuern wurden erhöht und unzählige Beschränkungen eingeführt, um eine Gleichschaltung mit den allgemeinen Vorschriften zu erreichen. In der Vergangenheit konnten Fachkräfte, hauptsächlich solche aus Deutschland und

Schweden, ohne Schwierigkeit an der baltischen Küste eine Anstellung finden. Nun durften Ausländer keine wie immer geartete Arbeit annehmen, und der Rhythmus des Geschäftslebens verlangsamte sich. Deutsche Beamte, die ihre Posten behalten durften, wurden unter russische Oberaufsicht gestellt. Das Ergebnis war — besonders in den Docks — ein zeitweiliges Chaos. Dafür wurden die Provinzen von einer großen Anzahl russischer Missionare besucht, deren Bekehrungseifer freilich nur geringen Erfolg hatte.

Die rückläufige Entwicklung in den baltischen Ländern war um so enttäuschender, als die Industrie im eigentlichen Rußland während der Regierung Alexanders gewaltige Fortschritte zu machen begann.

Da der Kaiser sich erst ziemlich spät in seinem Leben ernsthaft mit Geschichte befaßte, wurde es ihm nie wirklich klar, daß sein „echtgeborener Russe" ethnologisch eigentlich ein Mischling aus slawischem, skandinavischem, griechischem, tatarischem und vielem anderen Blut war. Der Papageienruf „Rußland gehört den Russen" klang besonders absurd aus dem Mund eines Mannes, der keine andere Bindung zu russischen Vorfahren aufzuweisen hatte als die zu seiner Ururgroßmutter Anna, der älteren Tochter Peters des Großen, die selbst nur zur Hälfte russischer Abstammung war, da ihre Mutter, Martha Skawronskaja, Litauerin gewesen war.

Die „schreckliche Volksverhetzung", wie das antimonarchistische Treiben vom Kaiser genannt wurde, kam während seiner ganzen Herrschaft nie zur Ruhe. In der Mitte des 19. Jahrhunderts war negative Haltung zum Thron das stumme Übereinkommen der gebildeten Minorität, der sogenannten „Intelligenzija", doch setzte sich diese Haltung kaum jemals in Taten um. Es gab aber noch eine andere Minorität, deren Ideen in der Theorie vortrefflich waren; sobald sie aber in die Tat umgesetzt wurden, verloren sie sofort ihren Charakter. Dieser Minorität erschienen Taten als unbedingte Notwendigkeit, doch konnten sich diese Menschen „Fortschritt" nur im Sinne von Gewalt vorstellen, von politischem Mord.

Die Morde waren schädlich und sinnlos. Töten war nicht das wesentliche Verbrechen, das sich die „Sozialrevolutionäre" zuschulden kommen ließen; ihre Hauptschuld muß anderswo gesucht werden.

Sie waren Verbrecher, weil sie Lügner waren. Sie behaupteten immer wieder, sie hätten es sich zur Aufgabe gestellt, die Freiheit der ganzen Nation zu erkämpfen. Sie hatten aber nicht einmal damit begonnen, über die tatsächlichen Nöte der Nation wirklich nachzudenken. Was sie anboten, war nur der Austausch einer abgenutzten Autokratie gegen eine neue, und dieser Austausch sollte durchgeführt werden um den Preis zerstörten Wohlstands, der Irreführung der Massen und um den Preis von noch viel mehr Menschenleben, als unter den Händen der Henker des Zaren zugrunde gingen. Die Sozialrevolutionäre sprachen im Namen der Nation, und somit sprachen sie falsch, denn kein einziger Bauer hatte sich ihnen je angeschlossen. Nur Fabrikarbeiter und Studenten hörten auf die „rote" Propaganda und verbreiteten sie weiter, aber was war ihre Zahl im Vergleich zu den Volksmassen? Das von den Sozialrevolutionären gepredigte Evangelium war dem Ethos des Volkes völlig fremd. Eine titanische Änderung im Sozialen war wohl vonnöten, aber allein die Vorbereitung dazu hätte viele Jahre erfordert. Die Revolutionäre waren nicht geschult, in den gesunden Bahnen historischer Vorgänge zu denken. Sie waren wie Amateurbergsteiger, die einen steileren Hügel in der Umgebung ihres Heimatdorfes erstiegen haben und sich nun für fähig halten, die Nordwand des Eiger zu bezwingen.

Von diesem Gesichtspunkt aus erscheint Alexanders III. unbarmherziges Vorgehen als gerechtfertigt. Daß seine Unterdrückungsmaßnahmen auch viele völlig unschuldige Menschen betrafen, war unvermeidlich; sie hemmten den normalen geistigen Fortschritt, knebelten die Presse und vermehrten das lähmende Gift des Bürokratismus; aber es gab für den Zaren tatsächlich keine andere Alternative.

Trotzdem wich das Rußlandbild, das der Westen durch seine Auslandskorrespondenten empfing, stark von der Wirklichkeit ab. Es erweckte beinahe die Vorstellung, als hätte der Alleinherrscher nichts anderes zu tun, als tagaus, tagein Todesurteile zu unterschreiben, und als kauerte er auf allen vieren unter einem Tisch, während hinter jeder Ecke des Palastes ein Sozialrevolutionär mit einer Bombe in der Hand auf der Lauer läge. Jemand erfand sogar eine rührende

Geschichte, wie Alexander seine englischen Verwandten in Kopenhagen zum Abschied küßte und ihnen sagte, während ihm die Tränen über die Wangen rollten: „Lebt wohl, meine Lieben! Ihr fahrt nun zurück in eure glückliche englische Heimat, und ich muß in mein russisches Gefängnis zurückkehren." Gefängnis? Nirgends fühlte sich Alexander so wohl wie in seinem vielgeliebten Rußland. Daß er sehr selten in der Öffentlichkeit erschien, nahm man im Ausland als Beweis für seine Feigheit und die Ohnmacht der Polizei, die ihn nicht zu beschützen vermochte. Alexander zeigte sich tatsächlich nicht oft, doch war daran seine fast pathologische Abneigung gegen jedes öffentliche Auftreten schuld. Und wenn er auch nicht den Mut mancher seiner Vorgänger geerbt hatte, so war er doch kein ausgesprochener Feigling zu nennen.

Es gab haarsträubende Geschichten, daß eine Armee von einigen Hunderttausend das Schloß und den Park von Gatschina bewache, und der Wohnsitz des Kaisers wurde auch tatsächlich streng bewacht; aber keineswegs in einem so absurden Ausmaß, daß der Bahnhof von Gatschina für jeden geschlossen gewesen wäre, der nicht einen Auftrag bei Hof oder bei der Regierung hatte. Gatschina bestand nicht nur aus Schloß und Park, es war auch eine Ortsgemeinde von einigen tausend Einwohnern vorhanden, deren Leben durchaus nicht beeinträchtigt wurde durch die Möglichkeit eines jeden Augenblick zu gewärtigenden Bombenattentats.

Natürlich war Alexanders Leben dauernd in Gefahr, und er wußte es auch. Es gab viele erfolglose Anschläge auf sein Leben, viele Massenverhaftungen, viele Verurteilungen zur Verbannung nach Sibirien und eine Anzahl von Hinrichtungen. Aber wenn Alexander auch in seiner Politik — besonders durch seinen fanatischen Nationalismus — schwere Fehler beging, so muß ihm doch eines zugute gehalten werden: Er dachte, plante und handelte im Interesse der gesamten Nation. Vor persönlicher Sicherheit, Ansehen und Würde kam das Amt, das ihm, wie auch er es empfand, von seinem Schöpfer auferlegt worden war.

Jemand sagte einmal von ihm, es habe zwei Dinge gegeben, die ihm heilig gewesen seien: das Sechste Gebot und der Frieden Europas. Man sollte noch hinzufügen, daß Alexander III. für Europa — ausgenommen Dänemark — Verachtung empfand, was er nicht immer verbergen konnte. Er verabscheute Deutschland, mißtraute England, hatte wenig übrig für Österreich, und sein Liebäugeln mit Frankreich war teils Heuchelei, teils eine Farce.

Nur ein- oder zweimal in den dreizehn Jahren seiner Herrschaft wurde der Frieden gefährdet, doch wurden die Konflikte jedesmal zeitgerecht geschlichtet. Das für alle seine Vorgänger so schwierige, nicht zu übergehende türkische Problem beunruhigte Alexander III. nicht. Die Schwarzmeerflotte, die wieder die Stärke der Zeit vor 1877 erlangt hatte, diente, wie der Zar 1886 erklärte, rein defensiven Zwecken, was bis 1914 auch zutraf. Er beschloß, den Freihafen Batum russisch zu machen, was einem Punkt des Berliner Friedensvertrags widersprach.* Sofort wies Großbritannien in einer Protestnote darauf hin, daß der Vertrag auch schon von anderen Signatarmächten bei der Vereinigung von Bulgarien mit Ostrumelien verletzt worden war. Da sich aber keine anderen Großmächte dem Protest Englands anschlossen, führte das Vorgehen Alexanders zu keinem Bruch der diplomatischen Beziehungen mit England.

Schon als Großfürst pflegte Alexander zu sagen, Kriege seien Zeitverschwendung, und er hatte als Kaiser immer weniger Zeit zu verschwenden. „Mein Haushalt ist so groß, daß er jeden Augenblick des Tages in Anspruch nimmt", war einer seiner üblichen Aussprüche. Er war der erste Romanow nach Peter dem Großen, der den Ausbau der Industrie in Rußland für unbedingt notwendig hielt. Viele neue Eisenbahnlinien wurden angelegt; eine von ihnen verband die kaspische Küste mit Samarkand; eine andere, die Transsibirische Eisenbahn, „Welikij Sibirskij Put", sollte eine Länge von mehr als 7000 Kilometer haben und über Omsk, Krasnojarsk, Irkutsk durch die Mandschurei nach Wladiwostok am Stillen Ozean führen. Eine

* Auf dem Berliner Kongreß gewann Rußland den im Krimkrieg verlorenen Teil Bessarabiens bis zum Donaudelta, im Kaukasus das Gebiet von Kars sowie Batum als Freihafen.

Anzahl bedeutender technischer Projekte nahm unter Alexanders Regierung Gestalt an, so zum Beispiel die Trockenlegung der Pripjet-Sümpfe, ein Gebiet etwa von der Größe Englands. Mehrere Bewässerungsanlagen wurden begonnen, und den früher im ganzen Land vernachlässigten Bau von Brücken übernahm die Regierung.

Vor allem aber übte Alexander einen nachhaltig günstigen Einfluß auf die nationale Finanzgebarung aus und war klug genug, einen hervorragenden Mann wie Witte auf diesem Gebiet einzusetzen. Die Einführung von Schutzzöllen für inländische Erzeugnisse, die Förderung zahlloser Industrieunternehmungen von Nowgorod bis Wladiwostok, die Gründung der Bauernbanken, um die wirtschaftliche Stellung der Landleute zu sichern und zu verbessern, das alles wurde vom Kaiser in dem festen Glauben unternommen, Rußland könne und solle nicht nur solvent, sondern wohlhabend sein. Das alles setzte er schon einige Jahre vor seinem frühzeitigen Tod ins Werk. Doch ist es ein Teil von Alexanders Tragik, daß er, Nationalist bis zum letzten Blutstropfen, einer materialistischen Lebensauffassung den Weg zu bereiten begann, die dem Geist der Nation völlig fremd war. Rußland, das außerhalb seiner Grenzen in Frieden lebte, wurde reich, seine Industrien entfalteten sich, seine Bodenschätze begannen ungeahnte Dividenden abzuwerfen, und sogar manche Handwerker und Bauern erwarben ein ernormes Privatvermögen. Dieser wachsende Wohlstand hatte aber einen Januskopf: er machte zugleich reicher und ärmer. Einerseits hob sich das allgemeine Lebensniveau, die überaus notwendige Fürsorgetätigkeit erweiterte sich, und viele wichtige technische Errungenschaften aus dem Westen wurden in Rußland eingeführt. Anderseits aber verschärften sich die Gegensätze nicht nur zwischen arm und reich, sondern auch zwischen der alten, anspruchslosen und der nun aufkommenden neuen, bequemeren Lebensweise, so daß die bereits bestehende Kluft zwischen den verschiedenen Gesellschaftsschichten noch viel krasser zutage trat. Die Menschen stumpften mehr und mehr ab, und eine naturfremde Weltanschauung griff um sich, die jeden nur nach seiner Kapitalkraft einschätzte. Geld war nun nicht mehr ein Mittel zum Zweck, sondern wurde für viele zum Selbstzweck; Menschen erwarben großen Reichtum, die nie gelernt hatten, das Geld vernünftig auszugeben, und die keinen angeborenen

Instinkt besaßen, der sie hätte leiten können. Anekdoten über Kaufleute und blasierte Ingenieure, die ihre Zigarren an Fünfundzwanzigrubelnoten anzündeten, trugen nicht sonderlich dazu bei, die nationale Stimmung zu heben. Als Alexander von einem Kornkönig hörte, der nach der Hochzeit seiner Tochter befahl, das gesamte Kristall und Porzellan, das für das Festmahl angeschafft worden war, sofort zu zerschlagen, lautete der kaiserliche Kommentar dazu sarkastisch: „Ich sollte ein Gesetz erlassen, damit solche sündhafte Verschwendungssucht bestraft wird."

Als Autokrat hätte er Gesetze nach seinem Belieben einführen können, und in diesem Fall ist es schade, daß er es nicht getan hat.

Alexander III. kann nicht als ein typischer Vertreter der Dynastie gelten. Er hielt die eheliche Treue, liebte seine Kinder innig und schätzte auch die übrigen zahlreichen Familienmitglieder. Nicht die Spur eines Skandals wurde je mit seinem Namen in Zusammenhang gebracht. Maria war seine Gattin, und sie liebten und lebten füreinander, bis daß der Tod sie trennte. Und Maria war genau die richtige Frau für diesen Mann. Sie hörte nie auf, ihn zu beeinflussen, aber ihr Einfluß griff nie auf Staatsangelegenheiten über. Gatte und Gattin lebten in innigster Harmonie — und hatten doch im Grunde nichts miteinander gemein. Die Kaiserin war nicht besonders sparsam, sie liebte schöne Kleider, wertvollen Schmuck und den Glanz großer Feste bei Hof, die für Alexander ärger als das Fegefeuer waren. Die Kaiserin verabscheute Spaziergänge und wollte nicht ausfahren, wenn das Wetter nicht vollkommen strahlend schön war. Er wiederum konnte keinen Tag verstreichen lassen, ohne eine Wanderung zu unternehmen, solange es seine spärliche Freizeit erlaubte, egal ob es regnete oder die Sonne schien. Die schönen, kleinen Hände Marias taugten zu nichts anderem, als gelegentlich die Sticknadel zu führen, während Alexander jede manuelle Arbeit sehr liebte und in so manchem Kunsthandwerk Experte war. Sie hatte es gern, wenn ihre Kinder sich ruhig verhielten. Für Alexander war ein ruhiges Kind etwas Widernatürliches, und es machte ihm Freude, mit seinen Söhnen und Töchtern herumzutollen. Die Kaiserin beschäftigte ihre

Hofdamen und Kammermädchen unausgesetzt. Dem Kaiser fiel es nie ein, seinen Kammerdiener herbeizuschellen, um sich von ihm die Stiefel ausziehen zu lassen. Schließlich liebte die Kaiserin alle schönen Künste, während er dafür wenig übrig hatte und die Kunst nur aus Pflichtbewußtsein förderte. Doch alle diese Gegensätze beeinträchtigten nicht die vollkommene Harmonie zwischen den Gatten.

Zur Zeit, als das Regime Alexanders sein völlig unerwartetes Ende nahm, war die Familie Romanow sehr zahlreich geworden. Die drei Onkel Alexanders waren alle verheiratet, und einer von ihnen, der Großfürst Michael, hatte selbst wieder sechs Söhne. Der Kaiser hatte eine ganze Schar von Cousins, Neffen und Nichten. Er hatte für sie im einzelnen zwar nicht viel Zeit, aber er behielt sie ständig im Auge. Zu gewissen Anlässen lud er sie alle zu einem üppigen Festmahl ein, wobei er gerne in die Rolle eines Patriarchen schlüpfte. „Das Auge der Nation ist auf uns gerichtet", sagte er. „Das Schicksal hat uns hohe Vorrechte verliehen, weil wir einer Dynastie angehören. Wir alle müssen unsere Pflicht tun und dürfen nicht im mindesten vom Weg der Ehrbarkeit abweichen, um unserem erlauchten Haus keine Schande zu bereiten. Wenn du es dir nicht leisten kannst, deiner Frau eine Rubinbrosche zu kaufen, so muß deine Frau eben ohne Rubinbrosche auskommen. Wenn du dich verliebst, bedenke deine Verantwortung als Gatte und Vater. Es ist schmachvoll für einen Romanow, sein Ehegelübde zu brechen und sich dem Müßiggang hinzugeben."

Es ist uns zwar nicht überliefert, wie seine Angehörigen auf solche Predigten reagierten, aber die Tatsachen sprechen deutlich genug: Während des Regimes Alexanders III. gab es tatsächlich einen gewissen Zusammenhalt innerhalb der Familie. Er ließ es auch nicht zu, daß die Männer müßiggingen. Keiner der Großfürsten konnte sich der Vorstellung hingeben, seine Pflichten beim Regiment bestünden nur in der Teilnahme an Banketten im Kasino und an Paraden. Der Kaiser erlaubte sich allerdings nur gelegentlich, direkten Einfluß darauf zu nehmen, wie die Herren ihre Freizeit verbrachten. Einmal hatte einer seiner Neffen an einem einzigen Abend die Hälfte seiner jährlichen Zuwendung verspielt. Bald darauf wurde der junge Mann nach Gatschina gerufen.

„Ich wollte dir eigentlich gratulieren", sagte Alexander. „Es ist angenehm, zu wissen, daß einer meiner Neffen ganz schuldenfrei ist..." Als der junge Großfürst daraufhin blutrot wurde, rief der Zar aus: „Was? Du hast doch Schulden? Wem bist du etwas schuldig? Und wieviel?" Und als die Einzelheiten sehr zögernd herauskamen, richtete sich Alexander in seiner ganzen ungeheuren Größe auf und schrie mit geballten Fäusten: „Mein Neffe? Ich wollte, du wärest kein Großfürst! Es wäre genug, die Hühner zum Lachen zu bringen (‚kuram na smjech)', wenn es nicht so tragisch wäre. Du bist ein Dieb. Das Geld, das du verspielt hast, gehörte nicht dir, sondern deinen Gläubigern. Nun höre zu! Ich bezahle nicht deine Schulden, weil du mir leid tust, sondern weil ich an die Ehre der Familie denke, und du sollst mir bei diesem Kreuze hier und in diesem Zimmer schwören, daß du nie mehr die Karten berühren wirst. Und jetzt fort aus meinen Augen! Mach einen langen Spaziergang, und wenn du zurückkommst, wirst du das Geld finden — das aber nicht dir gehört", fügte der Kaiser hinzu.

Der Vorfall hätte sein traditionelles gutes Ende finden sollen. Das war nicht der Fall — Alexander starb, noch bevor sich der junge Mann die Hörner abgestoßen hatte, und er scheint auch erfahren zu haben, daß ein nur aus Angst geleisteter Eid nicht bindend sein kann.

Die Gesundheit des Kaisers harmonierte durchaus mit seiner riesenhaften Erscheinung. Aber die Katastrophe von Borki im Jahre 1888, als dort sein Zug zum Entgleisen gebracht wurde und er sich gegen das einstürzende Waggondach stemmte, um seine Frau und einige Familienmitglieder zu schützen, war auch für einen solchen Riesen zuviel. Der Zar verbat sich jede Art von Aufsehen, ja er verschmähte sogar jede ärztliche Betreuung und versicherte der Zarin immer wieder, er fühle sich vollkommen wohl. Es stimmte auch eine Zeitlang. Dann aber, anfangs ganz unmerklich, begannen die Riesenkräfte zu schwinden. Seine jüngere Tochter, die Großfürstin Olga, war die erste, die es bemerkte, als der Kaiser mit ihr im Park von Gatschina spazierenging, plötzlich blaß wurde, sich ins Gras setzte und murmelte, er werde ins Schloß zurückgehen, sobald ihm „besser" wäre. „Du darfst aber nichts deiner Mutter sagen", fügte er hinzu und verzog dabei das Gesicht vor Schmerzen. Die Tochter gehorchte. Aber es folgten weitere Anfälle, so daß die Kaiserin darauf bestand, einen Hofarzt zu rufen. Dieser verlangte das Gutachten eines Spezialisten. Der Kaiser erwiderte, er fühle sich zwischen den Anfällen „vollkommen wohl"; doch schließlich wurde eine Nierenentzündung festgestellt.

Die Ärzte meinten, Alexander sei kräftig genug, um eine Reise nach dem Süden anzutreten, und im Spätsommer 1894 fuhr der Zar auf die Krim. Zuerst taten ihm die verordnete Behandlung, das warme Klima und die Ruhe gut; aber er gab sich keinen Illusionen hin. Als es Herbst wurde, verschlechterte sich sein Zustand so sehr, daß alle seine Minister nach Livadia berufen wurden. Am Morgen des 1. November bestand der Kaiser darauf, sein Bett zu verlassen und sich in einen großen Lehnstuhl zu setzen. Er sagte zu seiner Frau: „Ich glaube, es ist soweit. Mach dir keine Sorgen um mich. Ich bin ganz ruhig", und sie blieb bei ihm. Später wurden seine Kinder und die Braut des Thronfolgers, Prinzessin Alice von Hessen-Darmstadt, gerufen. Der Kaiser wollte nicht ins Bett zurückgetragen werden, Maria kniete neben seinem Lehnstuhl. Er lächelte sie an und flüsterte: „Ich bin noch nicht tot, aber ich habe schon einen Engel getroffen ..." Gegen zwei Uhr nachmittags starb er, den Kopf an die Schulter seiner Frau gelehnt.

Obwohl Alexander III. in vieler Beziehung keineswegs liebenswert war, besaß er doch Eigenschaften, die den meisten seiner Vorgänger fehlten. So wie er war, blieb er sich treu und wich nicht im geringsten von seinen Prinzipien ab. Er trug nie eine Maske und brach nie ein Versprechen. Nicht nur sein eigenes Land, sondern ganz Europa erlitt bei seinem Tod einen Verlust. Wie arg auch die Fehler und unglückseligen Absurditäten seines Regimes waren, so kannte er doch zumindest den Wert des Friedens und die grauenhafte Sinnlosigkeit des Krieges weit besser als die meisten Menschen seiner Generation, und er hatte auch die Kraft, seine Politik bei anderen durchzusetzen. Er erhielt den Beinamen „der Friedensstifter" („Zar Mirotworjez"). Seine Friedensliebe war aus der Kraft geboren, nicht aus der Schwäche.

XII

Die Welt, die sie verließen

NIKOLAUS II., ÄLTESTER SOHN ALEXANDERS III.;
GEBOREN IM MAI 1868, THRONFOLGE IM NOVEMBER 1894,
ERMORDET IM JULI 1918

Beim Tode Alexanders III. soll Clemenceau gesagt haben: „Wer ist Nikolaus II.? Niemand weiß es, wahrscheinlich nicht einmal er selber." Das Urteil des Auslands über Rußland und die Russen grenzte vielfach ans Phantastische. In diesem Fall aber hatte Clemenceau ins Schwarze getroffen, denn nicht einmal Nikolaus' eigene Landsleute wußten, was für ein Mensch der Zar war; sie gaben sich endlosen Vermutungen hin, die alle einander widersprachen und gleichermaßen vage wie sorgenvoll waren. Es gab wohl auch die gewohnten Lobpreisungen, die sich jedoch auf kaum mehr als auf den Hintertreppenklatsch der großen Häuser stützten. Und es gab die etwas stärker wirkenden Behauptungen verächtlicher Kritik, die aus der gleichen Quelle stammten. Jemand, der Nikolaus einmal gleichgültig vor sich hin starren gesehen hatte, als ein Pferd auf einer Straße in Gatschina gestürzt war, schloß daraus sofort, der Thronfolger sei grausam gegen Tiere. Ein anderer, der Nikolaus einmal beobachtet hatte, wie er sich in der Vorhalle der Kasan-Kathedrale in St. Petersburg niederbeugte, um die herabgefallene Tasche eines ärmlichen Andächtigen aufzuheben, war von seiner Güte überzeugt.

Schließlich wurden alle negativen Züge im Wesen des letzten Herrschers der Romanows derart herausgestrichen, daß nur noch die Karikatur eines Menschen übrigblieb, und diese Karikatur wurde in zahlreichen Publikationen verbreitet und führte dazu, daß viele Menschen den Eindruck erhielten, die Ereignisse des Jahres 1917 und ihre schrecklichen Konsequenzen seien durch Nikolaus selbst verschuldet worden. Das ist unsinnig. Sicherlich fehlte Nikolaus die persönliche

Größe, um den Anstoß zu einer Metamorphose der nationalen Struktur zu geben. Er hatte zweifellos auch schwierige Charaktereigenschaften, doch waren es solche, die jeder andere Mensch auch hätte besitzen können. Die Wurzel seiner Tragödie lag weder in Nikolaus selbst noch in seiner Ehe, sondern einfach in der Tatsache, daß er Zar sein mußte.

Er war der einzige Herrscher unter den Romanows, dessen Kindheit im Schoß eines durch und durch normalen Familienlebens verlief, die häßlichen Folgen elterlicher Zwietracht blieben ihm erspart. Trotzdem war Liebe allein nicht alles, was der älteste Sohn einer Herrscherfamilie brauchte; auf die Aufgaben, die ihm einmal zufallen würden, wurde viel zuwenig Augenmerk gelegt. Die Hofmeister des jungen Großfürsten waren zwar keineswegs unbedeutend, doch schien sich keiner auch nur im geringsten bemüht zu haben, manche der verhängnisvollen Eigenschaften des Zarewitschs zu bekämpfen: seine außergewöhnliche Schüchternheit, sein fast krankhaft zurückhaltendes Wesen und seine gefährliche Bereitschaft, jeden Rat anzunehmen, wenn er zufällig der Anforderung des Augenblicks gerade entsprach. Auch wurde der Lehrplan den Fähigkeiten des Knaben durchaus nicht angepaßt. Die Lehrer waren nur dem Kaiser persönlich unterstellt und hatten sich dessen Wünschen zu fügen. Nach Alexanders III. Ansicht waren Mathematik und Naturwissenschaften viel wichtiger als Geisteswissenschaften, was für Nikolaus verhängnisvoll war. Ein anderer, allgemeinerer Bildungsweg hätte seinen Geist viel besser für die Grundbegriffe der Staatskunst vorbereitet. Der Mensch selbst hätte letzten Endes den Mittelpunkt aller seiner Studien bilden müssen, nicht mathematische Formeln und die komplizierten Probleme der Metallurgie.

Nikolaus wurde schon sehr bald in Französisch, Englisch und Deutsch unterrichtet, aber niemals in Latein oder Griechisch. Etwas Geschichte, Geographie und Nationalökonomie standen auf dem Lehrplan, und seine Lehrer bezeichneten ihn ziemlich vorsichtig als „fleißig, aber nicht sonderlich begabt“, worüber sein Vater etwas enttäuscht war. Auch über den Charakter des Knaben äußerten sie sich ebenso vorsichtig und wenig aufschlußreich. Nikolaus war in seiner Kindheit weder ein Lügner noch ein Komödiant, aber seine Zurückhaltung bildete schon sehr früh eine unsichtbare Mauer um ihn, die nur wenige durchdringen konnten, und auch seine äußere Erscheinung ließ in Miene und Gebärde wenig Rückschlüsse auf sein Inneres zu.

In einem Punkt versagten seine Lehrer ganz besonders: Sie hätten viel mehr unternehmen müssen, um den Wortschatz ihres Schülers zu erweitern. Nikolaus' Tagebücher und Briefe spiegeln sein ganzes Leben lang eine fast unglaubliche Armut der Sprache wider.

Vater und Sohn hatten nicht viel miteinander gemein, obwohl Nikolaus manche Ansichten des Kaisers, wie zum Beispiel dessen Antisemitismus und die Gleichgültigkeit gegenüber ausländischen Ansichten, teilte. Glücklicherweise verfiel er aber nicht dem Slogan seines Vaters: „Rußland gehört den Russen." Auch in dem Gehaben von Vater und Sohn gab es wenig Ähnlichkeit: Die Derbheit in Sprache und Benehmen Alexanders war Nikolaus ganz fremd, dessen Sanftmut und Höflichkeit sogar Menschen, die ihn nicht mochten, auffiel. Die übertriebene Schüchternheit bei Hof und anderen öffentlichen Veranstaltungen fiel von ihm ab, sobald er sich im Familienkreis oder unter Menschen befand, die ihm „sympathisch" waren. Solche Leute, die Nikolaus in einer gelösten, aufgeschlossenen Stimmung trafen, waren stets sehr eingenommen für ihn. Die furchtbare Hungersnot von 1890/91 veranlaßte die amerikanische Regierung, eine Hilfsmission nach Rußland zu entsenden, deren Leiter, Dr. Talmage, mehrmals mit dem Thronfolger zusammentraf. Die Angelegenheit der Hilfsaktion berührte den Zarewitsch zutiefst. Nach Dr. Talmage war er „ein außerordentlich liebenswerter junger Mann, hochkultiviert ... Weder Russen noch Europäer brauchen von ihm irgendwelche Feindseligkeiten oder Unannehmlichkeiten zu befürchten." Derselbe Witte, der später wenig Lob für den Monarchen Nikolaus hatte, schrieb begeistert über die „schwere Arbeit", die der Thronfolger als Vorsitzender des Komitees der Sibirischen Eisenbahn leistete, das Alexander III. 1890 einberufen hatte, um den Bau zu beschleunigen. Diese Aufgabe betrieb Nikolaus wirklich mit Feuereifer. Er prüfte höchst gewissenhaft alle Berichte, holte Gutachten von Experten ein, reiste überall herum, wobei er das Reich, das er einmal regieren sollte, weitgehend kennenlernte, und versäumte keine einzige Sitzung des Komitees. Indessen beweisen die Eintragungen in sein Tagebuch über die gleichzeitigen Sitzungen des Staatsrates, daß diese ihn langweilten, was bei einem Thronfolger eigentlich nicht der Fall hätte sein dürfen. Er erwähnt auch nie, daß er bei einer dieser Sitzungen je das Wort ergriffen hätte.

Im Frühling 1894 fand seine Verlobung mit der Prinzessin Alice von Hessen-Darmstadt statt. Von seiner Seite war eine lange, ermüdende und fast hoffnungslose Werbung vorausgegangen, teils weil die Braut zögerte, der orthodoxen Kirche beizutreten, teils weil seine Eltern verschiedene Einwände erhoben hatten. Sie kannten Prinzessin Alice durch deren Besuche in Rußland bei ihrer älteren Schwester Elisabeth, die mit dem Großfürsten Sergej, dem Bruder des Kaisers, verheiratet war. Weder Alexander noch Maria fanden Gefallen an Alice, die sie für „gauche" hielten, und außerdem fürchtete der Kaiser, der britische Einfluß könnte sich möglicherweise mehr ausbreiten, falls sie seinen Sohn heiratete. War sie doch die Enkelin der Königin Victoria.

Im April 1894 waren dann aber alle Schwierigkeiten überwunden, man traf sich bei der Hochzeit von Prinzessin Alicens Bruder in Coburg, und noch am selben Abend schrieb Nikolaus in sein Tagebuch: „... ein himmlischer, unvergeßlicher Tag ... Meine Verlobung mit der teuren, geliebten Alice ... (Ich war) den ganzen Tag lang in einem Traum ... Ein kalter, grauer Tag, aber in meinem Herzen ist alles hell ... Wir gingen spazieren und sprachen ... (Es ist) so friedlich und gut, mit ihr beisammen zu sein ... (Alles) ist wie im Paradies ..."

Im Juni darauf folgte Nikolaus seiner Braut nach Windsor. Er war ein gesunder junger Mann, der noch immer „auf Paradiesespfaden wandelte", nachdem er schon fast die Hoffnung aufgegeben hatte, die von ihm erwählte Welt des Glücks zu einer dauernden Zufluchtsstätte zu machen. Einmal ging er nach Westminster, um einer Debatte im Unterhaus beizuwohnen. T. P. O'Connor berichtete über seinen Eindruck von diesem Besuch:

„Es war etwas Eigenartiges, fast ein wenig Unheimliches, das Böses ahnen ließ, in der Art, wie der Zarewitsch die Galerie der Peers betrat. In seiner Begleitung befand sich eine kleine Gruppe von Herren; sie blieben ein wenig hinter ihm zurück, um ihm Gelegenheit zu geben, zu den Sitzen vorzugehen, die für fürstliche Persönlichkeiten reserviert sind. Er schien schüchtern, unsicher, unentschlossen, wandte sich um, als ob er eine Weisung erwartete, und begab sich schließlich mit größtem Unbehagen zu seinem Platz. Bei dieser kleinen Szene drängte sich einem der Gedanke an die einsame und gefährliche hohe Stellung auf, die er einmal einnehmen würde ... an all die Einsamkeit, das Verlassensein und die Unsicherheit inmitten von Millionen ihn vergötternder Untertanen und Tausenden unterwürfiger Höflinge ..."

Ein scharf beobachtendes Auge hatte hier alle äußeren Anzeichen erfaßt und sie unfehlbar richtig gedeutet. Wer im Parlament hätte sich vorstellen können, daß sie einen jungen Mann sahen, der nach Nikolaus' eigenen Worten „neugeboren" war und, durch eine große Liebe unendlich bereichert, „im Paradies" wandelte? Das Unterhaus war aber auch kein Salon in Windsor, sondern Nikolaus wurde dort „zur Schau gestellt", noch dazu unter einer ihm total fremden Menge; er benahm sich also um kein Haar anders, als er sich bei der öffentlichen Ausübung einer Funktion im eigenen Land benommen hätte: unsicher, schüchtern, abweisend, wofür er von seinen Eltern schon so oft getadelt worden war.

Ansonsten liefen die Tage für den Thronfolger in völliger Sorglosigkeit dahin. Der Vater schien noch im Vollbesitz seiner körperlichen Kräfte zu sein, und die Krone war zum Glück noch in weiter Ferne. Nikolaus liebte Musik, Theater und Tanz, und bis zu seiner Verlobung bestand sein Tagebuch fast nur aus Eintragungen über Bälle und Bankette, Jagdgesellschaften und militärische Verpflichtungen, nämlich Paraden und Manöver. Nichts — mit Ausnahme seiner Arbeit im Sibirischen Komitee — drang auch nur im geringsten tiefer in dieses oberflächliche Dasein ein.

Nun aber hatte er Alice errungen, in deren Augen jede Oberflächlichkeit ausgeschlossen war, die „alles von ihm" wollte und auch selbst „ganz die Seine" war; sie wollten einander rückhaltlos angehören. Wie immer sich die Dinge später auch gestalteten, eines steht fest: Dem Mädchen aus Darmstadt gelang es, aus einem sorglos dahinlebenden

Zarewitsch einen jungen Mann zu machen, der sich seiner künftigen verantwortungsvollen Aufgaben als Autokrat voll bewußt war. Sie konnte ihm zwar nicht das Regieren beibringen, aber sie klärte ihn zumindest über seine Stellung auf. Ihre Hochzeit sollte 1895 stattfinden; Alexander III. stand damals in seinem neunundvierzigsten Lebensjahr. Die in einer Atmosphäre strenger Pflichterfüllung aufgewachsene deutsche Prinzessin glaubte, der von ihr geliebte Mann habe noch viele Jahre Zeit, sich auf den Thron vorzubereiten. „Ich bin entschlossen, dir in allem zu helfen", versicherte sie ihm immer wieder. Er sollte es bald bitter nötig haben. Denn das Schicksal setzte sich über alle wohldurchdachten Pläne, natürlichen Erwartungen und edlen Hoffnungen der klugen jungen Prinzessin hinweg und bürdete ihrem Bräutigam im November 1894 die ganze Riesenlast des Reiches auf: mit sechsundzwanzig war der noch lange nicht völlig gefestigte, gereifte und auf sein Amt vorbereitete Zarewitsch Kaiser von Rußland.

Schon während der letzten Lebenstage Alexanders III. kam es der eilig in die Krim berufenen Prinzessin Alice zum Bewußtsein, daß Nikolaus völlig ignoriert wurde. Befehle, die er erteilte, wurden einfach nicht ausgeführt. Seine Onkel, besonders Großfürst Wladimir, sprachen mit ihm in der Art von Obersten, die sich an einen Subalternen wenden.

Prinzessin Alice war wütend. „Sei fest", schrieb sie in Eile auf ein Blatt in Nikolaus' Tagebuch, „und laß die Ärzte zu dir kommen ... Jeden Tag ... Sieh zu, daß du immer der erste bist, der etwas weiß ... Zeige deinen Standpunkt und laß sie nie vergessen, wer du bist ..."

Aber Nikolaus konnte das nicht, er fürchtete sich vor seinen Onkeln. Er stand auch zu sehr unter dem Einfluß seiner Mutter, um die sich alles im Schloß von Livadia drehte. Den Ministern seines Vaters ging er aus dem Weg. Nach Ansicht seiner Braut kroch und schlich Nikolaus, wo er stolz schreiten sollte! Freilich, er war in diesen Tagen überlastet, und seine einzige Entspannung waren die Augenblicke, die er mit Alice verbringen konnte. Die Ärzte, die

Minister, der Hof, sie alle wußten, daß es für Alexander keine Hoffnung mehr gab — nur sein Sohn und Erbe wollte es nicht glauben. Er hatte zwei Brüder, doch der eine lag damals gerade im Sterben, er war tuberkulös, und der andere war noch ein Knabe. Trotzdem hätte Nikolaus, wäre er ganz sich selbst überlassen gewesen, ohne die Unterstützung und den Rat seiner Braut, seine Thronrechte sehr wahrscheinlich an den jungen Großfürsten Michael abgetreten, dem man die Kaiserinwitwe als Regentin vorgesetzt hätte.

Es geschah nicht. Er heiratete, wurde gekrönt und band sich durch einen heiligen Eid „bis zum Tode". Er trat kein leichtes Erbe an, aber nach Wittes Worten „trug der junge Kaiser in jenen frühen Tagen den Keim der besten Kräfte in sich, die Geist und Herz des Menschen besitzen können" — trotz der kalten Antwort, die Nikolaus II. den Delegierten aus dem Semstwo (lokale Selbstverwaltung) des Gouvernements Twer erteilte, als sie ihm im Januar 1895 ihre Aufwartung machten. Er sagte, sie sollten sich „alle müßigen Träume aus dem Kopf schlagen. Ich möchte, daß jeder weiß, ich halte an den Prinzipien der Autokratie ebenso fest, wie es mein Vater getan hat". Diese Worte wurden zwar ziemlich energisch ausgesprochen, aber verstand Nikolaus überhaupt, was Autokratie bedeutete? Er gab wohl einen Ukas nach dem anderen heraus und erwartete, daß sie befolgt würden. Aber ihr Inhalt stammte kaum jemals aus seiner eigenen unabhängigen Urteilskraft. Meistens kam er zu seinen Schlüssen durch irgendeine Bemerkung, die er bei einer Gelegenheit gehört hatte, durch eine in England oder Frankreich erfahrene Reaktion, durch den Vorschlag eines vertrauenswürdigen Ministers oder durch die Meinung seiner Mutter, die ihm in den ersten Jahren viel mehr galt als die seiner jungen Kaiserin. Kurz, Nikolaus war niemals ein Autokrat im wahren Sinn des Wortes.

Er hatte die Außenpolitik seines Vaters übernommen und setzte sie fort, aber mit einem Unterschied: Er wollte zwar auch den Frieden erhalten, doch fühlte er sich zu Frankreich hingezogen und hatte eine ausgesprochene Vorliebe für England, die ihren Ursprung hauptsächlich in seiner Zuneigung für seine Cousins, vor allem für den Duke of York, hatte.

Obwohl der junge Kaiser für seine Aufgabe so unzureichend vorbereitet war, erwies er sich anfangs keineswegs als unsicherer Stümper. Der Frieden Europas war ihm heilig; so rief er 1899 die Friedenskonferenz in Den Haag ins Leben und brachte seine Ansichten so klar und überzeugend zum Ausdruck, daß sein Cousin, der Deutsche Kaiser in Berlin, ausrief: „Wer hätte das von Nicky gedacht? Ich hatte geglaubt, er wäre nur eine Marionette!"

Alle an Nikolaus' Hof akkreditierten Diplomaten waren entzückt von seiner höflichen, charmanten Art, seiner Bereitschaft, ihnen zuzuhören, und seinem Interesse für alles, was sie vorzubringen hatten. Keine dieser Eigenschaften war vorgetäuscht; er hörte wirklich zu, sein Interesse war ehrlich, und die hemmenden Fesseln seiner Schüchternheit schienen von ihm abgefallen.

Manche seiner zu Beginn des Regimes durchgeführten innenpolitischen Maßnahmen versprachen eine günstige Auswirkung für das Reich, so zum Beispiel das Haftpflichtgesetz für Unternehmer und die Abschaffung der ungerechten gegenseitigen Steuerhaftung, wodurch eine Dorfgemeinde verpflichtet gewesen war, die Schulden eines säumigen Steuerzahlers zu begleichen.

Man hörte von seinem Familienleben. Zwischen 1895 und 1900 wurden drei Töchter geboren, und nun hoffte man, es würde bald ein Sohn kommen. Von seiner Gattin hielt man wegen ihrer kalten, reservierten Art und ihrem Widerstreben, sich zu erkennen zu geben, wenig, aber sie schien eine gute Ehefrau und Mutter zu sein; damals kümmerte sich die junge Zarin auch noch nicht um Staatsangelegenheiten.

Die kaiserliche Familie hatte Gatschina verlassen und lebte nun in Zarskoje Selo und in Peterhof, wenn sie nicht in St. Petersburg war, wo sie das Winterpalais bewohnte, während die Kaiserinwitwe im Anitschkow-Palais verblieb. Der Zusammenhalt der großen Romanow-Sippe aber war verlorengegangen. Unerfreuliche Geschichten über die jüngeren Großfürsten, ihre Verschwendungssucht und ziemlich zügellosen „Gesellschaften" waren im Umlauf. Es gab auch Gerüchte über Spannungen zwischen dem jungen Kaiser und seinen Onkeln, besonders den Großfürsten Wladimir und Sergej. Die Familienfeste, die während des Regimes Alexanders III. so beliebt waren, wurden immer seltener.

Um die Jahrhundertwende begann die Außenpolitik des Kaisers eine Zickzacklinie einzuschlagen. Zwei fanatische Militaristen, Bjesobrasow und Plehwe, drängten ihn dazu, „die Ehre Rußlands im Fernen Osten geltend zu machen". Damals breitete sich gerade der Boxeraufstand in der Mandschurei aus, einem Rußland feindlich gesinnten Land. Gegen den Rat der meisten seiner Minister befahl Nikolaus General Kuropatkin, die Mandschurei — ungeachtet des Protestes von seiten Japans — zu besetzen. Die Lage wurde immer bedenklicher, da die russischen Truppen weiter in der Mandschurei verblieben, obwohl dazu längst kein Grund mehr bestand. Schließlich gab im Januar 1904 der Angriff der Japaner auf Port Arthur das Zeichen zum Beginn eines sinnlosen und höchst unerwünschten Krieges. Eine russische Niederlage folgte der anderen, bis schließlich im Mai 1905 die Flotte des Zaren bei Tsushima vernichtet wurde und das Reich an seinen Feinden im In- und Ausland beinahe verblutete.

In seiner gewohnten Wortkargheit machte Nikolaus trostlose, hölzerne Eintragungen in sein Tagebuch. Daß er tief erschüttert war, konnten Menschen bezeugen, die ihm damals nahestanden und weder für seine Fehler noch für seine Vorzüge blind waren. Es ist aber unmöglich, zu sagen, ob es Nikolaus schon 1905 zum Bewußtsein kam, daß er zu regieren unfähig war . . .

Schon die fünf vorhergegangenen Jahre hatten unausgesetzt politische Mordanschläge gebracht, Streiks, Aufstände in Finnland und Polen, Meutereien an Bord seiner Schiffe in Kronstadt, im Schwarzen Meer, in den baltischen Provinzen, gar nicht zu reden von den häufigen Bauernrevolten. Der Teil der Bevölkerung, der sich über Entscheidungen des Monarchen völlig unbekümmert hinwegsetzte, wurde von Monat zu Monat größer. Dazu waren die Direktiven, die vom Thron kamen, auch noch alles andere als klar, ja meist widersprüchlich. Nikolaus gewährte den Universitäten Autonomie — verschärfte aber anderseits ihre Überwachung durch die Polizei. Er versprach den Finnen die Wiedereinsetzung ihrer Konstitution — und schickte einen Mann wie Bibikow als Generalgouverneur nach Helsingfors. Er erklärte, es werde im Fernen Osten zu keinerlei Kriegshandlungen mehr kommen — und ließ zu, daß abenteuernde Hitzköpfe seine Beteuerungen Wort für Wort Lügen straften.

Schließlich gewährte er eine Verfassung, die niemanden befriedigte, und berief eine Duma ein — ohne jedoch auf den Manifesten seinen Titel als Autokrat wegzulassen.

Das von Norden bis Süden in Flammen stehende Land war weder für eine Verfassung noch für eine Duma vorbereitet. Jeder Sinn für Geschichte schien die auf verantwortungsvollen Posten stehenden Menschen verlassen zu haben. Sie vergaßen, daß Rußland seit dem Einfall der Mongolen zu Beginn des 13. Jahrhunderts als Nation keine schöpferische Initiative mehr ergriffen hatte. Der Großkhan der Goldenen Horde, die Fürsten der Moskowiter, die Zaren aus Ruriks Stamm und schließlich die Romanows — sie alle hatten dem Land ihren Willen in einer Weise aufgezwungen, deren Folgen nicht einfach durch einen Federstrich getilgt werden konnten. Die unvermeidliche Schwächung der absoluten Herrschaft hatte zur bürokratischen Korruption geführt. Aber die absolute Herrschaft war der einigende Faktor geblieben und die Person des Herrschers das Symbol für das ganze Volk.

Dieser Tatsache war sich Nikolaus bewußt, aber er hatte nicht die Kraft, sie richtig auszuwerten. 1905 schien ihn das in seinem Reich tobende Chaos verschlingen zu wollen, und in seinem einzigen Bestreben, dem Wüten zu entgehen, unterzeichnete er ein Manifest, dessen Inhalt zu realisieren ihm gar nicht möglich war.

Der richtige Weg wäre gewesen, Regierung, Bürokratie und Militär einfach zu umgehen und sich direkt an die gesamte Nation zu wenden: Revolution eines einzelnen, um einer Revolution aller zu trotzen. In der Vergangenheit war dieser Weg möglich gewesen; er wäre auch 1905 nicht unmöglich gewesen, doch hätte man die „Subversiven“ nicht bloß verfolgen und ihre Literatur verbieten dürfen, sondern hätte alles ordnungsgemäß ans Tageslicht bringen müssen, besonders in der Hauptstadt des Landes. Und wenn Nikolaus diesen ersten Schritt einer direkten Kontaktnahme mit dem Volk erst einmal unternommen hätte, wäre es ihm auch möglich gewesen, Reformen in dem sicheren Bewußtsein durchzuführen, daß sie vom Volk auch richtig aufgefaßt würden. Wie die Dinge aber lagen, bedeuteten die wenigen, kümmerlichen gewährten „Konzessionen“ von 1905 an etwa 75 Prozent der Bevölkerung weniger als nichts.

Eine direkte Kontaktnahme mit dem Volk hätte Mut verlangt, und gerade damit waren unter den Romanows nur die wenigsten begabt, obwohl manche gelernt hatten vorwärtszuschreiten, auch wenn sie sich vor dem nächsten Schritt fürchteten. Nikolaus II. war kein Feigling im eigentlichen Sinn; nackte Gewalt versetzte ihn eher in Traurigkeit als in Furcht. Aber er empfand Angst und Unbehagen bei der geringsten „Neuerung". Auch das belangloseste Abweichen von Routine und Tradition gab ihm das Gefühl, sich auf morastigem Boden zu bewegen. Er hatte sich vorgestellt, daß es möglich sei, das Unvereinbare zu vereinen: Tradition mit Reform. So tappte er umher, ohne einzusehen, daß der neue Geist im Lande — wenn überhaupt — keineswegs mit veralteten Waffen bekämpft werden konnte. Kann man es ihm aber letzten Endes zum Vorwurf machen, Strömungen gegenüber blind gewesen zu sein, die zu verstehen ihm einfach unmöglich war? Da er aber nun einmal gekrönt war, glaubte er, nicht mehr zurück zu können, da ihn doch der Eid „bis zum Tode" an sein Amt als Autokrat band.

Er hätte aber nie der Einsiedler von Zarskoje Selo werden und so jeden Kontakt mit dem Volk verlieren dürfen. Die steinerne Abschirmung des Zaren — unglückseliges Vermächtnis aus frühmoskowitischen Tagen — konnte im 20. Jahrhundert nur üble Folgen zeitigen. Die Mauern hätten niedergerissen werden müssen; statt dessen wurden sie immer höher und dicker aufgerichtet. Der Sturm von 1917, dessen Vorläufer schon Ende des vorigen Jahrhunderts spürbar waren, erhielt seinen fundamentalen Anstoß eben 1905.

Darüber hinaus wirkte sich Nikolaus' sklavische Traditionsgebundenheit sehr ungünstig aus. Das in der Zeit Katharinas der Großen festgelegte Hofzeremoniell verbot vor allem jede gemütliche, unvorbereitete Unterhaltung bei Hof. Gleich seinen Vorgängern hatte sich Alexander III. über alle Formalitäten hinweggesetzt, was für jedes normale Dasein so wesentlich ist, und sogar Einladungen seiner Untertanen angenommen. Unter Nikolaus II. fand diese gesunde Gepflogenheit ein Ende. Es gab dafür viele Gründe: seine angeborene Schüchternheit, die Abneigung seiner Gattin gegen Einladungen und ihre Unbeliebtheit in Gesellschaft und außerdem die ungeheuren Verpflichtungen, die die Gastgeber und auch die Polizei bei allen größeren

Veranstaltungen auf sich nehmen mußten. Selbst in Zarskoje Selo, wo die kaiserliche Familie seit 1902 fast ständig lebte, wurde der Alltag von endlosen Vorsichtsmaßregeln umgeben, die — natürlich im Einverständnis mit dem Kaiser — von der Ochrana ausgedacht worden waren. Sogar die kurze Bahnfahrt nach St. Petersburg erforderte höchst komplizierte Vorkehrungen, da die ganze Strecke von einem Ende zum anderen durch bewaffnete Angehörige des Kaiserlichen Eisenbahnregiments bewacht werden mußte.

Dem gewöhnlichen Volk — „prostoj narod" — war es gänzlich versagt, diesen ewigen Schutzwall je zu durchbrechen. Aber auch der Adel hatte nur fünf Hofbälle während der Saison und einige wenige ebenso formelle Anlässe, um Kaiser und Kaiserin zu treffen, und das unter Umständen, die eher dazu dienten, die Kluft zwischen Thron und Gesellschaft noch zu vertiefen, statt sie auszugleichen. Und auch diese seltenen Anlässe hörten mit dem Maskenball im Fasching 1903, der zum Schwanengesang der kaiserlichen Gastlichkeit werden sollte, jäh auf. Nie wieder erfüllte die Musik des großen Orchesters die riesigen Säle im Winterpalais.

Dennoch gab es so vieles, was das Volk über seinen Herrscher hätte erfahren sollen: Nikolaus' ehrliches Bemühen, Aufgaben auf sich zu nehmen, die weit über seine Kräfte gingen; seine tiefe Achtung vor Lebensweisen und Bräuchen des Volkes und vor jeder manuellen Arbeit; sein vorbildliches Familienleben; und endlich seine Fähigkeit zu tiefstem Mitgefühl. Nikolaus hinterließ trotz seines beschränkten Wortschatzes wahrhaft erschütternde Tagebucheintragungen über alle tragischen Vorfälle, die sich seit 1902 ereigneten. Doch blieb er hinter einer hohen Mauer verborgen, und niemand durfte dahinterblicken.

Einmal, im Jahre 1907, gab es im Winterpalais ein Mittagessen für die Zöglinge der Kaiserlichen Marineschule. Die Aufstände in Kronstadt, der Inselfestung vor St. Petersburg, und in Sewastopol waren noch frisch in Erinnerung, und der Direktor der Schule hatte guten Grund, sich unbehaglich zu fühlen: es war bekannt, daß ziemlich viele der jungen Leute Anhänger von „rosa" und „roten" Ideen waren. Hier soll wiedergegeben werden, was einer der Burschen, der selbst kein sehr begeisterter Monarchist war, über diesen Tag zu erzählen hatte:

„Man servierte uns im Nikolaussaal nach einer Inspektion durch den Minister ... Wir hatten keine Ahnung, daß der Zar in St. Petersburg war. Wir hatten uns gerade zu einem herrlichen Festessen niedergelassen, als er unangekündigt hereinkam. Ich legte meine Serviette ab und mein Nachbar seine Gabel. Wir sprangen alle auf. Er bat uns, sitzenzubleiben, und nahm selbst an einem der Tische Platz. Wir bemerkten, daß er sehr wenig aß und keinen Wein trank ... Dann machte er die Runde zu allen Tischen und bat uns wieder, sitzenzubleiben, selbst wenn er mit einem von uns sprach ... Ganz abgesehen davon, daß er ein Zar ist, hatten wir alle das Gefühl, er ist ein warmherziger, einfacher, gastfreundlicher Mensch ... Er sprach wenig und schien doch viel zu sagen und erinnerte sich sogar an Namen bei Tsushima Gefallener ... Ich wollte, viel mehr Menschen könnten ihn kennenlernen, wie er wirklich ist ... könnten ihn ebenso sehen ... Zum Schluß kam noch ein so gemütlicher Einfall: er sagte uns, wir sollten doch alles Obst und die Bäckereien mitnehmen für unsere ‚Schwestern' und ‚die anderen' — ‚Ihr wißt schon, was ich meine', sagte er ... Nie hätte ich gedacht, daß ein Zar so einfach und menschlich sein kann ... Ich bin überzeugt, niemand würde ihn hassen, der ihn wirklich kennt ..."* Aber wer, außer einer geringfügigen Minorität, hatte schon Gelegenheit, Nikolaus II. — von Polizei und Kosakeneskorten abgeschirmt, wie er war — kennenzulernen? Man hörte zwar viel vom Glanz des Hofes und stellte sich vor, der Kaiser sei der reichste Mann im Land. In Wirklichkeit war er es keineswegs.

Das russische Finanzjahr begann am Neujahrstag, an dem wohl über 200 Millionen Rubel in die Privatschatulle des Zaren eingezahlt wurden, aber nur ein sehr kleiner Teil davon war für seinen persönlichen Bedarf bestimmt. Die gesamte Romanowsche Sippe teilte sich in diese Einkünfte, und zur Zeit Nikolaus' II. war ihre Anzahl sehr groß. Sodann mußten sämtliche Schlösser und Paläste in Petersburg und Umgebung, in Moskau und auf der Krim davon erhalten werden. Damit war die Uniformierung, Verköstigung und Entlohnung von etwa zwanzigtausend Männern und Frauen verbunden. Dann wurden

* Zitat aus einem Brief Cyril A. Almedingens von der Kaiserlichen Marine an seine Tante Hermione Poltoratzky vom 13. bzw. 26. September 1907.

zu Weihnachten, Ostern und am 6. Dezember, dem Namenstag des Kaisers, großzügige Geschenke verteilt. Ein großer Betrag mußte jährlich in den sogenannten Kaiserlichen Ausstattungsfonds eingezahlt werden. Drei Theater in Petersburg, zwei in Moskau, die Akademie der bildenden Künste, vier Gemäldegalerien und die Kaiserliche Ballettschule wurden sämtlich auf Kosten des Herrschers erhalten. Nikolaus und seine Kaiserin hatten für sich gemeinsam etwas weniger als 40.000 englische Pfund im Jahr zur Verfügung, und auch dieser Betrag wurde nicht zur Gänze für ihren eigenen Bedarf ausgegeben: ihre privaten Wohltätigkeitsspenden waren groß, und auch darüber wußte die Öffentlichkeit nicht — oder nur aus zweiter oder dritter Hand — Bescheid. Trotz all der steifen Etikette hatte das Alltagsleben in Zarskoje Selo fast bürgerlichen Zuschnitt. In kulinarischen Dingen war Nikolaus II. ungefähr ebenso gleichgültig, wie es sein Vater gewesen war, und in puncto Garderobe war's nicht anders. Als er einmal an Bord seiner Jacht „Standard" die seidenen Socken eines Offiziers bemerkte, lachte er: „Meine sind aus Baumwolle, und sie werden auch manchmal gestopft. Zu vieles muß mit dem Geld angeschafft werden — ich kann mir keinen Luxus leisten."

Konventionell moralische Grundsätze, wie man es heute nennt, waren für Alexander III. Dogma gewesen, und Nikolaus folgte auch hierin ganz seinem Vater. Die ehelichen Extravaganzen seiner Sippe aber waren ein Dschungel, den der Kaiser nicht durchdringen konnte. Alle Anstrengungen, seinen Verwandten die Einstellung beizubringen, die seinem Vater und ihm heilig war, erlitten elendiglich Schiffbruch. Wenn Nikolaus darüber an die Kaiserinwitwe schrieb, lassen seine Briefe die Verwirrung eines Lammes erkennen, das einer Herde verstockter Böcke gegenübersteht. Er glaubte immer wieder, er könne streng und hart sein, aber was seine Sippe anlangte, versagte seine Strenge schmählich. Selbst wenn er die Beherrschung verlor und in Wut geriet, blieben seine Verwandten völlig ungerührt. Er nahm die Ehe ernst und wollte die Ehre der Dynastie hochhalten, aber den meisten Familienmitgliedern bedeuteten diese Dinge weniger als nichts. Sie hielten ihn für altmodisch. Ihnen erschien die eheliche

Treue so überholt wie die zyrillischen Buchstaben in einem modernen Buch. Hinter dem Rücken des Kaisers lachten sie über die Lebensweise in Zarskoje Selo. „Nicky hat wirklich eine gar zu engstirnige, kleinbürgerliche Einstellung", sagten sie.

Einer der Onkel des Kaisers, der Oberste Admiral der russischen Flotte, Großfürst Alexej, setzte sich über alle Verpflichtungen hinweg und lebte meistens mit seiner Geliebten im Ausland. Ein anderer, der Großfürst Paul, seit 1901 Witwer mit zwei Kindern, beschloß, eine geschiedene Bürgerliche, eine gewisse Madame Pistelkors, zu heiraten. Im Oktober 1902 sandte Nikolaus einen verzweifelten Brief an seine Mutter:

„Schon im vergangenen Frühling", schrieb er, „hatte ich ein ernstes Gespräch mit Onkel Paul und machte ihn auf alle Konsequenzen seiner geplanten Heirat aufmerksam. Vergebens ... Wie peinlich und betrüblich alles ist und wie beschämt man unserer Familie wegen vor der Welt dasteht. Was für eine Gewähr besteht nun, daß Kyrill morgen nicht dasselbe tun wird und Boris und Sergej den Tag darauf? ... Am Ende wird sich eine ganze Kolonie von Mitgliedern der russischen Kaiserfamilie mit ihren halblegitimen und illegitimen Frauen in Paris niederlassen. Gott allein weiß, in was für Zeiten wir leben, wo unverhohlene Selbstsucht alle Gefühle von Gewissen, Pflicht oder auch nur gewöhnlichem Anstand erstickt ..."

1902 konnte Nikolaus noch gar nicht wissen, daß ein solcher Brief eine sich tatsächlich erfüllende Prophetie enthielt: Innerhalb weniger Jahre heiratete sein Cousin ersten Grades, der Großfürst Kyrill, die geschiedene Frau des Großherzogs von Hessen-Darmstadt und wurde des Landes verwiesen. Sein Bruder Boris und die Großfürsten Sergej und Georgij lebten in aller Öffentlichkeit mit ihren Mätressen, und die Gesellschaft verschloß allen diesen „chères amies" die Türen nicht. Etwas später nahm der einzige überlebende Bruder des Kaisers, Michael, eine zweimal geschiedene Bürgerliche zur Frau. Es gab auch noch andere Cousins, deren Verhalten alles eher denn einwandfrei war. Der Kaiser stritt, „wütete", drohte — nichts machte Eindruck. Er verbannte die Übeltäter, verzieh ihnen aber wieder und berief sie aus dem Exil zurück; ihre morganatischen Frauen und die Mätressen wurden allerdings niemals in Zarskoje Selo empfangen.

„Es ist mein Schicksal, immer zu versagen, sogar in der Familie“, sagte er einmal zu Madame Naryschkina, der ältesten Hofdame und Garderobemeisterin der Kaiserin, als die Nachricht von Michaels heimlicher Hochzeit im Ausland Zarskoje Selo erreichte. „Er war einmal mein Erbe. Wenn meinem armen Sohn etwas zustoßen sollte, wäre mein Bruder wieder mein Erbe. Eine solche Frau könnte doch kaum eine Großfürstin oder gar Kaiserin sein. Soviel ich weiß, kann sie ihm sicherlich eine gute Frau sein — ich habe persönlich nichts gegen sie außer diesen unglückseligen Scheidungen. Mein Bruder hätte nie vergessen sollen, daß unsereins nicht sich selbst gehört.“

Nikolaus’ Geburtstag, der 6. Mai, fiel auf den Tag, an dem die Russen Hiobs gedenken, und daß seine eigenen Schicksalsschläge an die des Patriarchen erinnerten, kam dem Kaiser früh genug zum Bewußtsein. Kaum bewußt allerdings war ihm, wie sehr solche Gedanken auch in traurigem Einklang mit der Vergangenheit der Dynastie standen, die er sich so beharrlich nur in Pracht und Herrlichkeit vorstellte.

Weder in seinen Briefen noch in seinem Tagebuch beklagte sich Nikolaus jemals darüber, daß man ihn mißverstand. Er gab auch nicht zu, daß es ihm an der Fähigkeit fehle, andere zu verstehen. Beides aber war der Fall! Und beides trug dazu bei, die Kluft zwischem ihm und der Nation, aber auch zwischen ihm und den in seinem Dienst Stehenden zu vertiefen. Er versagte, als er die geniale Begabung Wittes nicht erkannte, und mißtraute auch seinem Ministerpräsidenten Stolypin, um nur zwei Beispiele von vielen anzuführen. Auch die ihm ganz nahe standen, konnten ihn nicht immer begreifen. Seine abnorme Zurückhaltung wurde oft für zynische Interesselosigkeit gehalten. Sein tatsächlich dürftiger Wortschatz wurde als Zeichen mangelnder Intelligenz ausgelegt. Schließlich hatten viele den Eindruck, er sei wirklich nur eine Marionette, die die Augen auf Befehl eines anderen Willens öffnete und schloß, und dieser andere sei seine eigene Frau.

Es läßt sich nicht leugnen, daß Alexandra, wie Alice von Hessen-Darmstadt seit ihrer Vermählung hieß, großen Einfluß auf den Gatten ausübte. Seine Schwächen, seine Schüchternheit und die häufigen Anwandlungen von Unschlüssigkeit wurden durch ihre Entschlossenheit und Hartnäckigkeit aufgewogen. Aber er richtete sich durchaus nicht immer nach ihr, und die verhängnisvolle Absonderung von Zarskoje Selo war keineswegs auf die Kaiserin allein zurückzuführen. Sie begann bereits 1902, Jahre ehe die Kaiserin zur Sprecherin ihres Gatten in politischen Angelegenheiten wurde. Zwischen 1902 und 1909 sahen sich die Ratgeber des Kaisers durch die zahllosen Aufstände in der Armee, in der Marine und in der Hauptstadt, durch die Streiks in der Industrie und die allgemeine Unruhe bewogen, dem Monarchen immer wieder nahezulegen: „Majestät, die Sicherheit und das Wohlergehen des Landes hängen von Ihnen ab. Zarskoje Selo können wir beschützen. Für die übrigen Wohnsitze können wir die Verantwortung nicht übernehmen. Majestät, bleiben Sie in Zarskoje Selo oder Peterhof, reisen Sie nach Deutschland, Dänemark oder England, aber wir flehen Sie an, machen Sie keine Reisen ins Landesinnere. Es ist gefährlich, sich dem Volk zu zeigen. Die aufhetzerische Propaganda war die ganze Zeit über zu arg . . ."

Nikolaus befolgte diesen Rat nicht immer. Er fuhr nach Tambow, nach Moskau, auf die Krim und in andere Orte; es gab auch Anschläge, von denen damals allerdings nichts in die Öffentlichkeit drang und bei denen er auch nie verletzt wurde. Jedesmal aber ging ein Seufzer der tiefsten Erleichterung durch die Reihen der gesamten Ochrana, wenn der Herrscher wieder einmal glücklich und sicher hinter den hohen Mauern von Zarskoje Selo geborgen war. Aber diese Reisen gaben dem Volk keine Gelegenheit, sich Nikolaus zu nähern. Wenn er in der einfachen Art seiner Vorgänger unter die Menschen gegangen wäre und ihnen die Möglichkeit gegeben hätte, ihn ohne hindernden Polizeikordon zu sehen, hätte das leicht das Ende aller Aufstände im Lande bedeuten können und somit den Frieden für das ganze Reich, denn das Reich stand und fiel mit den Bauern. Erst gegen Ende des Regimes zeigte sich bei zwei Gelegenheiten, wie sehr das Volk ein ungehindertes Auftreten seines Kaisers würdigte.

Die erste Gelegenheit bot sich 1913, als der Kaiser im Rahmen der Feierlichkeiten zum dreihundertjährigen Bestand der Dynastie viele Provinzen besuchte.

Die Festlichkeiten des Jahres begannen mit einem Tedeum in der Kasan-Kathedrale in Petersburg. Die Ochrana war auf das „Allerärgste" gefaßt. Ihre Sorge erwies sich als unbegründet, ihre Vorbereitungen als überflüssig. Die Menschenmenge durchbrach sämtliche Polizei- und Militärkordons entlang des Weges vom Winterpalais zum Newskij-Prospekt. Die Hurrarufe waren ohrenbetäubend. Der Gottesdienst in der Kathedrale begann mit Verspätung, weil die Karosse alle paar Meter von der Menschenmenge aufgehalten wurde. Die einzigen unliebsamen Vorfälle, die berichtet wurden, waren Tätlichkeiten in der Volksmenge gegen die verhältnismäßig wenigen, die ihre Köpfe nicht entblößen wollten. Es war ein Wintertag, und am frühen Morgen hatte ein Schneesturm getobt; aber die Menge ließ sich durch die Unbilden des Wetters nicht stören und wollte unbedingt den Zaren sehen.

Die gleiche Begeisterung herrschte in Moskau und allen anderen Städten, die Nikolaus und seine Familie besuchten, Kokowzow, sein damaliger Ministerpräsident, spricht die Wahrheit, wenn er in seinen Memoiren berichtet: „Die Reise des Zaren war eine Art Familienfeier. Alle Vorstellungen des Staats und der Regierung wurden in den Hintergrund gedrängt ... Die Haltung (des Volks) erweckte den Eindruck, die Regierung stehe als Barriere zwischen dem Volk und seinem Zaren, den es mit blinder Ergebenheit als den Gesalbten Gottes anerkennt ... Die engsten Freunde des Zaren waren überzeugt, daß er alles tun könne, gestützt auf die grenzenlose Liebe und Loyalität seines Volkes ... Die Minister und auch die Duma teilten diese Ansicht nicht ..."

Natürlich nicht. Denn damals war das monarchistische Element in der Duma und auch überall sonst in den Reihen der Bürokratie bereits sehr spärlich geworden. Das traf aber nicht auf die Volksmassen zu, trotz ihrer Einstellung der Kaiserin gegenüber. Auch wurde der Fall Rasputin,* sosehr er in anderen Gesellschafts-

---

* Rasputin, ein moralisch verkommener sibirischer Bauer, hatte durch suggestives Einwirken die Bluterkrankheit des Thronfolgers Alexej günstig beeinflußt und dadurch eine bald allmächtige, unheilvolle Stellung am Zarenhof gewonnen. Im Dezember 1916 wurde der „Heilige Teufel" von Männern ermordet, die die Monarchie retten wollten.

schichten dem kaiserlichen Prestige schadete, von der gewöhnlichen Masse in einem ganz anderen Licht gesehen. Der Gedanke, daß einer aus ihrer Mitte, ein „mushik" — und noch dazu ein Laie —, die Freundschaft des Zaren und seiner Gattin erlangt haben sollte, freute sie ungemein. Knappe drei Jahre später, im Dezember 1916, sagten dann die Bauern: „Es genügt bei unsereinem, sich dem Thron nur zu nähern, und alle diese Fürsten und Grafen töten einen aus Eifersucht."

Jedes der vielen Feste und Ereignisse der Dreihundertjahrfeier wirkte auf Nikolaus wie ein Trunk starken Weines und hinterließ tiefe Eindrücke in der Seele eines Menschen, den seine Feinde „gleichgültig wie einen Holzklotz" fanden.

Ein Jahr später trat Rußland in den Ersten Weltkrieg ein, und zum letztenmal standen ein Zar und sein Volk Schulter an Schulter gegen einen angreifenden Feind. Die Anfangserfolge der russischen Armeen erhöhten noch die allgemein herrschende Stimmung bedingungsloser Einmütigkeit und patriotischer Begeisterung. Großfürst Nikolaj war Oberster Befehlshaber. Die Kaiserin hatte eine Abneigung gegen ihn, und Rasputin drängte auf seine Absetzung. Aber der Kaiser wollte nichts davon hören.

Im Frühling 1915 verdüsterte sich das Kriegsgeschick, insbesondere an der galizischen Front, und hochverräterische Gedanken machten die Runde. Niederschmetternde Katastrophen an beiden Fronten, das wachsende Chaos auf den Eisenbahnen, zunehmende Notstände und bitterste Unzufriedenheit führten zu Streiks und Aufständen an der gesamten inneren Front.

Im August des Jahres 1915 beging Nikolaus einen der größten Fehler seines Regimes, indem er seinem Onkel das Kommando entzog und dessen Amt selbst übernahm. Die Minister, vor allem Sasonow, erstarrten vor Schreck, und das ganze Land war bestürzt. Aber die Kaiserin triumphierte, und ihre Briefe an Nikolaus zwischen August 1915 und Dezember 1916 sind die einer zur Macht gelangten Regentin. Ende August schrieb sie ihm, sie wisse, seine „Sonne gehe nun wieder auf". Nikolaus antwortete, er habe seinen ersten Befehl an die Armee „mit ziemlich zitternder Hand" unterschrieben. Doch dem Wechsel im Oberbefehl folgte bald ein Vor-

Am Anfang der russischen Geschichte war das Kiewer Reich (9. bis 13. Jahrhundert). Es ging im Mongolensturm unter. Seine südlichen und westlichen Teile gerieten unter polnisch-litauische Herrschaft, wodurch die neuen Völker der Ukrainer und Weißrussen entstanden. Währenddessen wurde in einem kleinen Fürstentum namens Moskau (schwarz) der Grundstein gelegt zu jenem neuen Staat der Großrussen, dessen Fürsten mit zäher und oft grausamer Beharrlichkeit das „Sammeln russischen Landes“ (und vielen anderen Landes) betrieben. Unter Iwan dem Schreck-

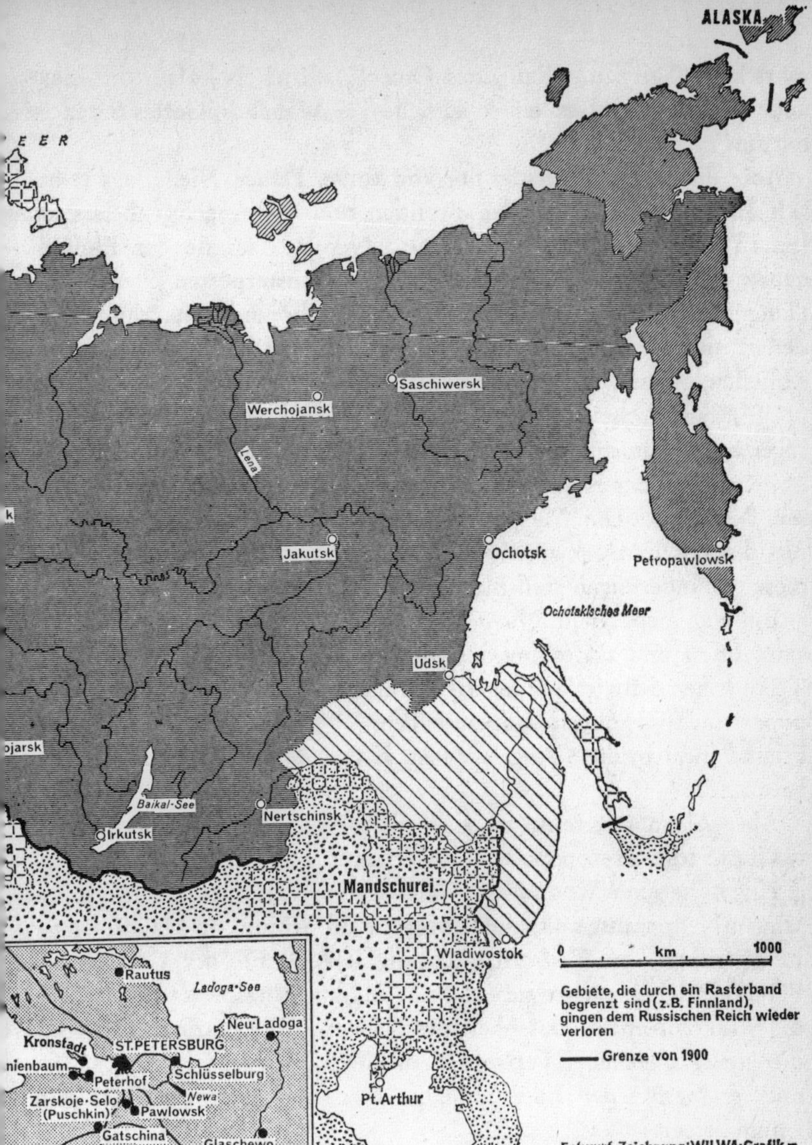

hen begann die Eroberung Sibiriens. Sein politisch-administratives Gefüge erhielt das Riesen- ich dann während jener drei Jahrhunderte, in welchen die Romanows herrschten, deren bedeu- ndster, Peter der Große, mit der Gründung Petersburgs das „Fenster nach Europa" aufstieß d Rußland zur europäischen Großmacht machte. Eine Weltmacht, deren heutiges Staatsgebiet enso an Norwegen grenzt wie an Afghanistan und Korea, steht am vorläufigen Ende dieser ntwicklung.

marsch in Galizien. „Ein gutes Omen", schrieb Nikolaus an Alexandra, „und noch dazu ein so schnelles... Wahrlich, Gottes Segen ist mit uns..."

Aber der Segen war leider nur von kurzer Dauer. Niederlage reihte sich an Niederlage, an allen Fronten, und die Angelegenheiten im Innern wurden immer verworrener. Nikolaus wurde der Einflußnahme Rasputins auf die Besetzung der Ministerposten überdrüssig: „Du mußt zugeben, daß die Ideen unseres Freundes manchmal sonderbar sind... Stürmer (der Ministerpräsident) kann sich nicht entschließen, zu tun, was notwendig ist... Klagen kommen von überall ... Ich kann nicht erkennen, wo die Wahrheit liegt..." Und als das sogenannte ministerielle Bockspringen seinen Höhepunkt erreicht hatte, schrieb der Kaiser gereizt: „Mein Kopf platzt mir von all diesen Namen... Die Meinungen unseres Freundes über Leute sind manchmal sehr merkwürdig... Man muß auf der Hut sein... Alle diese Veränderungen sind nicht gut für das Land."

Ein wenig später im November 1916, erklärte der Zar seiner Frau ganz offen und ungeschminkt, Stürmer sei sichtlich nicht imstande, die enormen Schwierigkeiten zu bewältigen. „Es ist gefährlich, Protopopow im Innenministerium zu haben. ... Ich bitte dich, zieh unseren Freund nicht in diese Angelegenheit hinein. Die Verantwortung liegt bei mir..."

Aber Alexandra reiste ins kaiserliche Hauptquartier und kämpfte für ihre Sache. Protopopow wurde ernannt.

Ungefähr eine Woche vor Weihnachten hielt sich der längst mit seinem Neffen ausgesöhnte Großfürst Paul bei ihm im Hauptquartier in Mogiljow, in Weißrußland, auf. Die Gattin des Großfürsten, Fürstin Palej, erinnerte sich, daß ihr Mann „ganz betroffen war über die vollkommene Gelassenheit des Kaisers... Er hatte damals schon die Neuigkeiten über Petrograd* erfahren. Er sprach nicht darüber, aber er machte den Eindruck eines Menschen, der von einem Alptraum befreit ist..."

Die Ermordung Rasputins hätte aber, auch wenn sie früher erfolgt

* St. Petersburg hieß seit Kriegsbeginn russifiziert Petrograd. Nach Lenins Tod (1924) wurde es in Leningrad umbenannt.

wäre, die bereits ins Rollen gekommene revolutionäre Lawine nicht mehr aufhalten können.

Anfang Februar 1917 erwachten die lange Zeit unbenützten Prunkräume des Alexanderpalais in Zarskoje Selo wieder zum Leben. Alle die kostbaren Kachelöfen waren geheizt, und die Kristalluster funkelten im Licht Tausender Kerzen. Ein Meer von Blumen belebte die Räume, weißer Flieder, Veilchen, Mimosen, Schwertlilien, Maiglöckchen und Hyazinthen — ein Zaubergarten. Der Kaiser und seine Gemahlin gaben ein Galadiner zu Ehren der britischen Delegierten Lord Milner, Lord Revelstoke und Sir Henry Wilson. Als Doyen des diplomatischen Korps saß Sir George Buchanan zur Rechten der Kaiserin, die ein cremefarbenes, silbern und blau besticktes Seidenkleid anhatte und Diamanten im Haar und an den Handgelenken trug.

Es konnte Sir Buchanan nicht entgehen, daß Gastgeber und Gastgeberin müde und die jungen Großfürstinnen ziemlich einsilbig waren. Das Geschäft der Delegation kam bei Tisch nicht zur Sprache, das Diner war ein rein gesellschaftliches Ereignis, und Buchanan pflegte sich seiner noch lange als des „letzten freundlichen Beisammenseins" zu erinnern. Er sollte weder den Zaren noch Alexandra jemals wiedersehen. Der französische Gesandte Paléologue hatte keine so wehmütigen Erinnerungen an den Abend. Er beschränkte sich darauf, das Essen zu kritisieren. Obwohl es mehr oder weniger ein Galadiner war, wurden keine Hors d'œuvres, auch keine pikanten Nachspeisen oder süßen Desserts angeboten und auch nur ganz gewöhnliche Krimweine serviert. Paléologue führt in seinen Memoiren die Speisenfolge an: Gerstenschleimsuppe, Forelle in Aspik, Kalbsbraten, Huhn mit Gurkensalat und Mandarineneiscreme. Paléologue war an die üppigen Einladungen von Petrograd mit seinem blühenden schwarzen Markt gewöhnt und wußte wahrscheinlich nicht, daß sich Nikolaus und Alexandra, eingedenk der bitteren Not der Nation, keinerlei Luxus gestatteten. Fleisch wurde bei Hof nur zweimal in der Woche gegessen, zum Abendessen wurden niemals mehr als drei Gänge serviert, Butter und Zucker waren streng rationiert, und die großen

Luster in den Privaträumen wurden niemals angezündet. Das der britischen Delegation angebotene Mahl muß also für die kaiserliche Familie und die Mitglieder ihres Hofstaates ein wahres Festessen gewesen sein.

Und es war noch mehr als das. Es war der Schwanengesang der berühmten Romanowschen Gastlichkeit. Nie wieder füllte sich der große Speisesaal mit Menschen, die würdig befunden wurden, das Brot am Tisch eines Herrschers zu brechen, und nie wieder sollten Nikolaus und Alexandra an einer solchen Tafel als Gastgeber fungieren. Die in dem rot und silbern tapezierten Salon ausgesprochenen Abschiedsworte gehörten einem denkwürdigen Augenblick an, und zum letztenmal wartete ein Sonderzug auf dem Bahnhof von Zarskoje Selo, um die Gäste des Zaren nach Petrograd zurückzubringen.

Nach etwa zehn Tagen fuhr Nikolaus nach Mogiljow. Bald nach seiner Abreise erkrankten die Kinder an Masern. Er schrieb seiner Frau, sie sollten doch alle zur Erholung auf die Krim fahren. „Es wird nicht lange dauern, bis ich zurückkehre ... Schreckliche Schneestürme richten große Zerstörungen an den Eisenbahnen an. Wenn die Züge nicht sofort abfahren, werden die Truppen in drei bis vier Tagen verhungern. Es ist furchtbar ...“ Dem Brief folgten noch ein oder zwei kurze Telegramme. Dann herrschte vollkommenes Stillschweigen.

Nikolaus' Tagebucheintragung über seine Abdankung ist sehr kurz: „Dieser Schritt mußte unternommen werden, um Rußland zu retten und die Truppen zu beruhigen.“ Allein, ohne irgend jemandes Rat und Hilfe, schrieb er seinen letzten Befehl an die Armee. Schulgin bemerkt dazu: „Wie edel waren diese Abschiedsworte ... Man fühlte, daß der Kaiser Rußland wirklich liebte“, und tatsächlich zeigte das Schriftstück eine so edle Haltung, daß die neue Regierung es vorzog, es den Truppen gar nicht zu Gehör zu bringen, aus Angst, die schlichten, rührenden Sätze könnten die Loyalität zur Krone wiedererwecken. Der Befehl wurde überhaupt niemals verlesen, und es blieben nur Kopien erhalten; sie beweisen, daß der letzte Romanow doch mehr war als nur eine Marionette, daß er sich seinen Verbündeten gegenüber bis zum Schluß loyal verhielt und daß ihm das Wohlergehen seines Landes weit mehr bedeutete, als seine Feinde es wahrhaben wollten.

Als Gefangener, nur im Rang eines Obersten Romanow,* erreichte Nikolaus Zarskoje Selo, wo auch seine Frau und die Kinder waren. Der Zarewitsch war sehr krank, so daß zu diesem Zeitpunkt — März 1917 — an eine Abreise aus Zarskoje Selo gar nicht zu denken war.

Es bestand wohl zumindest ein provisorischer Plan, die ganze Familie aus Rußland hinaus und in Sicherheit zu bringen. Nikolaus schrieb in sein Tagebuch, er habe Sachen aussortiert, „solche Sachen, wie ich sie in England brauchen würde". Aber der Plan wurde nie verwirklicht. Erstens war die öffentliche Meinung in England durch die phantastischen Geschichten über den „Hochverrat" der Kaiserin gegen ihr Kommen eingestellt. Und zweitens nahm die Macht der Provisorischen Regierung von Monat zu Monat mehr ab, so daß Kerenskij mit dem immer stärkeren Vordringen der Sowjets rechnen mußte.

Einige Angehörige der Familie — Königin Olga von Griechenland, der Großfürst Paul, Fürstin Helene von Serbien, die Gattin des Fürsten Johann, und der Großfürst Georgij — hielten sich noch unbehelligt in der Nähe von Zarskoje Selo auf. Aber im Alexanderpalais waren keine Besuche mehr erlaubt. Trotzdem sickerten manche Nachrichten durch. Als Nikolaus von einem erfolgreichen Angriff an der Südwestfront hörte, schrieb er in sein Tagebuch: „Gelobt sei Gott... heute fühle ich mich ganz anders..." Und im Juli 1917 bezog er sich auf einen mißglückten Versuch der Bolschewiken, die Macht an sich zu reißen: „Es war alles ein solches Chaos... aber zum Glück blieben die Truppen loyal, und die Ordnung ist wiederhergestellt... Kerenskij ist ein Mann am richtigen Platz..."

Aber Ministerpräsident Kerenskij wußte, daß er den Zaren und dessen Familie nicht mehr lange in Zarskoje Selo würde halten kön-

---

* Dieser Rang war ihm von Kaiser Alexander III. verliehen worden. Nikolaus führte ihn beim Tode seines Vaters und erklärte wiederholt, er könne sich nicht gut selbst zum General befördern.

nen. Eine Sowjetzelle hatte sich bereits im Palais eingerichtet, und der Petrograder Sowjet begann wütend zu fordern, „Nikolaus den Blutigen“ abzuurteilen. Im August wurde die kaiserliche Familie nach Sibirien verschickt. Die Provisorische Regierung bestand noch etwa zehn Wochen.

Die Familie verbrachte ungefähr acht Monate in Tobolsk. Die erste Zeit war verhältnismäßig angenehm; die ärgste körperliche Strafe war der Mangel an Bewegung, der Nikolaus am härtesten traf, da er gewohnt war, täglich lange Spaziergänge zu machen. Aber mit der Oktoberrevolution setzten die Entbehrungen mit aller Wucht ein. Die vom Kerenskij-Regime zur Verfügung gestellten Gelder trafen nicht mehr ein, die Geschäfte kreditierten nicht mehr, und die öffentlichen Stellen, die es in Tobolsk gab, hielten es nicht für notwendig, für den Lebensunterhalt der Gefangenen zu sorgen. Nonnen aus einem benachbarten Kloster schmuggelten milde Gaben ein, aber die Familie mußte äußerste Sparsamkeit walten lassen. Die letzten Briefe der Kaiserin sprechen davon, daß die Hosen ihres Gatten „ganz geflickt und gestopft“ und seine Schuhe „schon fast nicht mehr reparaturfähig“ waren.

Am Abend des 31. Dezember 1917 kam der Kaiser ans Ende der letzten Seite seines Tagebuches. „Nach dem Tee gingen wir alle schlafen, ohne auf das neue Jahr zu warten. Herr, mein Gott, rette Rußland ...“

Die Wächter in Tobolsk waren ganz erstaunt. „Fühlt er denn nichts?“ fragten sie einander. Sie konnten es sich nicht erklären. Seine unwandelbare Höflichkeit war für sie unfaßbar. Er ergab sich dem tödlichen Trott des Tages, als ob es ihm nichts ausmachte. Er zersägte Holzscheite für den Ofen. Er unterrichtete seinen Sohn. Er las seiner Frau Gedichte vor. Wenn die Soldaten ihn anredeten, antwortete er höflich. Er trug alle Entbehrungen, ohne zu klagen. Obwohl Nikolaus früher ein starker Raucher gewesen war, verbrachte er nun Tage ohne eine einzige Zigarette und verlor kein Wort darüber. Einzig seine Frau mag erfaßt haben, was er alle diese Monate über in Tobolsk fühlte. Es war weder Gleichgültigkeit noch Verzweiflung. Nikolaus hatte das Ende seines Lebensweges erreicht und wußte es, aber dieses Wissen zerbrach ihn nicht.

Im April 1918 wurden das Zarenpaar und seine dritte Tochter, Maria, von Tobolsk nach Jekaterinburg gebracht, der Zarewitsch und die drei anderen Zarentöchter, Olga, Tatjana und Anastasia, folgten im Mai. Die letzte authentische Nachricht über die Familie erreichte Madame Wyrubowa in Petrograd erst im Herbst 1918, sie war von Großfürstin Olga abgeschickt worden. „Papa und Mama schrieben am 23. April, daß die Reise über die holprigen Straßen schrecklich war, aber sie sind wohlauf. Sie wohnen in drei Zimmern und bekommen das gleiche Essen wie die Soldaten. Sobald der Kleine (gemeint ist Großfürst Alexej) transportfähig ist, werden wir zu ihnen fahren."

Die kaiserliche Familie, ihr Arzt, Dr. Botkin, und vier Diener waren im Mai 1918 in Jekaterinburg alle wieder vereinigt. Sie wurden im Ipatjew-Haus untergebracht, in strengster Tscheka-Haft. Soldaten nahmen an ihren Mahlzeiten teil, die in einer gemeinsamen Schüssel serviert wurden. Teller oder Gabeln gab es nicht. Soldaten marschierten dauernd durch die Zimmer. Der Familie war es untersagt, die Fenster zu öffnen oder die Tür eines sehr primitiven Klosetts zu schließen. Ihre körperliche Bewegungsmöglichkeit in einem kleinen Hof war auf täglich fünf Minuten beschränkt. Ihr Trinkwasser war rationiert, und die lebensnotwendigen Medizinen für den an der Bluterkrankheit leidenden Zarewitsch waren immer schwieriger zu bekommen. Sie hatten keinerlei Verbindung mehr mit der Außenwelt. An Sonntagen durfte ein Priester kommen und die Messe lesen, aber sie durften nicht mit ihm sprechen, und ihre Wächter blieben die ganze Zeit im Zimmer.

Nach etwa drei Monaten weckte sie in einer heißen Julinacht ihr oberster Kerkermeister, Kommissar Jurowskij, er befahl ihnen, sich anzukleiden, und führte sie ins Souterrain. Alexej war zu schwach, um selbst zu gehen, also trug der Zar seinen Sohn auf dem Arm.

Der Raum, in den man sie führte, war nicht eingerichtet, und Nikolaus bat um Stühle, einen für seine Frau, einen für Alexej. Sie wurden hereingebracht, und man ließ die Familie einige Minuten lang allein. Dann kam Jurowskij in Begleitung von zehn lettischen Soldaten in den Raum zurück. Jurowskij schaute den Zaren fest an und sagte, daß die Behörden von einem Fluchtplan der kaiserlichen

Familie erfahren hätten, „und deshalb, Nikolaj Alexandrowitsch, werdet ihr jetzt alle erschossen".

Spätere Berichte bezeugen, daß Nikolaus zuerst ermordet wurde und daß seine letzte Tat auf Erden war, einen Schritt vorzutreten, um seine Frau zu beschützen. Ihre letzte Geste war das Kreuzzeichen ... Im Februar 1613 wurde der erste Romanow im Ipatjew-Kloster bei Kostroma in Zentralrußland als das personifizierte Symbol der Volksbefreiung umjubelt — im Juli 1918 wurden der letzte Romanow und seine ganze Familie im Ipatjew-Haus in Jekaterinburg in einer Weise getötet, die später sogar ihre Schlächter mit Scham erfüllte. Nur das Ende des Zaren wurde offiziell bekanntgegeben, und das erst zu einem späteren Zeitpunkt. In der endgültigen Ausgabe der kaiserlichen Korrespondenz, die kürzlich in der UdSSR erschienen ist, werden keine Todesdaten der Kaiserin und der Kinder angeführt. „Alexandra Fjodorowna, Gattin von Nikolaj Romanow, geboren 1872; Olga Nikolajewna, älteste Tochter, geboren 1895 ..." und so weiter.

Nikolaus war zweifellos ein Schwächling, obwohl er sich manchmal als erstaunlich charakterstark erwies. Er wurde in ein ererbtes System hineingeboren, das ihm sakrosankt erschien, und begriff nie, daß der Wandel in der Geschichte manchmal viel größere Aufgaben stellt als alle Tradition. Sein größter Fehler war einerseits das Mißtrauen, das er manchmal Menschen entgegenbrachte, die wirklich fähig gewesen wären, ihm und dem Land zu dienen, anderseits das Vertrauen, das er falschen Ratgebern zu bereitwillig schenkte; und dazu gesellte sich noch sein Festhalten an Halbheiten. Wäre Nikolaus als Bürgerlicher geboren worden, so wäre aus ihm nie auch nur ein mittelmäßiger Politiker geworden. Doch das Schicksal verlangte von ihm, Zar zu sein, obwohl sein Herz erfüllt war von einer fast pathologischen Angst vor dieser Aufgabe.

Er hatte ohne Zweifel viele Fehler, doch besaß er auch Tugenden, unter denen seine unbedingte Rechtschaffenheit alle anderen überragte. Heutzutage begreifen sehr wenige Menschen, daß das kriegsmüde Rußland 1916 eine Waffenruhe sehr begrüßt und Millionen russischer Untertanen den Zaren gepriesen hätten, den Feindseligkeiten ein Ende bereitet zu haben. Aber die Ehre bedeutete Nikolaus mehr als eine leicht errungene Popularität. Seine Alliierten im Stich zu lassen wäre ihm als Niedertracht erschienen, die er nicht über sich brachte. Er wurde allerdings selbst im Stich gelassen — zuallererst von einem seiner eigenen Sippe, vom Großfürsten Kyrill, der sich so ostentativ auf die Seite der Provisorischen Regierung stellte, daß er dadurch bei vielen in Petrograd Kummer und Verwirrung hervorrief. Nikolaus wurde von den Adeligen im Stich gelassen, von denen noch manche unbehelligt auf ihren Herrensitzen lebten und es für angebracht hielten, Gesellschaften zu geben, während ihr abgesetzter Monarch als Gefangener in Zarskoje Selo war. Er wurde von seinem eigenen unbeugsamen Glauben betrogen, daß Eide, die er für bindend hielt, auch von den anderen eingehalten werden mußten. Seine Unfähigkeit, revolutionäre Vorgänge zu verstehen, wurde ihm als Mangel angerechnet, während doch die komplexe Schwierigkeit der sozialen und politischen Nöte des Reiches während seiner ganzen Regierungszeit wahrscheinlich selbst einen Peter den Großen überfordert hätte. Auch wenn der letzte Romanow eine andere Frau geheiratet hätte, wenn es keine Kriege gegeben hätte, keinen Rasputin und kein „ministerielles Bockspringen“, hätte die Untergrundbewegung im Reich dennoch ihren vorgezeichneten Kurs weiter verfolgt. Nikolaus II. hatte einfach nicht die Kraft, sich dem Sturm, der ringsum ausbrach, zu widersetzen.

Die Romanows waren eine vom Schicksal verfolgte Dynastie, und kein einziger von ihnen war so verfolgt worden wie ihr letzter Repräsentant. Der Gobelin der drei Jahrhunderte ihrer Herrschaft ist durchaus nicht einheitlich düster; verschiedene glänzende Fäden durchziehen das Gewebe: hohe Leistungen, unbestreitbare Verdienste. Sie hatten ein hinter einer hohen Mauer in sinnloser Abgeschlossenheit vor der Welt verborgenes Moskowiterreich geerbt, und sie verwandelten das zaristische Rußland in ein Imperium, dessen Stimme und Politik in der westlichen Welt gehört wurde, Geltung erlangte. Und mit Ausnahme von Peter II., der zu jung starb, Iwan VI., der noch in der Wiege abgesetzt wurde, und dem unglücklichen Peter III. besaßen alle Romanows eine Eigenschaft, die die Bedeutung ihres Krönungseides vertiefte: sie liebten das Land, das sie regierten, wie gut oder schlecht es auch gewesen sein mochte, und Nikolaus' letzter Befehl an seine Armeen war von demselben Geist beseelt, der mit den folgenden Worten Katharinas der Großen geboren worden war: „Das Äußerste, das ich für das Land tun könnte, wäre nichts im Vergleich zu dem, was ich ihm schulde."

Anhang

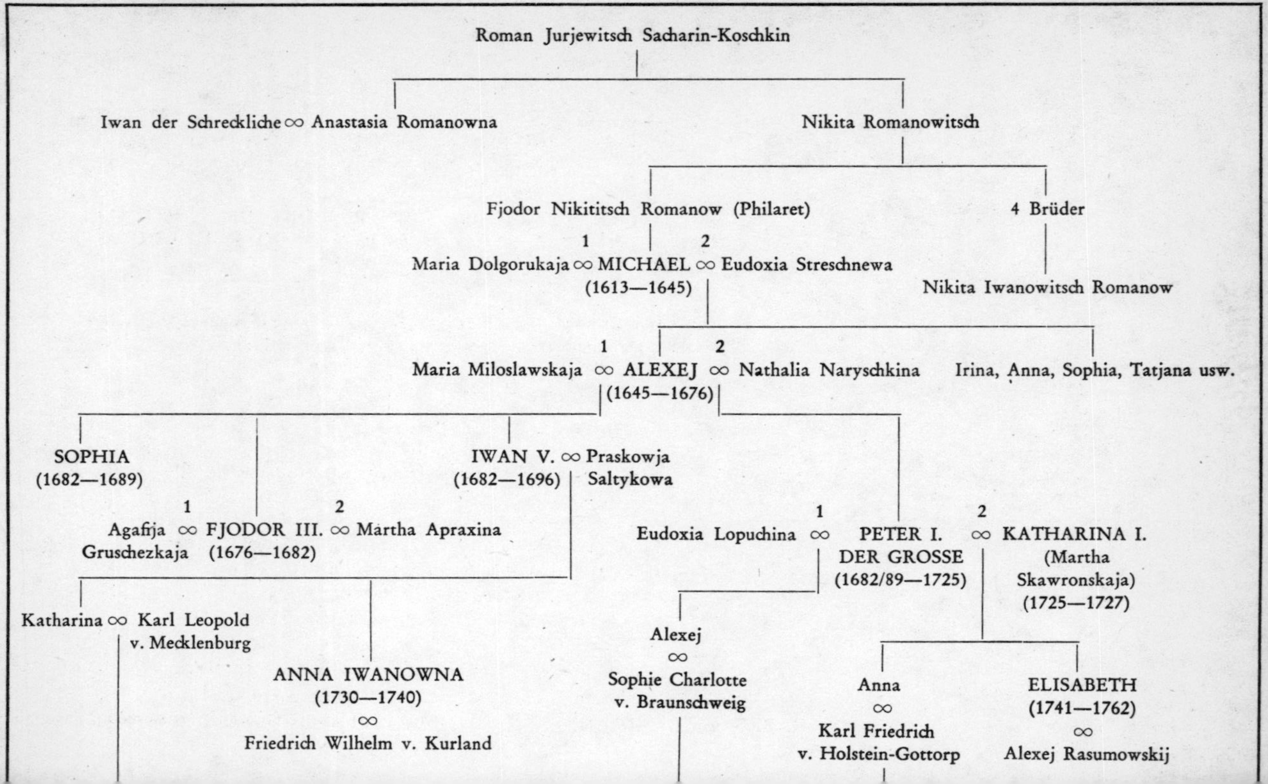
Roman Jurjewitsch Sacharin-Koschkin
Iwan der Schreckliche ∞ Anastasia Romanowna
Nikita Romanowitsch
Fjodor Nikititsch Romanow (Philaret)
4 Brüder
1
2
Maria Dolgorukaja ∞ MICHAEL ∞ Eudoxia Streschnewa
(1613—1645)
Nikita Iwanowitsch Romanow
1
2
Maria Miloslawskaja ∞ ALEXEJ ∞ Nathalia Naryschkina
(1645—1676)
Irina, Anna, Sophia, Tatjana usw.
SOPHIA
(1682—1689)
IWAN V. ∞ Praskowja Saltykowa
(1682—1696)
1
2
Agafija Gruschezkaja ∞ FJODOR III. ∞ Martha Apraxina
(1676—1682)
1
2
Eudoxia Lopuchina ∞ PETER I. DER GROSSE ∞ KATHARINA I.
(1682/89—1725)
(Martha Skawronskaja)
(1725—1727)
Katharina ∞ Karl Leopold v. Mecklenburg
ANNA IWANOWNA
(1730—1740)
∞
Friedrich Wilhelm v. Kurland
Alexej
∞
Sophie Charlotte v. Braunschweig
Anna
∞
Karl Friedrich v. Holstein-Gottorp
ELISABETH
(1741—1762)
∞
Alexej Rasumowskij

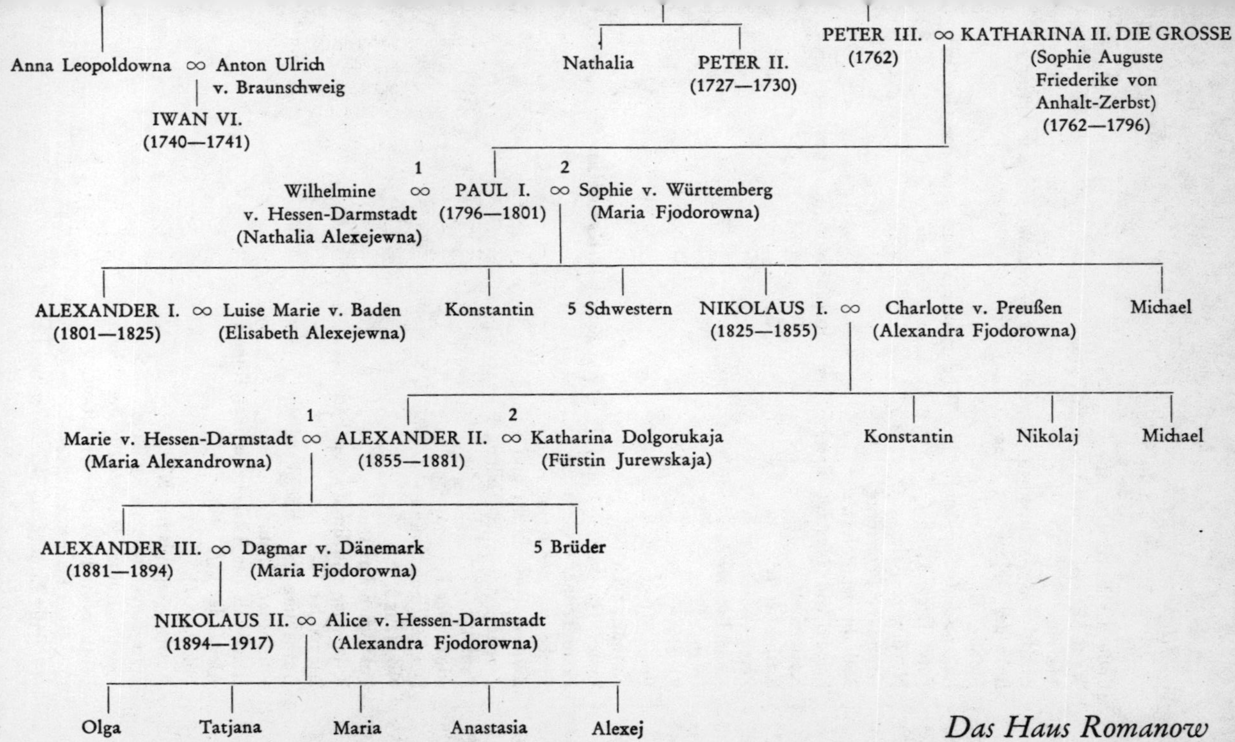

Das Haus Romanow

Zeittafel

1598	Ende der Rurik-Dynastie
1613	Wahl Michael Romanows zum Zaren
1645—1676	Alexej
1667	Friede von Andrussowo, Erwerb von Smolensk und der Ukraine links des Dnjepr mit Kiew
1676—1682	Fjodor III.
1682—1689	Regentschaft Sophies für ihre Brüder Iwan V. und Peter den Großen
1689—1725	Peter I. der Große
1700—1721	Nordischer Krieg
1703	Gründung Petersburgs
1709	Schlacht bei Poltawa
1721	Friede von Nystad, Erwerb der Ostseeprovinzen, Annahme des Kaisertitels
1725—1727	Katharina I.
1727—1730	Peter II.
1730—1740	Anna Iwanowna
1740—1741	Iwan VI.
1741—1762	Elisabeth
1762	Peter III.
1762—1796	Katharina II.
1768—1774	Erster Türkenkrieg und Friede von Kütschük-Kainardschi
1772	Erste Teilung Polens
1783	Eroberung der Krim
1787—1791	Zweiter Türkenkrieg und Friede von Jassy
1793/1795	Zweite bzw. dritte Teilung Polens
1796—1801	Paul I.
1801—1825	Alexander I.
1825	Dekabristenaufstand
1825—1855	Nikolaus I.
1830—1831	Polnischer Aufstand
1853—1856	Krimkrieg und Friede von Paris
1855—1881	Alexander II.
1861	Aufhebung der Leibeigenschaft
1863	Polnischer Aufstand
1877—1878	Krieg mit der Türkei, Berliner Kongreß
1881—1894	Alexander III.
1894—1917	Nikolaus II.
1904—1905	Russisch-Japanischer Krieg
1905	Erste Revolution in Rußland
1914	Eintritt Rußlands in den Ersten Weltkrieg
1917	Februar- und Oktoberrevolution
1918	(3. März) Friede von Brest-Litowsk (16. Juli) Ermordung der Zarenfamilie

Namenregister

Bildnachweis: Bildarchiv der österreichischen Nationalbibliothek